Schweden Süd und Mitte

Von Skåne bis Dalarna

Raphaela Moczynski

GPX-Daten zum Download

www.kompass.de/gpx

Kostenloser Download der GPX-Daten der im Wanderführer enthaltenen Wandertouren.

AUTORIN

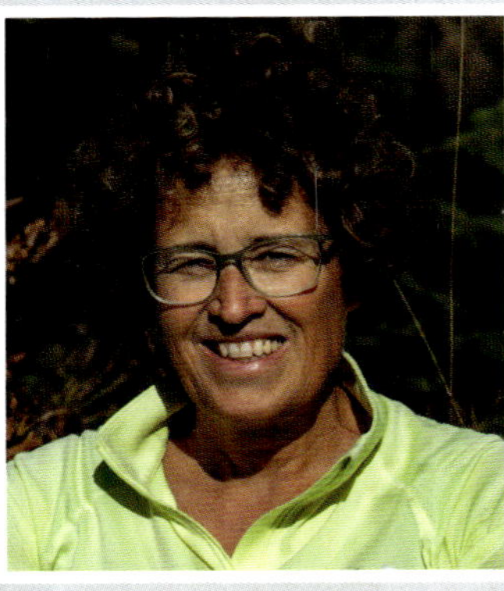

Raphaela Moczynski
Die Diplomgeografin lebt schon lange in Tirol, ihre Leidenschaft sind die Berge und das Reisen. Seit Jahren im Verlagsbereich tätig, hat sie für den KOMPASS Verlag zahlreiche Kurz-Reiseführer sowie mehrere Wanderführer verfasst, darunter „Dolomiten 1 – Grödental“, „Ötztal und Pitztal“, „Europäischer Fernwanderweg E5“, „Bodensee“ und „Fernwanderweg München – Venedig“.

VORWORT

„Hej Hej“ – so wird man unterwegs gut gelaunt von einheimischen Wanderern begrüßt. Die Schweden lieben ihre Natur und sind bei jeder Gelegenheit draußen anzutreffen – sei es beim Wandern, Schwimmen, Segeln, Kanu fahren oder Grillen.

Schweden ist für viele ein Sehnsuchtsland – wer denkt da nicht an rot gestrichene Häuschen, malerische Schäreninseln im glitzernden Meer, an weite, dunkle Wälder, glasklare Flüsse, rauschende Wasserfälle, idyllische Seen und lästige Mückenschwärme? Das skandinavische Land bietet eine unglaubliche Vielfalt an Naturlandschaften, die man sich am besten zu Fuß erobert. Angesichts der schieren Größe des Landes fällt die Auswahl an Wanderungen naturgemäß schwer. Bei der Zusammenstellung der Touren habe ich mich daher an klassischen Reiserouten orientiert. Alle Wanderwege sind gut markiert, gefahrlos zu bewältigen und meist auch mit Bus oder Bahn erreichbar. So finden sich in Südschweden Wanderungen entlang der Küste und in den Schärengärten, im Umkreis der großen Küstenstädte, aber auch im Inland an den großen Seen Vänern und Vättern. Dazu kommen die Wanderungen in den Nationalparks des Südens – von denen jeder eine andere Facette der großartigen Natur des Landes präsentiert. Groß ist der Kontrast zwischen dem lieblichen Süden und der rauen Fjäll-Landschaft Mittelschwedens: Das

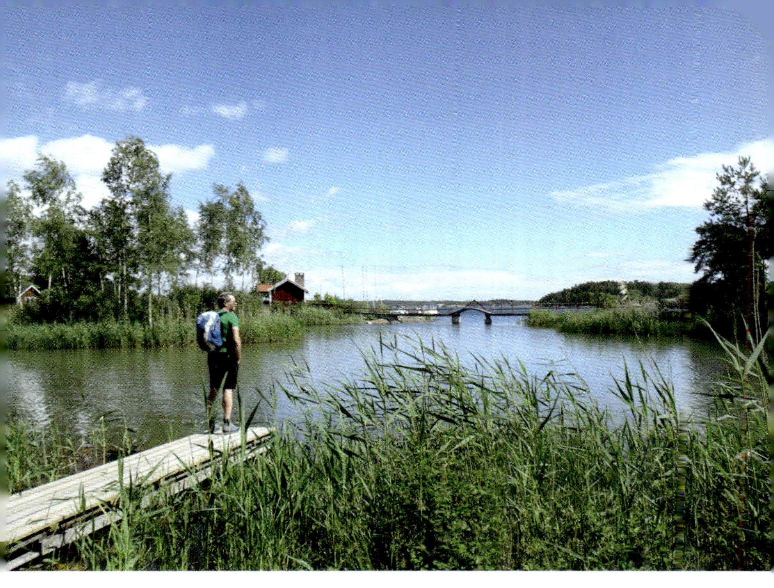

menschenleere Fjäll ist sicher nicht jedermanns Sache – wer sich aber auf die unendliche Weite und die Kargheit einlässt, wird mit einzigartigen Wandererlebnissen und vielleicht einer Begegnung mit Rentieren belohnt.

Aber nicht nur die Wildnis, auch die Kulturlandschaft im Süden hat ihren Reiz. Zwischen scheinbar endlosen Feldern finden sich altehrwürdige Eichen, schattige Laubwälder, versteckt sich ein Schloss oder Herrenhaus. Selbst im einsamen Hinterland trifft man auf malerische Holzkirchen, alte Wohnhäuser, historische Gebäudeensembles, Klöster, Museen und hübsche Orte und Kleinstädte mit bunten Häuserzeilen.

Eine Welt für sich ist Stockholm, das auf 14 Inseln zwischen Mälaren und Ostsee liegt und nicht nur mit herausragenden Museen und einer schönen Altstadt, sondern vor allem mit seinem Schärengarten vor den Toren der Stadt begeistert. Von Stockholm aus lässt sich alles bequem mit öffentlichen Verkehrsmitteln zu Land und zu Wasser erreichen.

Eindrucksvolle Naturerlebnisse auf Ihren Wanderungen in Süd- und Mittelschweden wünscht Ihnen

Raphaela Moczynski

INHALT UND TOURENÜBERSICHT

AUFTAKT

ANHANG

km	h	hm	hm	P							
14,5	4:15	11	11	✓	✓		✓				✓
4,3	1:20	18	18	✓	✓		✓		✓	✓	
4,8	2:20	97	97	✓				✓			
2,3	1:30	13	13	✓	✓				✓		
14,8	4:00	55	64	✓	✓		✓		✓		✓
7,9	2:50	47	73	✓	✓		✓		✓		✓
8,8	3:00	121	121	✓	✓						✓
7,2	2:40	10	10	✓					✓		
4,8	2:15	11	11	✓	✓				✓		✓
13,6	4:30	311	311	✓	✓		✓				
10,5	3:40	49	87	✓			✓		✓		✓
13,7	4:15	13	10	✓	✓		✓		✓		✓
4,8	1:40	13	13	✓	✓				✓		
8	2:10	19	19	✓	✓				✓	✓	
4,5	2:20	33	33	✓	✓				✓		
5,9	2:30	58	58		✓		✓		✓		✓
6,1	3:35	116	116	✓	✓		✓	✓	✓		✓
2,6	0:50	81	81	✓				✓	✓		

INHALT UND TOURENÜBERSICHT

SMÅLAND UND ÖLAND

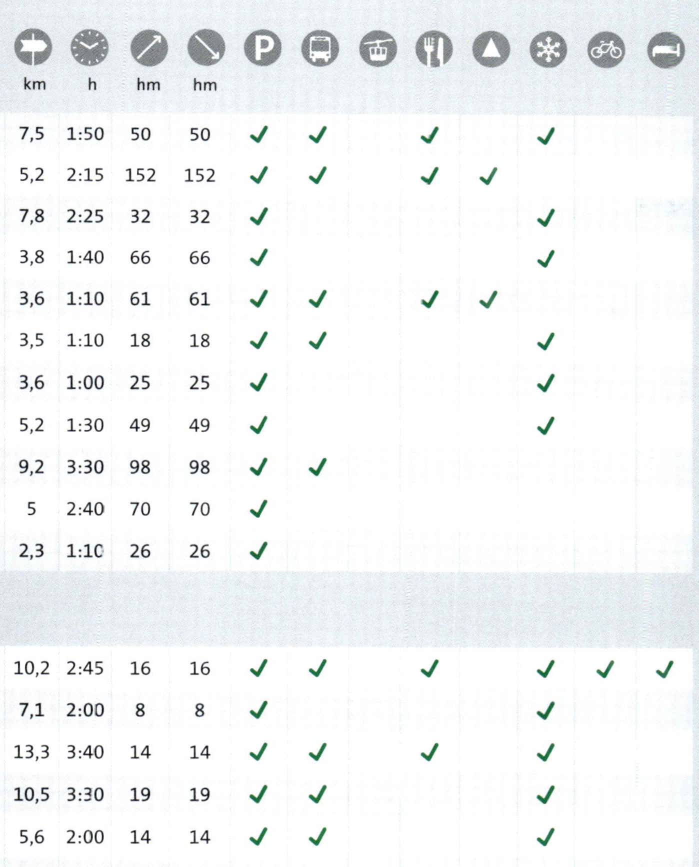

km	h	hm	hm	P							
7,5	1:50	50	50	✓	✓		✓		✓		
5,2	2:15	152	152	✓	✓		✓	✓			
7,8	2:25	32	32	✓					✓		
3,8	1:40	66	66	✓					✓		
3,6	1:10	61	61	✓	✓		✓	✓			
3,5	1:10	18	18	✓	✓				✓		
3,6	1:00	25	25	✓					✓		
5,2	1:30	49	49	✓					✓		
9,2	3:30	98	98	✓	✓						
5	2:40	70	70	✓							
2,3	1:10	26	26	✓							
10,2	2:45	16	16	✓	✓		✓		✓	✓	✓
7,1	2:00	8	8	✓					✓		
13,3	3:40	14	14	✓	✓		✓		✓		
10,5	3:30	19	19	✓	✓				✓		
5,6	2:00	14	14	✓	✓				✓		
3,3	1:20	44	44	✓				✓	✓		
16,5	6:30	20	20	✓					✓		
6,6	2:30	130	130	✓					✓		
7	2:20	39	39	✓	✓				✓	✓	
10,2	3:20	70	58	✓	✓				✓		
4,4	1:45	74	74	✓				✓			
5,2	2:30	95	95	✓				✓			

INHALT UND TOURENÜBERSICHT

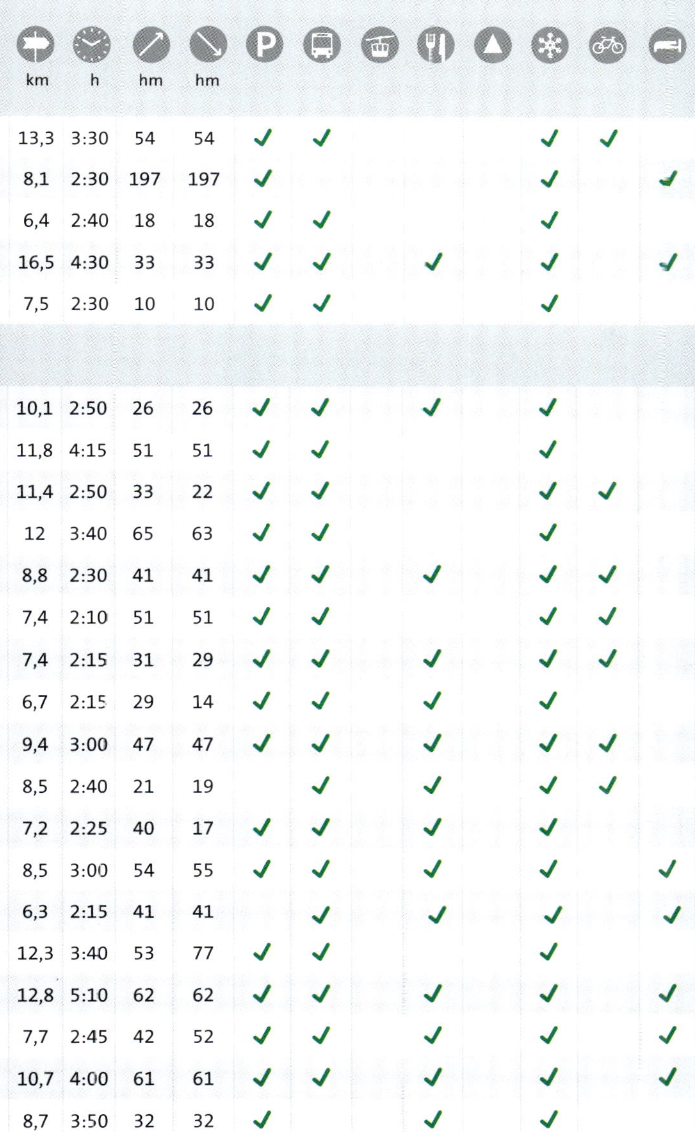

km	h	hm	hm	P							
13,3	3:30	54	54	✓	✓				✓	✓	
8,1	2:30	197	197	✓					✓		✓
6,4	2:40	18	18	✓	✓				✓		
16,5	4:30	33	33	✓	✓		✓		✓		✓
7,5	2:30	10	10	✓	✓				✓		
10,1	2:50	26	26	✓	✓		✓		✓		
11,8	4:15	51	51	✓	✓				✓		
11,4	2:50	33	22	✓	✓				✓	✓	
12	3:40	65	63	✓	✓				✓		
8,8	2:30	41	41	✓	✓		✓		✓	✓	
7,4	2:10	51	51	✓	✓				✓	✓	
7,4	2:15	31	29	✓	✓		✓		✓	✓	
6,7	2:15	29	14	✓	✓		✓		✓		
9,4	3:00	47	47	✓	✓		✓		✓	✓	
8,5	2:40	21	19		✓		✓		✓	✓	
7,2	2:25	40	17	✓	✓		✓		✓		
8,5	3:00	54	55	✓	✓		✓		✓		✓
6,3	2:15	41	41		✓		✓		✓		✓
12,3	3:40	53	77	✓	✓				✓		
12,8	5:10	62	62	✓	✓		✓		✓		✓
7,7	2:45	42	52	✓	✓		✓		✓		✓
10,7	4:00	61	61	✓	✓		✓		✓		✓
8,7	3:50	32	32	✓			✓		✓		

INHALT UND TOURENÜBERSICHT

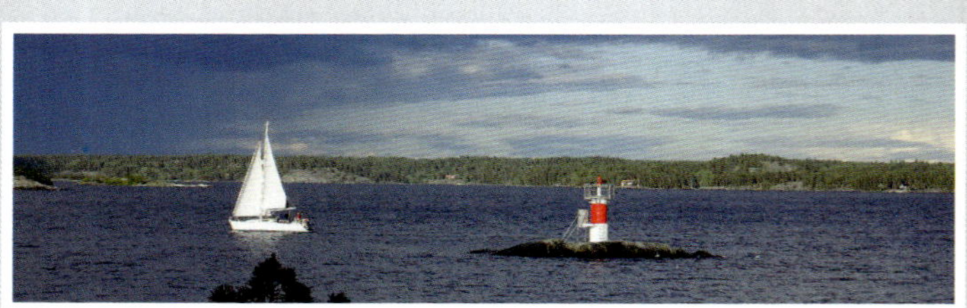

km	h	hm	hm	P							
5,2	2:35	51	51	✓					✓		
4,5	2:00	42	42	✓	✓				✓		
6	2:00	106	106	✓	✓			✓			
8,5	3:40	131	131	✓			✓		✓		✓
10,4	2:40	41	41	✓	✓		✓		✓		✓
6,8	1:20	14	14	✓	✓				✓	✓	
12,3	2:40	184	184	✓				✓			
8,7	2:40	18	18	✓	✓						
14,8	4:20	121	121	✓			✓		✓		
8,8	5:40	208	208	✓				✓			
4,8	1:20	117	117	✓				✓			
9	2:15	144	144	✓	✓						✓
9,6	4:10	255	255	✓	✓		✓	✓			✓
12	3:50	290	290	✓				✓			
18	6:10	664	664	✓	✓			✓			
17,8	5:00	403	403	✓	✓						

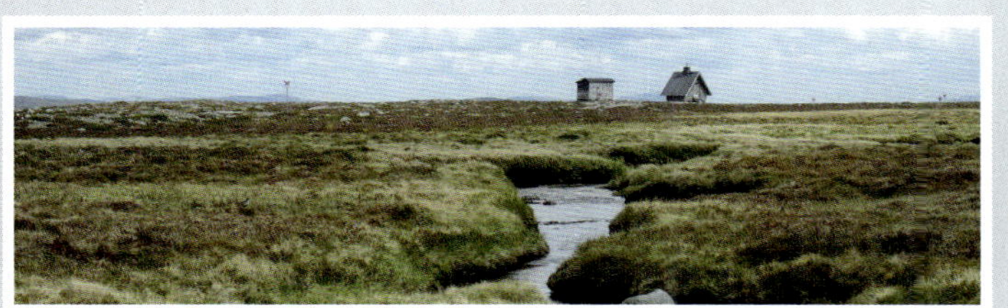

GEBIETSÜBERSICHTSKARTE

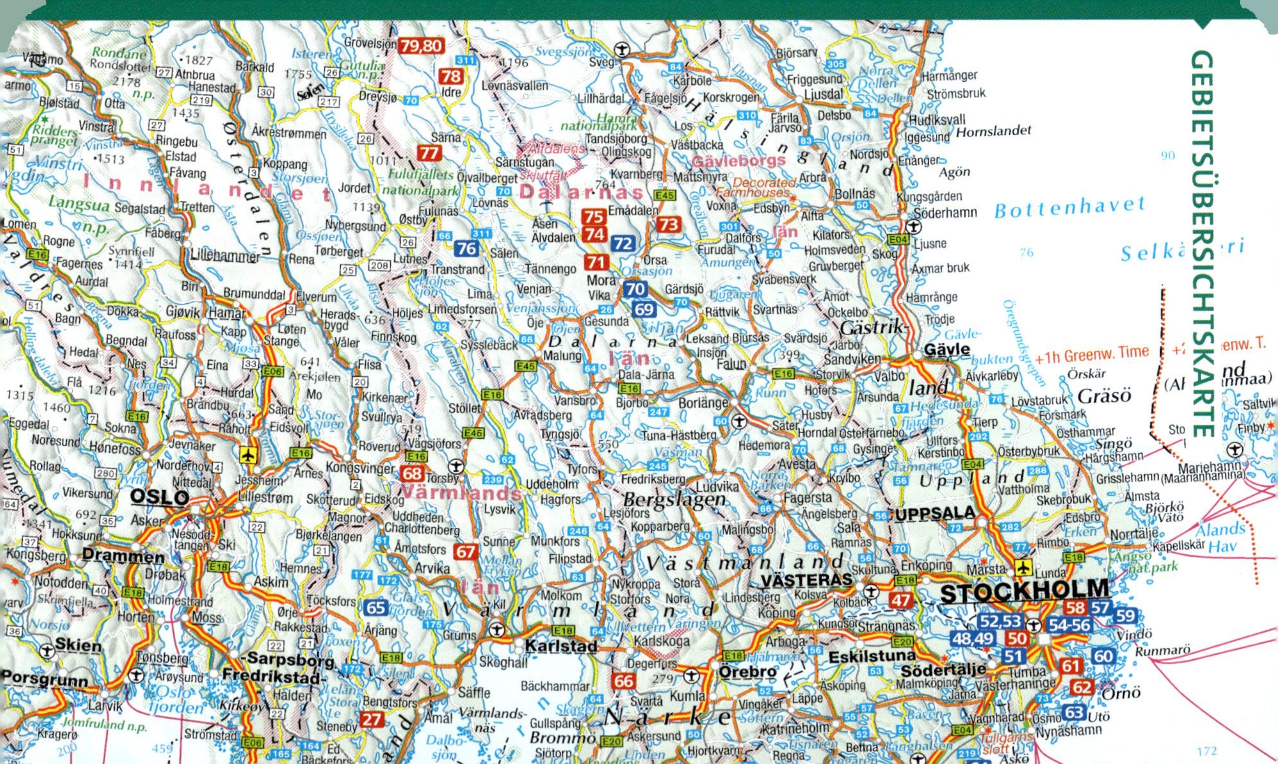

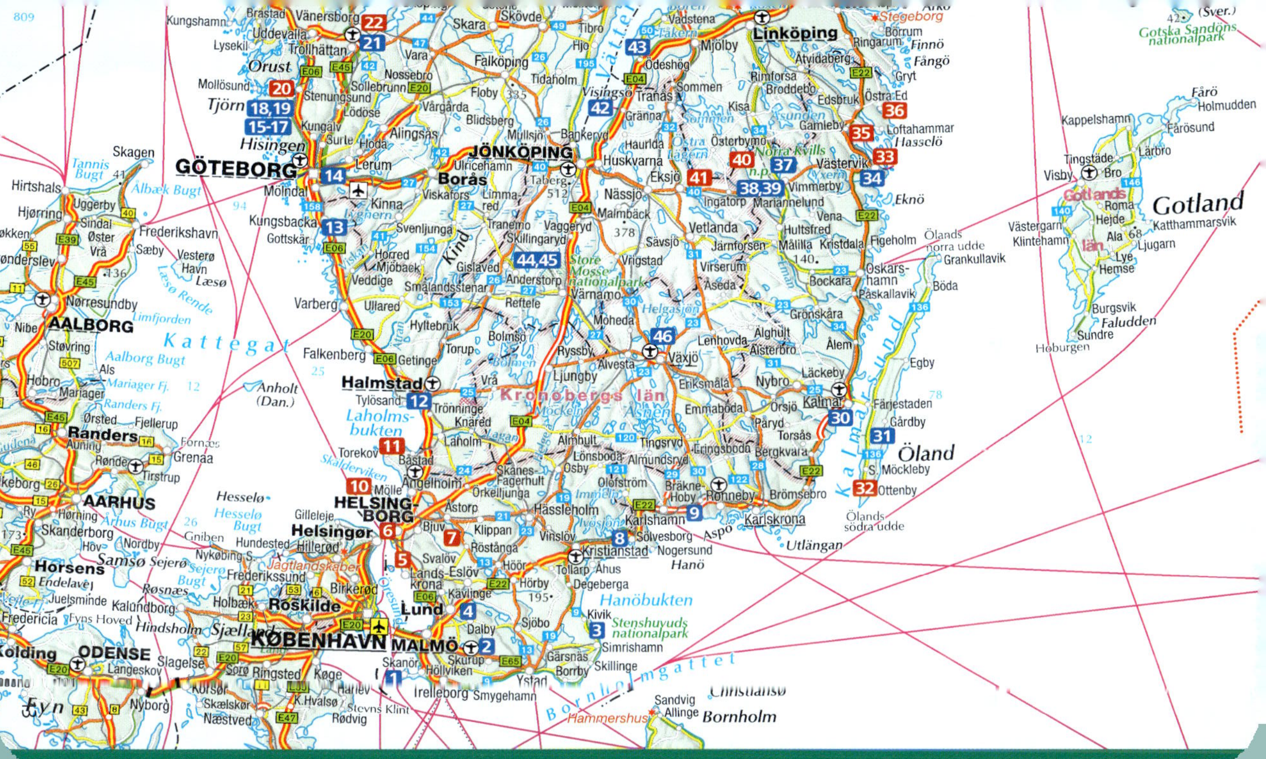

809
Linköping
Vadstena
Mjölby
Skövde
Skara
Tidaholm
Falköping
Hjo
Vättern
Gränna
Tranås
Jönköping
Huskvarna
Eksjö
Nässjö
Vetlanda
Västervik
Vimmerby
Åtvidaberg
Kisa
Hultsfred
Oskarshamn
Kalmar
Nybro
Emmaboda
Växjö
Kronobergs län
Värnamo
Ljungby
Älmhult
Karlskrona
Karlshamn
Ronneby
Sölvesborg
Kristianstad
Hässleholm
Öland
Färjestaden
Ottenby
Kalmarsund
Gotland
Visby
Fårö
Fårösund
Ljugarn
Hemse
Burgsvik
Hoburgen
Klintehamn
Gotska Sandöns nationalpark
Göteborg
Borås
Alingsås
Kungsbacka
Varberg
Falkenberg
Halmstad
Laholm
Båstad
Ängelholm
Helsingborg
Helsingør
Landskrona
Lund
Malmö
Trelleborg
Ystad
Simrishamn
Hanöbukten
Stenshuvuds nationalpark
Bornholm
Bornholmsgattet
Trollhättan
Vänersborg
Uddevalla
Lysekil
Orust
Tjörn
Hisingen
Kattegat
Anholt (Dan.)
Læsø
Skagen
Frederikshavn
Hjørring
Hirtshals
Brønderslev
Aalborg
Randers
Aarhus
Silkeborg
Horsens
Kolding
Fredericia
Odense
Nyborg
Fyn
Slagelse
Sjælland
Næstved
Køge
København
Roskilde
Hillerød
Holbæk
Kalundborg
Samsø

DAS GEBIET

Süd- und Mittelschweden bieten Naturliebhabern alles: Sandstrände im Süden, Schärenküsten an der West- und Ostküste, endlose Wälder und unzählige Seen bis hin zur kargen Fjäll-Landschaft in Mittelschweden. Hier findet jeder seinen Lieblingsort und sein Lieblingswandergebiet.

Skåne

Die südlichste Provinz Skåne (Schonen) wird an drei Seiten von insgesamt 400 km Küste begrenzt, die mit vogelreichen Salzwiesen, steilen Klippen, Küstenwäldern und herrlichen, zum Teil kilometerlangen Sandstränden (im Süden) Einheimische und Urlauber gleichermaßen begeistert. Die Küstenstriche bieten zudem Zugvögeln wichtige Rastplätze und den Zuschauern im Herbst und Frühjahr eindrucksvolle Naturerlebnisse.

Zwischen West- und Ostküste fährt man durch eine leicht hügelige Landschaft, die viele an Dänemark (zu dem es bis ins 17. Jh. gehörte) und Norddeutschland erinnern wird. Scheinbar bis zum Horizont ziehen sich die wogenden Felder (etwa 30 % der landwirtschaftlichen Produktion kommen aus Skåne), herrliche Eichen- und hallenartige Buchenwälder bieten im Sommer angenehmen Schatten und verzaubern im Herbst mit einer wahren Farbsinfonie, dazu kommen zahllose Seen. Und in diese Kulturlandschaft eingebettet trifft man auf ehrwürdige Herrenhäuser und 300 Schlösser aus dem 12. bis 19. Jh. sowie idyllische Küstenorte. Ein reiches Kulturleben bieten die großen Städte Malmö, Lund, Helsingborg und Kristianstad.

Zwischen Helsingborg und Göteborg im Norden erstreckt sich entlang des Kattegats die Provinz Halland. Sie ist mit über 200 km Küstenlänge, Dünen und schönen Sandstränden das Ziel der Wassersportler. Das seenreiche hügelige Hinterland wird teilweise durch ausgedehnte Wälder geprägt.

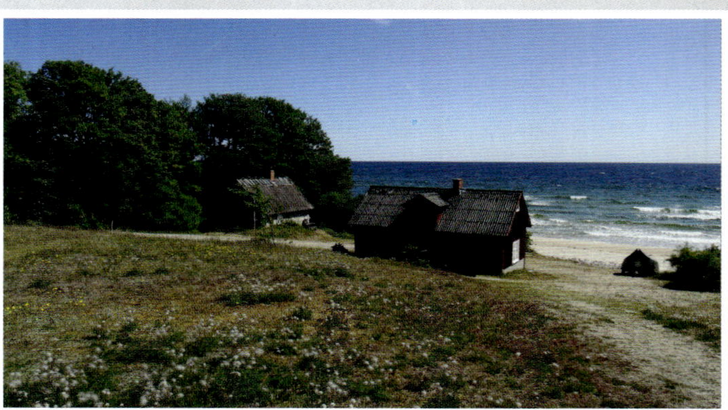

Fischerhütten am Krivareboden im Stenshuvds Nationalpark (Tour 03)

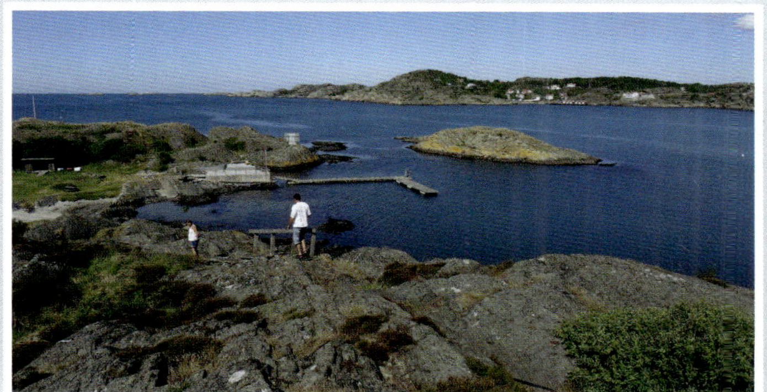

Die Küste von Bohuslän – unterwegs auf der Insel Dyrön (Tour 17)

Bohuslän

Jäh zum Meer hin abfallende Klippen, runde Felsen, über 3000 Inseln, tief ins Hinterland hineinreichende Förden, der einzige Fjord des Landes (Gullmarnfjord) und zahllose Buchten mit malerischen Fischerorten prägen den Schärengarten zwischen Marstrand im Süden und der norwegischen Grenze im Norden.

Bohuslän hat sein ganz eigenes Farbenspiel: Das tiefe Blau des Himmels spiegelt sich im glitzernden Meer, dazwischen rot leuchtende Granitfelsen und -inseln, zwischen denen weiße Segelboote kreuzen. Orust und Tjörn sind die beiden größten Inseln und über Brücken mit dem Festland verbunden. Im 19. Jh. prägten die Fischerei (vor allem der Heringsfang), der Export des Granits und der Tourismus die Küste; traditionelle Badeorte wie Fjällbacka oder Smögen haben bis heute nichts an ihrer Faszination eingebüßt. Immer wieder trifft man auch auf Relikte aus der Frühgeschichte der Menschheit, auf Grabfelder („gravfält") und Felszeichnungen („hällristningar"), unter denen die einzigartigen Felszeichnungen südlich von Tanumshede die bekanntesten sind.

Västra Götaland und Vänern

Die Provinz Västra Götaland umfasst die historischen Provinzen Bohuslän, Dalsland und Västergötland, die Hauptstadt ist Göteborg. Die abwechslungsreiche Landschaft der Provinz bietet einen Schärengarten (die Bohuslänküste), ausgedehnte Laubwälder sowie Moor- und Küstenwaldgebiete. Zum Teil wirtschaftlich genutzt, teilweise aber auch noch sehr ursprünglich, sind die Nadel- und Laubwälder im Landesinneren.

Die zwei größten Seen des Landes liegen ganz (Vänern) bzw. zur Hälfte (Vättern) in der Provinz, erinnern

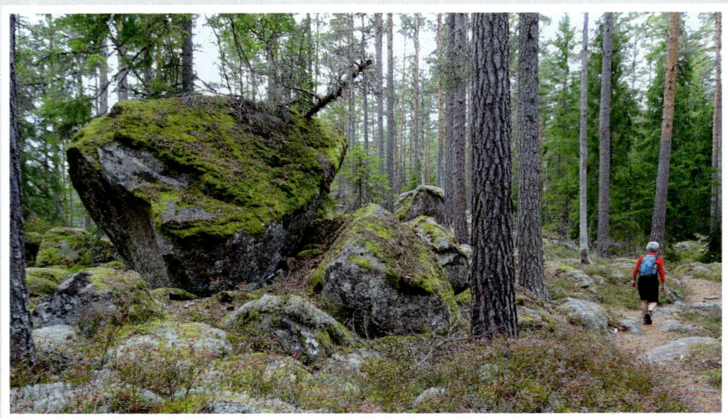

Moosbewachsene Felsen im Norra Kvils nationalpark (Tour 40)

an Binnenmeere und haben eigene Schärengärten, Sandstrände und Steilküsten. Beide Seen sind durch den Götakanal miteinander verbunden. Bekannt ist auch der 250 km lange Dalsland-Kanal, eine Aneinanderreihung von Seen (nur 10 km wurden gegraben) und für viele einer der schönsten Wasserwege Europas. Heute durchfahren vor allem Kanufahrer und Motorschiffer auf dem Weg nach Norden die 31 Schleusen. Das berühmteste Fotomotiv ist das Aquädukt von Håverud.

Småland

Weitläufige bewaldete Hochebenen, endlose Wälder, ausgedehnte Moore wie etwa der Nationalpark Store Mosse und fruchtbare Ebenen mit über 5000 Seen (darunter die großen Seen Bolmen und Åsnen) prägen die Region südlich des Vänern. Im Osten grenzt Småland an die Ostsee und begeistert mit dem ausgedehnten Schärengarten von Misterhult und schönen Sandstränden.

Bekannt ist Småland aber auch für das Glasriket – das Glasreich. Dabei handelt es sich um einen Zusammenschluss von über zehn Glashütten sowie Orten mit langer Glasbläsertradition. Småland ist untrennbar mit Astrid Lindgren verbunden – auf ihren Spuren wandelt man rund um Vimmerby. Jonköping am Südende des Vättern, die „Glasstadt“ Växjö und die Hafenstadt Kalmar, eine der ältesten Städte des Landes, sind die bekanntesten Städte Smålands.

Öland

Eine 6 km lange Bücke führt über den Kalmarsund auf die Urlaubsinsel Öland. Die südliche Hälfte der Insel nimmt das 10 km breite und 40 bis 50 km lange Stora Alvaret ein, eine

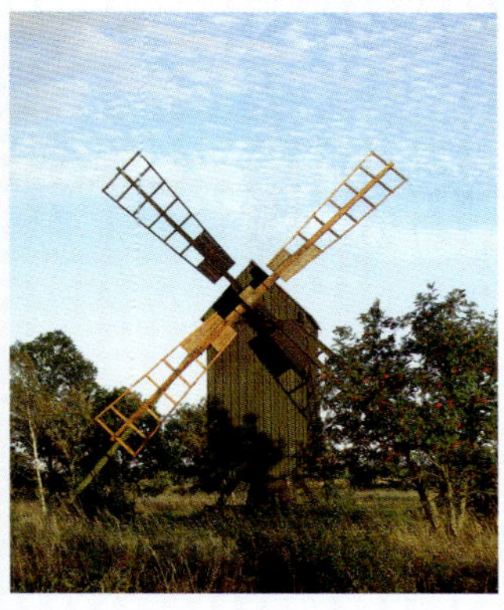

Windmühlen – Ölands Wahrzeichen

Im 19. Jh. war der Besitz einer eigenen Windmühle ein Statussymbol für jeden Bauern. Dank der Lage der Insel mit ausreichend Wind reichte den Bauern eine Windmühle als Energielieferant. Zu Hochzeiten standen 2000 Windmühlen auf der Insel, bis heute konnte man 400 von ihnen erhalten. Einige schöne stehen an der Straße zur Südspitze der Insel an der Westküste.

karge, weite Karst- und Heidelandschaft. Auf der fast humusfreien Kalkfläche findet sich eine einzigartige Flora. Die Argrarlandschaft Süd-Öland Stora Alvaret wurde von der UNESCO wegen ihrer Einzigartigkeit zum Weltkulturerbe erklärt. Im Norden liegt der kilometerlange Sandstrand Böda. An der Südspitze der Insel befindet sich ein wichtiges Vogelschutzgebiet. Auf Öland finden sich unzählige archäologische Fundstätten – Hügelgräber, Menhire und Schiffssetzungen. Wahrzeichen der Insel sind ihre Windmühlen – von einst 2000 stehen heute noch rund 400. Sehenswert sind auch die Wehrkirchen der Insel.

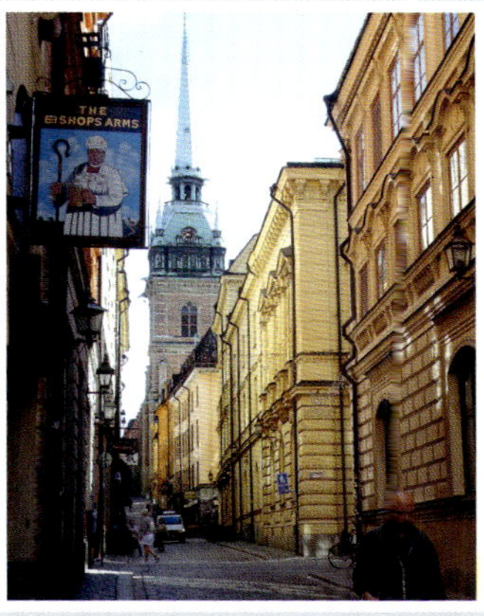

Stockholm: Gamla Stan

Stockholm, Mälaren und Stockholmer Schärengarten

Schwedens Hauptstadt erstreckt sich zwischen Ostsee und Mälarsee über 14 Inseln, die über fast 60 Brücken verbunden sind. Kein Wunder, dass die Stadt wegen ihrer einzigartigen Lage und den vielen Kanälen und Brücken auch das „Venedig des Nordens“ genannt wird. Wasser, wohin man schaut, dazu viele Parks und vor den Toren der Stadt der Stockholmer Schärengarten mit rund 24.000 Inseln, Schären und Felsen. Die engen Gassen der Altstadt Gamla Stan werden von hohen Häusern aus dem 13. Jh. gesäumt – ihre mittelalterliche Vergangenheit ist noch heute in den Gassen spürbar. Auch aus den folgenden Jahrhunderten blieb vieles der historischen Bausubstanz erhalten.

Mälaren
Der Mälaren im Westen der Stadt ist der drittgrößte See des Landes und über den Södertälje-Kanal, die Hammarby-Schleuse und die Slussen-Schleuse sowie den Norrström mit der Ostsee verbunden. Das Besondere an dieser Verbindung ist die Salz- und Süßwassermischung des Sees. Unzählige Inseln, Buchten und Halbinseln prägen den See, der auch als die „inneren Schären" Stockholms bezeichnet wird. Obwohl die Region dicht besiedelt ist, wirkt sie dennoch recht ursprünglich.

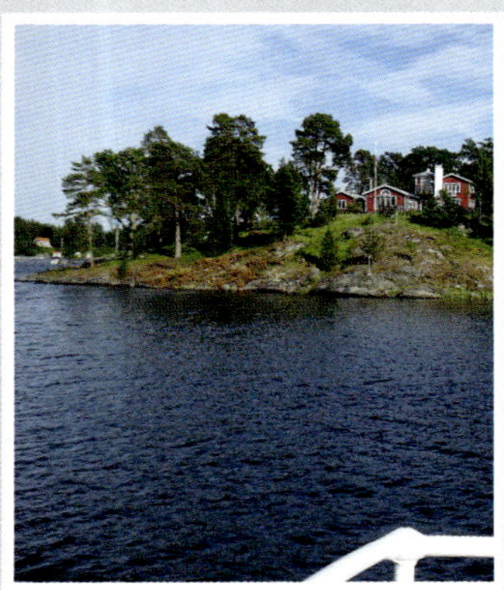
Stockholmer Schärengarten

Stockholmer Schärengarten (Stockholms skärgården)
Wie viele Inseln tatsächlich im Stockholmer Schärengarten liegen, weiß keiner so genau, ist natürlich auch eine Frage der Definition. Von der kleinen Schäre, auf der gerade mal ein Vogel landen kann, über die vielen Schären, auf denen rote und gelbe Ferienhäuser stehen, bis hin zu den weitläufigen bewaldeten Inseln gibt es eine große Bandbreite.

Auf den einst von Fischern und Bauern bewohnten Inseln wohnen heute die Betuchten der Stadt – entweder ganzjährig oder zumindest an den Wochenenden und in den Ferien. Bis zu 60 km östlich des Stadtzentrums erstreckt sich diese einzigartige Inselwelt in die Ostsee und lässt sich am schönsten im Rahmen einer Bootsfahrt erkunden.

Värmland

Den Übergang von Süd- nach Mittelschweden (Dalarna) vollzieht sich im wald- und gewässerreichen Värmland. Seine Lebensader ist der Klarälven, der bei Karlstad, dem Zentrum Värmlands, in den Vänern mündet. Der zu Värmland zählende Uferabschnitt des Vänern ist durch viele Buchten und Inseln geprägt; im nördlichen Teil des Vänern kann man mit der Fähre von Insel zu Insel reisen. Berühmt ist auch der Schärengarten von Kristinehamn. Aber Värmland ist nicht nur reich an Wald, sondern auch an Seen – rund 10.000 soll es hier geben. So überrascht es wenig, dass das seenreiche Glaskogens naturreservat das Revier der Kanuten und Kajakfahrer ist.

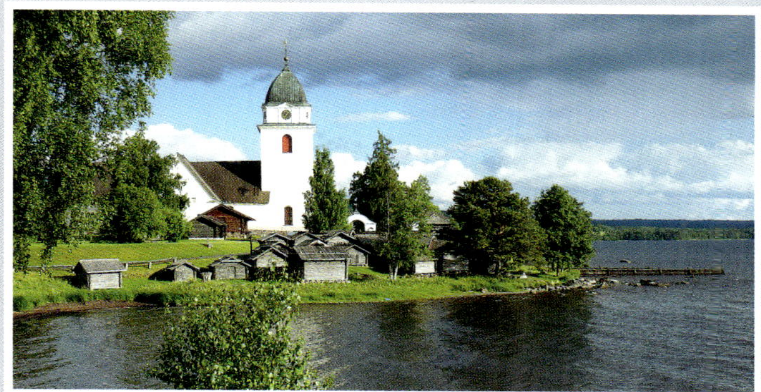

Die Kirche von Rättvik am Siljansee

Dalarna

Die mittelschwedische Provinz ist wegen ihrer landschaftlichen Vielfalt eine der beliebtesten Regionen des Landes. Im Westen an der Grenze zu Norwegen liegen die südlichen Fjällregionen, dorthin zieht es im Sommer die Bergwanderer, im Winter die Skifahrer.

Je weiter nördlich man reist, um so einsamer wird es. Von den Fjällstationen Idrefjäll und Grövelsjön führen Wege ins karge Fjäll, auf dem die Samen ihre südlichsten Weidegebiete für ihre Rentierherden haben. Wer hier länger unterwegs sein will, braucht gute Kondition und Orientierungssinn und etwas Wildniserfahrung. Angler strömen dagegen in die Täler zu Flüssen wie dem Älvdalen, der in den Siljansee mündet. Mora, Rättvik und die Knäckebrotstadt Leksand liegen am See. Nördlich des Siljan liegt die sogenannte „Orsa Finnmark", die einst von Waldfinnen erschlossen wurde. Beliebtes Langlauf- und Wandergebiet ist das Hochplateau von Fryksås und Grönklitt mit herrlichem Blick nach Süden auf den Orsasjön. Aus Dalarna stammt auch das Falun-Rot, mit dem viele Häuser des Landes gestrichen sind und dem das Land seinen unvergleichlichen Charme verdankt.

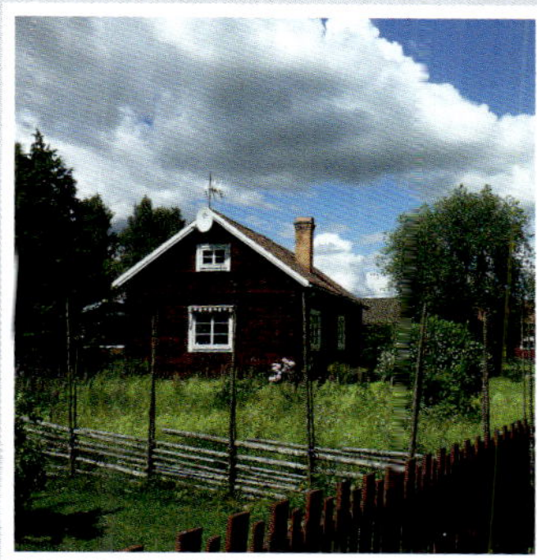

Schwedenhaus in Falun-Rot

FERNWANDERWEGE

Die Schweden lieben das Leben an der frischen Luft, sie sind leidenschaftliche Wassersportler, aber auch begeisterte Wanderer. So überrascht es nicht, dass es unzählige Weitwanderwege gibt. Neben dem berühmtesten, dem Kungsleden, der bis zur Nordspitze des Landes führt, sind es vor allem die Fernwanderwege der Provinzen, auf die man unterwegs trifft. Alle Fernwanderwege sind hervorragend markiert (orange); übernachten kann man entlang der Strecke in den Vandrarhems (Jugendherbergen, Hostels), in offenen Unterständen (Windschutzhütten), Rastugas (Schutzhütten) oder im Zelt.

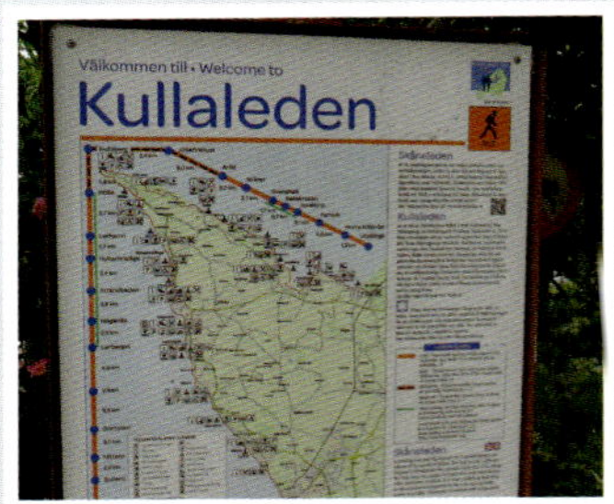

SKÅNELEDEN

Der 1300 km lange Weitwanderweg durch Skåne gliedert sich in sechs Abschnitte (SL-1 bis SL-6) mit insgesamt 118 Etappen. Er durchquert den Süden Schwedens von Westen nach Osten, führt aber auch entlang der herrlichen Ost- und Westküste mit ihren ausgedehnten Sandstränden, den imposanten Klippen und idyllischen Fischerorten. Der 170 km lange **Öresundsleden** (SL-5) gliedert sich nochmals in 12 Etappen, die Tour 5 in diesem Buch entspricht der Etappe 8. Auch der 70 km lange **Kullaleden** (Touren 6, 10 und 11) zwischen Helsingborg und Utvälinge ist Teil des Öresundsleden. Ergänzt wird der Fernwanderweg durch acht Rundwanderungen wie jene über die Halbinsel Falsterbo (Tour 01).
www.skaneleden.se/de
www.kullaleden.se/de

BOHUSLEDEN

Der 340 km lange Bohusleden hat 27 Etappen und verläuft von Lindome südlich von Göteborg durch das Hinterland der Westküste nach Strömstad an der norwegischen Grenze. Auf Tour 14 wandert man am See Stora Delsjön ein kleines Stück auf diesem Weg.
www.westswedentrails.com/de/delled/bohusleden

HALLANDSLEDEN

Der 453 km lange Hallandsleden ist in 26 Etappen gegliedert und windet sich durch Halland. Er folgt dabei alten Wegtrassen, vorbei an vielen Monumenten und historischen Gebäuden. Der Hallandsleden hat im Süden Anschluss an den Skåneleden und im Norden an den Bohusleden. Bei Simlångsgården teilt er sich in einen östlichen und westlichen Zweig, die sich bei Åkulla wieder treffen. Der Hallandsleden führt über den Moränenrücken Fjäras Bräcka (Tour 13).
www.hallandsleden.se/de

SÖRMLANDSLEDEN

Der über 1000 km lange Sörmlandsleden (rund 100 Etappen) führt als große Runde beginnend in Nyköping durch die Provinz Sörmland und verläuft dabei auch durch den Nationalpark Tyresta (Tour 61).
www.sormlandsleden.se

HÖGLANDSLEDEN

Der 450 km lange Rundwanderweg quert das småländische Hochland und startet bzw. endet in Nässjö. Am Weg liegen zahllose Seen, Bachtäler, ursprüngliche Wälder sowie ausgedehnte Moor- und Heideflächen. Von den Höhenzügen genießt man einen weiten Blick über Småland. Bei Tour 41 durch die Skurugata-Schlucht trifft man auf den Höglandsleden.
www.svenskaturistforeningen.se/leder/hoglandsleden/

SEVEDELEDEN

Der 50 km lange Rundwanderweg verläuft von Mariannelund Richtung Norden (Tour 39) durch Småland. Ein Zweig führt nach Süden in die Landschaft rund um Bullerbü, die Astrid Lindgren so anschaulich in ihren Büchern beschrieb. Der Sevedeleden hat östlich des Campingplatzes Spilhammar bei Mariannelund Anschluss an den Höglandsleden.
www.vimmerby.se

FINNSKOGLEDEN

Der 240 km lange Wanderweg führt von Morokulien bis nach Søre Osen in Trysil und verläuft entlang der schwedisch-norwegischen Grenze durch skandinavische Waldeinsamkeit; vorbei an vielen alten Höfen der Waldfinnen. Er ist in 13 Etappen geteilt und kreuzt mehrmals die Grenze. Tour 68 berührt den Finnskogleden auf der Strecke von Lebiko nach Lomstorp.
www.finnskogleden.com

KUNGSLEDEN

Der bekannteste Fernwanderweg Schwedens – der „Königsweg" – gliedert sich in einen südlichen und einen nördlichen Teil. Der 360 km lange Südliche Kungsleden (Södra Kungsleden) startet in Sälen (Tour 76) und führt über den Fjällufjället nationalpark (Tour 77) und Grövelsjön (Tour 80) nach Storlien. Der 440 km lange nördliche Kungsleden (Norra Kungsleden) startet in Hemavan und verläuft durch Lappland nach Abisko hoch im Norden. Zu Fuß erlebt man die schwedische Fjäll-Landschaft von ihrer schönsten Seite.
www.swedishtouristassociation.com/areas/kungsleden/
www.fjaellwanderung.de/wege/kungsleden/

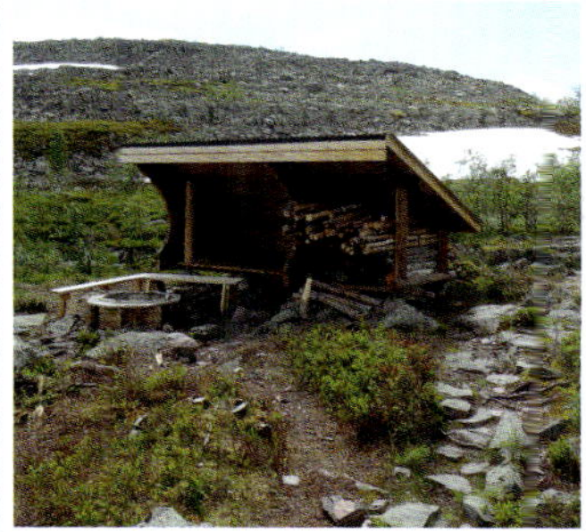

Einseitig offene Unterstände (Windschutzhütten) bieten Schlafplätze entlang der Fernwanderwege

Infos über schwedische Weitwanderwege

www.swedishtouristassociation.com/hiking/

www.vandringsguiden.se/vandringsleder/

ALLGEMEINE TOURENHINWEISE

Jedermannsrecht – allemannsrätten

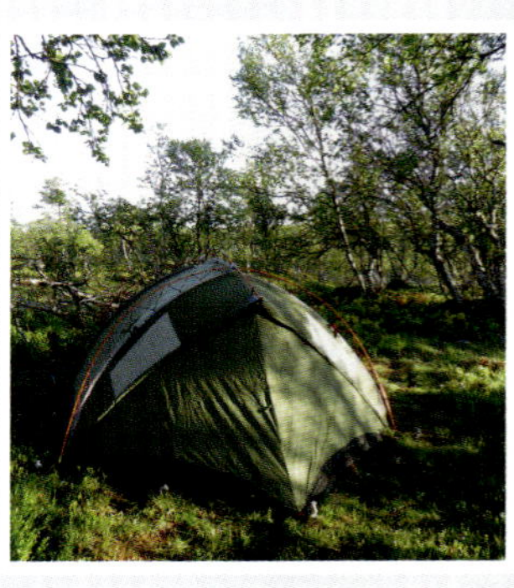

Gemäß dem Motto „Nicht stören und nichts zerstören" gilt in Schweden das in seinen Wurzeln auf das Mittelalter zurückgehende **allemannsrätten.** Es erlaubt jedem, sich in freier Natur aufzuhalten und sich auf privatem Grund und Boden zu bewegen, solange er die Privatsphäre des anderen respektiert, sich in genügendem Abstand zu Wohnhäusern befindet, keine bewirtschafteten Flächen betritt und den privaten Hausfrieden respektiert. Das Pflücken von Beeren und Pilzen und das Sammeln von am Boden liegendem Holz ist für den Eigenbedarf erlaubt. Feuer darf allerdings nur an vorgesehenen Stellen entzündet werden. Abfall muss komplett wieder mitgenommen werden.

Das Jedermannsrecht erlaubt auch das Zelten für eine Nacht in freier Natur – im Wald, an einem See oder auf einer Wiese (das gilt nicht für Autos, Wohnwägen und Wohnmobile!), allerdings nicht in der Nähe von Wohnhäusern oder auf landwirtschaftlichen Flächen.

In Schutzgebieten ist das Jedermannsrecht entweder nur eingeschränkt gültig oder völlig aufgehoben, Schilder weisen dezidiert darauf hin. www.hsr.se/right-public-access

GEHZEITEN

Die angegebenen Gehzeiten sind nur grobe Anhaltspunkte und verstehen sich ohne Pausen. Bei der Planung jeder Tour gilt es, Faktoren wie das Wetter und die individuelle körperliche Verfassung zu berücksichtigen!

Aufgrund des oft schwierigen Geländes (wurzelreiche Waldpfade, steinreiche Fjällwege, Blockfelder oder rutschige Bohlenwege in Feuchtgebieten) ist man selbst mit guter Kondition oft deutlich langsamer unterwegs als zunächst vermutet. Im Fjäll etwa liegt die Durchschnittsgeschwindigkeit bei lediglich 2 bis 3,5 km/h. Nach Niederschlägen können die Granitfelsen in den Schären rutschig sein.

Auf den Wanderschildern unterwegs finden sich grundsätzlich nur Kilometerangaben.

SCHWIERIGKEITSGRADE

■ LEICHT

Wanderungen auf markierten Wegen, die durchaus auch steinige oder feuchte Stellen aufweisen können. In Feuchtgebieten sind Nassstellen beplankt. Die Wege sind oft gut für Familien mit Kindern geeignet. Die Höhenunterschiede sind gering, Trittsicherheit ist nicht erforderlich.

■ MITTEL

Mittelschwere Touren auf überwiegend gut begehbaren und markierten Wegen, die durch ihre Länge eine Grundkondition sowie teilweise auch Trittsicherheit erfordern. Im Fjäll ist bei Wetterumstürzen mit eingeschränkten Sichtverhältnissen der Umgang mit Karte und Kompass von Vorteil. Abschnittsweise können die Wanderungen auch weglos sein.

MEINE LIEBLINGSTOUR

Dyröleden

Ein Mal rund um die Schäreninsel Stora Dyrön verläuft diese herrliche Wanderung. Vorbei an einer Herde wilder Mufflons führt die Wanderung zu einsamen Badebuchten, in zwei malerische Hafenorte, zu einer öffentlichen Sauna (Båstu) am Meer und durch eine eindrucksvolle Kluft, wie sie so typisch für die Schären ist. →Tour 17, Seite 87

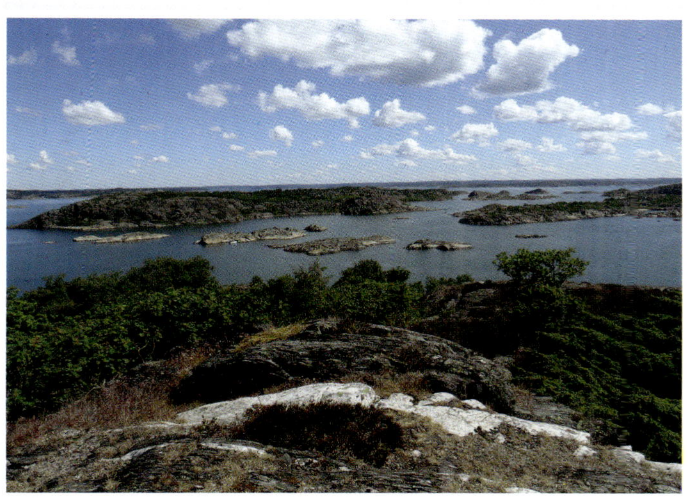

MEINE HIGHLIGHTS

1: Söderasens nationalpark
Imposante Schluchten und herrliche Buchenwälder im Nordwesten von Skåne. → Tour 07, Seite 50

2: Tiveden nationalpark
Hier findet man Blockmeere, lang gezogene Granitfelsen, Findlinge, Grotten, Tümpel und Urwälder.
→ Touren 28 u. 29, S. 122 u. 125

3: Storre Mosse nationalpark
Südschwedens größtes Moor ist sehr vogelreich. → Touren 44 und 45, Seiten 173 und 176

4: Stendörrens naturreservat
Herrliche Wanderungen in der Küsten- und Schärenlandschaft unweit von Nyköping.
→ Tour 64, Seite 246

5: Fjulufjällets nationalpark
Schwedens größter Wasserfall, Urwald und eine eindrucksvolle Fjälllandschaft. → Tour 77, S. 287

6: Storvätteshågna
Der 1.204 m hohe Berg überragt das Långfjället und ist der höchste Gipfel Dalarnas.
→ Tour 79, Seite 295

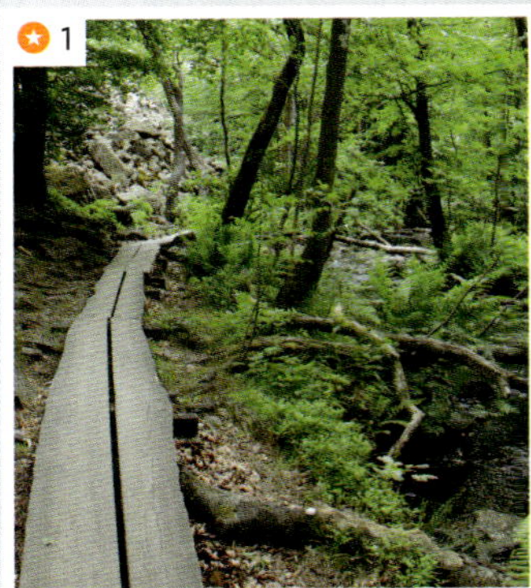
1

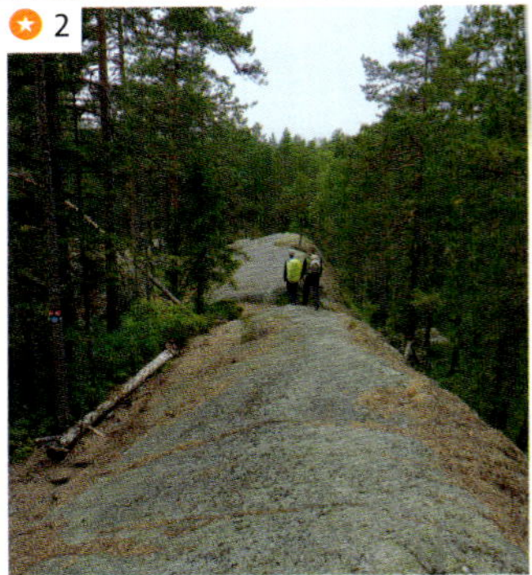
2

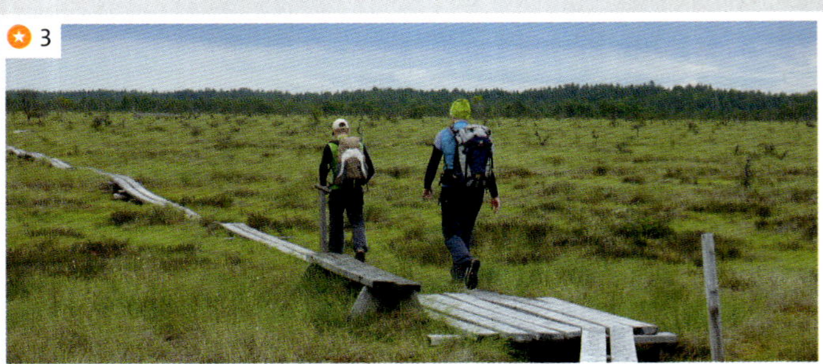
3

4

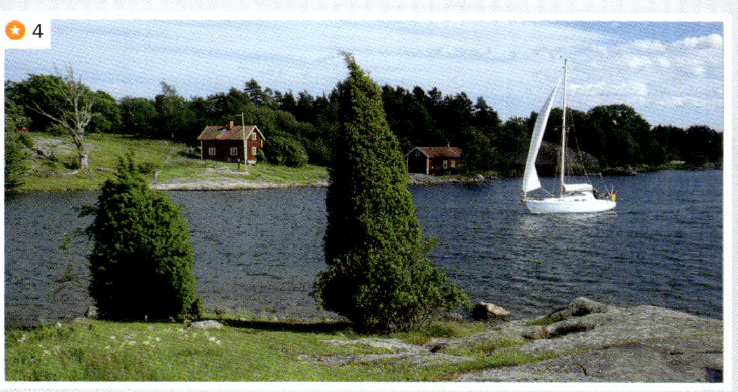

5

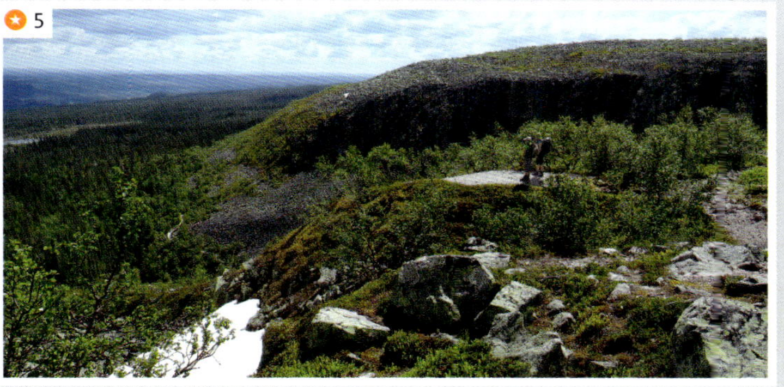

6

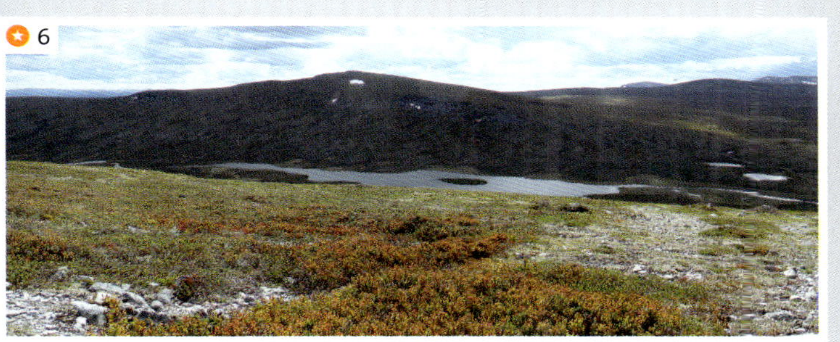

1

HALBINSEL FALSTERBO

Vogelparadies mit kilometerlangem Sandstrand

 14,5 km 4:15 h 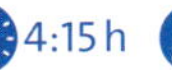 11 hm 11 hm

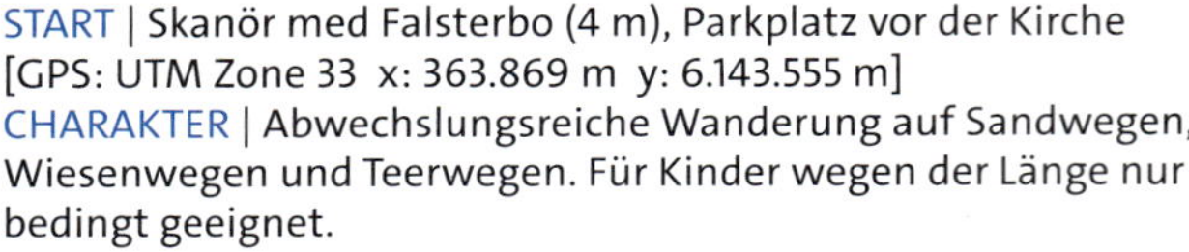
START | Skanör med Falsterbo (4 m), Parkplatz vor der Kirche [GPS: UTM Zone 33 x: 363.869 m y: 6.143.555 m]
CHARAKTER | Abwechslungsreiche Wanderung auf Sandwegen, Wiesenwegen und Teerwegen. Für Kinder wegen der Länge nur bedingt geeignet.

Für viele Einwohner Malmös ist die nur 25 km entfernte Halbinsel ein nahes Ausflugsziel, besonders an Sommertagen, an denen der kilometerlange Sandstrand von vielen Familien besucht wird. Davon zeugen auch die unzähligen kleinen bunt gestrichenen Holzhütten direkt hinter dem Strand, in denen alles Wichtige für einen Tag am Meer verwahrt wird.

Aber nicht nur Strandurlauber zieht es auf die Halbinsel am Öresund: Laut Angaben der Ornithologen der Falsterbo Fågelstation legen hier rund 500 Mio. Zugvögel jeden Herbst auf dem Weg nach Süden einen Zwischenstopp ein; besonders beeindruckend sind dabei die Greifvögel.

▶ Vom **Parkplatz** vor der **S:t Olofs Kyrka** 01 in Skanör oder einem der Parkplätze entlang der Kyrkogatan starten wir Richtung Westen zum Meer und folgen dort dem **Wegweiser „Bormästarstigen"** 02, der durchs Vogelschutzgebiet zu farbenfrohen **Strandhütten** 03 (ganz links gibt es Toiletten) führt. Wer nach Norden schaut, sieht in der Ferne die spektakuläre Øresundsbron, die von Malmö in die dänische Hauptstadt Kopenhagen führt. Ein Hinweisschild infor-

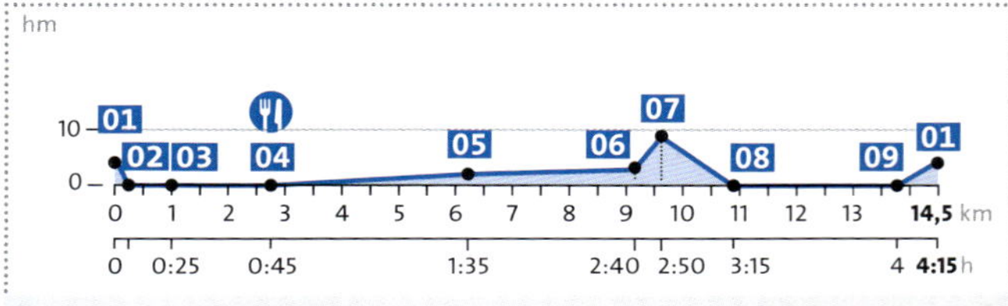

01 Parkplatz vor S:t Olofs Kyrka, 4 m; 02 Wegweiser „Bormästarstigen", 1 m; 03 Strandhütten, 1 m; 04 Parkplatz, 1 m; 05 Falsterbo Fyr, 2 m; 06 Abzweig, 3 m; 07 Sankta Gertruda Kyrka, 9 m; 08 Radweg, 1 m; 09 Windmühle Skanörs stubbamölla, 1 m

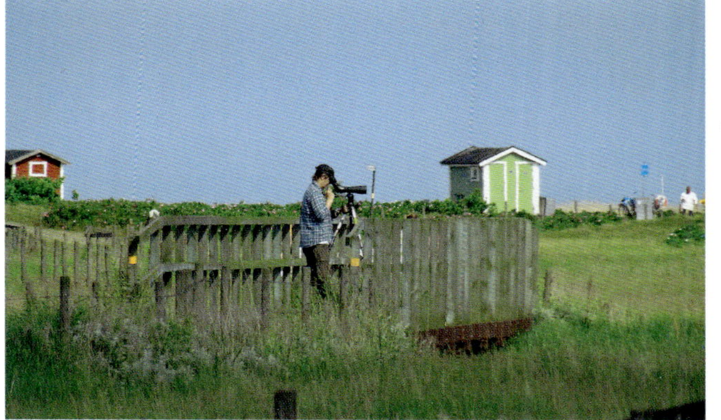

Vogelparadies Falsterbo

miert darüber, dass wir uns hier auf einem küstenparallel verlaufenden Abschnitt des Skåneleden (SL5, orange Markierung) befinden.

Wir biegen nach links ab und wandern entlang des Strands Richtung Süden zu einem Parkplatz, queren diesen, biegen nach rechts zum Hafen ab, folgen kurz der Teerstraße und wenden uns noch vor dem Hafen an einem **Parkplatz** 04 nach links auf den Skåneleden.

Der folgende befestigte Wegabschnitt führt ohne Sicht aufs Meer zwischen den Sanddünen und dem Golfplatz nach Süden, später geht er in einen Wiesenweg über, rechts eine Reihe weiterer Strandhütten. Immer wieder hoppeln kleine Kaninchen über den Golfplatz.

Auf dem Weg zur Südspitze passieren wir den Leuchtturm von Falsterbo mit Infotafel. Der 25 m hohe **Falsterbo Fyr** 05 ging 1796 in Betrieb und arbeitete bis 1990. Er steht 400 m westlich des mittelalterlichen Leuchtfeuers Kolabacken, einem mit Kohle befeuerten Wippfeuer.

Weiter geht es zur Südspitze der Halbinsel, wo man nun genau nach den orangen Markierungen Ausschau halten sollte: Ein schmaler Trampelpfad führt südlich des Golfplatzes an diesem vorbei Richtung Nordosten.

Die eigentliche Inselspitze, Måkläppen, steht als Naturschutzgebiet unter Betretungsverbot. Die Meeresströmung und der Wind transportieren den Sand entlang der Küste nach Süden. An der Spitze lagert sich der Sand in einem markanten Strandhaken ab und umschließt mehrere Strandseen. Rechts von uns liegen einige dieser Strandseen. Nachdem wir sie passiert haben, leitet uns ein Weg zum Wasser. Wir wandern nun eine Zeitlang direkt entlang der Wasserkante, vorbei an den Ruinen der Burg Falsterbo (Falsterbohus Borgruin) bis kurz vor einem Pier, der rund 50 m weit ins Meer hineingebaut wurde.

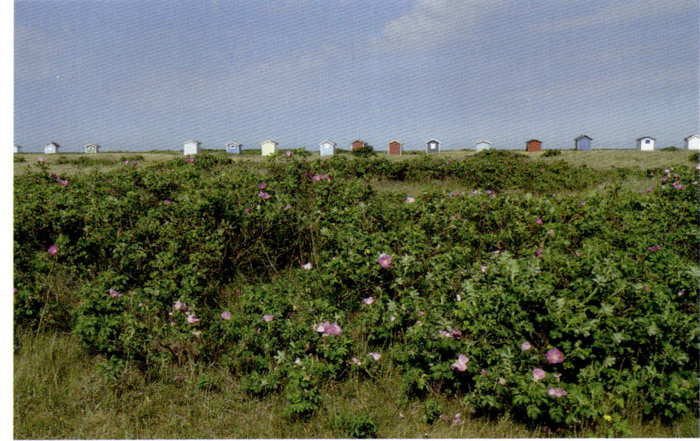

Farbenfrohe Strandhütten säumen den Wanderweg

Hier **zweigt** nach **links** 06 ein Pfad ins Wäldchen ab (Hinweisschild zur Toilette), wir nehmen aber gleich den ersten Weg nach rechts (Wegweiser „Kyrkan") und halten uns gleich wieder nach links und erreichen so die **S:ta Gertruds Kyrka** 07. Die historische Kirche von Falsterbo steht inmitten von Flugsanddünen, ihre ältesten Teile stammen aus der zweiten Hälfte des 14. Jhs. Links des Wegs sieht man kurz vor Erreichen der Kirche eine kleine Windmühle.

Von der Kirche aus folgen wir der Kyrkogatan, wechseln dann kurz auf einen Fußgänger- und Radweg, der uns rechts durch ein Wäldchen zu einer Ortstafel führt. Hier nach links zum Skoltorget abzweigen. Wir wandern am weißen Turm vorbei zur Storgatan, biegen dort nach rechts ab und an der Kreuzung mit der Norra Vänggatan nach links in diese ab. Nach wenigen Metern zweigt rechts die kleine Straße Prästaledsvägen ab. Sie endet schließlich an einem **Radweg** 08, der parallel zum Damm und dem Golfplatz Richtung Norden führt.

Ab hier kann man nun wahlweise dem schattigen Radweg folgen oder aber auf dem sonnigeren und sandigen Dammweg wandern. Wer sich für den Radweg entscheidet, muss auf Höhe des Vaktarevägan über die Wiesen zurück auf den Dammweg wechseln, der zum Fußballplatz und um diesen herum zur Teerstraße Hamnvägen führt. Ein Blickfang ist die **Windmühle Skanörs stubbamölla** 09, die um 1700 erbaut wurde. Auf der anderen Straßenseite von der Mühle wandern wir entlang des Feuchtgebiets auf einem Trampelpfad (Slottstigen) zurück zum bekannten Wegweiser **„Bormästarstigen"** 02 und zum **Parkplatz** 01.

Wer ein bisschen durch die Wohnstraßen von Skanör bummeln will, kann auch schon vorher auf die parallel verlaufende Wohnstraße wechseln.

Klappbrücke

Bei der Fahrt auf der Länsväg 100 durch Höllviken trifft man auf den Falsterbokanalen. Diese künstliche, 1,6 km lange Wasserstraße erspart den Schiffen die Umrundung der Halbinsel. Die Klappbrücke wird täglich zu festgelegten Zeiten geöffnet. Für alle heißt es dann warten und das Schauspiel der sich öffnenden und wieder schließenden Klappbrücke zu genießen.

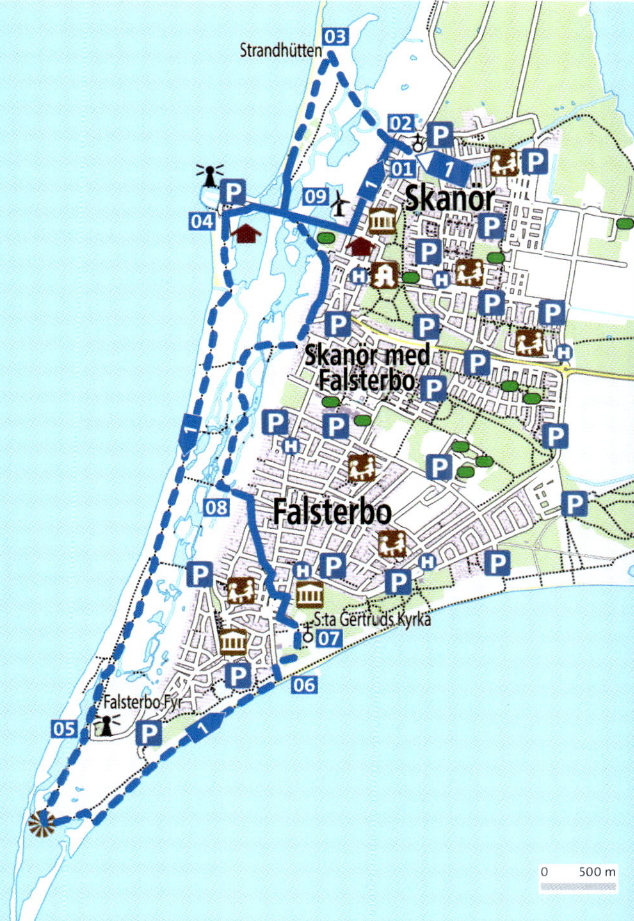

SVANEHOLMS SLOTT

Rund um den Svaneholmssjön

 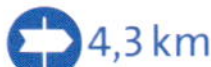 4,3 km  1:20 h 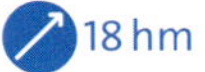 18 hm 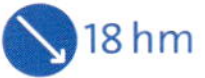 18 hm

START | Parkplatz (61 m) bei Schloss Svaneholm nordwestlich von Skurup [GPS: UTM Zone 33 x: 404.024 m y: 6.151.421 m]
CHARAKTER | Einfache Wanderung um den See, meist Waldwege, teilweise auch Plankenwege.

Das aus rotem Ziegel erbaute Svaneholm Slott liegt malerisch auf einer Insel im Svaneholmssjön. Das Schloss beherbergt heute ein Museum, einen Einrichtungsladen und ein Restaurant. Die Runde führt zu zwei Drittel um den See herum und anschließend in einem Bogen durch den angrenzenden Wald zurück zum Schloss. Im Feuchtwald am Nordufer verläuft die Runde über einen schönen Plankenweg durch sehr alten Baumbestand.

Am **Parkplatzende** 01 findet sich ein Wegweiser, der auf drei unterschiedlich lange Wanderungen hinweist. Wir folgen der roten Runde (röda slingan), die gegen den Uhrzeigersinn um den See führt. Wir biegen ins Wäldchen ein und müssen für wenige Minuten parallel zur Straße laufen, bis nach links der Wanderweg abbiegt und nun meist ufernah durch einen schattigen Buchenwald führt, teilweise auch über Bohlen.

Unterwegs genießen wir einen ersten Blick auf Schloss Svaneholm (**Infotafel** 02) und wandern dann länger zum Teil über dem Wasser auf einem schön angeleg-

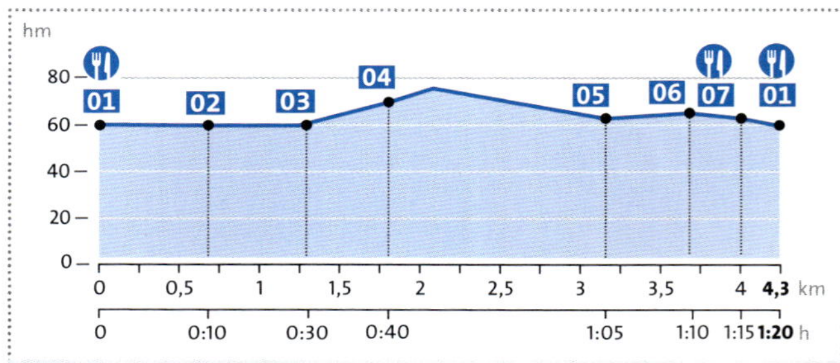

01 Parkplatzende, 60 m; 02 Infotafel, 60 m; 03 Kreuzung, 60 m; 04 Unbefestigte Straße, 69 m; 05 Grillstelle, 63 m; 06 Rökhhuset, 65 m; 07 Schlosspark, 63 m

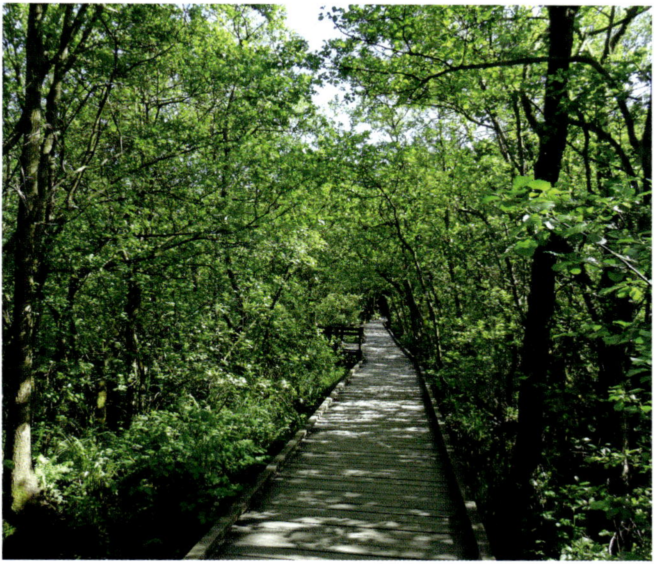

Ein schöner Bohlenweg führt entlang des Ostufers

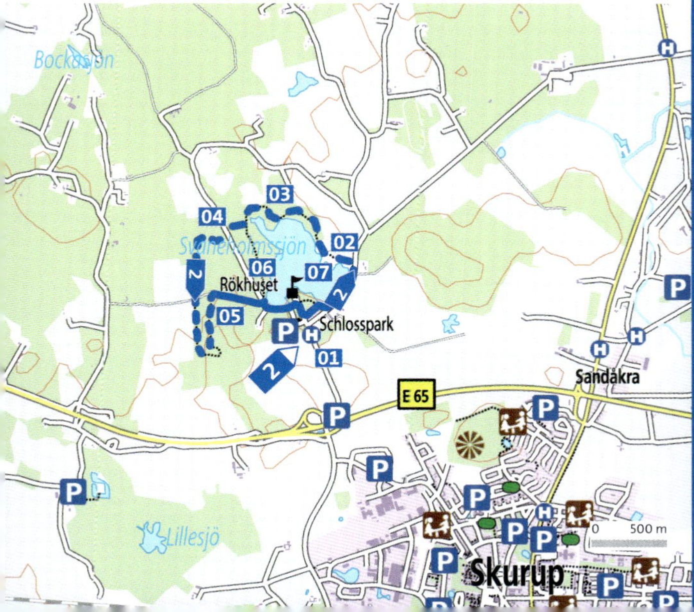

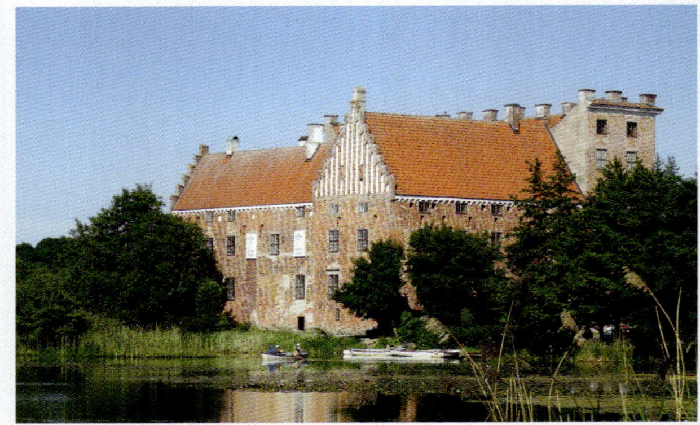

Blick vom Rökhuset auf das Schloss

Svaneholms Slott: Museum Konst Natur & Mat

Das Schloss wurde 1530 errichtet und schon bald im Renaissancestil ausgebaut. Ende des 17. Jhs. wurde es dem damaligen Zeitgeschmack entsprechend barockisiert. Der örtliche Heimatverein betreibt das Schlossmuseum und zeigt u.a. seine Trachtensammlung, ein Schulmuseum sowie die Wohnräume der früheren Schlossherren Macklean und Ehrenvärd mit Möbeln, Kunstwerken und Wohnaccesoires. Ein Erlebnis für sich ist das exklusive Restaurant des Hauses mit seinen großen Festsälen. Einen Besuch lohnt auch die Slottsboutik. Der Svaneholmssjön eignet sich ideal für einen Ruder- oder Angelausflug. Öffnungszeiten siehe Homepage: www.svaneholm.com.

ten gewundenen Bohlenweg zu einer **Kreuzung** **03** mit ein paar Fitnessgeräten. Hier biegt der Weg nach rechts ab (auf rote Punkte an den Bäumen achten). Der Waldweg kreuzt eine Straße und führt auf der gegenüberliegenden Seite weiter geradeaus und nun ansteigend bis zu einer weiteren **unbefestigten Straße** **04**. Diese kreuzt man und wandert nun das „U" der Route aus, das schließlich an einem offenen Unterstand mit **Grillstelle** **05** endet. Hier hält man sich rechts und wandert an Feldern und imposanten Eichen entlang zum **Rökhuset** **06**, das 2015 renoviert wurde. Von der Bank vor dem Häuschen genießt man nochmals einen herrlichen Blick über den See auf das Schloss.

Weiter geht es nun zum Eingang in den **Schlosspark** **07**. Wir betreten diesen, erreichen das aus Ziegelsteinen erbaute Schloss und spazieren nach dem Museumsbesuch an mächtigen Rhododendronbüschen vorbei zurück zum **Parkplatz** **01**.

STENSHUVUDS NATIONALPARK

Küsten-Nationalpark an Skånes Ostküste

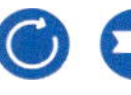  4,8 km  2:20 h 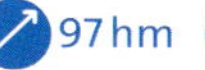 97 hm 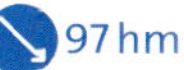 97 hm

START | Naturum (37 m) des Nationalparks, von der Reichsstraße 9 ausgeschildert [GPS: UTM Zone 33 x: 453.967 m y: 6.168.058 m]
CHARAKTER | Einfache Wanderung über sehr gut markierte Wanderwege (Schilder und farbige Bänder an den Bäumen); es gibt fünf farbig markierte Rundwege, die sich kombinieren lassen. Wegweiser in Englisch und Deutsch.

Der kleine Nationalpark Stenshuvud zählt zu den arten- und abwechslungsreichsten Nationalparks Schwedens, der nicht nur landschaftlich, sondern auch kulturell interessant ist. Der Höhepunkt der vorgestellten Wanderung ist der 97 m hohe Granitgipfel Stenshuvud („steinerner Kopf") mit Aussicht über die Bucht Hanöbukten und bei guter Fernsicht weit über die Ostsee bis zur dänischen Insel Bornholm. Der Nationalpark schützt einen der größten Hainbuchenwälder des Landes, in seinen Grenzen finden sich aber auch ausgedehnte Sandheideareale, vor allem im Südteil des Parks und entlang der Küste. Bis ins 19. Jh. hinein wurde im heutigen Park noch Torf gestochen. Im Frühjahr ist der Boden des Laubwalds mit uralten Eichen mit einem Teppich von Waldanemonen bedeckt; aufmerksame Wanderer finden hier aber auch Orchideen. Durch den Nationalpark verläuft der Weitwanderweg Skåneleden.

▶ Der Nationalpark liegt 3 km südlich von Kivik und rund 15 km nördlich von Simrishamn. Von der

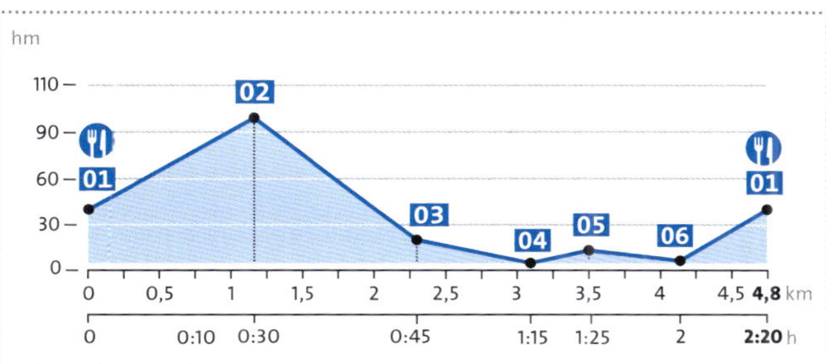

01 Naturum, 37 m; 02 Norra Huvudet, 97 m; 03 Nordeingang Hällevik, 19 m; 04 Leuchtturm, 5 m; 05 Felsformation, 12 m; 06 Krivareboden, 7 m

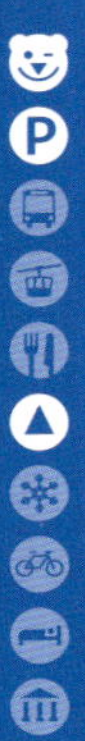

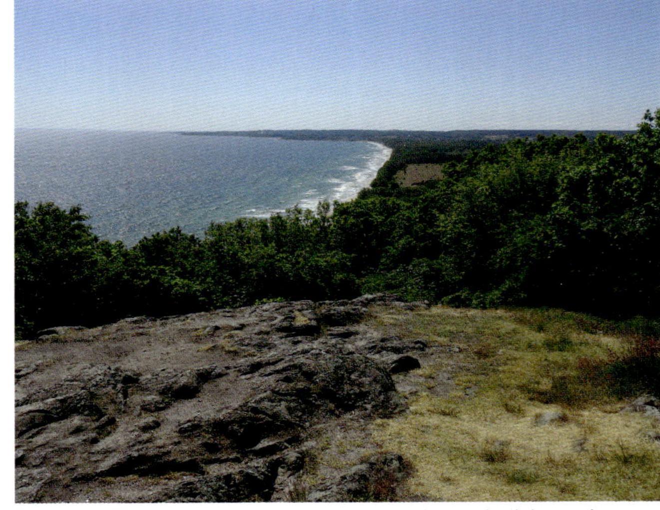

Blick vom Södra Huvudet Richtung Süden in den Südteil des Parks

Landstraße 9 finden sich Wegweiser an der Abzweigung zum Nationalpark. Von Kivik aus gibt es auch eine Ausschilderung zum Nordeingang. Es gibt keine Busverbindung zum Besucherzentrum Naturum, die nächstgelegene Haltestelle ist „Mellby skola", von dort sind es 3 km zu Fuß zum Naturum.

Wir starten die Nationalparkrunde vor dem **Naturum** 01 mit einem Café, einer kleinen Ausstellung und viel Informationsmaterial. Es empfiehlt sich, die Broschüre mit dem Wegenetz mitzunehmen, es erleichtert die Orientierung.

Wir folgen zunächst den Wegweisern zum Stenshuvud (rot) und steigen in wenigen Minuten hinauf zu den Resten der Farnborg, einer ovalen Festungsanlage aus dem 5. Jh. (Zeit der Völkerwanderung), die sich über den Nordteil des Stenshuvud erstreckte. Kurz darauf stehen wir auf dem ersten der drei Granitgipfel des Stenshuvud, dem **Södra Huvudet (Südgipfel)**. Weit reicht der Blick über die Baumgrenze nach Süden entlang der Küste. Nur 100 m sind es von hier zum Ostgipfel, dem Östra Huvudet. Nach weiteren 200 m stehen wir auf dem höchsten Gipfel, dem Nordgipfel **Norra Huvudet** 02. Von hier blickt man auf die Heideflächen östlich des Naturums und die große Sandheidefläche Sandana mit vereinzelten Wacholderbüschen.

Vom Nordgipfel des Stenshuvud gehen wir ein kleines Stück zurück, verlassen nun den roten Weg und folgen dem Wegweiser „Hällevik" (Nordeingang). Über eine Holztreppe steigen wir auf dem weißen (Verbindungs-)Weg ab, stoßen auf den gelben Weg und folgen diesem nach Norden zum **Nordeingang Hällevik** 03. Auch

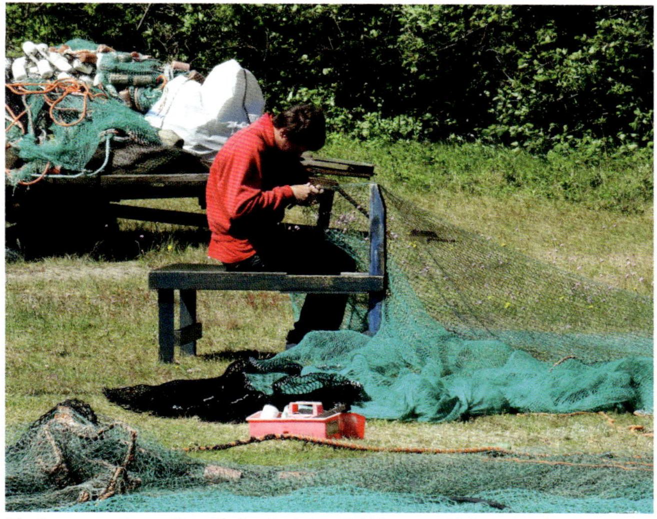

Fischer reparieren ihre Netze bei den Hütten von Krivareboden

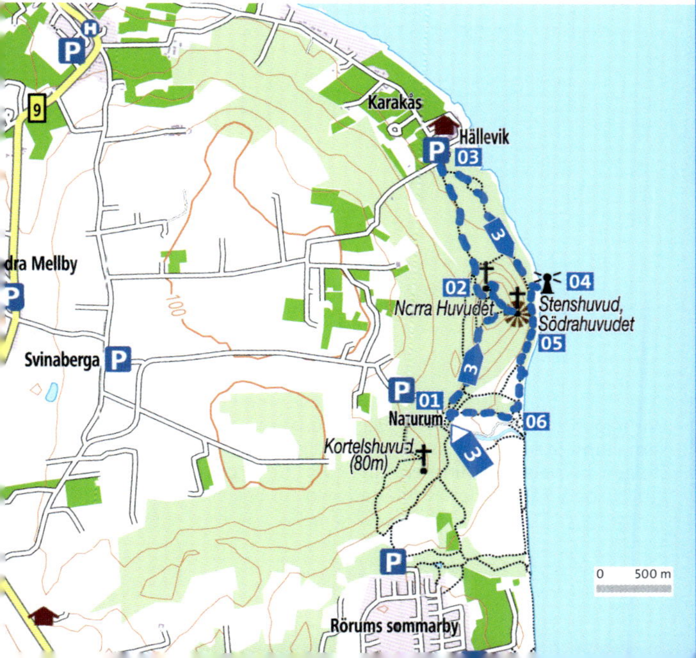

Karakås
Hällevik
03
02
04
Ncrra Huvudet
Stenshuvud,
Södrahuvudet
05
01
Naturum
06
Kortelshuvud
(80m)
dra Mellby
Svinaberga
Rörums sommarby
9
100
0 500 m

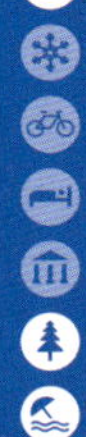

hier findet man Infotafeln und Kästen mit Broschüren in mehreren Sprachen. Wir folgen einem kleinen Schotterweg Richtung Krivareboden und Naturum (gelbe Markierung) und kommen an einem kleinen Zeltplatz vorbei. Wer will, kann sich das Arboretum von Hällevik mit einigen exotischen Baumarten anschauen (ca. 15 Min. zusätzlich).

Durch lichten Wald, teilweise über Bohlen, wandern wir parallel zur Küste an einer Lichtung (mit Blick auf den Norra Huvudet) vorbei zum **Leuchtturm** 04, zu dem ein Stichweg vom Hauptweg abgeht. Der Leuchtturm ist seit 1919 in Betrieb. Auf dem weiteren Weg kommen wir an einer interessanten **Felsformation** 05 vorbei. Hier bietet sich nochmals die Gelegenheit, zum Wasser runterzugehen. Wir erreichen eine eingezäunte Heidefläche, über die ein Weg zurück zum Naturum führt. Wir halten uns aber links, passieren ein zweites Gatter und wandern am Ufer entlang zum Krivarebäcken, den wir queren. Kurz danach erreichen wir die Hütten der Aalfischer am **Krivareboden** 06. Die Hütten dienen den Fischern seit Jahrhunderten als Geräteschuppen. Hier beginnt ein langer weißer Sandstrand, der sich weit nach Süden erstreckt.

Der gelb markierte Rundweg schwenkt nun vom Wasser weg landeinwärts und verläuft über Feuchtwiesen leicht ansteigend zurück zum Ausgangspunkt Naturum. Rechts des Weges fällt der Blick auf rund 5 m hohe Holzpfähle, die die Aalfischer beim Flicken ihrer Netze zum Aufspannen nutzen. Unterhalb des Besucherzentrums **Naturum** 01 finden sich mehrere Picknicktische.

Markierte Wanderwege im Nationalpark

Blaue Runde (1 km, 30 Min.)
Führt hinunter zum Wasser am Krivareboden, unten steht eine Hütte der Aalfischer; rollstuhltauglich.

Rote Runde (2 km, 1 Std.)
Der Klassiker führt durch den Laubwald hinauf zu den drei Granitgipfeln des Stenshuvud, am Weg liegen die Reste der alten Burg.

Orange Runde (500 m, 15 Min.)
Lehrpfad entlang des Arboretums am Nordeingang. Angelegt von Landschaftsgärtner Carl Ekenstam Ende des 19. Jhs., rollstuhltauglich.

Lila Runde (3 km, 1 Std.)
Der Rundweg führt über den Kotelshuvud durch Laubwald nach Süden zum Südeingang Rörum, am Nordufer des Flusses Rörum entlang und dann durch das Heidegebiet Sandana zurück zum Naturum.

www.nationalparksofsweden.se

DALBY SÖDERSKOGS NATIONALPARK

4

Waldnationalpark vor den Toren von Lund

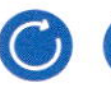  2,3 km  1:30 h  13 hm  13 hm

START | Parkplatz Dalby Hage (61 m), Wegweiser an der Landstraße 102 zwischen Lund und Dalby. Von der Bushaltestelle in Dalby 1,5 km zu Fuß. [GPS: UTM Zone 33 x: 394.994 m y: 6.170.870 m]
CHARAKTER | Waldpfad, später neu angelegter Schotterweg, dann Bohlenweg. Blaue Markierung teilweise dürftig.

Etwa 10 km südöstlich der Stadt Lund liegt der kleine Nationalpark Dalby Söderskog. Er wurde 1918 gegründet und hat lediglich eine Fläche von 36 ha. Direkt nördlich und östlich schließen sich weitere Naturschutzgebiete an, darunter die Naturreservate Dalby Norreskog, Skrylle und Måryd. Dalby Söderskog ist ein Nationalpark, dem man ansieht, dass er zu klein ist, um die offiziellen IUCN-Kriterien für Nationalparks zu erfüllen.

Extra hinzufahren lohnt sich angesichts der Größe nicht, wer aber auf dem Weg nach Lund oder Malmö ist, kann hier einen schönen Spaziergang durch einen der letzten „Urwälder" Schwedens unternehmen. Im Frühjahr ist der Besuch besonders schön, da dann der Waldboden mit Buschwindröschen, Butterblumen, Goldstern und vielen weiteren blühenden Pflanzen bedeckt ist. Im Herbst sorgen die Laubbäume für eine eindrucksvolle Farbsymphonie. Im Park wachsen unter anderem Eschen, Ulmen, Buchen und Eichen, aber auch Erlen, Ahorn, Linden, Rosskastanien und Salweiden sorgen für ein leuchten-

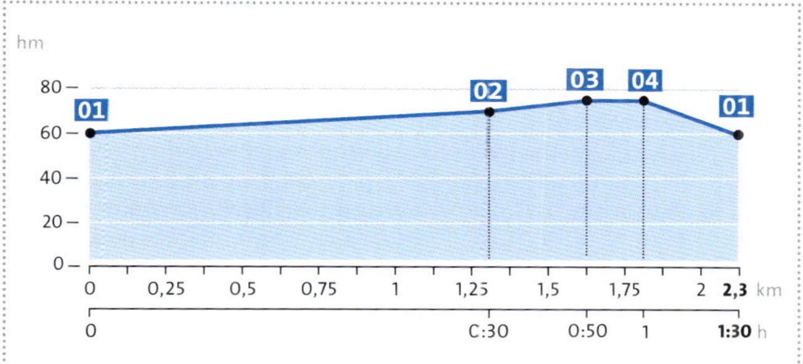

01 Parkplatz, 61 m; 02 Raka vägen, 69 m; 03 Weggabelung, 74 m; 04 Waldbach, 74 m

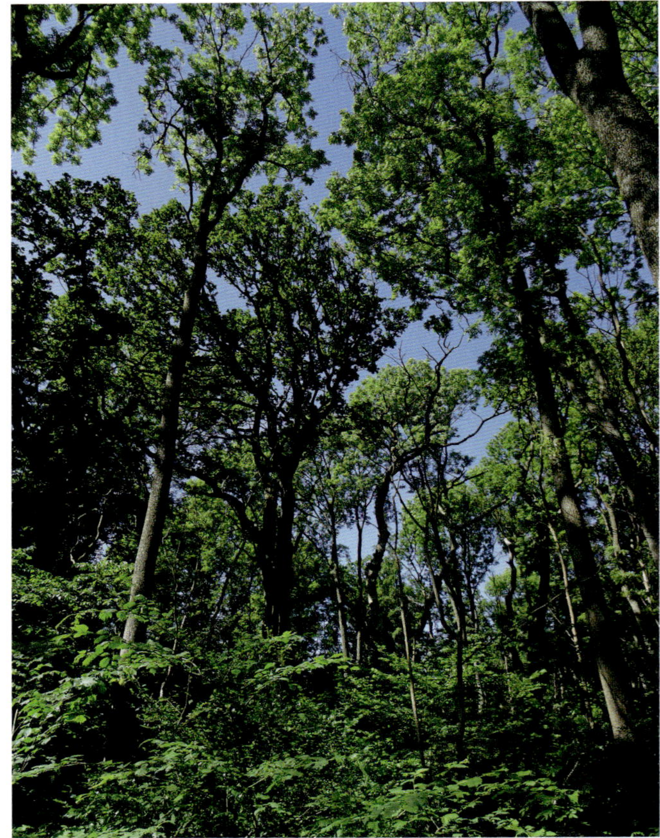

Eindrucksvolle Baumriesen

des Farbenspiel. Sie waren die perfekte Kulisse für die Verfilmung von Astrid Lindgrens Kinderbuch „Ronja Räubertochter".

Wir beginnen die kurze Wanderung am **Parkplatz** 01 südlich des Nationalparks. Der blaue Weg (Kroppekärrsrundan), dem wir nach links folgen, führt einmal am äußeren Waldrand um den Nationalpark herum. Eingerahmt wird das erhalten Waldgebiet durch einen historischen Steinwall. Aus immer neuen Perspektiven fällt der Blick auf die eindrucksvollen Baumriesen, die teilweise als Baumskelette in den Himmel ragen, an anderer Stelle in allen Stadien des Verfalls am Boden liegen. Auf dem ersten Drittel folgen wir einem Waldpfad – vorbei an der Abzweigung des **Raka vägens** 02, bis wir eine weitere **Weggabelung** 03 erreichen. Nach links kann man über eine Holztreppe den Nationalpark verlassen und in die offenen Wiesen des Weidegebiets Dalby Hage wandern. Wer dem 3,5 km langen Skryllestigen durch das an den Nationalpark angrenzende Naturreservat Dalby Norreskog folgt, erreicht so das Naturum (Besucherzentrum) des Naturreservats Skrylle.

Der blaue Weg führt jedoch weiterhin am Waldrand entlang, nun aber als Schotterweg, der den alten Bohlenweg ersetzt und dem Weg leider viel von seinem einstigen Charme genommen hat. Am Wegrand liegen alte Baumriesen, schöne Baumpilze lassen sich entdecken. Wir queren einen **Waldbach** 04, der sich zum Teil tief in den Boden eingeschnitten hat.

Hästehagvallen

Ein Erdwall umgibt einen Teil des Parks, er ist rund 56 m breit und noch etwa 1 m hoch. Vermutlich ist er der Rest einer ehemaligen Fluchtburg oder einer Siedlung. Anderen Theorien zufolge handelt es sich um die Reste einer Einzäunung eines königlichen Jagdgebietes, in das von außen Wild zum Abschuss getrieben wurde.

Wie der alte Weg einmal ausgesehen hat, lässt sich erst am Schluss erahnen, denn hier wandert man noch auf alten Bohlenwegen zum **Parkplatz** 01 zurück. Ein paar Bänke laden unterwegs zum Verweilen ein, so kann man den schönen Buchenwald auf sich wirken lassen.

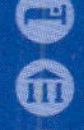

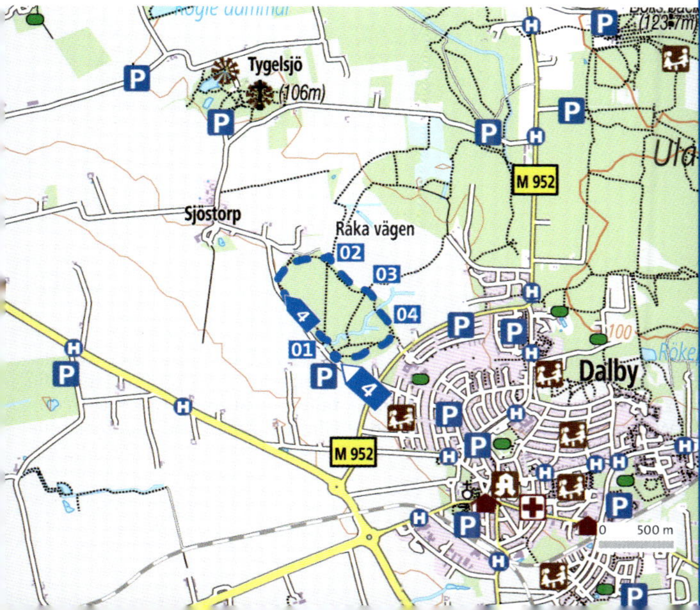

SKÅNELEDEN: VON RYDEBÄCK NACH LANDSKRONA

Abwechslungsreiche Küstenwanderung zur Zitadelle

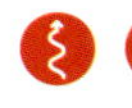
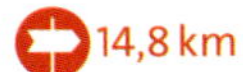

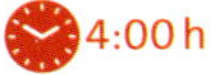

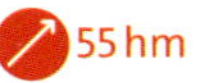

START | Bahnhof Rydebäck (16 m)
[GPS: UTM Zone 33 x: 403.963 m y: 6.151.431 m]
CHARAKTER | Küstenwanderung auf sandigen Trampelpfaden entlang der Abbruchkante des Kliffs, aber auch relativ lange Abschnitte auf kaum befahrenen Teerstraßen in den Ortschaften. Auf dem Skåneleden folgt man den orangen Quadraten.

Diese Etappe des Skåneleden führt entlang eines spannenden Küstenabschnitts nach Süden in die Stadt Landskrona. Die hoch oben entlang der Kliffkante führenden Sandpfade, aber auch die einfach zu laufenden Küstenstraßen, die die kleinen Hafen- und Ferienorte verbinden, bieten eine schöne Sicht auf den Öresund und die Insel Ven.

▶ Wir starten am **Bahnhof Rydebäck** 01 und wandern geradeaus auf der Rydebäcks Stationsgatan Richtung Westen zwischen den Wohnblöcken hindurch, biegen an einer T-Kreuzung nach rechts und gleich wieder links ab und laufen noch ein kurzes Stück geradeaus, bis links ein Weg entlang eines künstliches Wasserbeckens abzweigt. Diesem folgen wir bis zum

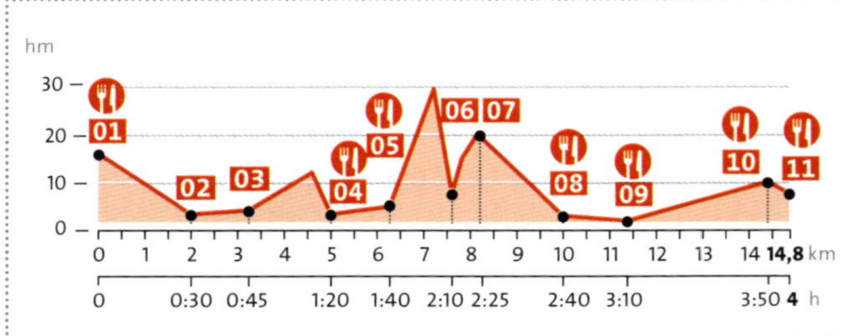

01 Bahnhof Rydebäck, 16 m; 02 T-Kreuzung Skåneleden, 3 m; 03 Glumslövs naturreservat, 4 m; 04 Ålabodarna, Hafen, 3 m; 05 Sundwig, Abzweig, 5 m; 06 Rustningshamn, 7 m; 07 Bank, 19 m; 08 Camping Borstahused, 3 m; 09 Marina Borstahused, 2 m; 10 Zitadelle Landskrona, 10 m; 11 Bushaltestelle „Rådhustorget", 7 m

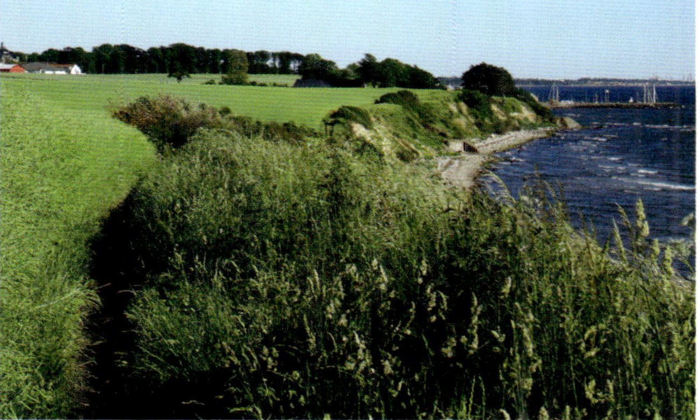

Auf dem Küstenweg im Glumslövs naturreservat

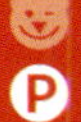

Ende der Wasserfläche, nehmen die Unterführung und stoßen auf der anderen Seite auf eine Reihe Wohnhäuser. Am Ende dieser Häuserzeile biegen wir rechts in die Grindhögatan ein und folgen dieser, bis rechts ein Schulgebäude in Sicht kommt. Noch vor diesem biegen wir links in die Zufahrt zu den Häusern 101 bis 105 ab, laufen an den Häusern vorbei und geradeaus auf eine Wiese zu. Dort rechts zum Sportplatz und nun auf einem Weg, der parallel zum Bach verläuft (linker Hand liegen Felder, oberhalb davon Ferienhäuser), vor zu einer **T-Kreuzung** 02. Hier treffen wir auf den Skåneleden mit seiner orangen Markierung.

12,7 km sind es von hier aus bis zur Zitadelle von Landskrona. Zunächst führt der Skåneleden an einem Parkplatz und einer Windsurfer-Schule vorbei und verläuft dann zwischen den Ferienhäusern von Fortuna und dem Strand auf einer Teerstraße. Wunderschöne kleine Häuschen in ganz unterschiedlichem Stil und viele schwedische Nationalflaggen an hohen Masten verströmen vor allem bei gutem Wetter eine herrliche Ferienstimmung.

Am Ende der Siedlung Fortuna verlässt man die Straße und wandert nun auf einem Sandweg in das **Glumslövs naturreservat** 03. Auf der Höhe führt der Weg als Trampelpfad an der Abbruchkante der Küste entlang, links liegen scheinbar endlos lange Rapsfelder. Weit reicht der Blick in Richtung Landskrona. Die Böden haben hier eine Tiefe von über 100 m – sie sind damit die mächtigsten in Schweden.

In den Hügeln von Glumslöv stößt man auf weitgereiste Felsen aus Norwegen, Småland, Bornholm und vielen weiteren Orten. Sie sind mit den Gletschervor- und -rückstößen hierher transportiert worden. Bricht wieder ein Stück von der Kliffkante ab, kommen sie zum Vorschein. Auf den sonnigen Hängen finden sich wärmeliebende Reptilien und verschiedene Schmetterlingsarten. Von der Höhe geht es schon bald wieder hinunter in den alten Fischerort

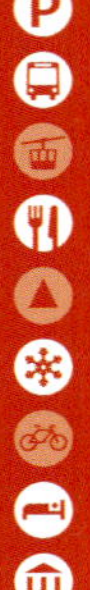

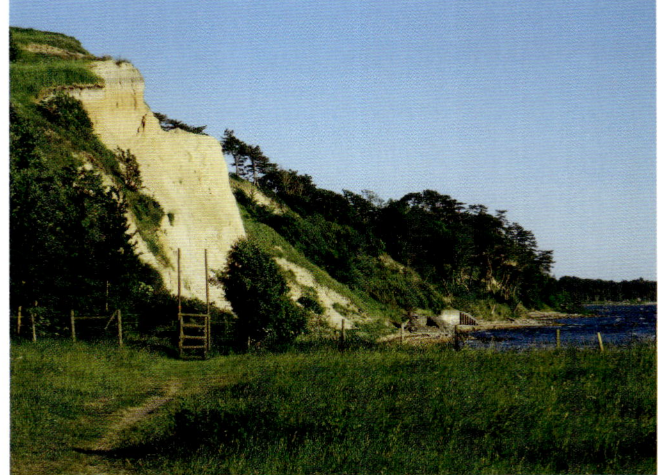

Imposantes Sandkliff

Ålabodarna 04 (am Ortseingang steht etwas unterhalb des Wanderwegs ein Toilettenhäuschen).

Am Wasser entlang ist schnell der kleine Hafen erreicht. Auch hier wieder nette Häuschen und die Möglichkeit, hinauf zum Örenäs Slot zu steigen. Das Barockschloss von 1918 (heute ein Hotel) bietet einen schönen Panoramablick auf den Öresund und die vor der Küste liegende Insel Ven. Weiter auf der Teerstraße geht es bis zum Ortseingang von **Sundvik** 05.

Achtung: Hier verlässt der Wanderweg die Küstenstraße und führt stattdessen den Sundviks vägan (Teerstraße, orange Schilder mit Pfeil beachten) links hinauf und oberhalb der Häuser aus dem Ort hinaus. Besser ausgeschildert ist dann der Abzweig vom Sundviks vägan auf den Trampelpfad (ein großer Pfeil für den Fahrradweg hilft bei der Orientierung). An der Abzweigung besteht auch die Möglichkeit, die Wanderung abzubrechen und zur Bahnstation Glumslöv (2,5 km) zu gehen.

Nun verläuft der Skåneleden wieder aussichtsreich oben entlang der Kliffkante. Wir befinden uns nun im Hilleshögs dalars naturreservat. Wir bleiben auf der Höhe, bis der Weg zu den Häusern von **Rustningshamn** 06 abfällt. Vom kleinen Hafen wurden früher Ziegelsteine verschifft, die entlang der Küste in zahlreichen Ziegeleien hergestellt wurden. Auch am Skåneleden trifft man auf Spuren alter Ziegeleien, z. B. in Form von kleinen Teichen, aus denen einst Lehm und Ton gewonnen wurde.

Der Skåneleden führt geradeaus auf ein weiteres imposantes Sandkliff zu, biegt dann aber nach links ab. Eine steile Treppe führt hinauf

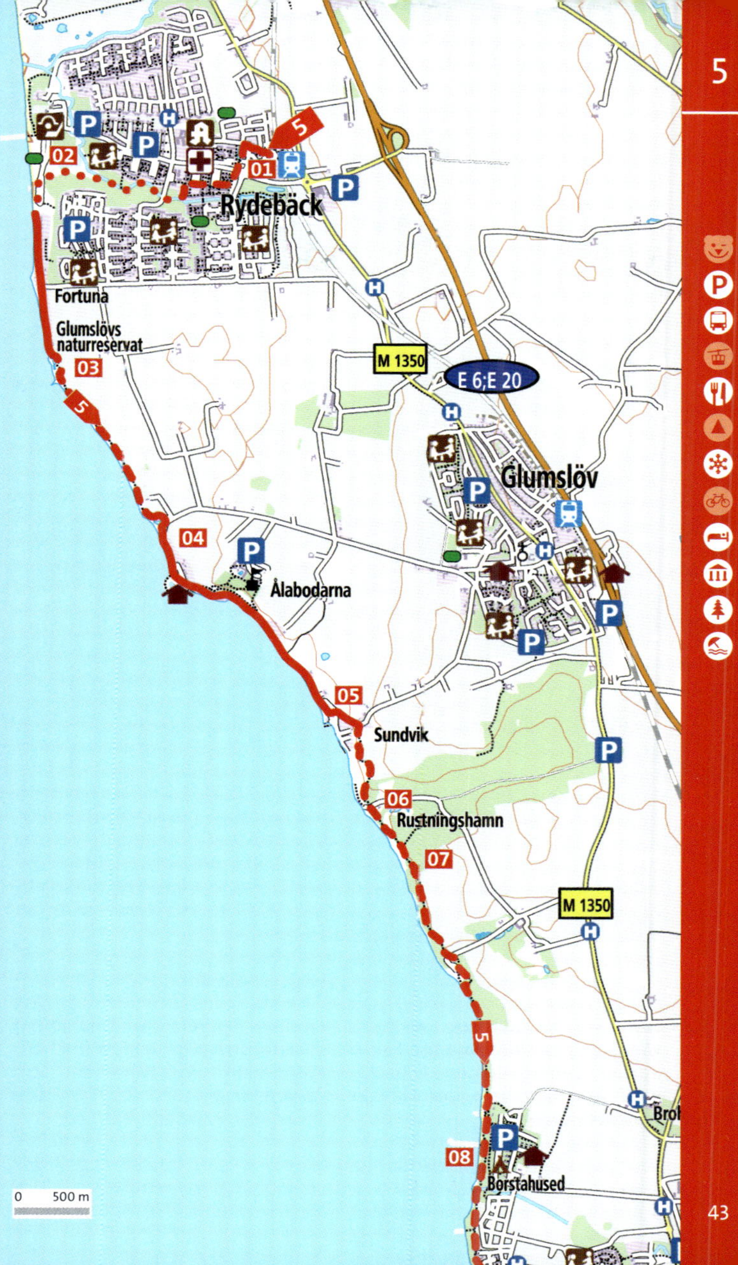
5
Rydebäck
01
02
Fortuna
Glumslövs naturreservat
03
M 1350
E 6;E 20
Glumslöv
04
Ålabodarna
05
Sundvik
06
Rustningshamn
07
M 1350
Brob
08
Borstahused
0 500 m

Zitadelle Landskrona (Landskrona slott)

Mitte des 16. Jhs. wurde die innere Burg mit Hauptgebäude und Ecktürmen errichtet. Die Zitadelle von Landskrona zählt zu den am besten erhaltenen an der Westküste Schwedens und war in ihrer Bauzeit die größte. Es werden verschiedene thematische Führungen angeboten.
www.landskronaslott.se

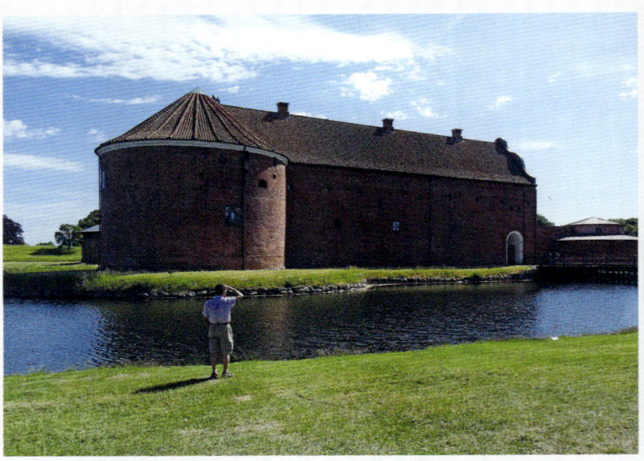

auf die Höhe, durch ein Gatter hindurch. Nun wandern wir ein letztes Mal aussichtsreich oberhalb des Kliffs an Wiesen und Feldern entlang bis zu einer herrlich gelegenen **Bank** 07. An einer Kreuzung folgen wir den orangen Markierungen durch ein kleines Waldstück und kommen so wieder zum Wasser. Der Skåneleden führt nun am Golfplatz und **Campingplatz Borstahused** 08 vorbei zu den ersten Häusern von Borstahused, einem Stadtteil von Landskrona.

Wir passieren die **Marina Borstahused** 09 und folgen der Teerstraße zu einem weiteren kleinen Jachthafen. Wir betreten die sternförmige Anlage der Festung. Verschiedene Wege führen nun zu der von drei Wassergräben geschützten **Zitadelle Landskrona** 10 mit ihren markanten vier Rundtürmen.

Wir verlassen die Zitadelle auf ihrer südöstlichen Seite, passieren den Parkplatz und kommen so zum Landskrona Museum. Das Kulturhistorische Museum zeigt Ausstellungen zur Stadtgeschichte sowie Wechselausstellungen.

Von der **Bushaltestelle „Rådhustorget“** 11 fahren Busse zum Bahnhof der Stadt (Linie 3, 7 Min.).

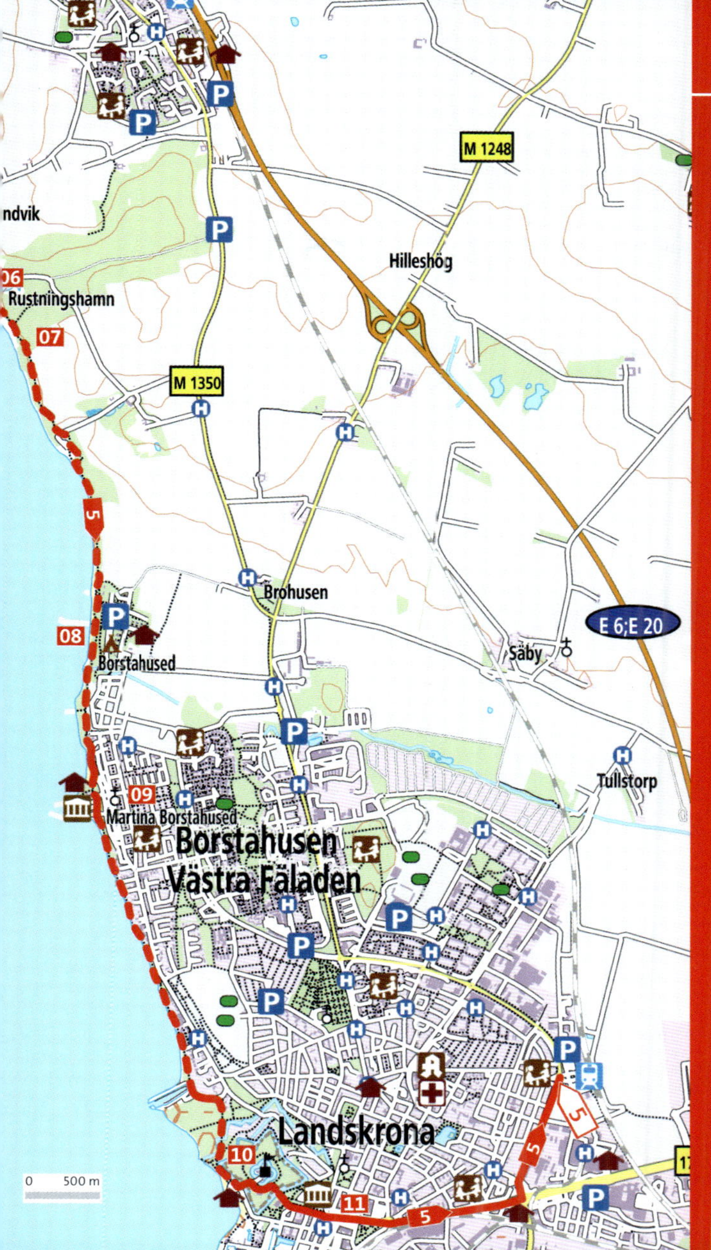
ndvik
06
Rustningshamn
07
M 1248
Hilleshög
M 1350
5
Brohusen
08
Borstahused
Säby
E 6;E 20
09
Martina Borstahused
Borstahusen
Västra Fäladen
Tullstorp
Landskrona
10
11
0 500 m

5

6

LANDBORGSPROMENADEN

Panoramaweg von Schloss Sofiero nach Helsingborg

 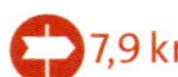 7,9 km 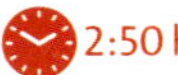 2:50 h  47 hm  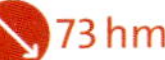 73 hm

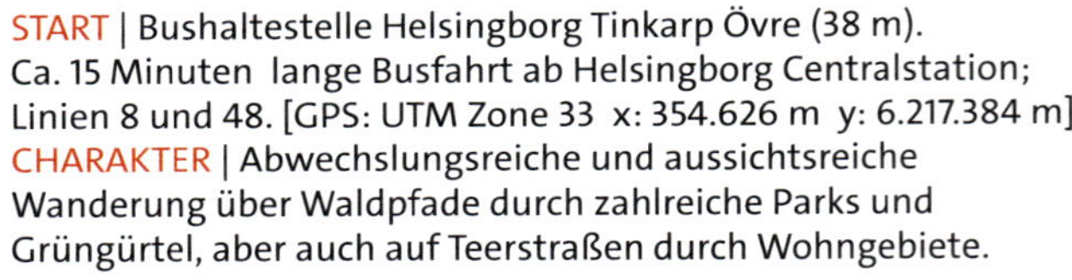
START | Bushaltestelle Helsingborg Tinkarp Övre (38 m). Ca. 15 Minuten lange Busfahrt ab Helsingborg Centralstation; Linien 8 und 48. [GPS: UTM Zone 33 x: 354.626 m y: 6.217.384 m]
CHARAKTER | Abwechslungsreiche und aussichtsreiche Wanderung über Waldpfade durch zahlreiche Parks und Grüngürtel, aber auch auf Teerstraßen durch Wohngebiete.

Die Wanderung auf einem kleinen Abschnitt des Skåneleden bietet einen schönen Einblick in die Vielfalt schwedischer Architektur und führt an einigen der bekannten kulturellen Sehenswürdigkeiten Helsingborgs vorbei. Die Strecke folgt dabei dem 70 km langen Kullaleden, der als Teil des Skåneleden (Etappe SL5) in Helsingborg beginnend um die Halbinsel Kulla führt. Die Landborgspromenaden teilen sich in einen nördlichen Teil von Sofiero bis zum Kärnan (6 km) und einen Südteil (8 km) vom Kärnan bis zur Raus Kyrka.

▶ Wir fahren von Helsingborg mit dem Bus zur **Bushaltestelle „Tinkarp Övre“** 01, queren die Straße und stoßen dort auf eine erste orange Markierung des Skåneleden. Auf steilem Pfad durch den Wald geht es in wenigen Minuten hinunter zur Ostsee. Dort halten wir uns rechts und laufen am Strand entlang, vorbei an ein paar Wohnhäusern, einer herrschaft-

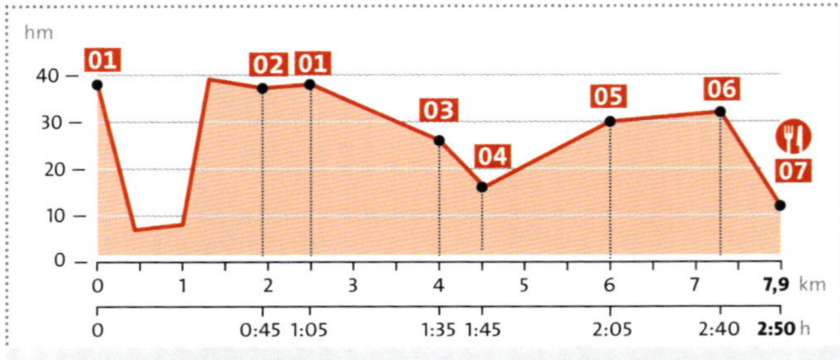

01 Bushaltestelle „Tinkarp Övre“, 38 m; 02 Eingang von Schloss Sofiero, 37 m; 03 Buchentunnel, 26 m; 04 Mühle am Ententeich, 18 m; 05 Vikingsbergsparken, 30 m; 06 Kärnan, 32 m; 07 Bushaltestelle „Helsingborg Centralen“, 12 m

Schloss Sofiero

Sofiero, das 1864 als Sommerschloss für König Oskar II. und seine Frau Sofia errichtet wurde, ist öffentlich zugänglich. Im schönen Park wachsen rund 10.000 Rhododendronpflanzen. Mit der umfangreichen Rhododendronbepflanzung wurde ab 1905 begonnen, inzwischen ist die Zahl der Arten auf 300 gestiegen. Der Besuch des Parks ist kostenpflichtig (2021: 120 Kr, nur Kartenzahlung). www.sofiero.se

lichen Villa und einem verschlossenen Tor des Sofiero-Parks. Vom Ufer aus genießen wir einen schönen Blick hinüber ins dänische Helsingør mit Schloss Kronborg.

Wir folgen den orangen Markierungen bis zu einer Infotafel mit Übersichtsplan vom Schlossgelände. Hier teilt sich der Fernwanderweg: ein Zweig führt geradeaus weiter Richtung Kulla-Halbinsel, der andere Zweig hinauf zum Schloss (800 m bis zum Eingang) und weiter zum Kärnan in Helsingborg, unserem heutigen Ziel.

Die Markierungen leiten in den Wald und über Treppen hoch in eine Wohnsiedlung. Dank der orangen Wegweiser ist der **Eingang** von **Schloss Sofiero** 02 leicht zu finden. Eine Infotafel mit einem gezeichneten Schaubild informiert neben

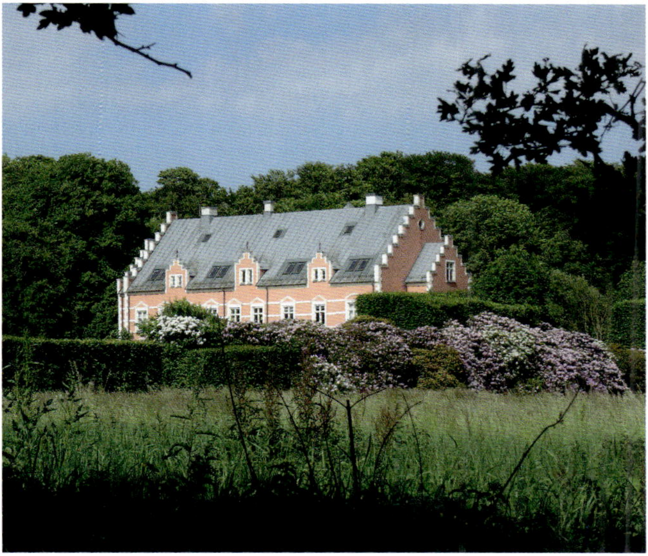

Pålsjö Slott

dem Parkeingang über den Verlauf der Landborgspromenaden.

Zunächst geht es für etwa 500 m auf dem linken Fußweg parallel zur Teerstraße (Sofierovägen) Richtung Süden, bis der Promenadenweg auf Höhe der **Bushaltestelle „Tinkarp Övre“** **01** nach links auf einen Parkplatz abzweigt. Vorbei an dem schönen Gehöft Tinkarps Gården und seinen Feldern erreichen wir Wald. Die Promenade führt nun an Aussichtsplätzen mit Blick auf die Ostsee und einem stählernen Kunstwerk vorbei zur Villa Thalassa, an der man unterhalb des Gartens vorbeiwandert.

Eindrucksvoll ist kurz danach ein grüner **Buchentunnel** **03**, der zum **Pålsjö Slott** führt (200 m). Wer nicht dorthin will, kann wenige Meter weiter dennoch einen Blick über die Hecken hinweg auf das Schloss und einen schönen alten Hof daneben werfen. Kurz darauf erhascht man einen kurzen Blick rechts hinunter auf das Seebadehaus Palsjöbaden.

Der Promenadenweg erreicht auf Höhe eines Parkplatzes eine Straße, führt kurz nach links und bei der roten **Mühle** am **Ententeich** **04** vorbei wieder hinauf auf die Höhe, dort gleich wieder nach rechts, vorbei an einigen schönen Wohnhäusern, und kreuzt auf der Johan-Banersbacken die Bahnlinie. Links der Bahnlinie verläuft der Weg nun weiter unter schattigen Bäumen bis zur Halalid-Straße. Hier halten wir uns kurz links, queren die Straße und folgen weiterhin dem Promenadenweg, der hier durch einen Grünstreifen führt. Immer wieder genießt man zwischendurch herrliche Ausblicke auf die Stadt Helsingborg. Schließlich wird die Tågagatan erreicht und gequert.

Wir halten uns kurz links und treten dann in den **Vikingsbergsparken** **05** ein. Den orangen Punkten folgend queren wir den Park und kommen so zur mehrspurigen Straße Hälsovägen. Hier finden sich viele Wegweiser zu verschiedenen Sehenswürdigkeiten in Helsingborg.

Wir folgen dem Schild „Kärnan 1200 m“ über die Straße, vorbei an Schwedens einziger salzhaltiger Quelle, der Sofiakällan. Was man heute sieht, sind nur noch die Reste einer einstigen Kuranlage. Über weiße Steintreppen geht es hinauf zu einer weiteren Wohnsiedlung. Eindrucksvoll ist der Blick über die Altstadt mit dem imposanten Rathaus und weiter zum Öresund. Immer den orangen-Markierungen folgend kommen wir zur St. Clemens Gata, folgen dieser kurz nach links, biegen nach rechts ab, stoßen auf die Nedre Långvinkelsgatan und zweigen nach rechts in die Kung Kristoffers gata ein, die zum Eingang des Stadtparks Slottshagen mit dem imposanten **Kärnan** **06** führt. Der mittelalterliche Turm ist 35 m hoch und der Rest einer ehemaligen Festung. Hier endet der nördliche Abschnitt der Landsborgspromenaden, die sich nach Süden bis zur Raus Kyrka noch 8 km weiter fortsetzt.

Eindrucksvoll ist auch die Treppenflucht hinunter in die Stadt. Wir steigen die Stufen hinunter und kommen in die Stortorget und folgen dieser bis zu einer großen Kreuzung. Hier biegen wir nach links in die Järnvägsgatan ab und kommen so zur **Bushaltestelle „Helsingborg Centralen“** **07**.

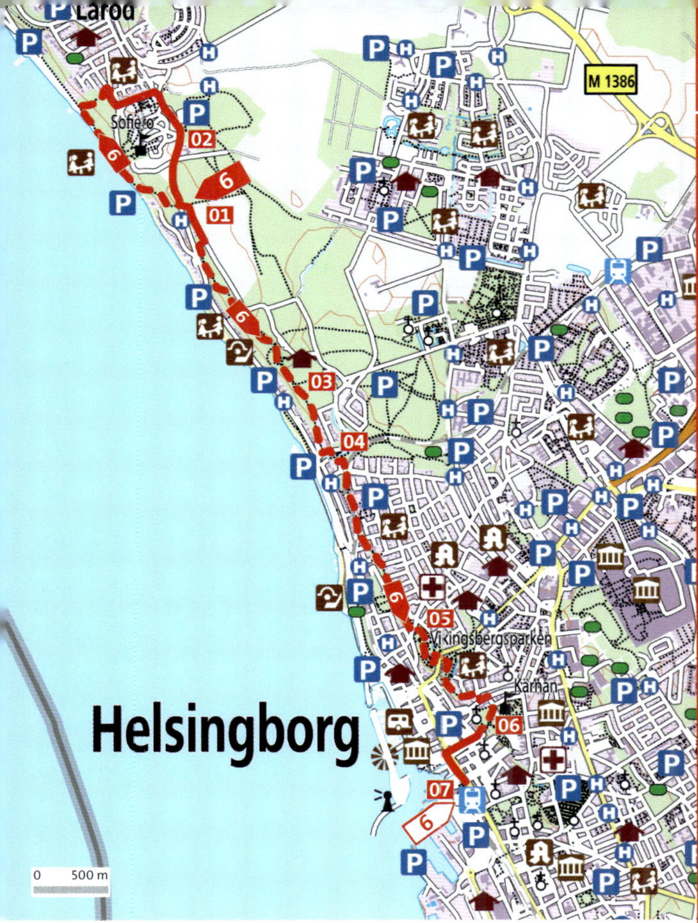

Variante Rundwanderweg

Alternativ kann man auch eine komplette Runde laufen und läuft von der Stortorget weiter geradeaus bis zum Hafen und entlang der Promenade zur **Bushaltestelle „Tinkarp Övre“** 01. Die Strecke ist abwechslungsreich und führt an kleinen Strandabschnitten und am fotogenen Badehaus Pålsjöbaden vorbei. Über die Sofierovägen kommen wir so auf die Höhe zur Bushaltestelle. Leider läuft man auf diesem Abschnitt komplett auf Asphalt.

SÖDERÅSENS NATIONALPARK

Skåne's „Grand Canyon"

 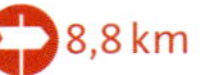 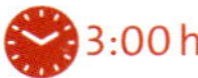  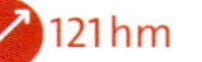 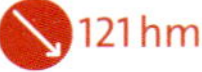

8,8 km | 3:00 h | 121 hm | 121 hm

START | Naturum Skäralid (63 m), nördlich von Röstånga; von Helsingborg über E4, Straße 21 und 13 (Richtung Röstånga) [GPS: UTM Zone 33 x: 403.963 m y: 6.151.431 m]
CHARAKTER | Abwechslungsreiche Wanderung durch ein eindrucksvolles Tal, zum Teil auf Bohlenwegen, sonst Waldwegen. Relativ steiler Abstieg hinunter zum Naturum. Alle Wege im Nationalpark sind hervorragend markiert.

Der 2001 eingerichtete Nationalpark schützt einen wertvollen Edellaubwald (65 % des Parkgebietes) im Südosten des Höhenzugs Söderåsen, der sich am schönsten in herbstlicher Laubfärbung zeigt.

Zu den landschaftlichen Besonderheiten zählen die drei imposanten Spalttäler Skäralidsdalen, Nackarpsdalen und Ugglarödsdalen. Entstanden sind diese bei der Landhebung, die Spannungen und damit Spaltenbildungen im Urgebirgskamm zur Folge hatten. Durch Verwitterung entstanden die heutigen Spalttäler. Frostsprengungen während der nachfolgenden Eiszeiten führten zum teilweisen Einsturz der Hänge und den heute vegetationslosen Schutthalden und Geröllfelder, die zum Teil 10 m mächtig sind. Die sich selbst überlassenen Bäume sind ein guter Nährboden für Pilze – über 1500 Arten hat man

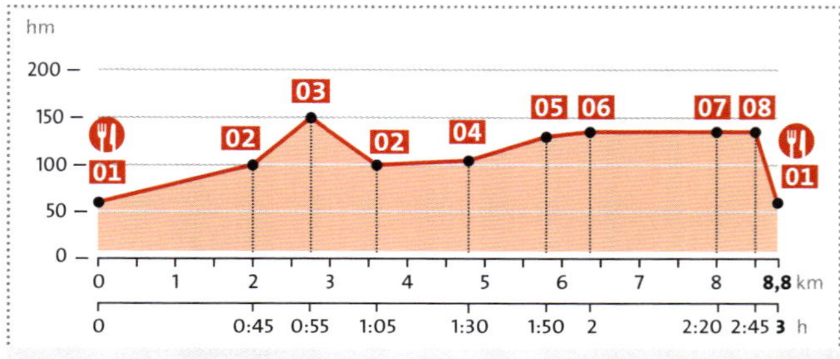

01 Naturum Skäralid, 63 m; 02 Weggabelung, 99 m; 03 Kopparhatten, 147 m; 04 Korskärr, 104 m; 05 Schutzhütte Liagården, 129 m; 06 Aussichtspunkt Lierna, 134 m; 07 Aussichtspunkt Hjortsprånget, 136 m; 08 Weggabelung/Einmündung Skånelden, 134 m

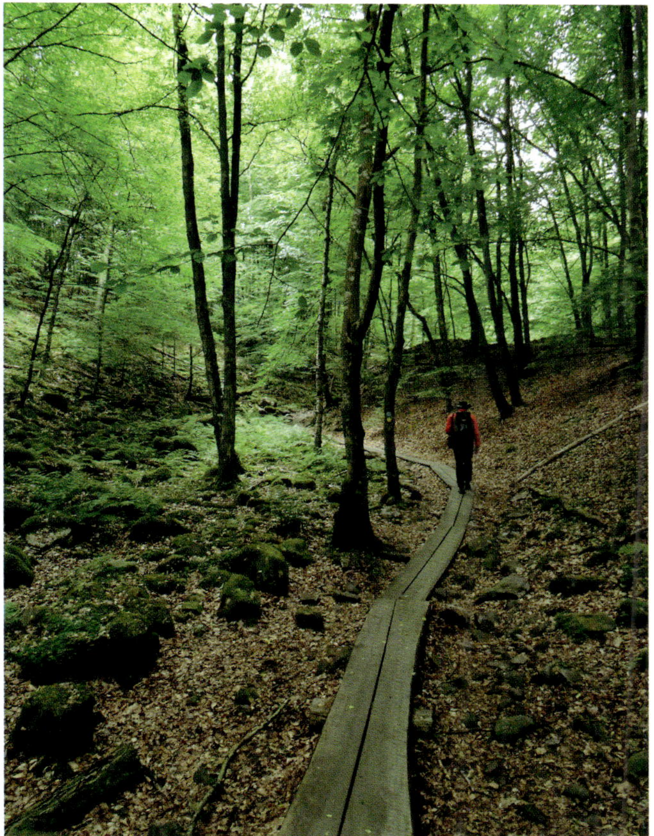

Wanderung durch das enge Skäralidsdalen

hier gefunden. Durch den Nationalpark führen unterschiedlich lange Wege, dieser hier ist eine Kombination aus der 7,7 km langen blauen Hjortsprånsrundan und der gelben Kopparhattsrundan.

▶ Die Wanderung startet beim **Naturum Skäralid** 01 (Einkehrmöglichkeit, Ausstellung, Infomaterial) bzw. am kleinen Teich, wo sich zahlreiche Wegweiser finden. Wir folgen zunächst den blau-gelben Markierungen nach rechts und wandern nun in das enge Tal Skäralidsdalen. Ein traumhafter Holzbohlenweg führt entlang des kleinen Bachs Skarän durch die Schlucht, teilweise liegen die Bäume in kurzen Abständen quer über dem Bach. Steile Hänge, hohe Klippen und eindrucksvolle, meist kahle Schutthänge prägen das Tal. Eine Brücke über den Bach ignorieren wir und wandern weiter geradeaus bis zu einer T-Kreuzung. Hier nehmen wir die Brücke nach rechts. Der Weg schwenkt nun vom Bach weg und erreicht eine weitere **Weggabelung** **02**.

Hier verlassen wir für einen kleinen Abstecher den blauen Weg und folgen der Beschilderung „Kopparhatten 0,8" (gelb-orange Markierung). Der sogenannte Offavägen führt moderat ansteigend durch den herrlichen Buchenwald hinauf zur Abbruchkante. An dieser entlang erreichen wir schnell die Aussichtskanzel **Kopparhatten** **03** mit eindrucksvollem Blick in die 90 m tiefe Schlucht. Der Name der Örtlichkeit bezieht sich auf die Lage: -hatt bedeutet übersetzt „Höhe". Auf gleichem Weg geht es zurück zur letzten **Weggabelung** **02**.

Hier folgen wir den Schildern Richtung Korsskär (blaue Markierung). Gleich hinter dem **Punkt Korskärr** **04**, den wir nach 1,2 km erreichen, vereinen sich der von Westen kommende Wildbach Dejebäcken mit dem von Süden kommenden Kvärkabäcken zum Skäran. Wir überqueren eine Brücke über den Kvärkabäcken und kommen zu einer T-Kreuzung, wo der Skåneleden nach rechts Richtung Westen abzweigt.

Wir bleiben weiterhin auf der blauen Hjortsprängrundan und wandern nun rechts vom Kvärkabäcken flussaufwärts durch ein wunderschönes Tal. Der Weg ist nun deutlich mühsamer als bisher zu laufen, der Weg ist steinig, teilweise müssen Geröllfelder gequert werden. Das Tal weitet sich, wir umrunden zur Hälfte eine Lichtung, wandern nun kurzzeitig nach Südosten, queren nochmals den Kvärkabäcken und steigen dann in wenigen Minuten die Talkante hinauf zur **Schutzhütte Liagården** **05**. Die offene Hütte bietet 20 Personen eine Übernachtungsmöglichkeit (gegen Gebühr, Toiletten, Trinkwasser), außerdem kann man draußen zelten.

Nochmals ändert sich die Laufrichtung, nun wandern wir links von einem Weidezaun vorbei an einer Birkenlichtung Richtung Westen, tauchen in den Wald ein und biegen dann nach Osten ab. Der weitere Weg verläuft nun immer entlang der Abbruchkante des Tals.

Ein erster Halt empfiehlt sich am **Aussichtspunkt Lierna** **06** mit Blick hinunter in die drei Täler, die hier zusammentreffen, auf die Geröllfelder und hinüber zur Aussichtskanzel Kopparhatten. Für ein kurzes Stück folgt man einer Forststraße und sollte hier genau auf den blauen Punkt mit Pfeil nach schräg links achten.

Gleich darauf wird ein Metallpfosten erreicht, der zum spektakulären **Aussichtspunkt Hjortsprånget** **07** führt. Er liegt auf einem Sporn – Vorsicht mit Kindern! Wir blicken auf das unter uns liegende Naturum Skäralid am Talausgang und hinüber zur Aussichtskanzel Kopparshattan auf der anderen Talseite.

Bei der **Weggabelung** **08** trifft man auf den von Südosten einmündenden **Skåneleden** und folgt den orange-blauen Markierungen talwärts über ausgewaschene Treppenstufen hinunter zum **Naturum Skäralid** **01**.

Wanderwege im Nationalpark

Am Naturum beginnen drei weitere Runden:
Die **Skärdammen Runt** (900 m) verläuft rollstuhltauglich im Tal.

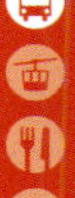

Die gelbe **Kopparhattsrundan** (4 km, 1½ Std.) führt zunächst 2 km flussaufwärts durch die Schlucht und dann hinauf zum Aussichtspunkt Kopparhatten. Dann an der Nordseite des Tals durch den Buchenwald zurück zum Naturum.

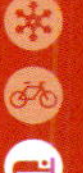

Die rote **Liakronsrundan** (7,2 km, 2 Std.) führt direkt hinauf auf die Hochebene, zieht in einem weiten Bogen über den Nordteil des Nationalparks und führt schließlich entlang der nördlichen Abbruchkante über den Kopparhatten zurück zum Naturum.

Auch im Süden des Nationalparks wurden drei Wege ausgewiesen, die **Odensjöpromenaden** um den von hohen Wänden eingefassten See Odensjön (von Röstanga aus 1,2 km), die **Nackarpsrundan** (4,3 km, 1½ Std.) durchs Tal und auf der Hochebene und die **Härsnasrundan** (4,9 km, 1½ Std.) durch Wald und offene Weideflächen. Am Weg finden sich viele Zeugnisse früherer menschlicher Nutzung.

Der Skåneleden quert ebenfalls den Park.

www.sverigesnationalparker.se/park/soderasens-nationalpark/

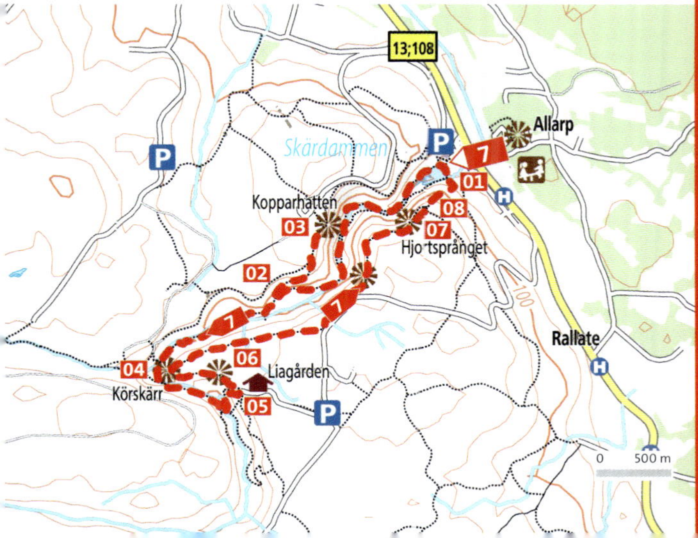

8

EDENRYDS KUSTLED

Spaziergang durch eine abwechslungsreiche Kulturlandschaft

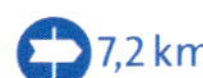

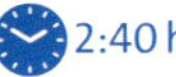

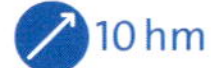

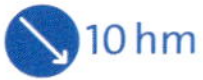

START | Wanderparkplatz (3 m) in Edenryd, südlich der E22. Von der Hauptstraße nach rechts in die Kopparsträdet einbiegen, der Wanderweg ist von der Straße aus ausgeschildert.
[GPS: UTM Zone 33 x: 470.161 m y: 6.210.622 m]
CHARAKTER | Der einfache Weg kann ganzjährig begangen werden.

Der gelb markierte Küstenweg von Edenryd verläuft parallel zur Küste, allerdings nicht direkt am Wasser entlang. Er führt durch eine faszinierende Kulturlandschaft, die durch Weidewirtschaft geprägt wird. Offiziell endet der Kustled bei der lauten und rauchenden Papierfabrik Stora Ensö, von dort könnte man auf dem 4 km langen Wanderweg Lilla Kungsleden weiter nach Bromölla laufen. Die Fortsetzung ist aber nur Hartgesottenen zu empfehlen, da man zunächst 1 km auf einem Pfad entlang der Papiermühle wandert und der Weg auch danach landschaftlich eher uninteressant ist. Wer sich dennoch dazu entschließt, muss zuletzt noch mit dem Taxi zum Wanderparkplatz zurückfahren. Beide Wege werden vor Ort und im Internet blumig beworben.

▶ Gestartet wird beim **Wanderparkplatz** 01, neben dem sich ein Badestrand befindet. Wir folgen den gelben Markierungen des Kustled und müssen schon bald ein erstes Mal mittels einer Treppe einen Weidezaun queren, ein zweiter folgt wenig später. Wir laufen parallel zum Wasser entlang einer **Bucht** 02 und sehen jenseits des Wassers ein Haus stehen. Das Gasthaus Gästgivareboden war einst ein Umschlagplatz für Schmuggler, die hier u.a. Alkohol und Seide verkauften. In den 1830er-Jahren kam es zu heftigen

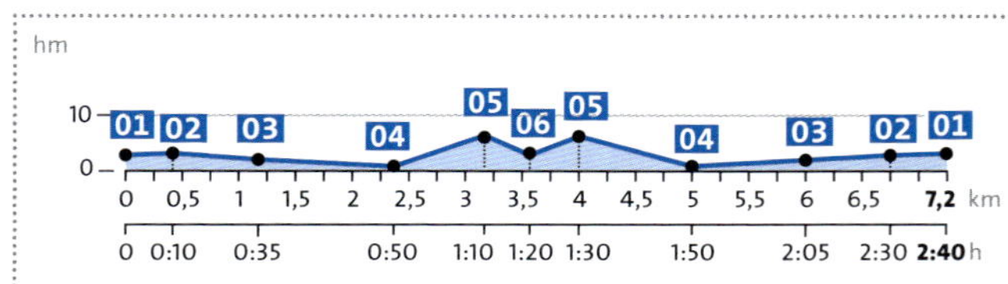

01 Wanderparkplatz, 3 m; 02 Bucht, 3 m; 03 Infotafel, 2 m; 04 Karrenweg, 1 m; 05 Straße, 6 m; 06 Umkehrpunkt, 3 m

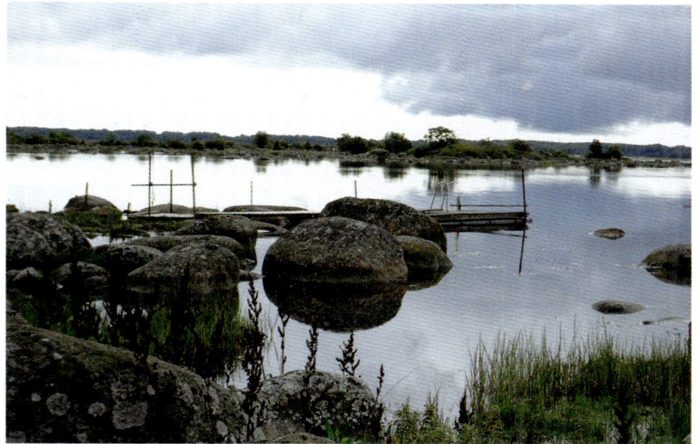

Faszinierende Spiegelungen an der Bucht

Auseinandersetzungen zwischen Küstenwache und Schmugglern. Die mit zahllosen Steinen übersäten Weiden reichen hier bis zur Wasserkante, begrenzt von zahlreichen Lesesteinmauern.

Wir verlassen das Wasser und wandern nun landeinwärts um ein Feuchtgebiet herum. Dabei muss man aufmerksam nach den gelben Markierungen schauen, die teilweise auf Pflöcke gemalt sind.

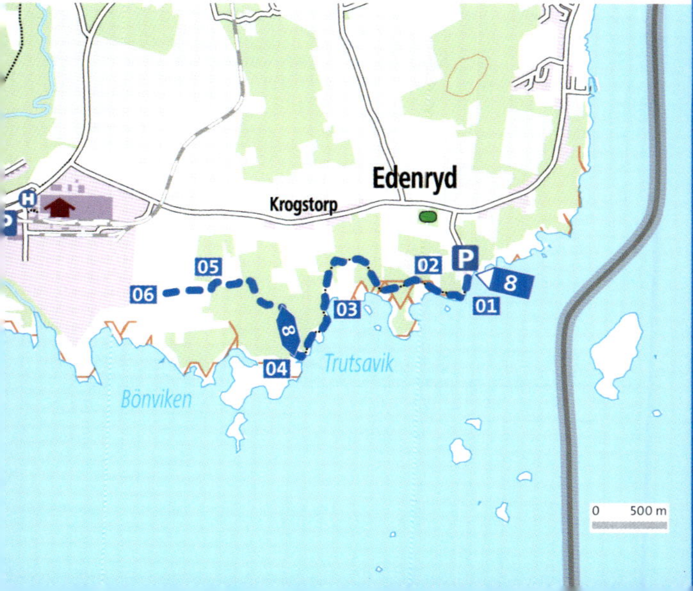

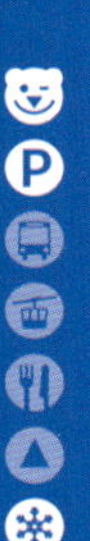

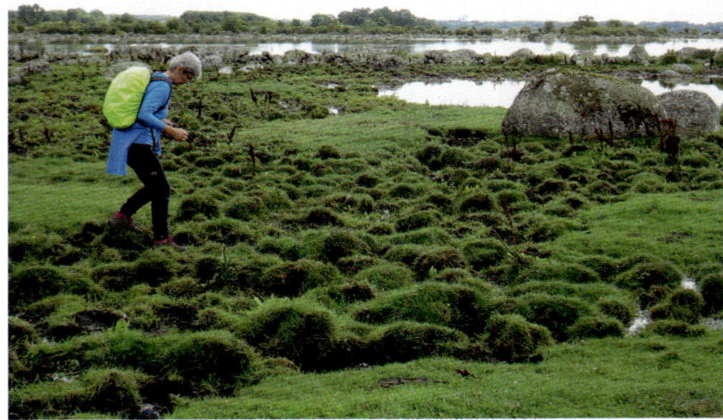

Mühseliger Weg über die Bulten einer Feuchtwiese

Vorbei an einer **Infotafel** 03 führt der Wanderweg nun in einen lichten Wald hinein und vorbei an roten Ferienhäusern mit schönen (allerdings privaten) Badeplätzen.

Der nächste Wegabschnitt über die Feuchtwiesen entlang der Wasserlinie kann je nach vorausgegangenen Niederschlägen sehr nass sein. Hat es vorher stark geregnet, muss man sich mühselig von einem Bulten zum nächsten vorarbeiten. Landschaftlich ist es aber ein sehr schöner Abschnitt mit Blick auf das seichte Wasser, in dem zahlreiche Steine liegen.

Nach dieser Passage verlassen wir die schöne Bucht – ein **Karrenweg** 04 führt uns vorbei an einem weiteren Ferienhaus nach Norden Richtung Krogstorp. Vorbei an einem Wohnhaus wird schließlich eine **Straße** 05 erreicht. Dieser folgen wir kurz, bis ein kleiner Weg nach rechts abzweigt. Zwischen kunstvoll aufgeschichteten Lesesteinmauern wandern wir auf dem sogenannten Kärleksstigen bis zu einer weiteren Straße, dem empfohlenen **Umkehrpunkt** 06.

Auf gleichem Weg geht es nun zurück zum **Wanderparkplatz** 01.

Lilla Kungsleden

Wer weiterlaufen will, klettert über den Weidezaun, folgt der Straße zu einer Siedlung, geht zwischen den Häusern durch ein Gatter und dann gemäß den Markierungen nach rechts durch ein Feuchtgebiet, das dank einiger Stege trocken gequert werden kann. Der Kustled endet offiziell am Südende der Papierfabrik an einem Zaun. Hier beginnt gleichzeitig der grün markierte Lilla Kungsleden.

INSEL TJÄRÖ

Kleine Schärenwanderung am Tjäröfjorden

  4,8 km  2:15 h 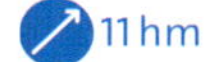 11 hm  11 hm

START | Anlegestelle Tjärö (6 m); Überfahrt vom Hafen Järnavik (von Karlshamn: E22 bis zur Ausfahrt 55, in einem Linksbogen zweimal die E22 kreuzen und nach Süden Richtung Torp/Järnavik. Sie kann von Ende April bis Ende September besucht werden. [GPS: UTM Zone 33 x: 503.131 m y: 6.225.056 m]
CHARAKTER | Einfache, aber landschaftlich abwechslungsreiche Wanderung über eine Schäreninsel.

Tjärö ist eine wunderschöne kleine Schäreninsel vor der Küste von Blekingen und Karlshamn. Die 20-minütige Überfahrt mit der nach Fahrplan fahrenden Fähre beginnt im **Hafen von Järnavik** (Fahrplan siehe www.tjaro.com). Das Linienboot legt an der 120 m langen Inselmole an, an deren Ende sich die sogenannte Rezeption mit Gastronomiebetrieb befindet.

Hier kann man nicht nur Fährtickets kaufen, sondern auch einchecken, falls man in einem der Hütten (ohne Bad – das befindet sich in der Jugendherberge) oder in der Jugendherberge (Vandrarhem) übernachten will. Insgesamt werden 124 Betten in 13 verschiedenen Häusern vermietet. Die typisch roten Häuser standen früher alle auf dem Festland und wurden auf die Insel versetzt, ein in Schweden durchaus üblicher Vorgang.

▶ Von der **Anlegestelle** 01 geht es an der Rezeption der Insel und einigen Häusern vorbei leicht bergauf zu einem Platz mit mehreren **Wegweisern** 02. Wir wenden uns hier zunächst nach links und folgen dem gelb markierten Strövstig (3 km), der über die Südhälfte der

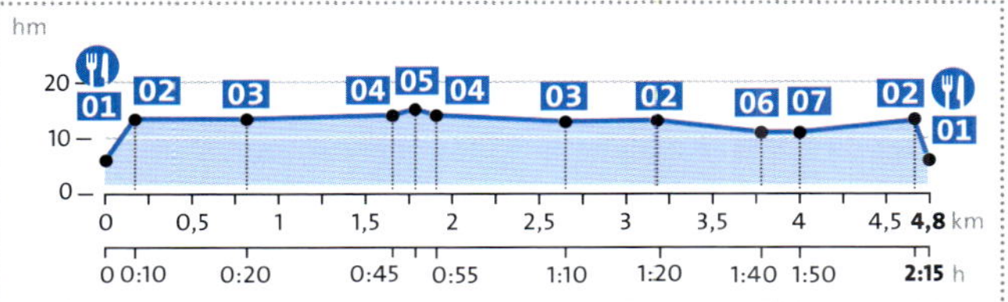

01 Anlegestelle, 6 m; 02 Wegweiser, 13 m; 03 Weggabelung, 13 m; 04 Weggabelung, 14 m; 05 Aussichtspunkt, 15 m; 06 Weidezaun, 11 m; 07 Nabben, 11 m

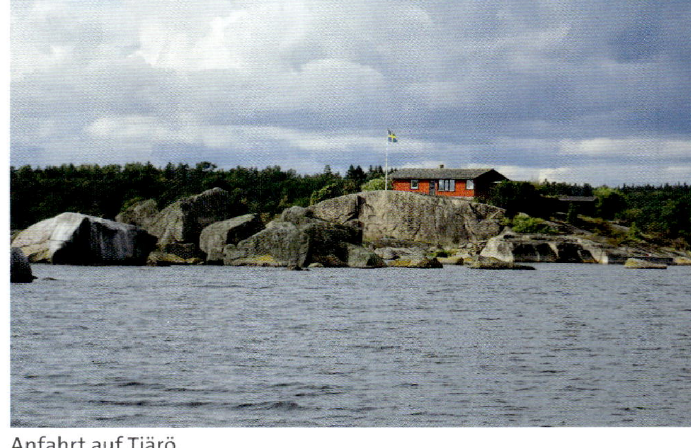

Anfahrt auf Tjärö

Schäreninsel führt. Dafür wandern wir über die Felsbuckel an drei Häusern vorbei und über eine schmale, felsige Landzunge mit herrlichem Blick auf die Badebucht Inre Svajan zu unserer Rechten. Der Weg fällt leicht zum Wasser hin ab. Das Ufer ist hier von Felsen übersät, unter schattigen Eichen passieren wir einen linker Hand liegenden mächtigen Felsen und erreichen so die **Weggabelung 03**. Hier beginnt der Rundweg über die Südhälfte, den wir gegen den Uhrzeigersinn unternehmen. Eine Infotafel mit einer Übersichtskarte und markiertem Standort erleichtert die Orientierung.

In leichtem Auf und Ab geht es nun durch Buschwerk und unter ein paar höheren Bäumen hindurch über die Granitfelsen nach Süden zu einer weiteren **Weggabelung 04**. Hier empfiehlt sich der kurze, blau markierte Abstecher zu einem **Aussichtspunkt 05**. Vom mächtigen Granitfelsen genießen wir einen schönen Blick nach Südosten. Wieder zurück an der **Weggabelung 04** folgen wir weiterhin dem gelb markierten Wanderweg nach rechts und wandern teils unter Bäumen, teils auch über offene Wiesen zurück zur **Weggabelung 03**. Nun geht es auf dem bekannten Weg über den langen Landrücken (schöner Blick in die Bucht Maren mit Mole und Marina) zurück zum Platz mit den **Wegweisern 02**.

Ab hier folgen wir dem blau markierten, 1,5 km langen Naturstig Richtung Norden, vorbei an einem Waschhaus und einem Zeltplatz. An diesem halten wir uns links und folgen den blauen Markierungen zwischen malerischen Steinmauern hindurch in den fast schon mystisch zu nennenden Nordteil der Insel. Unter den Bäumen liegen mächtige, vielfach von Moos überzogene Felsen. Vorbei an einem roten Haus kommen wir so zur Nordspitze der Insel.

Hier können wir mittels Treppe über einen **Weidezaun 06** hinunter zum Wasser gelangen. Ein lang

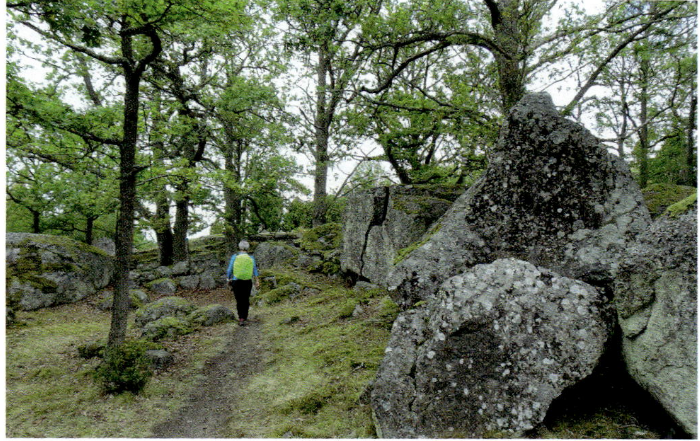

Auf dem Naturstig in der Nordhälfte der Insel

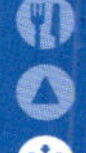
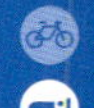

gezogener Fels fällt zum Wasser ab und lädt zu einer Badepause ein. Zwischen den Felsen hindurch geht es anschließend zur Nordspitze **Nabben** 07 mit Grillstellen und Infotafel. Der Rundweg führt über Wiesen und vorbei an den Häusern des Zeltplatzes zurück zum Platz mit den **Wegweisern** 02. Von dort sind es nur wenige Schritte hinunter zur **Anlegestelle** 01 der Fähre.

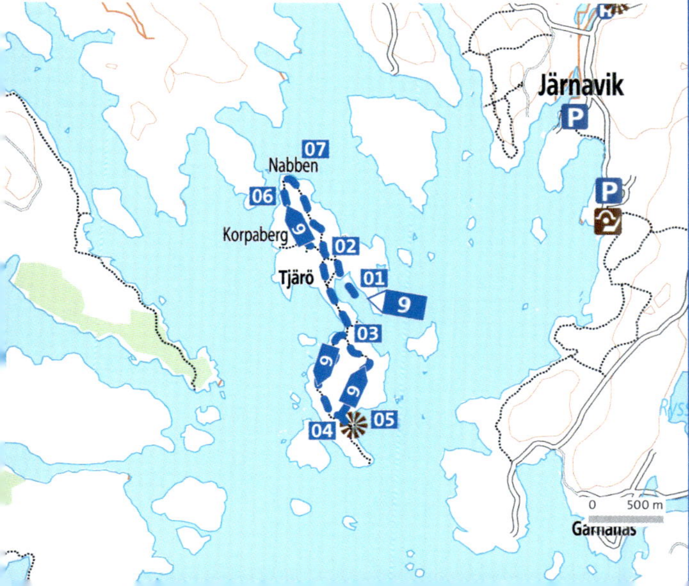

KULLABERGS NATURRESERVAT

Runde um den Kullaberg

 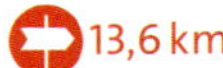 13,6 km  4:30 h 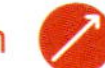 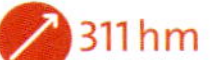 311 hm 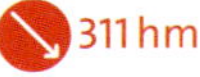 311 hm

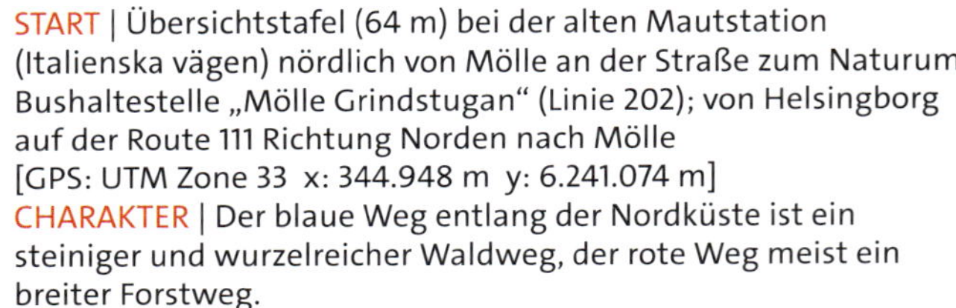

START | Übersichtstafel (64 m) bei der alten Mautstation (Italienska vägen) nördlich von Mölle an der Straße zum Naturum; Bushaltestelle „Mölle Grindstugan" (Linie 202); von Helsingborg auf der Route 111 Richtung Norden nach Mölle [GPS: UTM Zone 33 x: 344.948 m y: 6.241.074 m]

CHARAKTER | Der blaue Weg entlang der Nordküste ist ein steiniger und wurzelreicher Waldweg, der rote Weg meist ein breiter Forstweg.

An der nordwestlichen Küste von Skåne ist die Halbinsel Kullaberg eine markante Landmarke, die mit einer steilen, bis zu 70 m hohen Felsküste zum Öresund im Süden und der Bucht von Skälderviken im Norden abfällt. Buchenwälder, teilweise offene Wacholderheide, vor allem aber die Steilküste bieten dem Wanderer abwechslungsreiche Landschaftseindrücke.

Entlang der Küste finden sich mehr als 20 Höhlen, die zumeist nur vom Boot aus zugänglich sind. Einige wenige, wie etwa die Silvergrottan, die Lahibiagrottan und Josefinelustgrottan können auch zu Fuß besucht werden. An der Südküste verbreitet der Badeort Mölle mit seinen historischen Hotels seit dem 19. Jh. Urlaubsstimmung. Zu den meistbesuchten Zielen auf dem Kullaberg zählt der Leuchtturm Kullens fyr, der mit seinen 88,5 m früher ein wichtiger Orientierungspunkt für die Seefahrt war.

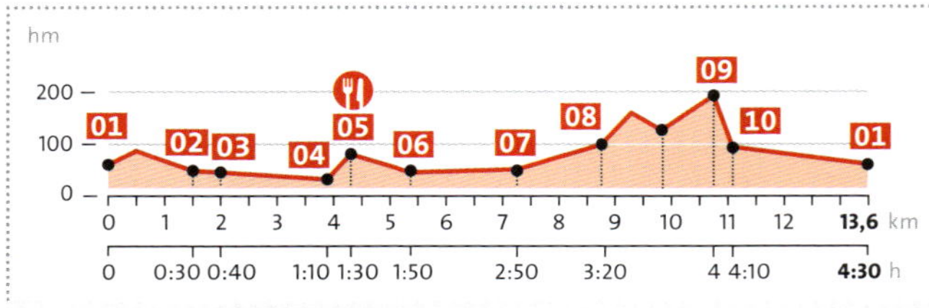

01 Übersichtstafel, 64 m; 02 Zufahrtsstraße, 44 m; 03 Aussichtskuppe, 40 m; 04 Hinweisschild zur Lahibiagrottan, 30 m; 05 Kullens fyr, 79 m; 06 Stichweg, 47 m; 07 Josefinenlust, 52 m; 08 Weggabelung Djupadal, 102 m; 09 Håkull, 187 m; 10 Abzweig, 97 m

Zwei in den Broschüren der Naturreservate Västra und Östra Kullaberg farblich unterschiedlich gekennzeichnete Wege führen durch die aneinandergrenzenden Naturreservate: Der blaue (anspruchsvollere) Weg verläuft entlang der Nordküste, der rote (leichtere) Weg entlang der Südküste der Halbinsel und weiter östlich durch ihr Zentrum.

▶ Wir starten bei der **Übersichtstafel** 01 unweit der Vaktstugan am Eingang des Naturreservats Västra u Kullaberg (hier gibt es nur wenige Parkplätze). Dort steigen wir in den roten Weg ein, der durch den Wald Richtung Westen führt. Dieser verläuft zunächst noch parallel zur Straße (zum Naturum und Leuchtturm), biegt dann aber nach schräg links ab und verläuft küstennäher weiterhin durch Wald. Nach rechts abzweigende gelb markierte Wege werden ignoriert.

Der Weg führt am Barakullen vorbei und quert die **Zufahrtsstraße** 02 (Parkplatz) zum Badestrand Ransvik (ca. 200 m bis zum Wasser); rechts von uns befindet sich der Golfplatz von Mölle. Wir erreichen eine Aussichtsbank auf einer Felskuppe mit schönem Blick auf Mölle. Vorbei an niedrigstämmigen Eichen wandern wir zu einer weiteren baumlosen **Aussichtskuppe** 03, bei der sich der Weg teilt: Wir wählen den etwas tiefer verlaufenden Pfad wegen der Aussicht, er mündet aber rasch wieder in den rechten (oberen) Karrenweg ein. Wir halten uns nun nach Norden, machen dann einen leichten Linksbogen und wandern weiter durch Wald, später über offene Heideflächen mit herrlichem Blick nach Westen zum Leuchtturm. So nähern wir uns immer mehr der eindrucksvollen Steilküste an der Südwestspitze der Halbinsel – dieser Abschnitt ist der imposanteste der ganzen Tour.

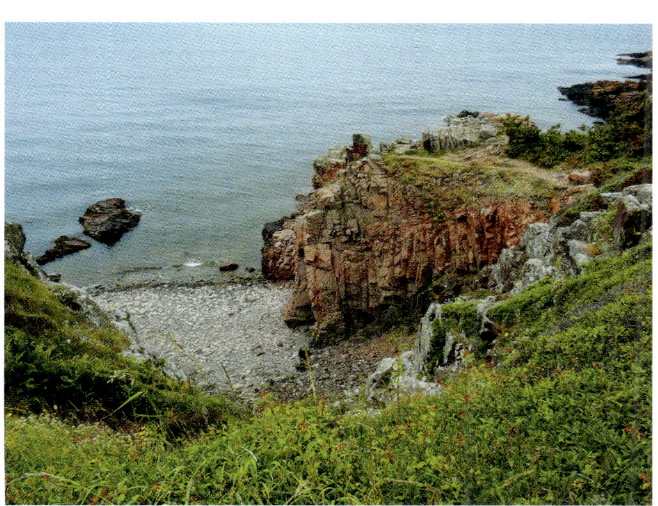

Blick in eine Bucht an der Südwestspitze der Halbinsel

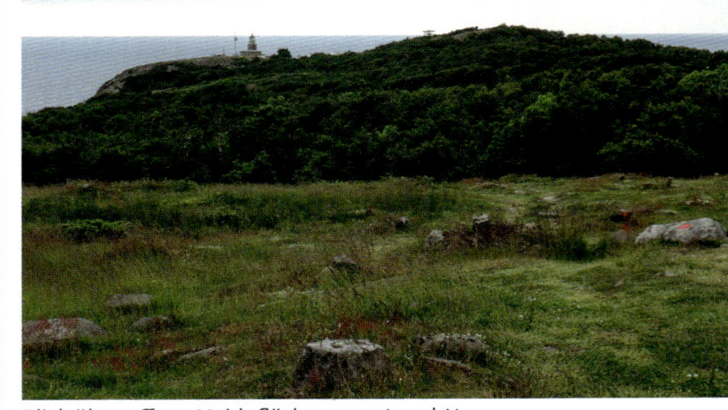

Blick über offene Heideflächen zum Leuchtturm

Hier stoßen wir auch auf ein **Hinweisschild 04 zur Lahibiagrottan** (der Weg hinunter ist schwierig und sollte nur von trittsicheren Wanderern begangen werden).

Wir steigen nun durch zerklüftetes Gelände hinauf zum Leuchtturm **Kullens fyr 05**. Er ist nicht nur der am höchsten gelegene (78,5 m), sondern auch der lichtstärkste Leuchtturm des Landes. Einen ersten Vorläufer gab es schon ab 1561, der heutige wurde 1900 erbaut. Er birgt nun ein Café mit Panorama-Glasfenstern und einen Kiosk. Ei-

Abstecher zur Westspitze

Unternehmenslustige können noch einen Abstecher zum vorgelagerten Leuchtfeuer machen, der Weg führt steil über Felsen hinunter zum Wasser (hin und zurück ca. 1 km). Von diesem Weg zweigt auch ein 370 m langer Pfad zur Silvergrottan (Infotafel) ab: Hier hatte man 1561 nach Silber gesucht, aber nur silbern schimmernde Pegmatite gefunden.

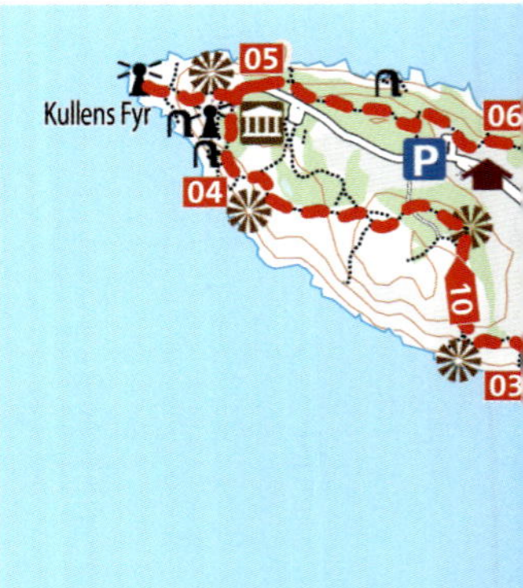

Papergoj-Leuchtfeuer

Auf dem Platz neben dem Leuchtturm an der Spitze der Halbinsel steht ein Modell eines Papergoj-Leuchtfeuers, wie es hier 1561 zum ersten Mal zum Einsatz kam: Dabei handelt es sich um einen hölzernen Galgen, an dem ein mit Holz oder Kohle gefüllter offener Korb hing, der abends angezündet wurde. Als Brennmaterial wurde das Holz der Eichen am Kullaberg verwendet.

Dieses erste Leuchtfeuer wurde dann zwei Jahre später durch einen steinernen Leuchtturm ersetzt.

nen Besuch lohnt auch das informative Naturum.

Entlang der Nordküste nehmen wir den blauen Weg, der am Nordrand des Parkplatzes bei einer Informationstafel beginnt (Wegweiser Richtung Arild) – gleichzeitig folgen wir den orangen Markierungen des Kullaleden. Rechts von uns liegen ein weiterer Parkplatz und Picknickareale.

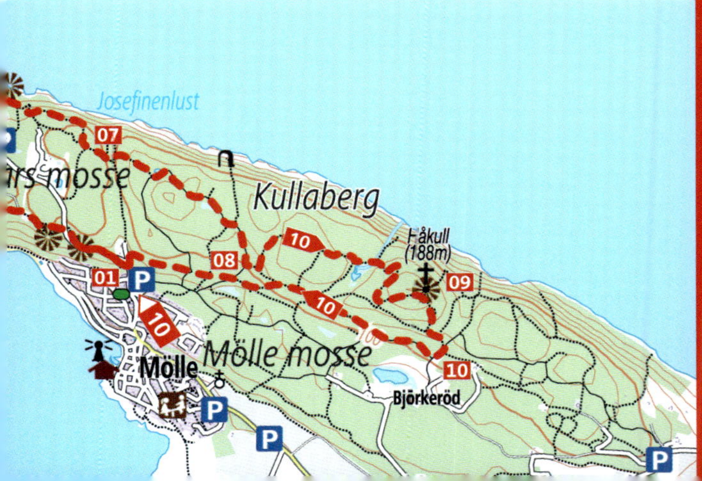

Zunächst ohne große Aussicht verläuft der Weg durch Wald, nach einer Viertelstunde zweigt nach links ein Pfad zur Visitgrottan (Infotafel) ab. Sie ist eine der größten Höhlen auf der Halbinsel. Da der blaue Weg der Topografie folgt, geht es immer wieder auf und ab mit wurzel- und steinreichen Passagen. Wir passieren einen Parkplatz und einen **Stichweg** 06 zu den Gebäuden des Mölle Golfclubs und des Restaurant-Hotels Kullagardens Wärdshus. Wir laufen nun eine Zeitlang entlang des Golfplatzgeländes. Wenig später gibt es erneut einen Stichweg zum Wasser: Etwas unterhalb des Wegs steht eine Bank, von dort führen Stufen hinunter zur Bucht.

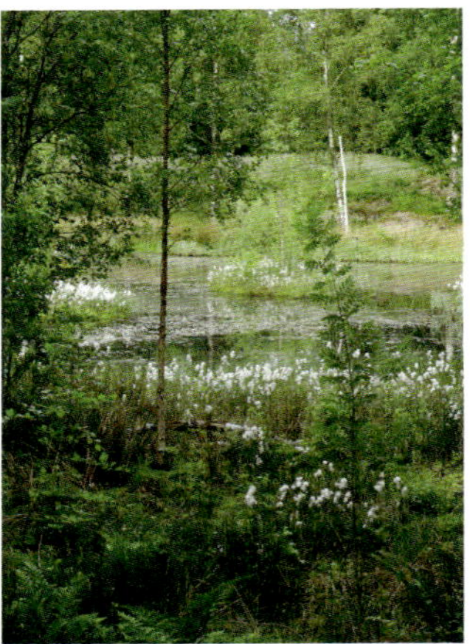

Ona Mosse mit Wollgrasteppichen

Eine weitere Badebucht erreichen wir wenig später: **Josefinenlust** 07. Hier führen ebenfalls steile Stufen hinunter zum Meer und zu insgesamt drei Höhlen. Eine rechts abgehende Querverbindung zur Straße (Parkplatz) ignorieren wir und folgen weiter den orangen Markierungen, passieren eindrucksvolle Eichenbäume und stoßen in einem Einschnitt auf die **Weggabelung Djupadal** 08 – rechts geht ein gelber Querweg ab.

Hier wechseln wir ins **Naturreservat Östra Kullaberg.** Durch offeneres Gelände erreichen wir den kleinen Moorsee **Ona Mosse**, an dessen Ufer große Wollgrasbestände leuchten. Danach geht es nochmals bergauf und durch einen Buchenwald zu einer Wegkreuzung. Von hier aus wären es nach Süden nur wenige Gehminuten zum See Mölle Mosse und zum Ausgangspunkt der Wanderung. Wir folgen aber weiterhin dem blauen Weg, steigen steil hinauf zur Anhöhe Gregers Backar und erreichen eine weitere Wegkreuzung mit Hinweistafel zum Håkull.

Der Skåneleden führt unterhalb um den Berg herum, wir steigen aber zum Gipfel des nach Süden und Osten offenen **Håkull** 09 hinauf. Oben genießen wir einen weiten Blick über die Bucht Skälderviken im Norden und entlang der Küste von Skåne Richtung Süden. Nach wohlverdienter Pause geht es auf der anderen Seite des Bergs bergab; wir treffen unten wieder auf den orange markierten Skåneleden (= blauer Weg). An der nächsten Weggabelung halten wir uns rechts Richtung Björkeröd und beim nächsten **Abzweig** 10 nach rechts Richtung Mölle.

Wir sind nun wieder auf dem roten Weg und wandern auf diesem durch den Wald Richtung Westen, zumeist auf breiten Forstwegen und vorbei am See Mölle Mossen. Von dort ist es nicht mehr weit zum Ausgangspunkt 01.

HALBINSEL BJÄREHALVÖN

Zur Felsenküste von Hovs Hallar

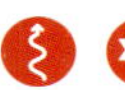  10,5 km 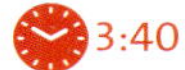 3:40 h  49 hm  87 hm

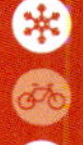

START | Parkplatz Hovs Hallar (47 m). Von der E6 abbiegen in Richtung Båstad, dann weiter in Richtung Torekov. Bei der Hovs-Kirka nach rechts abbiegen und Wegweisern Richtung Hovs Hallar folgen. [GPS: UTM Zone 33 x: 358.801 m y: 6.260.583 m]
CHARAKTER | Abwechslungsreiche Küstenwanderung meist unmittelbar am Wasser entlang, etwas Kletterei bei den Felsen von Hovs Hallar und über Geröllfelder vor Trepekov.

Die Klippen von Hovs Hallar liegen an der Nordspitze der Halbinsel Bjäre – hier endet der Höhenzug Hallandsåsen, der aus rotem Gneis besteht. Das Wort Hallar bedeutet ursprünglich „kahler Fels". Bis zu 40 m hoch fallen die Klippen hier zur Ostsee ab. Im roten Gneis finden sich Amphibolit-Einlagerungen; sehenswert sind Rauksteine, Geröllfelder und etliche Höhlen.

Das Naturschutzgebiet Hovs Hallar schützt aber nicht nur eine eindrucksvolle Küstenlandschaft, sondern auch den großen Vogelbestand.

Wir starten die Wanderung zunächst mit einer kleinen Entdeckungsrunde durch die Klippen und Buchten um Hovs Hallar, bevor wir dem Skåneleden nach Terekov folgen. Wir befinden uns auf einem der landschaftlich schönsten Abschnitte des Skåneleden, der in seinem weiteren Verlauf auch durch das Bjärekustens naturreservat führt. Auch kulturhistorisch hat die Wanderung einiges zu bieten.

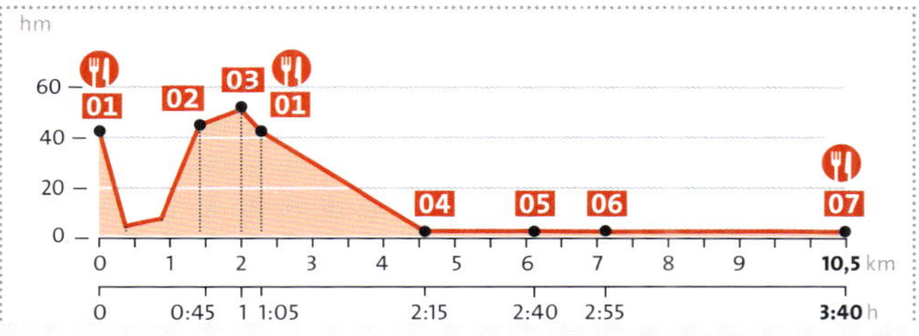

01 Parkplatz Hovs Hallar, 43 m; 02 Skåneleden, 45 m; 03 Aussichtspunkt Wiese, 53 m; 04 Strand von Ingelstorp, 5 m; 05 Grabfeld Gröthögarna, 5 m; 06 Infotafel Naturreservat, 5 m; 07 Hafen von Torekov, 5 m

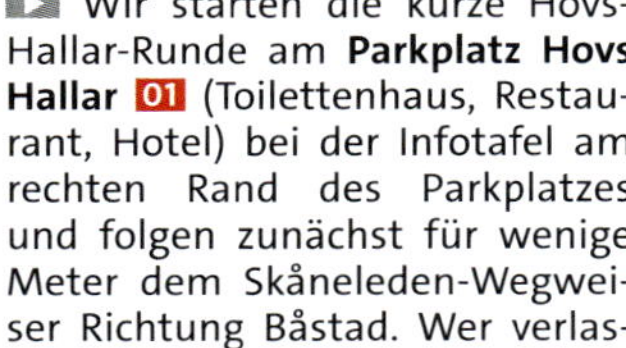

▶ Wir starten die kurze Hovs-Hallar-Runde am **Parkplatz Hovs Hallar** 01 (Toilettenhaus, Restaurant, Hotel) bei der Infotafel am rechten Rand des Parkplatzes und folgen zunächst für wenige Meter dem Skåneleden-Wegweiser Richtung Båstad. Wer verlassen ihn aber sogleich wieder und steigen über Felsen hinunter zum Steinstrand, vorbei an einem Feld mit unzähligen fotogenen Steinmännchen. Wir folgen nach rechts einem platt getretenen Pfad am Wasser entlang, der in diesem Bereich nicht richtig markiert ist.

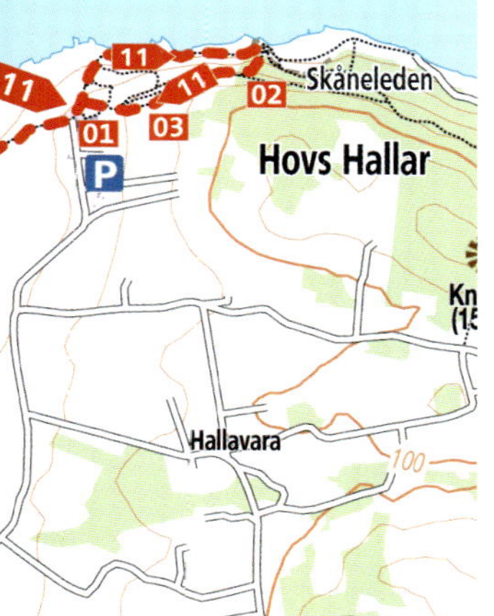

Schiffswracks

An der Nordwestküste von Bjärehalvön strandeten einst etliche Schiffe. Die Dorfbewohner entfernten alle Bolzen und überließen die restliche Arbeit dem Meer. Waren sie in ihre Einzelteile verfallen, wurden die Wrackteile als Brennholz genutzt. Es gab aber auch eine eigene Wrackgesellschaft, die sich um beschädigte Schiffe kümmerte, sie an Land schleppte und deren Teile versteigerte.

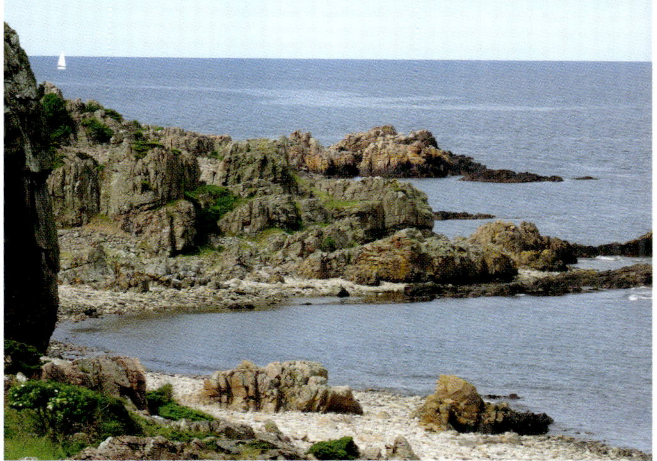

Die spektakuläre Steilküste Hovs Hallar

Links von einem markanten Höhleneingang in einer Felswand führt schließlich ein gut sichtbarer Pfad etwas steiler ansteigend eine Stufe hinauf und rechts in ein Wäldchen. Wir folgen dem Weg bergauf, müssen möglicherweise mühsam über quer auf dem Weg liegende Bäume steigen und erreichen oben den orange markierten **Skåneleden** 02, dem wir über eine offene **Wiese** 03 mit weitem Blick über das Wasser Richtung Westen folgen. Auf den weiten Flächen oberhalb der Kliffs dominiert der Wacholder, aber es finden sich

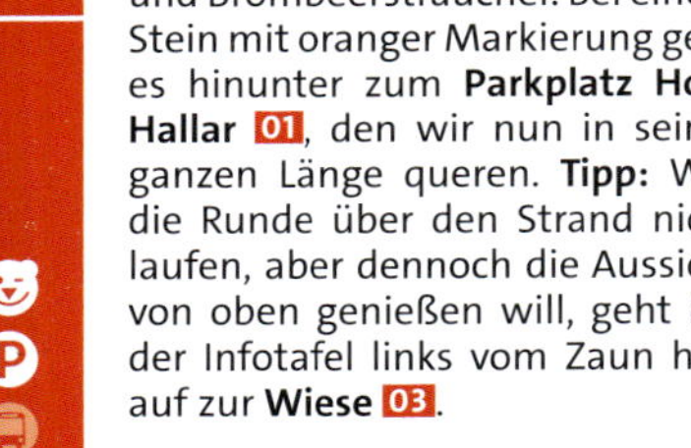

auch verschiedene Rosensorten und Brombeersträucher. Bei einem Stein mit oranger Markierung geht es hinunter zum **Parkplatz Hovs Hallar** 01, den wir nun in seiner ganzen Länge queren. **Tipp:** Wer die Runde über den Strand nicht laufen, aber dennoch die Aussicht von oben genießen will, geht bei der Infotafel links vom Zaun hinauf zur **Wiese** 03.

Wir folgen nun den orangefarbenen Markierungen des Skåneleden und wandern einen breiten Kiesweg hinunter zum Wasser, vorbei an Strandwiesen, Geröllfeldern, Schafweiden und Lesesteinmauern. Diese Strandwiesen dienten den Bewohnern der Dörfer früher als Allmendweiden, auf denen sie ihre Kälber, Schafe und Gänse weideten. Zudem wurde der Tang für die mageren Böden um die Dörfer gesammelt. In Sänkudde bei Segeltorp bietet sich eine Badestelle für eine Pause an.

Wir erreichen den **Strand von Ingelstorp** 04 mit ein paar roten Häuschen und einer Infotafel. Südlich der Landzunge wurden dort, wo sich jetzt ein Parkplatz befindet, zwischen 1829 und 1848 Zweimast-Briggen gebaut und an den im Wasser stehenden Findlingen Stora Ringastenen und Lilla Ringastenen vertäut.

Wir umrunden die Bucht und wandern über eine schöne Wacholderheide zum bronzezeitlichen **Grabfeld Gröthögarna** 05 (1800 bis 500 v. Chr.). Die acht aus Strandgeröll aufgeschütteten Grabhügel sind hier in einer Reihe angeordnet. Abschnittsweise führt der Weg etwas beschwerlich über Geröllfelder. Sehr eindrucksvoll sind später die langen Lesesteinmauern, mit

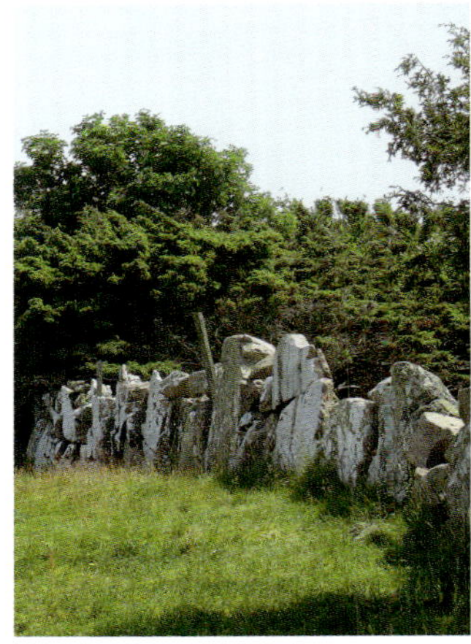

Kunstvoll geschichtete Steinmauer

denen die Weiden eingefasst sind. Eine **Infotafel** 06 informiert über das **Naturreservat Bjärekusten**.

Schließlich kommen die ersten Häuser von Torekov in Sicht; von einem Rastplatz können wir die schöne Szenerie genießen. Die Silhouette der Insel Väderö vor der Küste von Torekov wird größer. Vorbei am Campingplatz First Camp erreichen wir den Sandstrand von Torekov und wandern auf einem Sandpfad, später entlang der Strandpromenade zum **Hafen Torekov** 07. Das mittelalterliche Fischerdorf mit seinen hübschen Straßenzügen und dem lebhaften Hafen bietet sich für einen kleinen Bummel an.

Es empfiehlt sich, auf gleichem Weg wieder nach Hovs Hallar zurückzuwandern, denn es gibt keine Busverbindung von Torekov nach Hovs Hallar. Linienbusse fahren lediglich bis Hovs Kyrka, von dort muss man dann weitere 5 km auf Teerstraße bis Hovs Hallar laufen.

PRINS BERTIL STIG

Auf schönem Küstenweg zum Badeort Tylösand

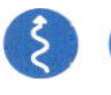
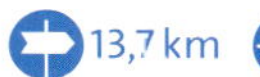

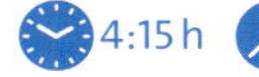

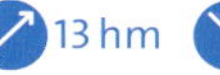

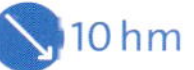

START | Halmstads slott (6 m)
[GPS: UTM Zone 33 x: 368.770 m y: 6.282.838 m]
CHARAKTER | Park- und Waldwege, teilweise sandig und zum Schluss hin über Felsen führend. Infotafeln informieren unterwegs über den aktuellen Standort.

Die Stadt Halmstad wirbt mit 45 km Badestrand, von denen einige Kilometer zu den schönsten von Halland zählen. Ein Paradies für Sonnenhungrige, Wasserratten, Wind- und Kitesurfer sowie Kajakfahrer, die die Wahl zwischen kleinen Buchten und langen Sandstränden haben. Der schönste ist der Abschnitt bei Tylösand, dem Ziel der Wanderung.

Halmstad nennt sich auch die „Golfhauptstadt“ Schwedens, was nicht ganz unwahrscheinlich ist, immerhin gibt es 12 Golfplätze rund um die Stadt. Die Wanderung führt aus der Stadt hinaus zur Küste und folgt dann der Wasserlinie, es geht durch Küstenwald, über Felsbuckel, an einem Rhododendronpark und vielen kleinen Schäreninseln vorbei. Weitere Abschnitte sind sogar mit dem Kinderwagen und Rollstuhl befahrbar; Infotafeln informieren abschnittsweise über die Wegbeschaffenheit und den genauen Standort.

Seinen Namen verdankt der Küstenweg Prins Bertil, dem Onkel des

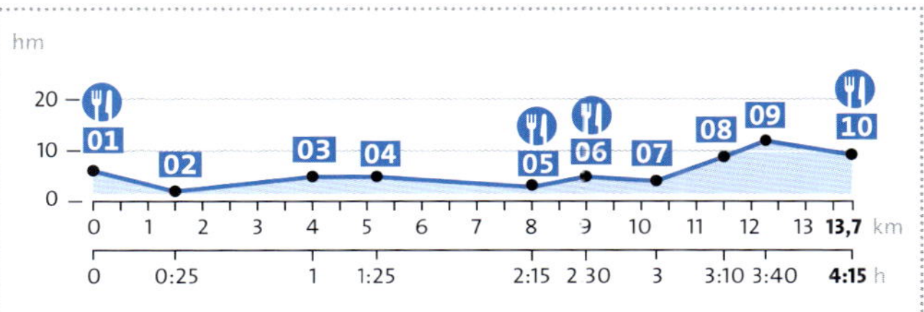

01 Halmstads Slott, 6 m; 02 See, 2 m; 03 Schwimmbad Simstadion Brottet, 5 m; 04 Örnäs udde, 5 m; 05 Långenäsudden, 3 m; 06 Hafen von Grötvik, 5 m; 07 Sandhamn, 4 m; 08 Handikappbad, 9 m; 09 Tjuvahålan, 12 m; 10 Hotel Tylösand, 9 m

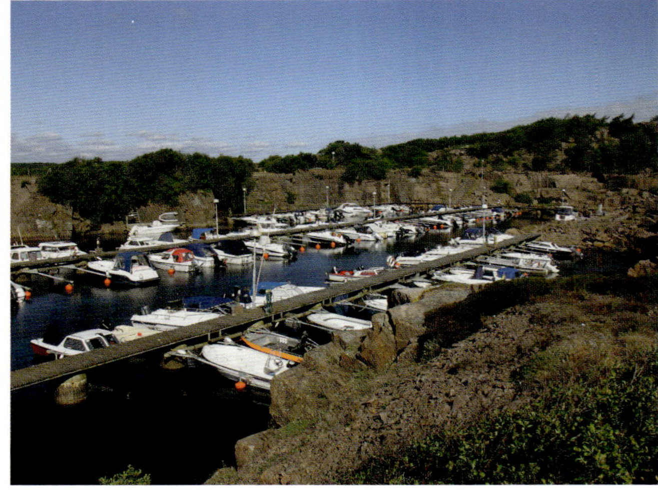

Der eindrucksvoll zwischen Felsen angelegte Hafen von Grötvik

heutigen schwedischen Königs Carl XVI. Gustaf, der in Tylösand ein Sommerhaus besaß. Er wanderte von dort regelmäßig zu Fuß nach Halmstad.

▶ Wir starten in umgekehrter Richtung an der Uferpromenade hinter dem **Halmstad Slott** 01, wo ein Schild auf den Beginn des Wegs hinweist. Eine große Übersichtskarte informiert detailreich über die einzelnen Abschnitte (Gehzeit, Länge) und die Wegbeschaffenheit für Rollstuhlfahrer. Entlang der Uferpromenade des Flusses Nissan wandern wir nach Süden bis zu einem Lokal. Hier biegen wir rechts und gleich wieder nach links in den Södra Vägen ein und folgen der Straße, bis ein Fußweg in einer Rechtskurve (auf Höhe der Sjömansgatan) nach links in ein Wäldchen abzweigt.

Wir kommen zum Lotsvägen und folgen dem Prins Bertils stig nach Südwesten, queren die Fiskaregatan und erreichen so die Småbåtsgatan. Auf dieser geht es nach Süden (rechts liegt das Klärwerk der Stadt). Wir erreichen einen **See** 02 und zweigen nach rechts ab. Am See des Klärwerks entlang und später durch ein Waldstück wandern wir parallel zum Stadtstrand. Immer wieder führen Bohlenstege zum Wasser mit Blick auf den Industriehafen.

Wir erreichen den Parkplatz und das örtliche **Schwimmbad Simstadion Brottet** 03. Das Bad wird in einem Halbkreis nördlich umrundet, anschließend folgt der Weg der Küstenlinie, die hier einen Bogen macht und auf den Landvorsprung Ornäs udden zuläuft. Rechts von uns liegen die Häuser der Feriensiedlung Eketånga – beim Blick zurück schaut man zum Industriehafen. Auch hier informieren Tafeln über den aktuellen Standort.

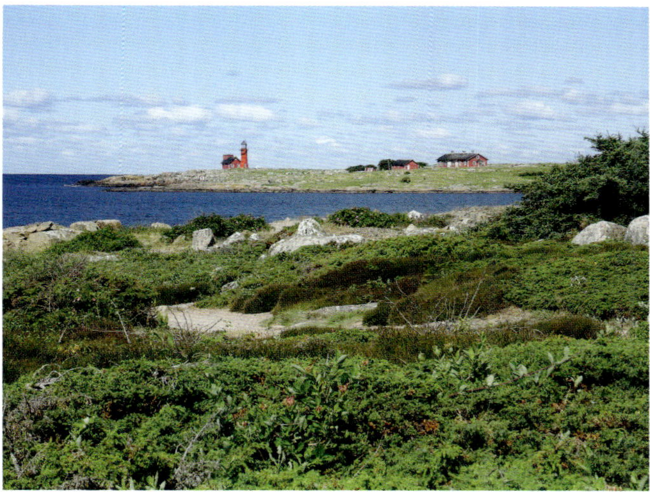

Blick übers Wasser zur Insel Tylön vom Landvorsprung Tyludden

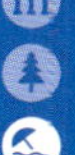

Nach der Umrundung des Landvorsprungs **Ornäs udden** 04 ändert sich die Szenerie und wir schauen nun über die seichte Bucht Långeäsviken auf den nächsten Landvorsprung: Långenäs udden. Zwischen Küstenwald und Dünen verläuft der sandige Weg, vorbei an den ufernahen Häusern von Stenhuggeriet und schließlich auf die Felsnase von **Långenäs udden** 05 zu. Hier ändert sich die Landschaft auffallend – statt unter Bäumen wandert man nun durch einen heidebewachsenen Küstenabschnitt.

Hinter der Felsnase fällt der Weg zum **Hafen von Grötvik** 06 ab. Eindrucksvoller als das erste Hafenbecken ist das zweite hinter der Zufahrtsstraße, das von roten Felswänden eingerahmt wird. Hierbei handelt es sich um die Reste eines ehemaligen Steinbruchs. Wir nehmen die Brücke über den Kanal des zweiten Hafenbeckens und wandern an einem dritten Becken vorbei, das zum Wakeboarden genutzt wird. Weiter am Wasser entlang passieren wir den Kungastenen (Königsstein) und erreichen bald darauf das idyllische **Sandhamn** 07. Hier verlässt der Weg kurzzeitig das Ufer und verläuft auf einer Wohnstraße hinter der ersten Reihe Häuser und Villen. Der Alfsjöstigen geht schließlich wieder in den Wanderweg über.

Jetzt beginnt der landschaftlich schönste Teil des Küstenwegs, der unter lichten Bäumen hindurch ufernah verläuft. Mit etwas Glück sieht man sogar ein Reh am Wasser grasen. Vorbei an einem Kiosk, der Fisch verkauft, und einem Häuschen, wo auf die Möglichkeit zum Schnorcheln hingewiesen wird, erreichen wir den Parkplatz des **Handikappbad** 08 (barrierefreier Strand- und Wasserzugang). Hier verlässt der Weg nun das Ufer und führt durch einen schönen Birkenwald und über runde Granitblöcke über eine weitere Landspitze mit Blick auf die Bucht **Tjuvahålan** 09. An ihrem Ufer stehen einige Häuschen, Boote dümpeln am Ufer. Am Ende der Bucht weist eine Infotafel auf den Rhododendronpark hin, den der Prins Bertil stig streift.

Von der Anhöhe hat man einen traumhaften Blick auf die vorgelagerten Insel Tylön mit ihrem markanten roten Leuchtturm. Der Küstenweg führt über die Felsen zwischen niedrigen Büschen hindurch um den Landvorsprung Tyludden herum und erreicht schließlich den Ferienort Tylösand, wo ein kilometerlanger Sandstrand beginnt. Vorbei an einem Kiosk und dem Aussichtsturm der Lebensretter ist bald darauf das **Hotel Tylösand** 10 erreicht.

Für die Rückfahrt nach Helmstad läuft man rechts am Hotel vorbei und dann rund 15 Minuten zur Bushaltestelle „Tylösand Harstigen". Die Busse fahren regelmäßig im Linienverkehr nach Halmstad (Fahrzeit rund 30 Min.) – viele Halmstader nutzen den Bus in umgekehrter Richtung für die Fahrt zum Strand.

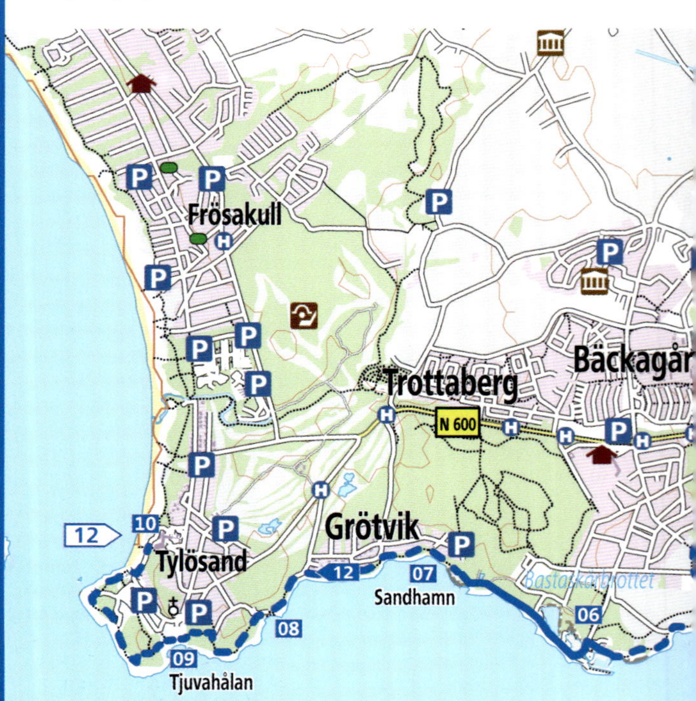

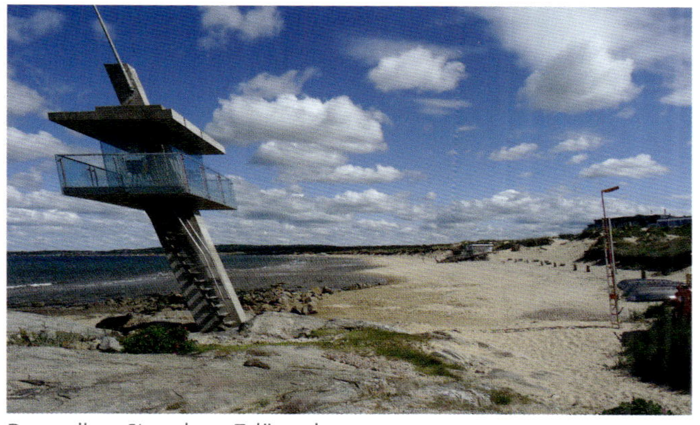

Der endlose Strand von Tylösand

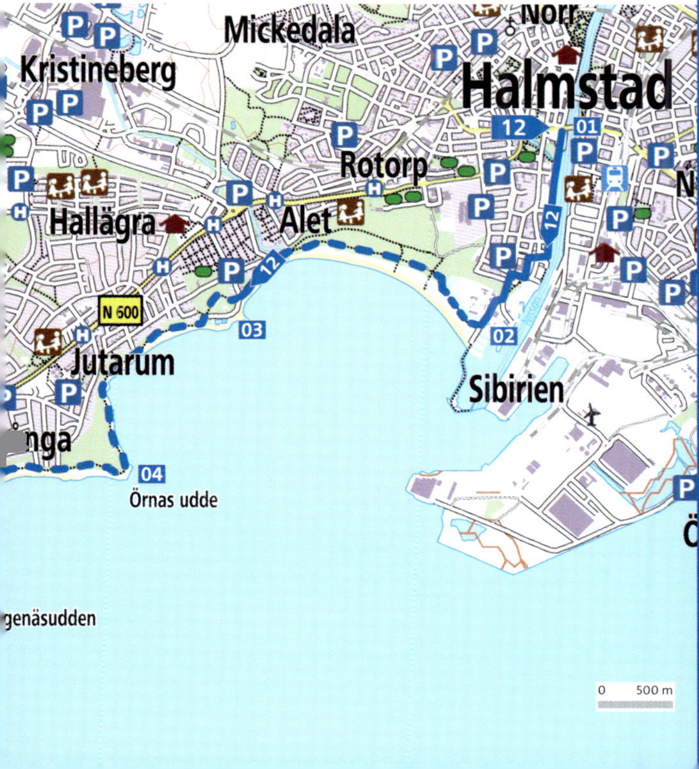

13

FJÄRÅS BRÄCKA NATURRESERVAT

Eindrucksvoller Lehrpfad auf einer Endmoräne

 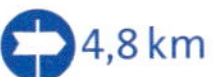  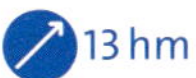 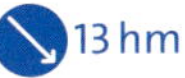

START | Parkplatz beim Naturum (45 m). Mit dem Bus von Kungsbacka zur Haltestelle „Fjäras Bräaskolan“ (Bus 741/742), von dort sind es noch 2,5 km zu Fuß zum Naturum. [GPS: UTM Zone 33 x: 331.089 m y: 6.370.435 m]
CHARAKTER | Kurze aussichtsreiche und informative Wanderung auf gut markierten Pfaden.

Der kurze Lehrpfad gibt zusammen mit einer informativen Broschüre und einer Ausstellung im Naturum einen umfassenden Einblick in die Landschaftsgenese. Bei Fjärås Bräcka handelt es sich um eine Endmoräne, die sich 60 m über der Küstenebene erhebt und den Stillstand des Gletschervorstoßes vor 14.500 Jahren markiert. Mit dem Rückzug des Eises rund 3.500 Jahre später hob sich der Rücken – der Wind, das Meer und die vorherrschenden Meeresströmungen gaben der Endmoräne ihre heutige Form.

▶ Vom Parkplatz sind es nur wenige Schritte zum **Naturum** 01 mit Caféteria und kleiner Ausstellung. Ein informatives Faltblatt über den Natur stig ist im Naturum erhältlich. Der in der Broschüre gelb markierte Naturstig beginnt hinter dem Naturum (östliche Seite) und folgt zunächst dem Fernwanderweg Hallandsleden (orange markiert) nach links – immer entlang der Abbruchkante oberhalb der einstigen Kiesgrube. Von hier oben genießt man einen weiten Blick Richtung Westen zur Küste und Richtung Osten auf den

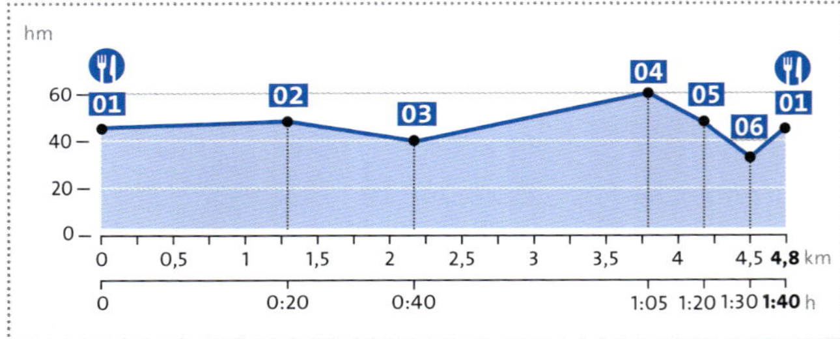

01 Naturum, 45 m; 02 Kirche, 47 m; 03 Abzweig, 42 m; 04 Querung Teerstraße, 59 m; 05 „Ljunghed“-Heide, 48 m; 06 Stelenfeld „Li Gravfält“, 33 m

Lygnern, den größten Binnensee in Halland. Kurz darauf steht man an einer extrem steilen Treppe, die hinunter in die aufgelassene Kiesgrube mit Steinlabyrinth führt. Am Ende der Endmoräne und schon in Sichtweite der Dorfkirche ist noch die ursprüngliche Breite der Endmoräne vor dem Abbau erkennbar.

Bevor man weiter dem Naturstig folgt, lohnt sich der kurze Abstecher zur **Dorfkirche** 02. Die Kirche mit einem weißen Tonnengewölbe und relativ breitem Kirchenschiff wurde in ihrer heutigen Form 1763 geweiht, Vorgängerbauten stammen aber aus dem 12. oder 13. Jh.

Wieder zurück bei den Wegweisern des Naturstigs führt dieser nun etwas unterhalb der Straße zurück Richtung Naturum (Süden).

Der Lygnern ist ein sogenannter Zungenbeckensee, der sich 18 km weit nach Nordosten erstreckt. Unten am See sieht man einen Steg, an dem früher ein Dampfschiff anlegte. Seit 2012 fährt stattdessen ein Elektroschiff die Seerunde. Kurz geht es zur Teerstraße hoch, aber schon nach wenigen Metern wieder links eine Straße runter, von der nach 100 m rechts der **Naturstig abzweigt** 03.

Wir sind nun auf einem frühgeschichtlichen Reiseweg unterwegs: Als die Niederungen noch sumpfig waren, bot der Moränenzug ein trockenes und dadurch leichteres Fortkommen. Wir passieren einen Stichweg zum See, bleiben aber geradeaus auf dem Naturstig und erreichen so eine Straße, die zu Häusern am See führt. Wir queren eine Pferdekoppel und folgen den Trittspuren schräg links hinunter auf den Wald zu (gelbe Pfeile). Auf Höhe einer kleinen Hütte treten wir in den Wald ein und wandern in einem leichten Rechtsbogen durch diesen hindurch, queren eine Straße und steigen an schönen alten Eichen vorbei hinauf zum höchsten Punkt des Moränenzugs. Wir **queren** die **Teerstraße** 04, die über den Moränenzug läuft. Hier endet der Naturstig, nach rechts sind es

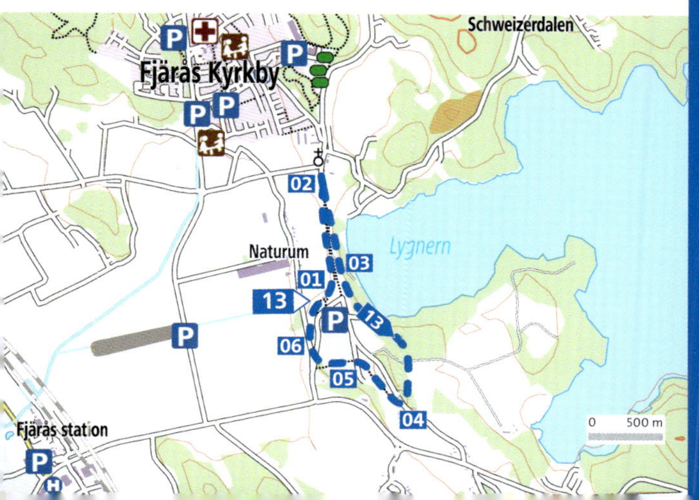

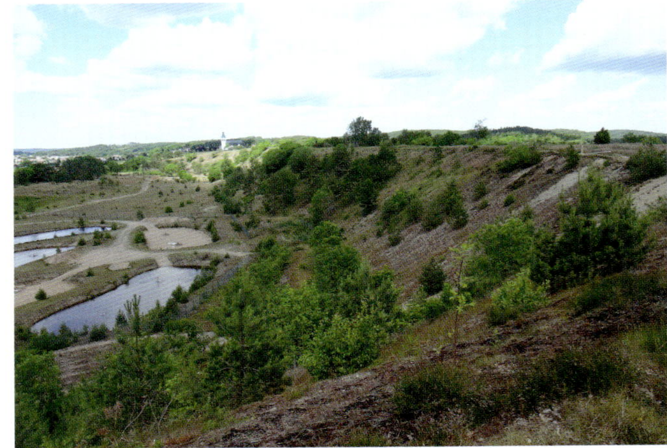

Blick vom Naturum auf die Endmoräne. Im Hintergrund die Kirche von Fjäras, links die Grube, die durch den Abbau entstanden ist

rund 500 m zum Naturum. Unsere Rundwanderung führt aber auf die andere Straßenseite, wo wir nun eine Zeitlang den orangen Markierungen des Hallandsleden folgen. Dieser führt über die Svalhögen, ein beweideter Sandhügel mit Wacholderbüschen und weitem Blick. Es geht leicht bergab zu einem Eichenwäldchen, über die Zufahrtsstraße zum Naturum und weiter der orangen Markierung folgend durch die **„Ljunghed"-Heide** 05. Rechts fallen möglicherweise abgebrannte Flächen ins Auge: Die Heideflächen werden heute wieder traditionell bewirtschaftet, das heißt beweidet, und im Abstand von einigen Jahren abschnittsweise abgebrannt.

Der Hallandsleden führt kurz bergab, durch ein Waldstück hindurch und quert die Zufahrtsstraße zum Naturum. Wir folgen weiter den orangen Markierungen und befinden uns nun auf einer kleinen Straße oberhalb des linker Hand liegenden **Stelenfelds „Li Gravfält"** 06. Auf dem größten eisenzeitlichen Gräberfeld Hallands stehen noch über 100 Steine und bieten in der Heidelandschaft ein eindrucksvolles Bild. Wir folgen den orangen Markierungen leicht ansteigend zum alten Cholera-Friedhof und erreichen kurz darauf den Parkplatz des Naturums und können für eine Einkehr noch weiter zum **Naturum** 01 laufen.

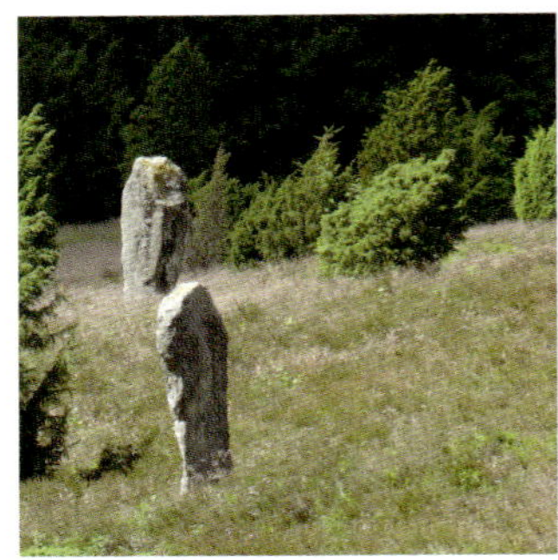

Stelenfeld „Li Gravfält"

STORA DELSJÖN RUNT

Seerunde mit Bademöglichkeit

  8 km 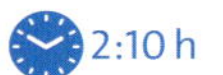 2:10 h 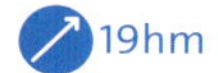 19hm  19 hm

START | Parkplatz (73 m) im Süden des Sees am Fagerbergsväg. Anfahrt mit dem Auto: Von Göteborg kommend die A40/27 Richtung Borås nehmen, Ausfahrt 71/Delsjömotet, nach der Ausfahrt links halten und dann rechts in den Fagerbergsväg abbiegen.[GPS: UTM Zone 33 x: 323.997 m y: 6.396.505 m]
CHARAKTER | Abwechslungsreiche, gut markierte Wanderung auf Waldpfaden und Bohlenwegen, mit Möglichkeiten zum Schwimmen. Beliebte Laufrunde der Göteborger. Mit Wanderung auf die Landspitze im See ein schöner Halbtagesausflug.

Südöstlich von Göteborg liegt das beliebte Naherholungsgebiet Delsjöområdets naturreservat mit mehreren Seen und Wäldern, das zum Baden, Radfahren und Wandern einlädt, aber auch mehrere Golfplätze bietet. Wir umrunden bei dieser Wanderung den Stora Delsjön, den Großen Delsjön, können die Wanderung aber mit der zusätzlichen Umrundung des Lilla Delsjön verlängern. Auf der ersten Hälfte der Tour folgen wir dem Fernwanderweg Bohusleden.

▶ Der **Parkplatz** 01 liegt ganz im Süden des Sees. Gleich zu Beginn führt der Weg am Ufer entlang kurzzeitig bergauf und dann hinunter zur **Schwimmbrücke** 02, einer Pontonbrücke, die eine kleine Bucht abschneidet. Von hier ist der Badeplatz in der Nordwestecke des Sees schon zu sehen. Nach dem Überqueren der wackligen Brücke geht es gleich wieder kurzzeitig steil hinauf auf einen Rundhöcker mit Bank und schönem Blick über den See auf die Landzunge, dann

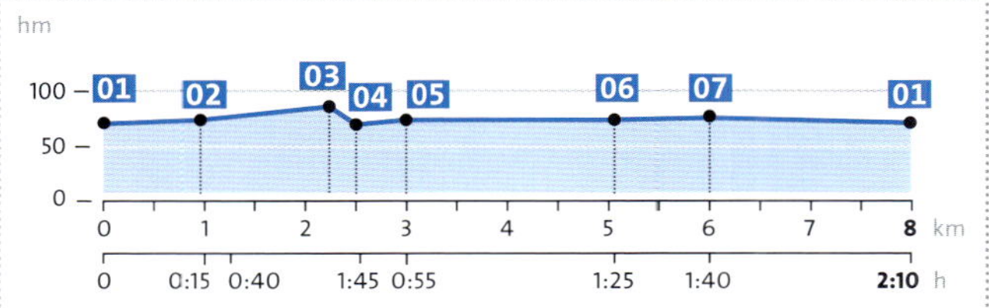

01 Parkplatz, 73 m; 02 Schwimmbrücke, 76 m; 03 Badeplatz, 85 m; 04 Bohlenweg, 70 m; 05 Kanuverleih, 75 m; 06 Holzsteg, 76 m; 07 Weggabelung, Lilla Delsjön runt, 77 m

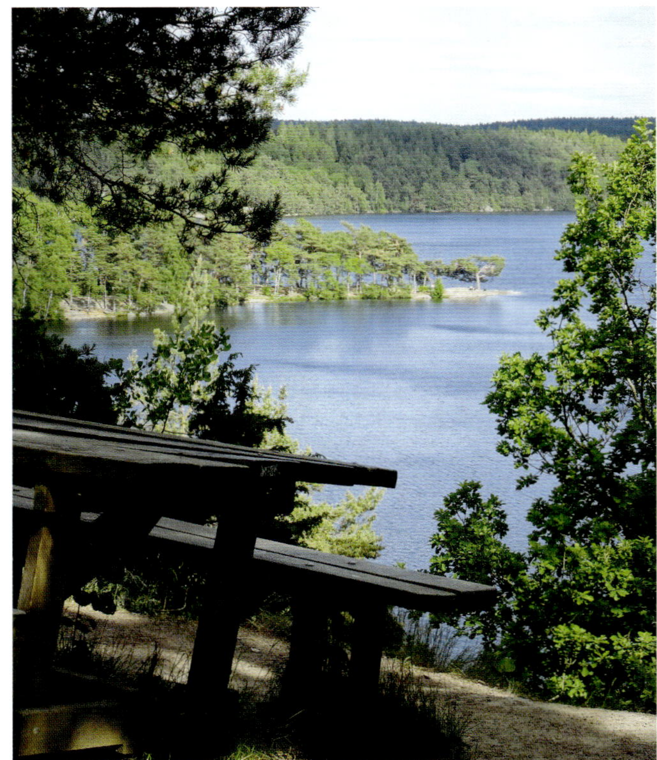

Blick auf die Landzunge im Stora Delsjön

Treppen runter und weiter zum **Badeplatz** 03 mit Toiletten und Steg.

Beim Badeplatz (mit Nachmittagssonne) lohnt sich der kleine Abstecher hinunter zum See, sei es um zu Baden oder für einen kurzen Besuch auf der Landzunge, die weit nach Süden in den See hineinragt und über einen **Bohlenweg** 04 erreichbar ist. Rund 10 Minuten läuft man von dort zur Südspitze des Sees. Wieder zurück auf dem Bohusleden, geht es zunächst auf der Höhe weiter, dann fällt der Weg zum Ufer mit ein paar Bootsstegen ab. Kurz darauf erreichen wir den Göteborger Ruderclub und einen **Kanuverleih** 05 (www.npk.nu).

Der Rundweg führt auf der Höhe weiter und folgt dem Bohusleden, Abzweigungen werden ignoriert. Durch lichten Wald wandern wir nach Südosten, biegen dann nach Nordosten ab und kommen zu einer Weggabelung, an der der Bohusleden nach Norden abzweigt. Wir wandern weiter am Seeufer entlang, nun wieder Richtung Süden, und folgen einem Promenadenweg direkt am Wasser. So erreichen wir eine weitere Weggabelung mit Plumsklo. Dort orientieren wir uns nach rechts Richtung Brudaremossen und folgen dem Rundweg-Schild.

Wer noch die kleine Seerunde anhängen will, folgt dem Wegweiser Delsjökärr und Bertilsons-Café geradeaus.

Eine **Holzsteg** 06 führt über den schmalen Wasserlauf, der Stora und Lilla Delsjön verbindet. Auf dem Delsjönässtigen geht es nun über die Halbinsel Edsåsen, zunächst im leichten Auf und Ab am steilen Westufer des Lilla Delsjön entlang, dann nach rechts etwas weg vom Ufer zu einer **Weggabelung** 07. Hier zweigt nach links die Lilla Delsjön Runt Richtung Café Bertilssons Stuga ab.

Wir halten uns aber rechts und wandern nun auf einem Bohlenweg über das Feuchtgebiet Svedsmossen, das mit schönen Wollgrasfeldern begeistert. Vom Ende des Bohlenwegs sind es dann nochmals knapp 20 Minuten bis zum **Parkplatz** 01.

Anreise mit dem Bus

Mit dem Röd Express in 12 Minuten von Göteborgs Hauptbahnhof (Central Station) aus zur Haltestelle „Delsjömotet". Über den Frans Perssons väg erreicht man in 18 Minuten die Stora Delsjö Runt (1,5 km).

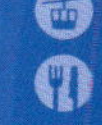

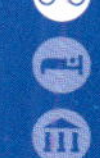

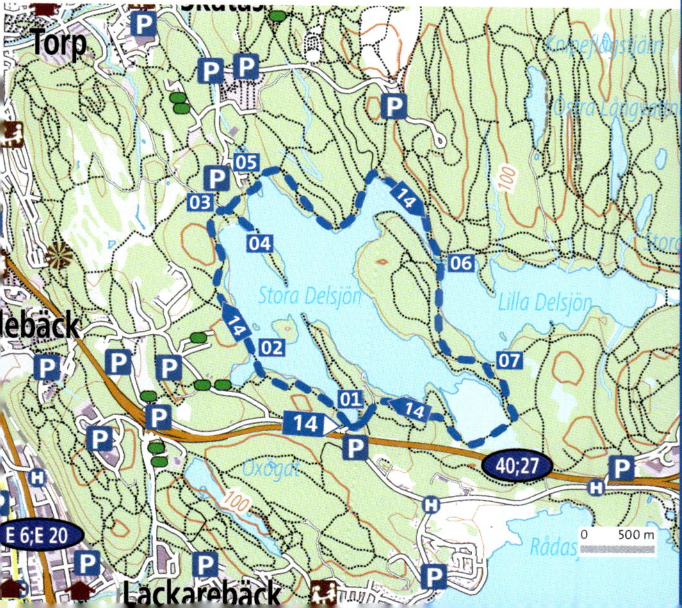

INSEL KOÖN

Schärenparadies im Süden von Bohuslän

 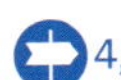 4,5 km  2:20 h 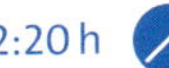 33 hm  33 hm 

START | Marstrand, Kleiner Parkplatz (26 m) mit nur wenigen Stellplätzen an der Idrottsgatan. Die Alternative sind Parkplätze unweit des Hafens. Anfahrt: von Göteborg auf der E6 bis Kungälv, weiter auf der Straße 168
[GPS: UTM Zone 33 x:653.713 m y: 6.419.780 m]
CHARAKTER | Hervorragend markierter Weg über die Granitfelsen. Sehr abwechslungsreich; gutes Schuhwerk ist unabdingbar.

Die schöne Runde über die Felsen der Insel ist ideal für Familien mit Kindern, denn nicht nur die Blickwinkel sind immer neue, sondern es gibt auch viele Treppen und Brücken, eine Aussichtsplattform und Reste einer alten Befestigungsanlage. Besonders schön ist die Tour bei Sonnenuntergang. Neben der hier vorgestellten Runde gibt es noch zwei weitere gut markierte Wege, die Richtung Osten an diese Route anschließen. Der schwarze, hier vorgestellte Weg ist mit einem schwarzen Dreieck markiert.

▶ Vom kleinen **Parkplatz** 01 folgen wir der Idrottsgatan an den links liegenden Häusern vorbei. Wenige Meter nach dem letzten Wohnhaus zweigt links der schwarze Rundweg ab und führt nun gut markiert über die Felsen zunächst Richtung Südwesten, dabei genießen wir den Blick zur Insel Marstrand. Rasch ist ein erster Aussichtpunkt mit einem gemalten **Kompass** 02 (der aber nicht stimmt) und Aussichtsbank mit herrlichem Blick über den Nordwestteil der Insel erreicht.

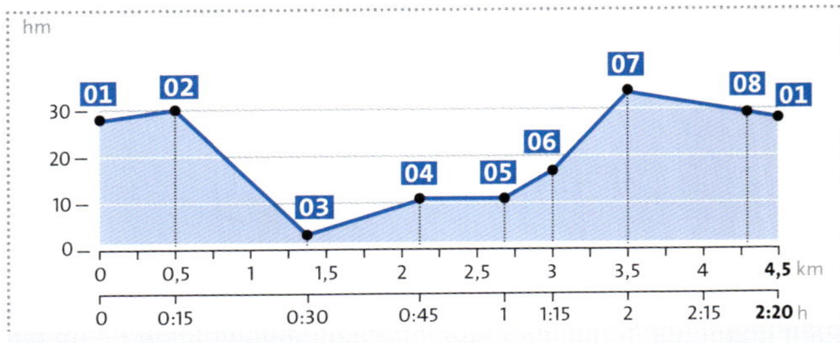

01 Parkplatz, 28 m; 02 Kompass, 30 m; 03 Schwimmende Brücke, 3 m; 04 Aussichtsplattform, 11 m; 05 Ankerplatz, 11 m; 06 Geschützstellungen, 17 m; 07 Weggablung, 34 m; 08 Startpunkt Wanderwege, 29 m

Der Rundweg führt zu zwei Gebäuden. Hier folgen wir kurzzeitig einer Fahrstraße, die hinunter zu Häusern und einem kleinen Hafen führt.

Wir biegen aber noch vorher an einem Holzwegweiser nach rechts ab und wandern nun auf einem schmalen Weg durch die enge Vargklyftan. Ein weiterer Höhepunkt ist die **schwimmende Brücke** **03** über einen Seerosenteich.

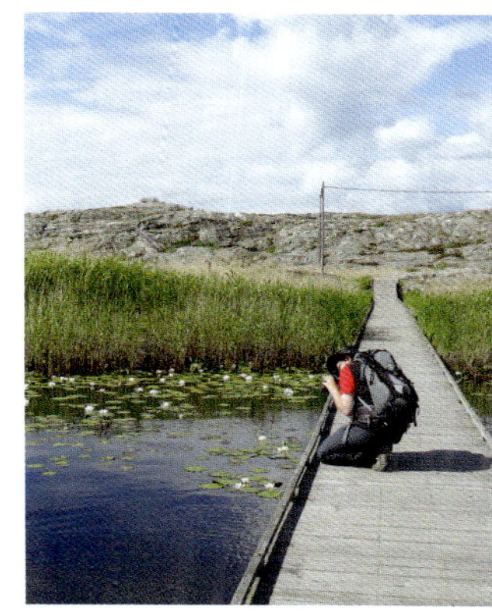
Brücke über den Seerosenteich

Danach führt der Weg über mehrere kleine Holzbrücken und Treppen hinauf zu einer **Aussichtsplattform** **04** mit Bänken und Tischen. Weit reicht der Blick zu den Inseln Dyrön, Åstol und Hamneskär mit dem Leuchtturm Pater Noster! Recht steil geht es von dort über Treppen und Felsen hinunter zu einer Mini-Staumauer. Hier weisen Schilder darauf hin, dass man im gestauten Bereich weder schwimmen noch Motorboot fahren darf. Weiter führt der Weg über kahle Felsen zu einem kleinen, stillen **Ankerplatz** **05** – der wahr gewordene Traum vom schwedischen Wochenend- und Ferienglück in den Schären!

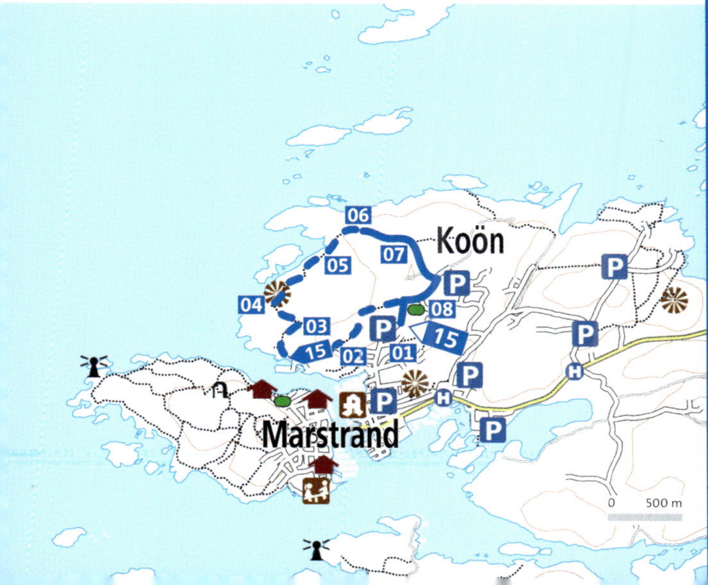

Koön
Marstrand
06
07
05
04
03
08
15
02
01
0 500 m

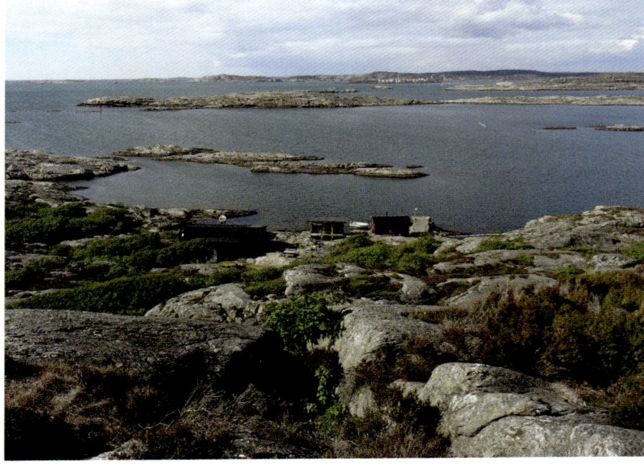

Blick über den Schärengarten von den Geschützstellungen aus

Oberhalb des Ankerplatzes werden wir dann mit der jüngsten Geschichte konfrontiert, denn wir stoßen auf **Geschützstellungen 06**, die erst 1974 im Zug des Kalten Kriegs errichtet wurden. Unterhalb der Stellungen stehen drei Häuschen an einem Bootssteg. Wenig später erreichen wir einen Picknickplatz mit Grillstelle, bei der sich eine weitere Geschützstellung befindet. Wir kommen zu einer **Weggabelung 07**, an der der schwarze und blaue Weg aufeinandertreffen. Auf einem Waldweg laufen wir nun rund 1 km bis zum **Startpunkt 08** der beiden Wanderwege.

Wir halten uns rechts und wandern nördlich am Fußballplatz vorbei und biegen dann nach links in die Idrottsgatan ein und erreichen kurz darauf den **Parkplatz 01**.

Marstrand Battery

Schweden, das zwischen den zwei Großmächten des Kalten Krieges – den USA im Westen und der Sowjetunion im Osten – lag, fühlte sich so bedroht, dass es Anfang der 1980er-Jahre mehrere Geschützstellungen entlang der Westküste errichtete, u. a. diese hier auf Koön. Die Anlage wurde so aus dem Fels gesprengt, dass sie aus der Luft nicht erkennbar war. Die Felshöhlen sollten sowohl konventionellen Waffen als auch chemischen und biologischen Waffen trotzen. Teilweise kann man einen Blick in die unterirdischen Räume werfen und sie sogar betreten. 2004 wurde die Anlage entwaffnet und versiegelt. Alle Kanonenrohre sind nur noch Attrappen.

INSEL MARSTRAND

Im Schärengarten von Göteborg

  5,9 km 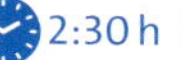 2:30 h 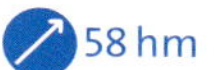 58 hm 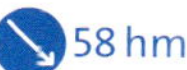 58 hm

START | Schiffsanleger auf Marstrand (3 m). Kostenpflichtiger Parkplatz auf der Insel Koön unweit des Hafens (30 Skr). Ticketverkauf am Hafen für Hin- und Rückfahrt, Pendelfähre im 15-Minuten-Takt. Anfahrt wie zur Insel Koön (Tour 15).
[GPS: UTM Zone 33 x:653.260 m y: 6.418.917 m]
CHARAKTER | Unterhaltsame Wanderung über Felsen, abwechslungsreich durch Bohlenwege, Treppen und Brücken. Ideal für Familien mit Kindern: Viele Bänke und Badestellen laden zu Pausen ein. Festes Schuhwerk anziehen, da man meist über Granitfelsen läuft. Der Weg ist nur dort, wo es notwendig ist, markiert.

Marstrand war im 18. Jh. ein lebhafter Fischerort und wurde später ein mondänes Seebad mit schöner Architektur. Nach der Inselumrundung mit traumhaften Ausblicken auf die umliegenden Schären sollte man sich daher die Zeit für einen Bummel durch die malerischen Gassen abseits der Seepromenade nehmen. Eine Übersichtskarte mit Wegenetz und Informationen zu den Hauptsehenswürdigkeiten (Rundgang im Ort) erhält man in der Touristinformation direkt am Insel-Schiffsanleger.

Die Insel ist ein beliebtes Ausflugsziel; während der schwedischen Sommerferien oder wenn Segelregatten stattfinden, kann es hier sehr voll werden. Diese Zeit sollte man nach Möglichkeit meiden.

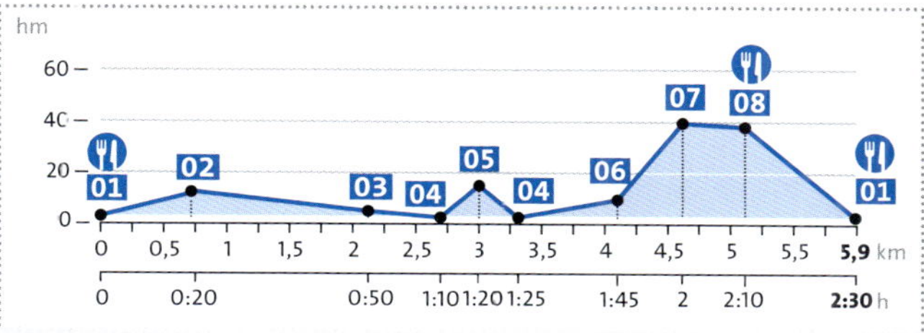

01 Schiffsanleger auf Marstrand, 3 m; 02 Gletschertöpfe, 12 m; 03 Seerosenteich, 5 m; 04 Bootsanleger, 2 m; 05 Aussichtspunkt, 14 m; 06 Weggabelung, 10 m; 07 Lotsenturm, 39 m; 08 Festung Carlsten, 38 m

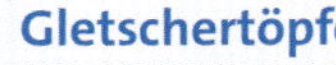

Gletschertöpfe

Entstanden sind sie vor 13.000 Jahren beim Rückzug des Inlandeises. In den starken Schmelzwasserströmen befanden sich Steine und kleine Felsstücke, die in den starken Strömungen der Schmelzwasser rotierten und so die markanten topfartigen Hohlformen schufen.

▶ Die Inselumrundung erfolgt gegen den Uhrzeiger und startet am **Schiffsanleger** 01. Wir spazieren auf der Strandpromenade nach links zum Museum Södra Strandverket und erreichen schon bald einen ersten Badeplatz mit Leiter ins Wasser. Am Wasser entlang und dann über eine Treppe auf die Felsen hinauf erreichen wir **Gletschertöpfe** 02, die man nicht nur hier, sondern in ganz Bohuslän findet. Der eher spärlich mit weißen Punkten und Strichen markierte Rundweg führt über die vegetationslosen Felsen und vorbei an zwei FKK-Badeplätzen. Wer aufmerksam schaut, kann am Gletscherschliff die einstige Fließrichtung der Inlandgletscher erkennen. Mit herrlichem Blick aufs Wasser und die Nachbarinseln geht es zum Teil auf betonierten Wegen zum ersten Höhepunkt der Runde, dem **Seerosenteich** 03.

Der nun folgende Wegabschnitt zur Westspitze der Insel und rund um zwei Seen begeistert mit vielen Holzbrücken, dem Blick auf den Leuchtturm Pater Noster und das weiße Leuchtfeuer Skallens fyr. Segelschiffe und Containerschiffe gleiten an der Küste vorbei.

Wir erreichen dann einen **Bootsanleger** 04. Hier ist etwas Aufmerksamkeit gefordert: Wer einen kleinen Abstecher machen möchte,

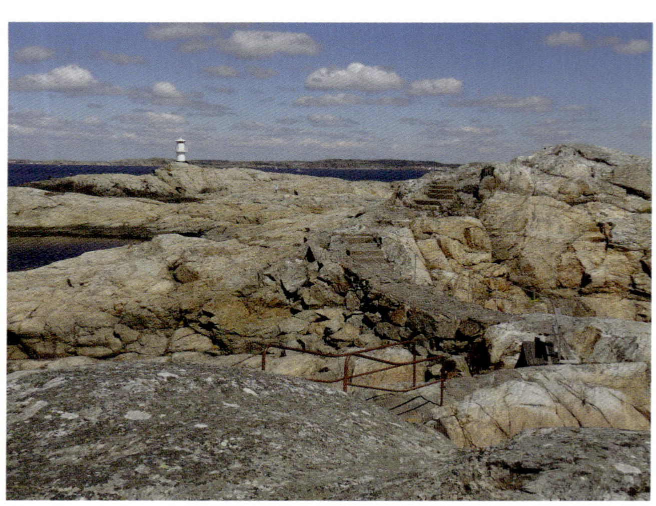

Wanderung über die Schären, im Hintergrund ein Leuchtfeuer

Schärenarchipel Pater Noster

Der 32 m hohe Leuchtturm, der 1868 auf der Insel Hamneskär errichtet wurde, ersetzte damals ein Leuchtfeuer auf der Festung. Der Schärenarchipel besteht aus insgesamt 97 Inselchen verschiedenster Größe, die für die Schifffahrt früher eine gefährliche Passage waren. Starke Strömungen und gefährliche Untiefen führten immer wieder zu Havarien – und ließ die Seeleute ein paar Vater unser (Pater Noster auf lateinisch) beten.

zweigt vom Hauptweg nach rechts ab und wandert durchs Gebüsch ein paar Meter hinauf zu einem **Aussichtspunkt** 05. Von oben genießt man einen schönen Blick auf die Insel Hamneskär.

Wieder zurück auf dem Rundwanderweg geht es weiter entlang der Wasserlinie. Wenig später bietet sich erneut die Möglichkeit zu einer Badepause bei einer Badetreppe auf einem Landvorsprung. Vorbei an einem kleinen See mit Wollgras wandern wir um die Insel herum, nun schon mit Blick auf die Nachbarinsel Koön und den Kanal zwischen beiden Inseln, auf dem reger Schiffsverkehr herrscht.

Wir kommen zu einer weiteren **Weggabelung** 06: Wer hier geradeaus weitergeht, ist in wenigen Minuten wieder im Ort. Wir biegen aber stattdessen ins Inselinnere ab und stehen nach wenigen Schritten in einer überraschend anderen Welt – dem grünen St. Erik's Park mit Lichtung, von der aus Wege in verschiedene Himmelsrichtungen

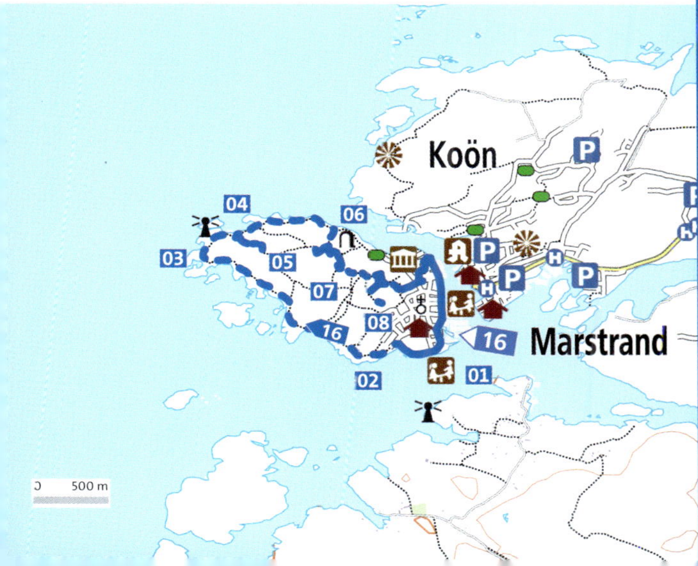

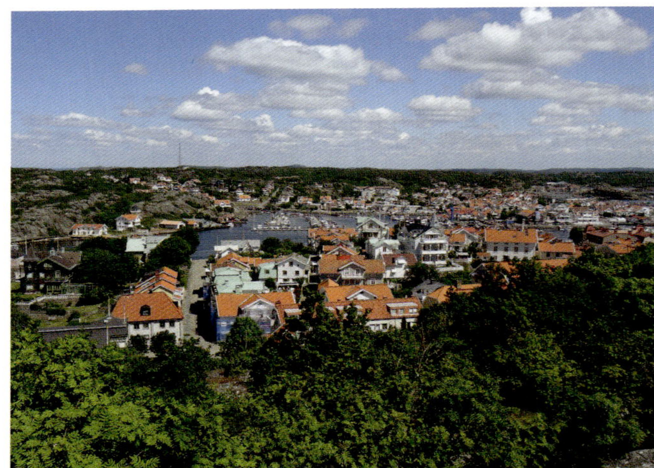

Blick von der Festung auf den Inselort Marstrand und das Festland

führen. In dem Mitte des 19. Jhs. angelegten Park wachsen heute verschiedene Baumarten, dazu gibt es einen weiteren Seerosenteich mit seltenen roten Seerosen. Wir folgen im Park den Wegweisern zu einer Grotte (Grottan), in der sich die Inselbewohner früher bei Belagerungen versteckt hielten. Auch 6.000 Jahre alte Werkzeuge fand man hier (wahrscheinlich aus einer Zeit, als die Insel noch Teil des Festlands war). Zwischen Felsen und durch eine schmale Felskluft hindurch geht es geradeaus weiter, bis sich der Weg gabelt. Dort nimmt man den rechten Weg und erreicht so den knapp 50 m hohen **Lotsenturm** 07. Hier im Zentrum der Insel finden sich niedrige Bäumchen und Sträucher. Im Südosten erhebt sich die nahe Festung, die man von hier aus über einen von Straßenlaternen gesäumten Weg erreicht.

Die Besichtigung der **Festung Carlstens Fästning** 08 ist kostenpflichtig, ein kleines Café am Eingang verkauft Waffeln. Die Festung diente lange Zeit als Gefängnis. Bei der Besichtigung geht es über Zugbrücken und steile Treppen, vorbei an Geschützen, durch Geheimgänge, Küchenräume, Gefängniszellen und mehrere Innenhöfe. Vom Turm aus genießt man einen fantastischen Rundumblick über den Schärengarten des südlichen Bohuslän. Hier vor Marstrand treffen Skargerrrak und Kattegat aufeinander. Gebaut wurde die Festung zum Schutz des meist eisfreien Hafens.

Wir umrunden die Festung auf ihrer nördlichen Seite, bis rechts die Kungsgatan abzweigt. Sie führt über den Rathausplatz hinunter zur Uferpromenade und dort rechts zum **Schiffsanleger** 01.

Es empfiehlt sich sehr, durch die fotogenen Gassen mit vielen schönen Geschäften und Lokalen zu bummeln.

STORA DYRÖN

Auf dem Dyröleden rund um die Schäreninsel

  6,1 km  3:35 h 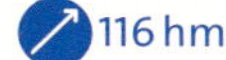 116 hm  116 hm

START | Nordhafen (3 m) auf Stora Dyrön
[GPS: UTM Zone 33 x:654.078 m y: 6.423.834 m] Anfahrt: Von der E6 Straße 160 nach Tjörn und Orust. Nach der Tjörnbron (Brücke) auf der Straße 169 Richtung Rönnäng.
CHARAKTER | Eine wunderschöne Wanderung über eine sowohl landschaftlich wie kulturell sehr interessante Insel. Die Runde kann öfters abgekürzt werden. Es gibt viel zu sehen und viele Treppen auf- und abzusteigen – Kindern wird hier garantiert nicht langweilig! Der Weg ist mit Pfosten mit gelben Spitzen markiert, an Weggabelungen finden sich weitere Wegweiser.

Die Küste der historischen Provinz Bohuslän löst sich nördlich von Göteborg in 3.000 Schären, unzählige Buchten und Fjorde auf. Die große Insel Tjörn im Skagerrak wird umrahmt von insgesamt 1.500 Inseln. Eine davon ist die kleine Insel Dyrön vor der Südspitze von Tjörn. Hier leben lediglich rund 300 Einwohner und eine Herde Mufflons.

Die Insel bietet mehrere Möglichkeiten zu baden, immer wieder tolle Ausblicke und viele Felsen zum Klettern. Die Häuser der Insel liegen in einer Schlucht zwischen dem Nordhafen und dem Südhafen, es gibt hübsche Wohnhäuser, eine Schule, kleine Unterkünfte und Lokale, eine Minigolfanlage und lediglich ein paar Mopeds mit Lastenhängern. Entlang des markierten Inselrundwegs finden sich lesenswerte Tafeln über die Geschichte der Insel, die Namen der Buchten, Plätze etc.

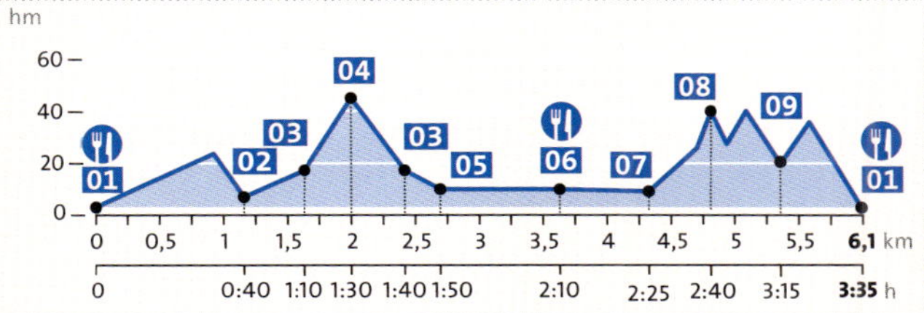

01 Nordhafen (Nordhamnen), 3 m; 02 Badeplatz, 8 m; 03 Weggabelung, 17 m; 04 Grinneberget Utsikt, 45 m; 05 Sandbucht Sanviga, 11 m; 06 Südhafen (Sydhamnen), 11 m; 07 Båstu, 9 m; 08 Åsen, 40 m; 09 Schlucht, 21 m

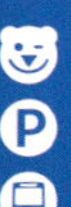

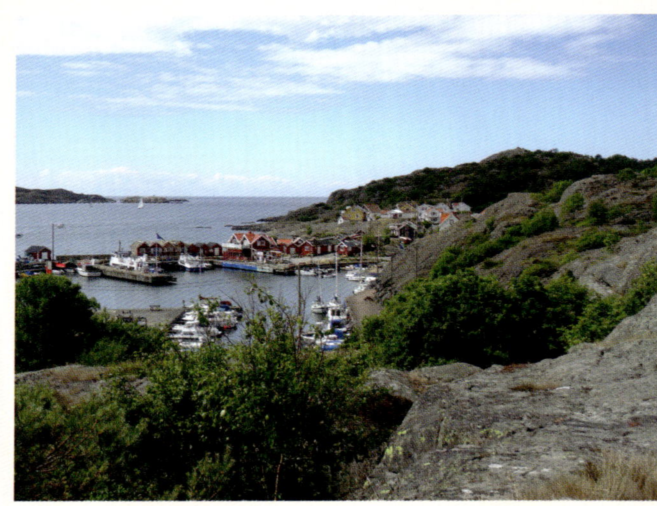

Kurz vor Erreichen des Südhafens

Wir beginnen die unterhaltsame Wanderung an der Anlegestelle der Fähre am **Nordhafen (Nordhamnen)** 01. Wir laufen gegen den Uhrzeigersinn zunächst am Yachthafen (Gästhamn) entlang, biegen dann nach links ab und umrunden das Wasserbecken, bis wir vor dem roten Toilettenhäuschen stehen. Links geht es über einen Steg, dann beginnt der Aufstieg über Treppen und Stege auf den ersten von vielen weiteren Granithügeln.

Ein erster Badeplatz mit Strand befindet sich auf der Nordwestseite des Landvorsprungs Holmen, der im Norden des Hafens liegt. Eine Zeitlang geht es durch einen richtigen schattigen Wald, der mit Unterstützung der Inselschulkinder zwischen 1939 und 1955 gepflanzt wurde – sehr angenehm an heißen Sommertagen! Wir erreichen an der Aleviga (Erlenbucht) einen weiteren **Badeplatz** 02.

Weiter durch den Wald kommen wir zu einer **Weggabelung** 03, an der sich der Abstecher zur Aussicht Grinneberget empfiehlt. Dafür zweigt man vom Hauptweg nach rechts Richtung Skola (Schule) ab. Zwischen den Felsen hindurch und scheinbar weglos führt ein Pfad hinauf, der jedoch dank der Pfosten nicht zu verfehlen ist. Oben bei der **Grinneberget Utsikt** 04 findet sich eingerahmt durch ein Holzgeländer eine Vertiefung, in der beim letzten Besuch doch tatsächlich ein Kugelgrill stand. Außerdem gibt es einen Picknicktisch mit herrlichem Blick Richtung Osten auf den Risöfjorden mit den Inseln Korsholmen, Risön, Kärrsön und Hättan.

Auf gleichem Weg geht es zurück zur **Weggabelung** 03. Kurze Zeit später erreichen wir die kleine **Sandbucht Sanviga** 05, einer der besten Badeplätze für Kinder. 1917 soll hier ein großer Erdrutsch statt-

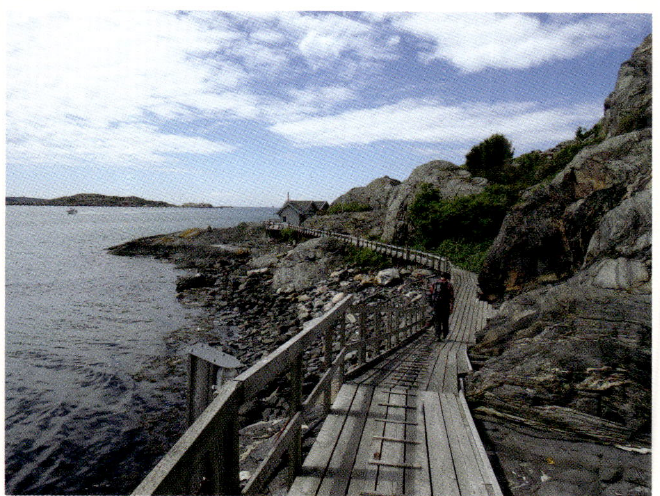

Auf dem Weg vom Südhafen zum Båstu (öffentliche Sauna)

gefunden haben, der große, glatt geschliffene Felsen rechts und links der Schlucht freilegte. Kurz darauf stehen wir im **Südhafen (Sydhamnen)** 06. Im Südteil findet man mehrere Lokale und einen kleinen Supermarkt (am Hamnvägen, Richtung Nordhafen). Wer abkürzen möchte, kann von hier auf direktem Weg über den Berg zurück zur Fähre laufen.

Wir folgen aber weiterhin dem Dyröleden, biegen dafür auf die Hamnvägen nach rechts ab und zweigen dann nach links auf die Rösseliden ab. Wir kommen nach wenigen Metern zu einer Grünfläche, an der wir links entlanggehen.

Wir queren einen Holzsteg und erreichen auf einem Bohlenweg nach 250 m das **Båstu** 07, eine öffentliche Sauna, die man über das Internet (www.dyron.se) mieten kann. Wir umrunden nun den Südwesten der Insel und kommen zu einer kleinen Steilküste. Hier hat das Gletschereis Teile des Gesteins mitgerissen und so sieht dieser Teil der Insel völlig anders aus als die von langen abgerundeten Felsen geprägte Nordseite.

Vom Hauptweg zweigt zweimal ein Weg zum Aussichtspunkt Åsen ab, dem höchsten Berg der Insel. Wir nehmen den zweiten Abzweig und erreichen nach wenigen Minuten den „Gipfel" des **Åsen** 08. Es gibt einen Picknicktisch und einen schönen Blick nach Åstol und weiter nach Marstrand mit der Festung Carlsten. Auf dem Åsen sprengte man in den Kriegsjahren Schutzwehre und Schutzbunker in den Fels, die nun alle versiegelt sind. Eindrucksvoll ist auch der Blick in die Schluchten.

Auf gleichem Weg geht es zunächst zurück zum Hauptweg. Nun quert der Weg mehrere vom Inselinneren zum Meer verlaufen-

Mit der Fähre nach Dyrön

Von Tyrön: Anreise mit dem Schiff vom Hafen Rönnängs brygga. Die Fährlinie 361 pendelt im Linienverkehr zu den Inseln Tjörnekalv, Åstol und Dyrön (Fahrzeit: ca. 20 Min.); Fahrplan: www.dyron.se/ta-dig-hit/ und www.vasttrafik.se.

Vom Festland: Die Passagierfähre 326 startet in Rörtången und legt auf dem Weg zum Südhafen unterwegs auf den Schäreninseln Hättan und Risön an. Die Fahrzeit beträgt 1:10 Std. Da die Fähre aber schon gegen 14:20 Uhr wieder abfährt, empfiehlt sich eine Übernachtung. Fahrplan: www.dyron.se/ta-dig-hit/

Von Marstrand: Vom 10. Juli bis Anfang August fährt von Freitag bis Dienstag eine Fähre von Marstrand nach Dyrön (30–40 Min.). Unbedingt die Zeiten überprüfen.

Gunnars Båtturer
Reservierung über Tel. 0706 77 58 55, www.gunnarsbatturer.com

de Schluchten (Ravines), in denen zum Teil Reste alter Unterschlüpfe gefunden wurden. Am spektakulärsten ist der Abstieg in die letzte **Schlucht** 09 durch eine extrem schmale Kluft – über eine steile Treppe mit über 100 Stufen. An ihrer engsten Stelle ist die Kluft nur 30 bis 40 cm breit. Die Treppe kann auch umgangen werden. Aus der Schlucht steigen wir wieder hinauf und kommen an einigen kleinen Tümpeln vorbei, in denen die Frauen früher Wäsche gewaschen haben.

Der Weg endet schließlich wieder am Fähranleger im **Nordhafen** 01.

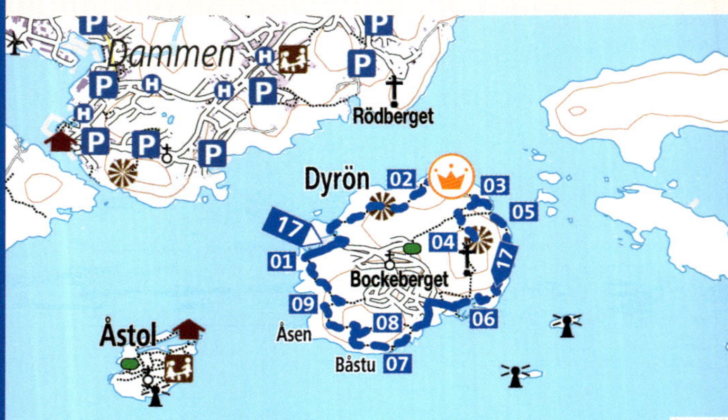

VETTEBERGET • 116 m

Höchste Erhebung der Insel Tjörn

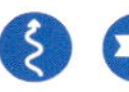  2,6 km 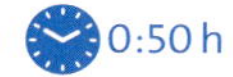

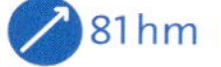

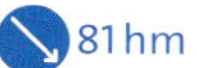

START | Insel Tjörn, Wanderparkplatz Aröds Gård (35 m). Anfahrt siehe Tour 18, ausgeschildert ab Straße 169; von der Bushaltestelle „Aröds backe“ auf Teerstraße und Staubpiste zum Parkplatz, ca. 600 m (10 Min.). [GPS: UTM Zone 33 x:653.306 m y: 6.426.939 m]
CHARAKTER | Gut markierte Wanderung über die Schärenfelsen.

Eine kleine, aber feine Tour auf den höchsten Berg der Insel Tjörn. Oben am Gipfel befindet sich der größte und mächtigste Steinkreis der Insel. Die Tour eignet sich sowohl aufgrund ihrer Länge als auch der abwechslungsreichen Wegführung hervorragend für Familien mit Kindern, die sich hier als Pfadfinder betätigen können – unter dem Motto: Wer sieht zuerst das nächste Andreaskreuz?

▶ Vom **Wanderparkplatz** 01 wandern wir den Wegweisern folgend in den Wald hinein, wo ein Hinweisschild auf den Vetteberg als höchsten Berg der Insel hinweist. Der Weg führt vorbei an einem schönen Wohnhaus, an dessen Zaun ein weiterer Holz-Wegweiser angebracht ist. Der Weg führt rechts des Zauns entlang und kurz nochmals durch Wald. Wir erreichen den **Waldrand** 02 und wandern nun bis zum Gipfel über baumlose Granitfelsen. Der gesamte Weg ist mit roten Andreaskreuzen an gelben Stecken markiert. Über weite Strecken geht es weglos bergauf. Der Weg ist angenehm zu gehen, die langen, glatten Granitfelsen sind griffig und problemlos zu laufen. Je höher man kommt, desto weiter wird der Blick.

Vom **Gipfel** des **Vettebergs** 03 genießen wir einen herrlichen Blick

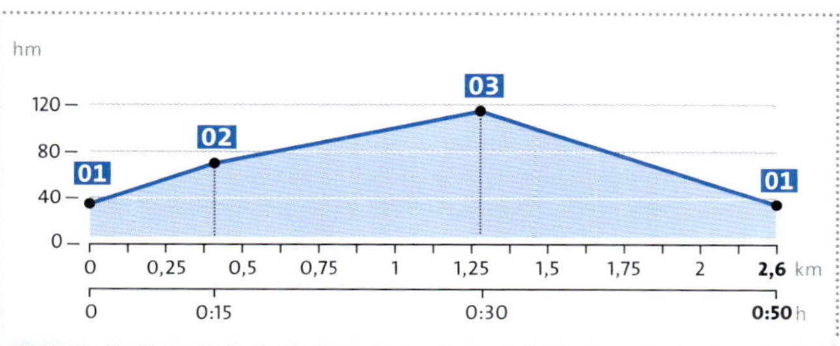

01 Wanderparkplatz, 35 m; 02 Waldgrenze, 69 m; 03 Gipfel, 16 m

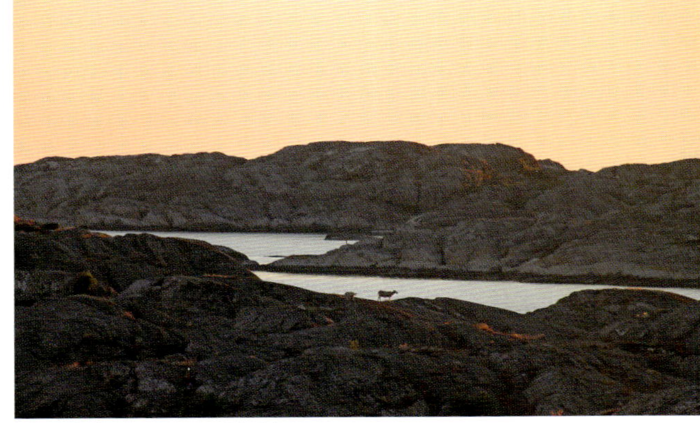

Abendstimmung am Gipfel

Alter Siedlungsraum

Auf dem Gipfel befindet sich ein 1000 Jahre altes Steingrab. Es wird von einem Steinkreis mit einem Durchmesser von 19 m umschlossen, dem größten in der Provin Bohuslän. 1959 fand man hier ein Grabmal mit einem 2 m langen Sarg, in dem eine Spange, ein Knopf, eine Rasierklinge aus Bronze sowie ein 69 cm langes hübsches Bronzeschwert gefunden wurden.

über die Insel und die vorgelagerten Schäreninselchen. Seinen Namen verdankt der Berg dem Standort eines bemannten Signalfeuers („vette" – Lockvogel) aus der Zeit um 900. Es war Teil eines Signalsystems entlang der schwedischen Küste und ursprünglich zur Warnung vor herannahenden feindlichen Flotten und Seeräubern errichtet worden.

Schön sind auch die nahe gelegenen Tümpel und Feuchtgebiete mit weißem Wollgras. Wer die Möglichkeit hat, sollte zum Sonnenuntergang aufsteigen. Zurück geht es auf dem Hinweg.

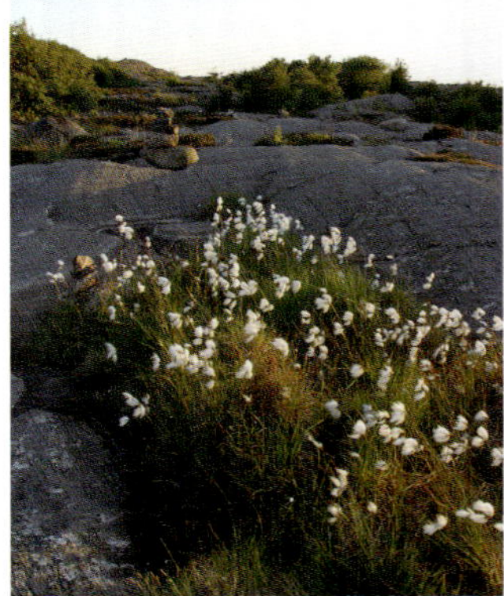

Wollgrasfelder am Gipfel

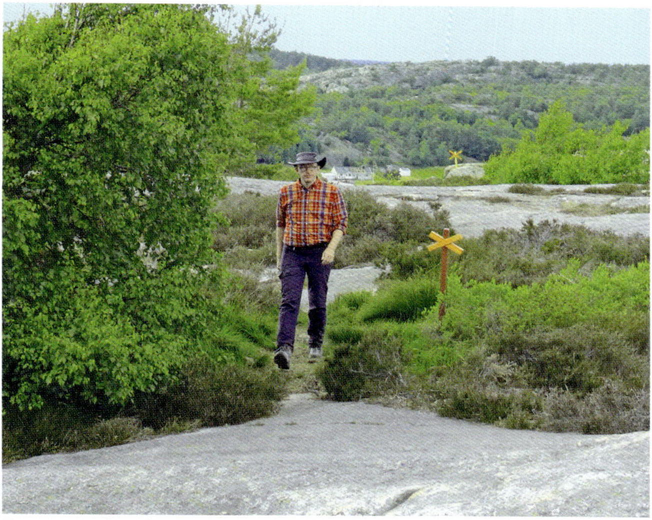

Orange Andreaskreuze weisen den Weg

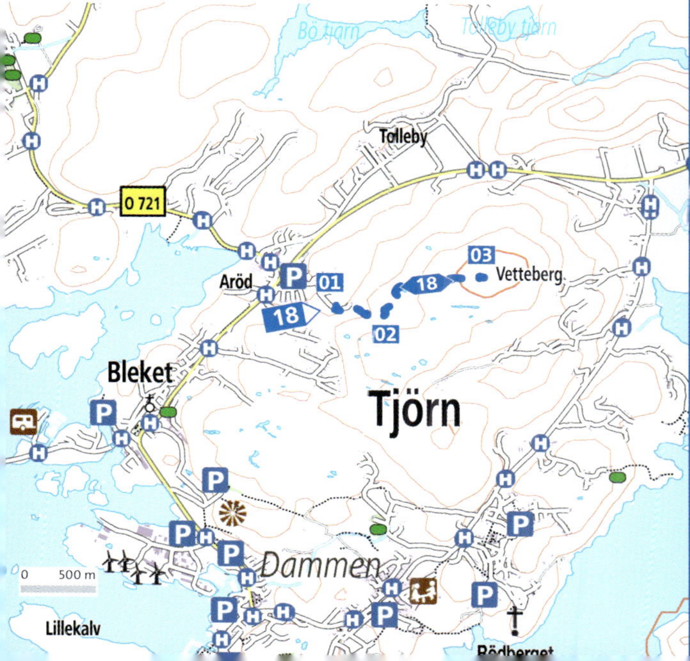

19

SÄBYLEDEN

Ein Blick in die Geschichte

 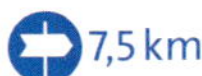 7,5 km   1:50 h 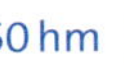 50 hm 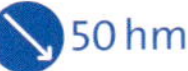 50 hm

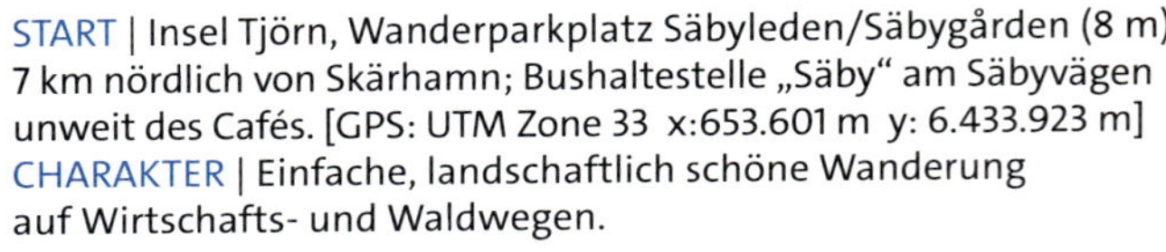

START | Insel Tjörn, Wanderparkplatz Säbyleden/Säbygården (8 m). 7 km nördlich von Skärhamn; Bushaltestelle „Säby“ am Säbyvägen unweit des Cafés. [GPS: UTM Zone 33 x:653.601 m y: 6.433.923 m]
CHARAKTER | Einfache, landschaftlich schöne Wanderung auf Wirtschafts- und Waldwegen.

Nördlich von Skärhamn liegt der Säby-Hof, ein Großbauernhof, der Anfang des 19. Jhs. erbaut wurde. Die Säby-Inseln (Säby ö) gehören zu den ausgedehnten Besitzungen dieses alten Hofs. Im Westteil der Inseln findet man noch die Reste einer alten Fischergemeinde. Ende des 18. Jhs. gab es hier zehn Trankochereien, von den heute allerdings nur noch ein paar Steinfundamente erhalten sind. Ziel der Wanderung ist eine Steinhütte, die zeigt, wie eine Familie hier Mitte des 19. Jhs. gelebt hat. Viele Einwohner von Säby ö haben Ende des 19. Jhs. ihre Häuser auf der Insel ab- und auf Skärhamn wieder aufgebaut. Grund dafür war der deutlich geschütztere Hafen. Heute befindet sich im Säby-Hof ein Kulturhaus, das im Sommer geöffnet hat.

▶ Wir starten am **Wanderparkplatz** 01 am Säbyvägen. An der Straße befindet sich auch ein erstes Hinweisschild auf den Säbyleden. Wir folgen der orangen Markierung und den Schildern nach rechts und kommen zu einer Wegkreuzung mit einem roten Haus, das wir links liegen lassen. Wir folgen dem Wegweiser „Säby ö“ und erreichen gleich darauf ein Café. Wir halten uns weiter geradeaus, bis wir auf einen unbefestigten **Wirtschaftsweg** 02 stoßen. Hier halten wir uns links und wandern

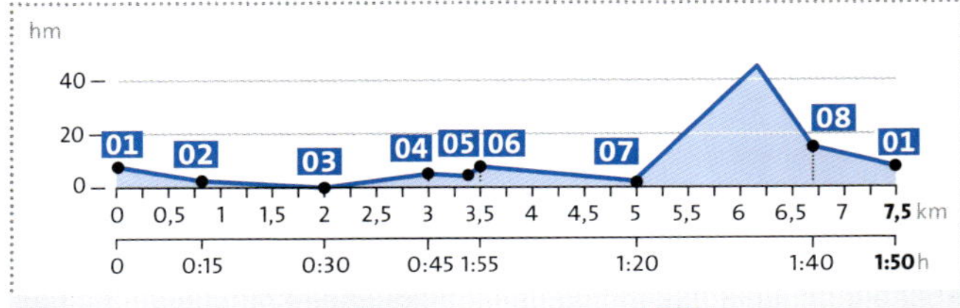

01 Wanderparkplatz, 8 m; 02 Wirtschaftsweg, 5 m; 03 Landzunge, 1 m; 04 Steinmauern, 6 m; 05 Stenstuga, 4 m; 06 Aussichtsfelsen, 7 m; 07 Weggabelung, 2 m; 08 T-Kreuzung, 16 m

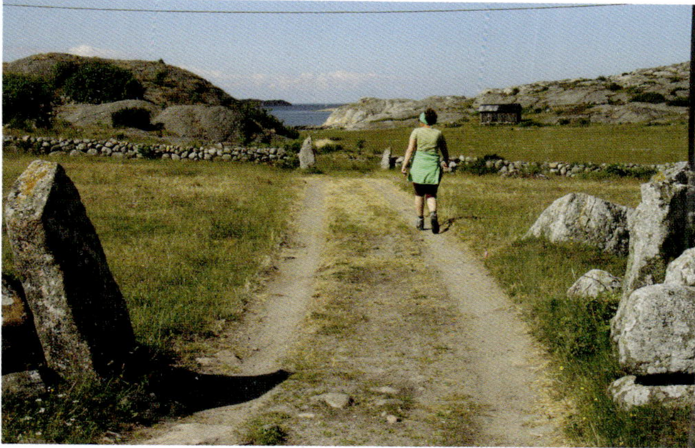

Auf dem Weg zur Stenstuga

nun parallel zum Säby kile, einer schmalen, fjordartigen Einbuchtung des Meeres. Eine schmale **Landbrücke** 03 führt hinüber zur ersten der zwei Halbinseln. Wir queren die Halbinsel und folgen der Beschilderung Säbyleden und Stenstuga – Steinhütte (orange Quadrate).

Auf der anderen Seite der Bucht fällt auf einem Granithügel ein hoher weißer Frauenkopf auf. Dabei handelt es sich um eine 14 m hohe Skulptur des spanischen Künstlers Jaume Plensa im Skulpturenpark von Pilane.

Wir wandern über die Insel links an einem rund 19 m hohen Granithügel vorbei und über eine weitere schmale Landbrücke auf die zweite Halbinsel von Säby ö. Wir durchschreiten drei eindrucksvolle **Steinmauern** 04 und erreichen schließlich die **Stenstuga** 05, ein Steinhäuschen, das sich zwischen zwei runden Granithügeln duckt. Das Häuschen mit einem verfallenen steinernen Bootsanleger wurde um 1800 errichtet und Mitte des 20. Jhs. restauriert. Von hier aus hat man einen schönen Blick in den Schärengarten vor Tjörn. Es lohnt sich, auf die **Aussichtsfelsen** 06 oberhalb der Hütte zu klettern und den Ausblick zu genießen.

Zurück geht es auf gleichem Weg zur **Weggabelung** 07. Hier folgen wir dem Wegweiser Säbyleden nach rechts und wandern über ausgetretene und markierte Wiesenwege an der Bucht Breviks Kile entlang Richtung Breddalen, einer kleinen Gruppe von Häusern. Dort folgen wir der gut sichtbaren Markierung und erreichen auf einer unbefestigten Straße eine **T-Kreuzung** 08.

Dort halten wir uns rechts und biegen kurz danach hinter ein paar Häusern nach links auf einen Wiesenweg ab. Dieser führt zunächst am Feldrand entlang und biegt dann nach links in ein Wäldchen ein. Er endet schließlich direkt gegenüber vom **Wanderparkplatz** 01.

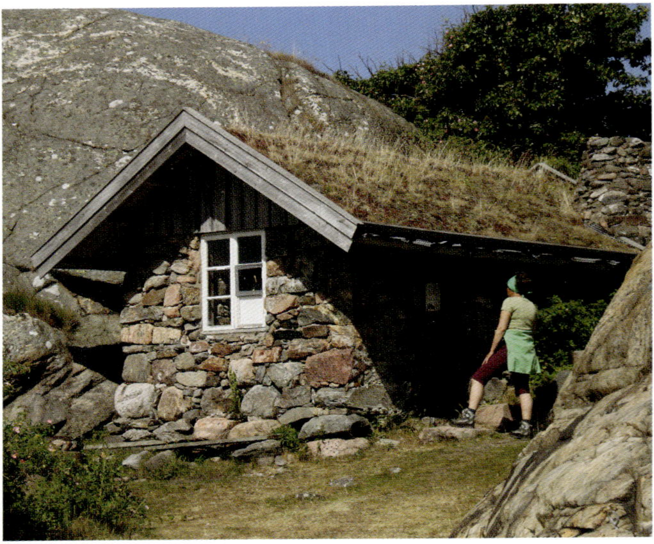

Das Ziel der Wanderung – die Stenstuga

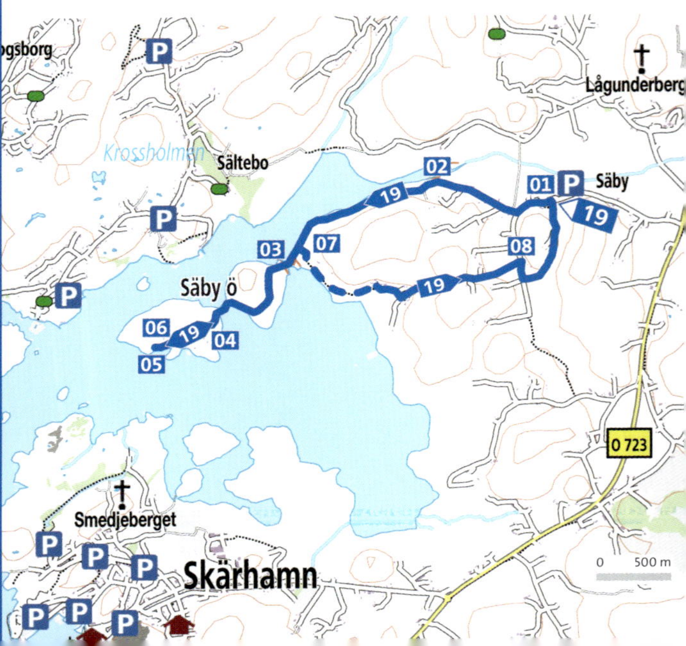

SUNDSBYLEDEN

Weite Sicht und eine spektakuläre Kluft

  5,2 km  2:15 h 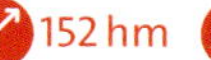 152 hm 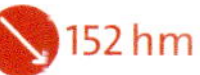 152 hm

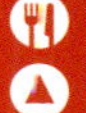
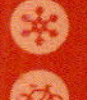

START | Wanderparkplatz Sundsby Säteri (18 m) am Sundsbyvägen
Anfahrt: Von der E6 auf der Straße 160 auf die Insel Tjörn Richtung Orust, nach 5 km links Richtung Sundsby Säteri
[GPS: UTM Zone 33 x:658.244 m y: 6.439.273 m]
CHARAKTER | Sehr abwechslungsreicher Weg, der aber im Gipfelbereich und beim Abstieg hinunter zur Grottarna Trittsicherheit erfordert; nach heftigen Regenfällen kann Wasser fließen. Generell ist der Weg bei Nässe durch Felsen und Wurzeln sehr rutschig. Der Abstieg durch die Kluft ist fast schon als schwarz einzustufen. Alternativ wandert man um den Berg herum (blauer Weg).

Das sehenswerte Herrenhaus Sundsby säteri wurde im 14. Jh. errichtet und lohnt nicht nur wegen der hübschen Nebengebäude, der parkähnlichen Anlage und dem Café Sundsby Gårdscafé mit Gartenterrasse und Hofladen einen Besuch, sondern bietet im angrenzenden Sundsby Naturreservat auch verschieden schwere Wanderwege.

▶ Wir beginnen die Wanderung an der **Informationstafel** **01** beim Wanderparkplatz etwas südwestlich vom Herrenhaus und entscheiden uns für den blauen Trail in Kombination mit dem schwarzen Weg, der zum Gipfel des Solklinten führt. Alle farblich gekennzeichneten Wanderwege sind gut markiert und leicht zu finden.

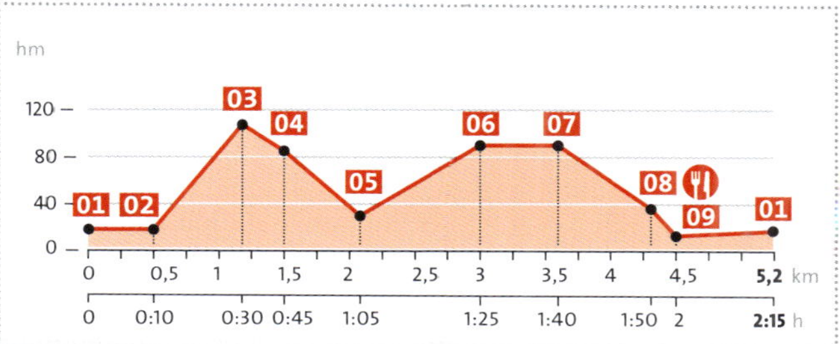

01 Infotafel am Parkplatz, 18 m; **02** Notrufpfosten 2, 19 m; **03** Solklinten, 108 m; **04** Kluft, 83 m; **05** Notrufpfosten 5, 31 m; **06** Picknickplatz, 88 m; **07** Aussichtspunkt, 88 m; **08** Weggabelung, 37 m; **09** Sundsby Säteri, 13 m

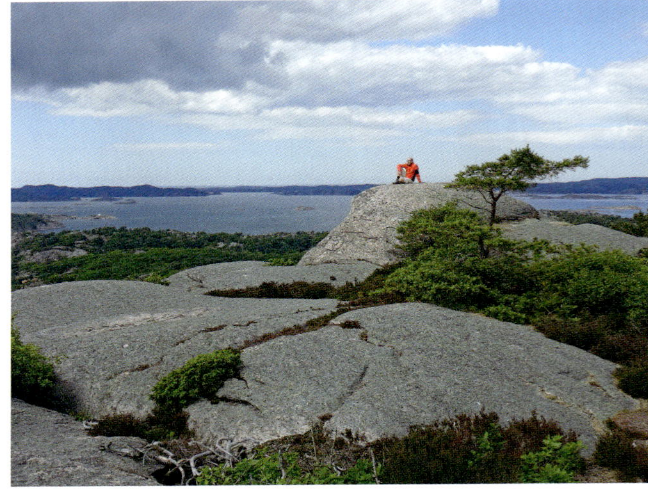

Auf dem Gipfel des Solklinten

Wir folgen dem Wegweiser Sundsbyleden und wandern gegen den Uhrzeigersinn auf dem blauen, sehr breiten und einfachen Wanderweg. Beim gelben **Notrufpfosten 2** 02 verlassen wir ihn aber und folgen nun den Wegweisern Richtung Solklinten und Grottorna (Grotte). Nach wenigen Metern bergauf halten wir uns an einer Weggabelung links (Solklinten 600 m, Grottorna 700 m). Ein schöner Weg führt durch lichten Wald über griffige Granitfelsen hinauf zum Gipfel des 108 m hohen **Solklinten** 03, von dem aus wir einen weiten Blick über die Insel Tjörn und den Schärengarten genießen.

Anschließend kehren wir zu einigen Holzwegweisern unterhalb des Gipfels zurück und folgen nun dem Wegweiser Richtung Grottorna, zunächst noch über die Felsen, bis wir wieder in den Wald eintauchen. An einer weiteren Weggabelung (links geht es zum blauen Weg hinunter nach Ramsdalen – über schwieriges Gelände) schlagen wir den Weg rechts zur Grottorna ein und kommen so zu einer spektakulären **Kluft** 04: Zwischen meterhohen senkrechten Felswänden steigen bzw. klettern wir über Felsen steil bergab – über uns stecken mächtige Felsen eingeklemmt zwischen den Wänden.

Genau unterhalb dieser verkeilten Felsen folgt die „Schlüsselstelle“: Ein rund 3 m hoher Felsen muss entweder kletternd überwunden werden oder aber man muss unter diesem hindurchkriechen. Schließlich wird die Grottorna erreicht – keine klassische Höhle, sondern ein Hohlraum, der von einem mächtigen Felsblock überdeckt wird. Nach dem Besuch der Grottarna steigen wir auf dem schwarzen Weg hinunter zum blauen Weg, den wir schließlich beim gelben **Notrufpfosten 5** 05 erreichen.

Wer sich diesen schwierigen Abschnitt nicht zutraut, wandert vom **Gipfel des Solklinten** 03 zurück zu **Notrufpfosten 2** 02 und folgt der blauen Markierung zum **Notrufpfosten 5** 05 (2 km vom Gipfel).

Die weitere Runde ist nun deutlich einfacher zu begehen und bietet unterwegs noch einen aussichtsreichen **Picknickplatz** 06 mit Tisch und Bänken. Bei Pfosten 6 mündet von rechts der rote Weg in den blauen Weg ein. Auch der weitere Weg, der meist schattig im Wald verläuft, ist abwechslungsreich, führt zwischen mächtigen Felsen und an kleinen Höhlen vorbei zu einem weiteren **Aussichtspunkt** 07 mit Bank. Dann dreht er nach Südwesten ab. Zwischen den Pfosten 8 und 9 geht es bergab. Eindrucksvoll sind nun die mächtigen Laubbäume mit imposanten Stammumfängen. An einer weiteren **Weggabelung** 08 halten wir uns links und erreichen das weitläufige Areal von **Sundsby Säteri** 09.

Das stattliche Herrenhaus stammt aus dem 14. Jh. und liegt heute in einem weitläufigen Park mit mächtigen Laubbäumen (zum Teil 900 Jahre alte knorrige Eichen) und einem Karpfenteich. Ein Café, eine Bäckerei und ein Hofladen bieten Möglichkeiten zum Einkehren. Im Sommer finden hier Konzerte und Freiluftveranstaltungen statt. Für Kinder gibt es einen Naturspielplatz (www.tradgardsresan.se/de/tradgardarna/sundsby-saeteri).

Anschließend wandern wir an mehreren Karpfenteichen vorbei zurück zum **Parkplatz** 01.

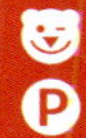
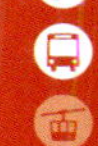
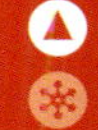

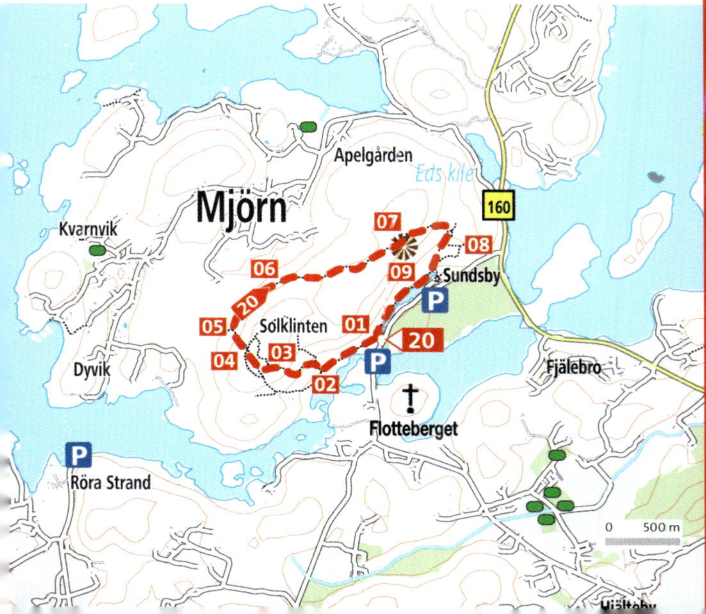

21

HUNNEBERG

Unterwegs auf dem „Berg der Elche“

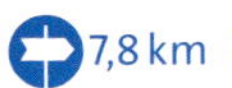

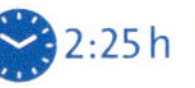

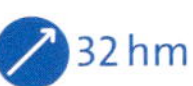

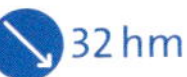

START | Parkplatz Grågåsen (135 m); von Vänersborg der Beschilderung zum Hunneberg folgen, auf dem Plateau rechts in die Ringstraße einbiegen [GPS: UTM Zone 33 x: 350.020 m y: 6.464.388 m]
CHARAKTER | Abwechslungsreiche Runde auf Wald- und Wiesenpfaden, teilweise gekieste Straßen.

Halleberg und Hunneberg sind zwei Tafelberge in Västergötland, die mit Höhen um die 100 m wie zwei Inseln aus der Ebene herausragen. Alljährlich lädt der schwedische König Gäste zur Elchjagd auf den Hunneberg ein, dabei kehrt die Jagdgesellschaft traditionell in Fagerhult zu Mittag ein. Auf Steinen wurden dort die Unterschriften der königlichen Jagdgäste eingraviert.

Wir starten im Süden am **Parkplatz Grågåsen** 01 und wandern zunächst dem Wegweiser Fagerhult folgend auf einem breiten Wirtschaftsweg Richtung Norden. Linker Hand liegt ein stiller See mit unzähligen Seerosen – so, wie man sich Schweden vorstellt! Nach 1,2 km kommen wir zu einer eingezäunten Wiese mit altehrwürdigen Bäumen und erreichen bald die **Weggabelung** 02 unweit des ehemaligen Jagdhauses Fagerhult. Picknicktische laden hier zu einer ersten Rast ein.

Wir halten uns für unsere Runde rechts und können die in Stein gemeißelten Unterschriften prominenter Besucher von Fagerhult studieren. Wir folgen dem Wirt-

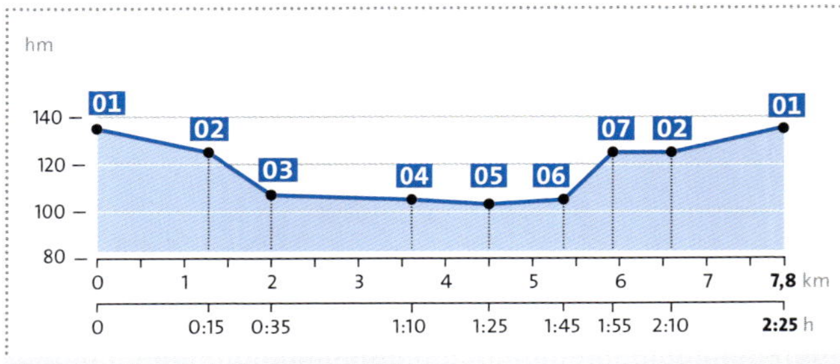

01 Parkplatz Grågåsen, 135 m; 02 Weggabelung, 125 m; 03 Weggabelung am See, 107 m; 04 Unterstand, 105 m; 05 Abzweig nach Löne, 103 m; 06 Haus Grinnsjö, 105 m; 07 Weggabelung, 124 m

schaftsweg für wenige Minuten und biegen dann nach links ab (Hinweisschild und oranger Punkt am Baum). Für den restlichen Weg folgen wir ab jetzt den orangen Markierungen an den Bäumen. Auf herrlich weichem Wald-Moos-Boden wandern wir durch eine abwechslungsreiche Waldlandschaft – immer wieder liegen umgefallene Bäume rechts und links des Weges und teilweise auch quer auf diesem. Da ist die eine oder andere Turnübung gefragt.

Wir gehen durch ein Weidegatter und stoßen auf den Wegweiser „Kulturstig und Grinnsjön runt" (in der Wanderkarte des Ökoparks mit Nr. 13 eingetragen). In Blickweite des Sees Grinnsjön erreichen wir eine **Weggabelung** 03 und halten uns hier rechts (Wegweiser „Grinnsjön runt"). Zunächst verläuft der Kulturstig parallel dazu, biegt aber bald darauf nach links ab. Wir erreichen einen Wirtschaftsweg, folgen ihm für 150 m und biegen dann wieder Richtung See ab. Achtung! Der Abzweig ist leicht zu übersehen: Es gibt einen orangen Punkt am Baum

Anfahrt

Vom Parkplatz Bergagården beim Königlichen Jagdmuseum fährt man zurück Richtung Vargön. Dort biegt man auf die Ringstraße nach links ab und folgt für ca. 6 km dieser Straße. Die Parkmöglichkeiten sind nur mit Straßenschildern markiert – man fährt zunächst am Parkplatz Nyrud und Präste Klev vorbei und kommt schließlich zur Kreuzung (ausgeschildert ist „Fagerhult, 1,2"), an der man sich links hält und zum kleinen Parkplatz Grågåsen vor einer Schranke fährt.

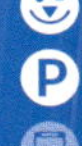
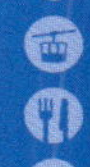

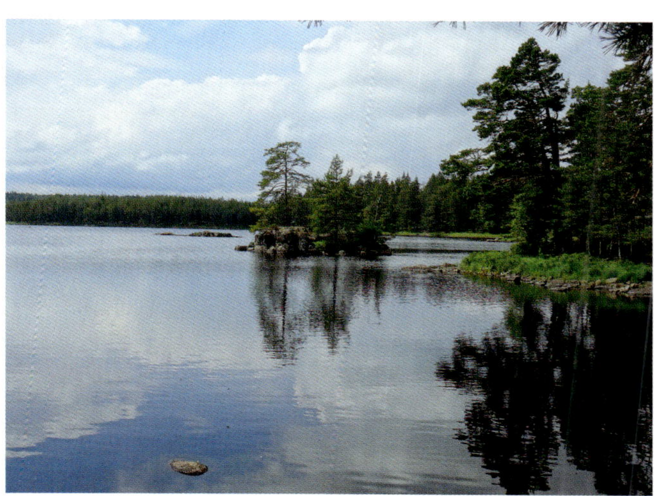

Romantischer Grinnsjön

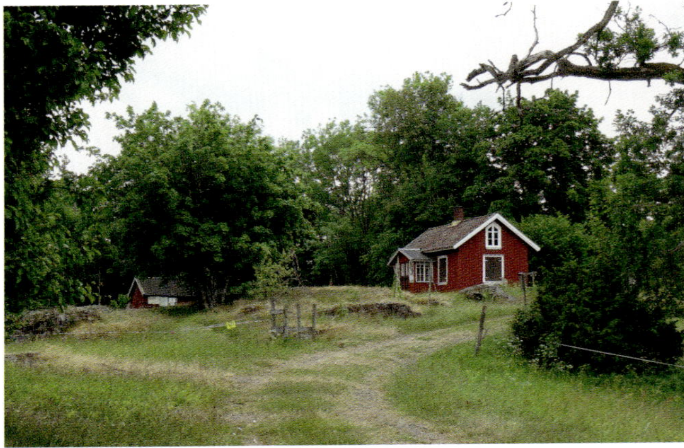

Der Weg führt am Haus Grinnsjö vorbei

und einen sehr tief am Boden angebrachten Holzpfeil mit der Aufschrift „Grinnsjön runt“. Es geht über eine kleine Holzbrücke und durch lichten Wald am See entlang bis zu einem offenen **Unterstand** 04, der zu einer ausgedehnten Pause einlädt. Die Seerunde führt uns zur **Weggabelung** 05, an der nach rechts der Weg Richtung Löne (Norden) abzweigt.

Wir folgen aber stattdessen der Seerunde gen Süden und erreichen den See Bergsjön, der rechts von uns liegt. Wir wandern an seinem Ostufer entlang durch eine mit Wollgras durchsetzte Feuchtwiese, die wir auf Bohlen trockenen Fußes durchqueren können. Schließlich erreichen wir zwei am See liegende Häuschen (Lufthem) auf einer mit eindrucksvollen alten Eichen bestandenen Wiese. Das zweite Haus Grinnsjö wird für Veranstaltungen genutzt.

Hier beim **Haus Grinnsjö** 06 verlassen wir den Seerundweg 13 (nur hier so markiert) und bleiben stattdessen auf dem Fahrweg, kommen zu einer **Weggabelung** 07 und biegen nach links ab. Wir queren die große Lichtung – 700 m sind es von hier bis zum Jagdhaus Faghult, wo wir nach rechts auf den bekannten Hinweg abbiegen (**Weggabelung** 02) und nach 1,2 km wieder die Schranke und den kleinen **Parkplatz** 01 erreichen.

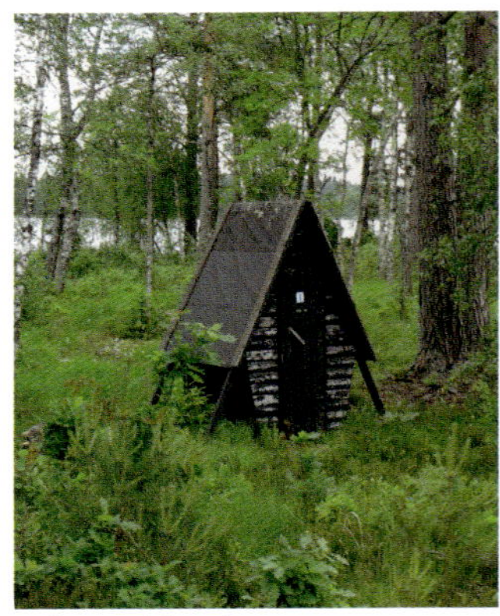

Toilettenhäuschen

Ökopark Halle-Hunneberg und Königliches Jagdmuseum

Der Ökopark schützt die beiden wie Inseln in der Ebene liegenden Tafelberge südlich des Vänern. Diese uralten Tafelberge bestehen aus mehreren Lagen verschiedener Gesteinsarten, die vor Millionen Jahren am Meeresboden gebildet wurden. Auf den Lagen aus Sand, Schiefer und Kalkstein liegt eine härte Schicht von durch Vulkanismus entstandenen Diabas, der die weicheren Schichten während der Eiszeit vor den erosiven Kräften der Gletscherbewegung schützte. Reste alter Fluchtburgen erinnern daran, dass die Menschen sich hierher in Gefahrenzeiten zurückgezogen haben.
www.hunneberg.com

Im Informationszentrum im **Königlichen Jagdmuseum Kungajaktmuseet Älgens Berg** bietet die Dauerausstellung eine informative Einführung in das Gebiet, man kann eine hilfreiche Wanderkarte kaufen und an geführten Themenwanderungen oder Safaris (Biber- oder Elchsafari) teilnehmen.
www.algensberg.com

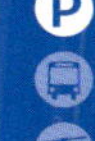

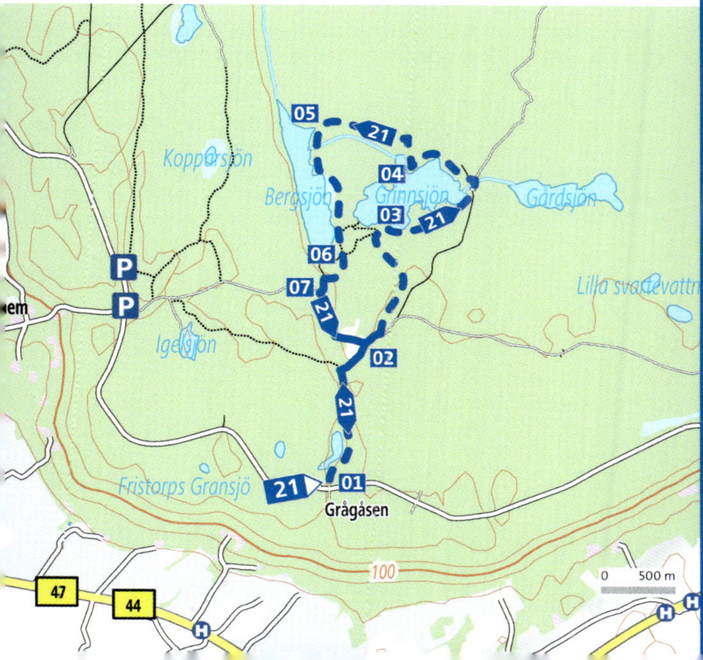

HALLESNIPEN

Zum Predikstolen am Vänern

 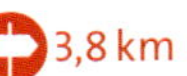 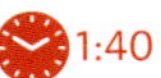 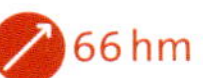 

START | Parkplatz (132 m) am Ende der Forststraße, die in den Norden des Hallebergs führt. Von Vänersborg der Ausschilderung zum Halleberg folgen, auf dem Hallebergsvägen nach Norden [GPS: UTM Zone 33 x: 351.252 m y: 6.475.619 m]
CHARAKTER | Über weite Teile ein steiniger und wurzeliger Waldpfad. Der Weg ist mit orangen Punkten an den Bäumen, teilweise auch mit Schildern, markiert. Er lässt sich auch bei nassen Verhältnissen gut gehen, allerdings mit Vorsicht.

Der Halleberg ist der nördliche der zwei Tafelberge am Südufer des Vänern und reicht mit seiner Nordspitze, dem Landvorsprung Hallesnipen, weit in den See hinein. Entsprechend fantastisch ist an klaren Tagen die Sicht über den See.

Der Hallesnipen ist vom Rest des Hallebergs durch das Övendalen-Svallklev-Tal getrennt. Das Tal besticht mit einer artenreichen Pflanzenwelt, so wachsen hier am Talboden alte hohe Fichten. Die Hänge hin zum See sind komplett mit einem Bärlauchteppich überzogen. Zur Blütezeit im Juni ist der Duft schon fast atemberaubend. Auch seltene schöne Pilze wachsen im Tal sowie Flechten, die sonst eigentlich nur in Wassernähe vorkommen.

Vom **Parkplatz** 01 mit Informationstafeln folgen wir dem Hinweisschild zum Prediktstolen (1,7 km) und wandern auf einem zunächst breiten Karrenweg bis

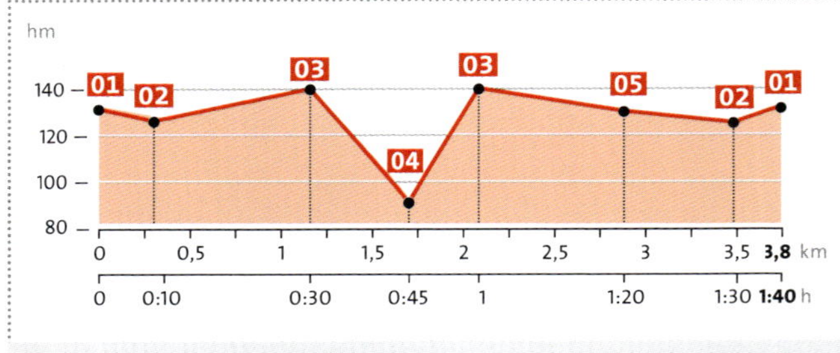

01 Parkplatz, 132 m; 02 Abzweig zum Svallklev, 126 m; 03 Verzweigung, 139 m; 04 Prediktstolen, 92 m; 05 Lichtung, 129 m

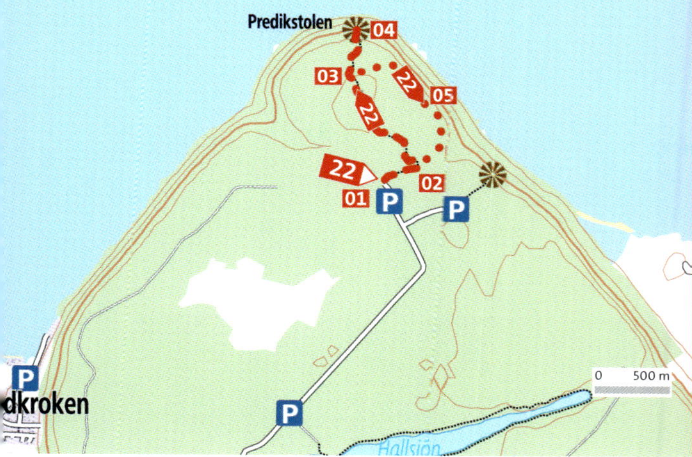

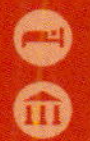

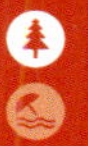

zu einem **Abzweig** 02, an dem es rechts zum Svallklev abgeht. Der Abzweig lohnt sich kaum – nach 300 m steht man vor einem Metallzaun, dahinter fällt der Tafelberg steil ab, was man aber kaum sehen kann.

Daher halten wir uns an der Weggabelung links und folgen dem Weg zum Predikstolen (Predigtstuhl), hier noch mit 1,5 km ausgewiesen. Spannend ist der Weg durch den uralten Wald, immer wieder liegen unterwegs Bäume quer, oft muss man über kleine Steine und Wurzeln steigen. Wir erreichen eine weitere **Verzweigung** 03, wo wir den linken Weg nehmen. Von rechts mündet der Östra Stig (unser Rückweg) in den Hauptweg ein. Fast schon mystisch wirkt der Wald an vielen Stellen – Steine und alte Baumstämme sind bemoost, immer wieder liegen alte Bäume umgefallen oder abgebrochen rechts und links des Weges.

An einer weiteren Verzweigung folgen wir dem steinigen Pfad rechts bergauf (weiterhin mit Predikstolen ausgewiesen). Der Weg führt an einem gewaltigen Wurzelballen (mindestens 2 m Durchmesser) vorbei. Kurz vor dem **Predikstolen** 04 teilt sich der Weg – hier muss man genau auf die orangen Punkte achten: Der linke Weg ist der Richtige, er führt zu einem Felsabsatz, von dem aus man einen schönen Blick auf den Vänern und Teile des südlichen Westufers hat. Bei außergewöhnlich guter Fernsicht soll der Blick von hier aus 400 km weit reichen!

Nun geht es auf bekanntem Weg zurück zur **Verzweigung** 03, wo wir jetzt dem **Östra Stig** nach links folgen. Weiterhin geht es durch schönen Laubwald. Auch hier be-

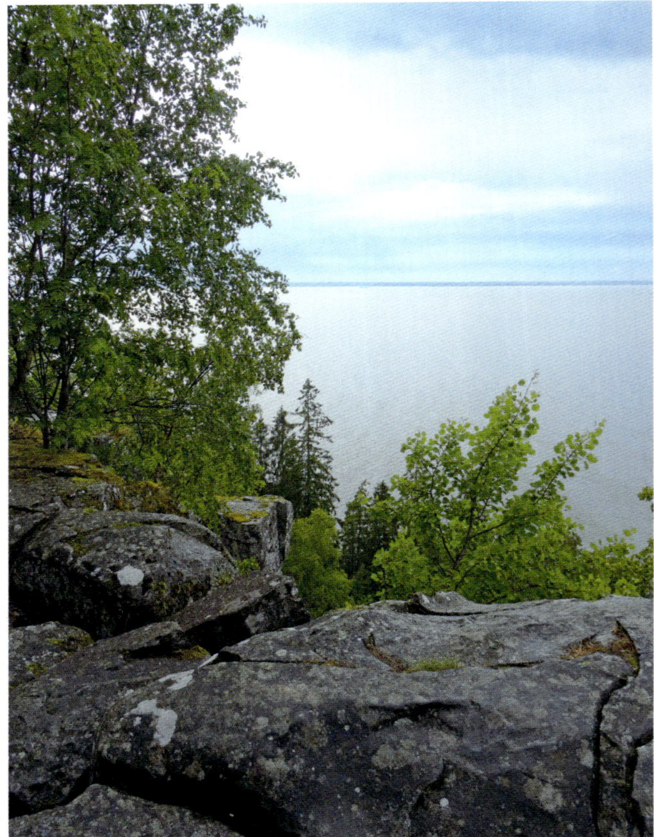

Blick vom Predikstolen auf den Vänern

eindruckt wieder der riesige flache Wurzelballen eines umgefallenen Laubbaums.

Abwechslung bringt auf einer Anhöhe eine **Lichtung** 05, auf der neben einigen uralten Eichen viele nur buschhohe Eichenbäumchen wachsen. Der Grund für den Zwergenwuchs ist das hier regelmäßig weidende Wild: Es lässt die jungen Eichenbäumchen nicht höher wachsen. In diesem Abschnitt fehlt die orange Markierung, der Trampelpfad ist allerdings eindeutig – ihm folgen wir bis zur nächsten orangen Markierung.

Kurz genießen wir nochmals den Blick auf den Vänern, dann geht es zurück zur **Weggabelung** 02, wo wir auf dem Hinweg zurück zum **Parkplatz** 01 wandern.

VETTEBERGET UND KUNGSKLYFTAN

Aussichtsberg über den Schären

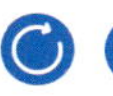  3,6 km  1:10 h 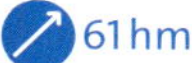 61 hm  61 hm

START | Fjällbacka, Parkplatz (15 m) des Coop an der Ecke Carlsgatan 2/Allégatan [GPS: UTM Zone 33 x:632.992 m y: 6.497.581 m]
CHARAKTER | Unschwierige Wanderung, zum Teil muss man aber über Felsen klettern, dazu viele Treppen und Teerstraße.

Fjällbacka zählt zu den bekanntesten Orten an der schwedischen Westküste und verdankt seine Bekanntheit der eindrucksvollen Kulisse des 74 m hohen Vettebergets. Seine steilen Wände ragen fast senkrecht hinter den Häusern des Hafenörtchens auf. Der Fischerort in der Provinz Västra Götaland war schon früh als Badeort bekannt, seine Hauptsehenswürdigkeit ist die Kungsklyftan (Königsspalte), die den Vetteberget in den großen und den kleinen Vetteberget teilt. Benannt wurde die Spalte nach König Oscar II., der hier 1887 zu Besuch war. Astrid-Lindgren-Fans wird sie ebenfalls bekannt vorkommen: Hier wurden viele Szenen des Kinofilms „Ronja Räubertochter" gedreht.

Es gibt mehrere Parkmöglichkeiten in Fjällbacka, die aber in der Hochsaison schnell belegt sein können. Wir beginnen die kleine Wanderung am **Parkplatz** 01 eines Lebensmittelladens an der Allégatan und laufen auf dieser Straße Richtung Meer in den Ort. Erster Halt ist der **Ingrid Bergmann Torg** 02 am Fuß der Schlucht.

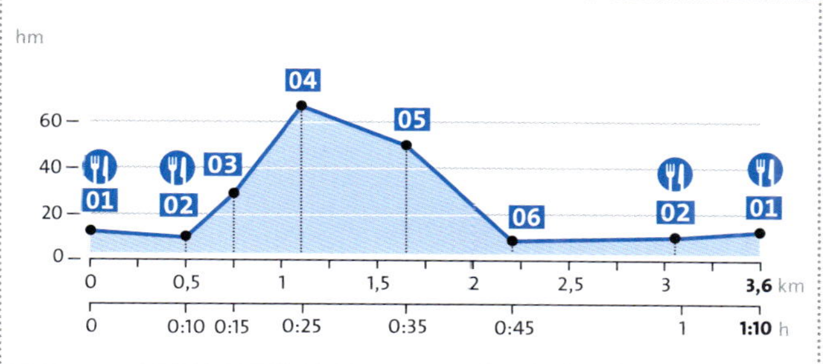

01 Parkplatz, 13 m; 02 Ingrid Bergman Torg, 10 m; 03 Kungsklyftan, 28 m; 04 Vetteberget-Plateau, 67 m; 05 Siedlung Vetteberget, 49 m; 06 T-Kreuzung, 9 m

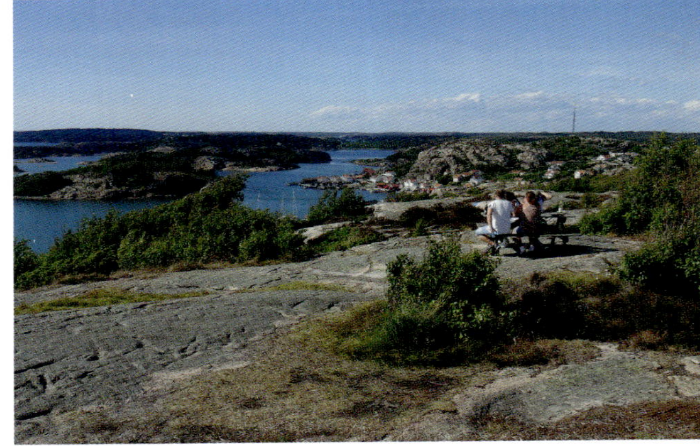

Blick vom Vetteberg auf die Schären und Fjällbacka

Die bekannte schwedische Schauspielerin verbrachte ab 1958 regelmäßig ihre Ferien auf der Fjällbacka vorgelagerten Insel Dannholmen. Ihr zu Ehren wurde der Hauptplatz am Hafen umbenannt. Am Platz findet man Schautafeln zu ihren Besuchen in Fjällbacka und eine Büste der Schauspielerin. Aus dem malerischen Fischerdorf stammt auch die Krimiautorin Camilla Läckberg, einige ihrer Krimis wurden hier verfilmt.

Neben dem Hauptplatz beginnt der Aufstieg über die steile Holztreppe in die **Kungsklyftan** 03, die man über Steine steigend durchschreitet. Anschließend führen weitere steile Holztreppen hinauf zum Gipfelplateau. Vom höchsten Punkt des **Vetteberget-Plateaus** 04 (mit Picknicktisch) genießt man eine Traumaussicht über den Schärengarten, die Väderöarna (Wetterinseln) und den Skagerrak. Wer vor Ort oder in der Nähe übernachtet, sollte abends zum Sonnenuntergang auf den Berg steigen. 1,3 km lang ist der markierte Wanderweg, der vom Gipfel über das Plateau zur anderen Seite des Bergs, dort hinunter und zurück zum Parkplatz führt.

Wir wählen aber eine andere Variante und folgen vom Gipfel aus den blauen Pfosten des „Runt Sjön“ und erreichen so die **Siedlung Vetteberget** 05. Ab dort folgen wir den blauen Wegweisern des „Kuststigen“ (Küstenwegs). Über Wohnstraßen und einen Fußgängerweg kommen wir zum Wendeparkplatz der Föreningsgatan, halten uns dort geradeaus und biegen gleich darauf links in die Smedgatan ein, die zu einer **T-Kreuzung** 06 führt. Links ginge es zum Campingplatz Saltvik, wir wenden uns aber nach rechts. Wir spazieren auf dem Sälviksvägen an hübschen Wohnhäusern vorbei und kommen in die Södra Hamngatan, die zurück zum **Ingrid Bergmann Torg** 02 und der Marina führt. Hier hat man mehrere Einkehrmöglichkeiten und kann mit der Fähre nach Dyngö Skrålby fahren.

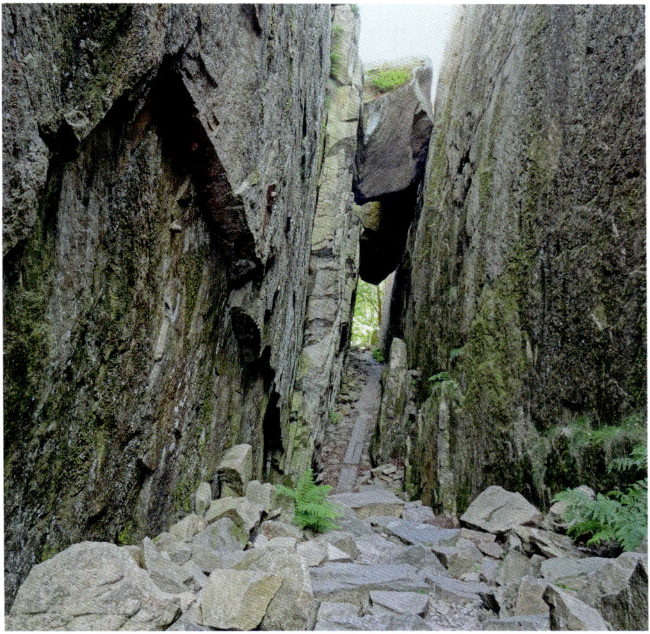

Mutprobe Kungsklyftan – der Weg führt unter den mächtigen Felsen hindurch

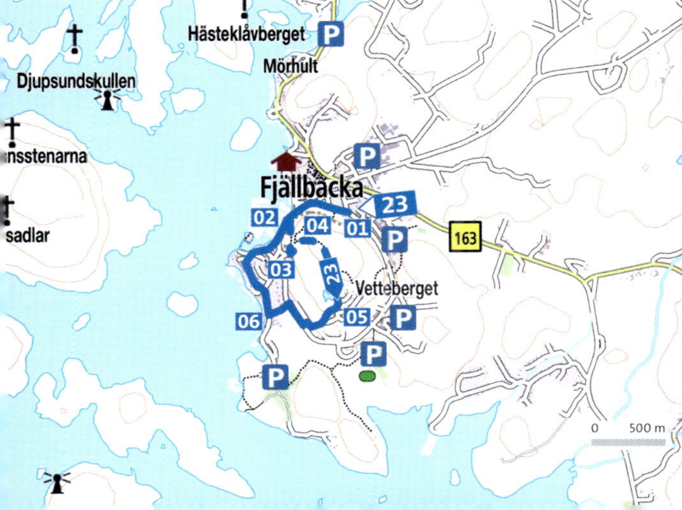

24

HALBINSEL VEDDÖ

Im Schärengarten Fjällbackaskärgården

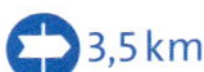

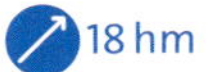

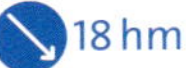

START | Wanderparkplatz (6 m) am Hafen. Von Fjällbacka Richtung Grebbestad fahren, das Naturreservat ist ausgeschildert. Der Linienbus 875 hält an der Hauptstraße 163 (Station „Veddovägen") von Fjällbacka nach Grebbestad, von dort sind es ca. 15 Minuten zu Fuß zum Hafen. [GPS: UTM Zone 33 x:632.104 m y: 6.500.338 m]
CHARAKTER | Einfache Wanderung über Felsen und unbefestigte Wege.

Die Halbinsel Veddö liegt ein paar Kilometer nördlich von Fjällbacka und bietet schöne Möglichkeiten zum Baden an Sand- und Felsstränden. Von den Granitbuckeln der Halbinsel bietet sich einzigartige Aussichten über die Küstenlandschaft und Inselwelt Fjällbackas. Im Süden Veddös auf der höchsten Erhebung befinden sich zwei Steinhäufungen der Bronzezeit.

Wir beginnen die Wanderung beim **Wanderparkplatz** 01 am Hafen, wo sich auch Picknickplätze befinden (den ersten Parkplatz in einer Kurve ignorieren wir). Kurz hinter der Infotafel, die einen Überblick über das Naturschutzgebiet gibt, führt der Weg durch ein Gatter und biegt nach links ab. Er ist grün markiert und bietet immer wieder die Möglichkeit, einen Abstecher zum Meer zu unternehmen. An Weiden und später durch lichten Wald wandern wir ins Naturschutzgebiet und kommen zu einer kleinen **Bucht** 02 mit einem Anlegesteg und Häuschen. Leicht ansteigend folgen wir dem Trampelpfad, der wenig später über glatt geschliffene Felsen führt.

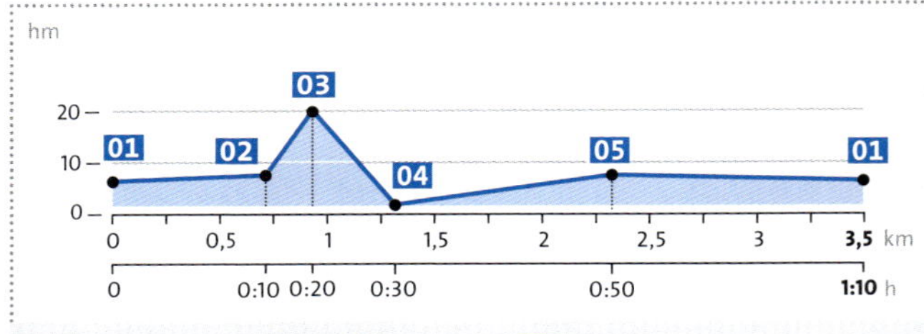

01 Wanderparkplatz, 6 m; 02 Bucht, 7 m; 03 Granitbuckel, 20 m; 04 Hillersbukten, 3 m; 05 Holzsteg, 7 m

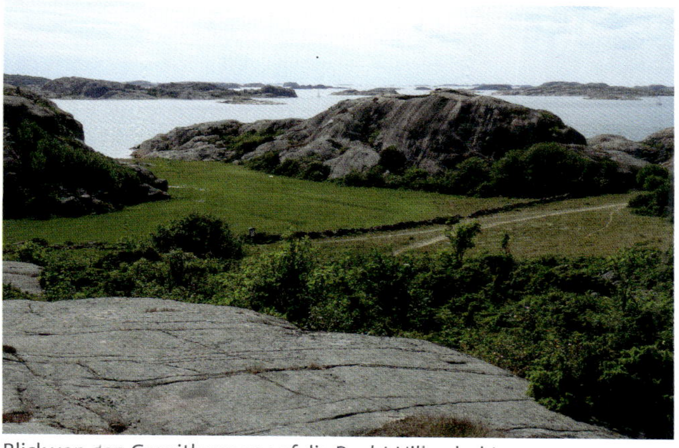

Blick von den Granitkuppen auf die Bucht Hillersbukten

Wir überschreiten die **Granitbuckel** 03 und genießen den weiten Blick über den Schärengarten Fjällbackaskärgården. Auch der weitere Verlauf des Wanderwegs ist gut sichtbar.

Wir steigen auf einem steinigen Pfad die Felsen hinunter zu einer Weggabelung mit Infotafel. Neben der Tafel ist ein Durchlass in einer Steinmauer, sodass wir über die Wiese zwischen markanten Granitfelsen hindurch zur **Hillersbukten** 04 ans Wasser laufen können. Leider spült das Meer hier viel Müll an. Eindrucksvoll ist linker Hand ein aus der Wand herausgebrochener lang gestreckter Felsen.

Wir gehen zurück zur Infotafel und halten uns dort links. Ein Karren-

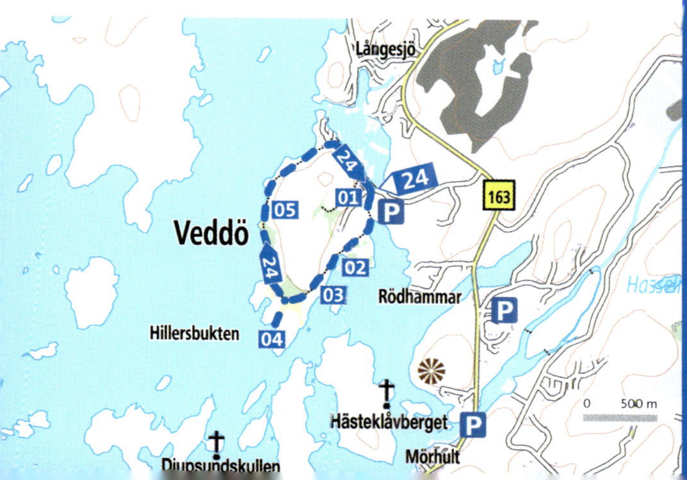

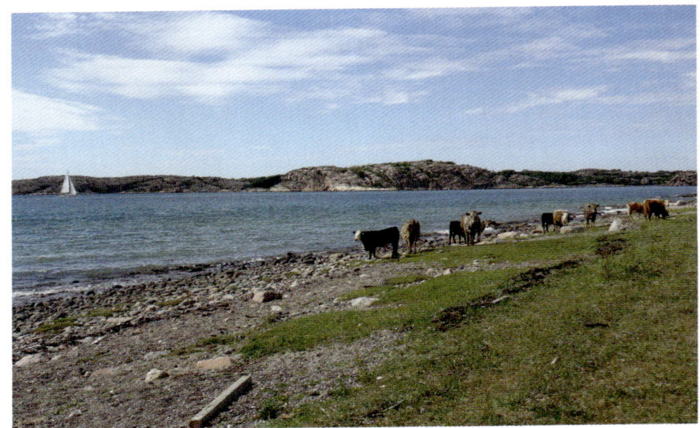

Kühe weiden in der Bucht Tiggerhällan

weg führt zur Bucht Tiggarhällan und entlang der Wasserlinie über die Wiesen. Diese sind künstlich angelegt und werden den Sommer über von Kühen und Pferden beweidet, damit sie nicht verbuschen. So wird versucht, die alte Kulturlandschaft des Bohuslän zu bewahren.

Wir erreichen eine Gabelung, an der man nach rechts hinauf auf die Felsen klettern (Richtung Björkeklávar-Hamnen) und von dort zum Ausgangspunkt am Hafen absteigen könnte. Wir bleiben aber am Wasser und wandern an den weidenden Kühen vorbei dem Höhepunkt des Weges entgegen: Ein an der Wasserkante geführter **Holzsteg** 05 bietet einen herrlichen Blick aufs Meer und eine Bank zum Genießen.

Am Ende des Stegs kommen wir nochmals zu einer Wiese und wandern an Veddöhalsen vorbei. Hier befinden sich zwei kleine Sandstrände zum Baden. Der Weg führt nun kurzzeitig über größere Steine eines ufernahen Geröllfeldes (hier sollte man trittsicher sein) und taucht dann in ein kleines Waldstück ein. Doch schon kurze Zeit später wandert man nach einem kleinen Anstieg wieder mit freiem Blick über die Bucht auf die Häuser der Skutebacken-Bucht zu, wo man schöne lange Sandstrände vorfindet. Kurz darauf sind Hafen und **Wanderparkplatz** 01 erreicht.

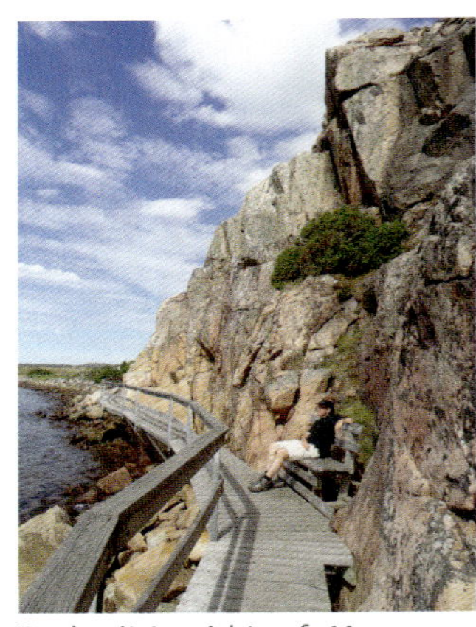

Bank mit Aussicht aufs Meer

TJURPANNAN NATURRESERVAT

Bohusläns spektakuläre Schärenküste

 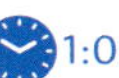 3,6 km  1:00 h 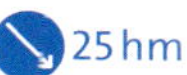 25 hm 25 hm

START | Parkplatz (27 m) links der Straße vom Campingplatz Saltvik Richtung Hogen [GPS: UTM Zone 33 x:626.818 m y: 6.511.740m]
CHARAKTER | Unterhaltsame Familienwanderung auf naturbelassenen Wegen und über Schärenfelsen.

Das Naturschutzgebiet in der Provinz Västra Götaland liegt südwestlich von Havstenssund und ist Teil der Halbinsel Tanum. Was Tjurpannan fehlt, ist ein Ring vorgelagerter Insel nach Südwesten hin. So ist der Küstenstreifen Wind und Wetter stark ausgesetzt. Von seinen Anhöhen bieten sich dem Besucher großartige Aussichten über den Skagerrak.

▶ Wir starten südlich der Straße am **Parkplatz 01**. Entlang eines Rodungsgebietes wandern wir leicht ansteigend Richtung Südwesten zu einer **Weggabelung 02**, an der später unser Rückweg einmünden wird. Über die Felsen führt der mit Steinhaufen markierte Weg über glatt geschliffene Felsen zur **Bucht Smuge 03**, an deren feuchtem Ufer das Wollgras weiß in der Sonne leuchtet.

Hier beginnt der schönste Teil der Wanderung, die meist weglos über die Schärenfelsen führt. Wir umrunden eine rechts liegende Granikkuppe und wandern über die glatt polierten Felsen mit schönen Gletschertöpfen nach Nordwesten – mit Traumblick auf die vorgelagerten Schäreninseln. Vor uns sehen wir eine Hütte, auf die wir zuhalten. Von dieser einsamen **Hütte 04**, die zur Lagerung von Fischernetzen dient,

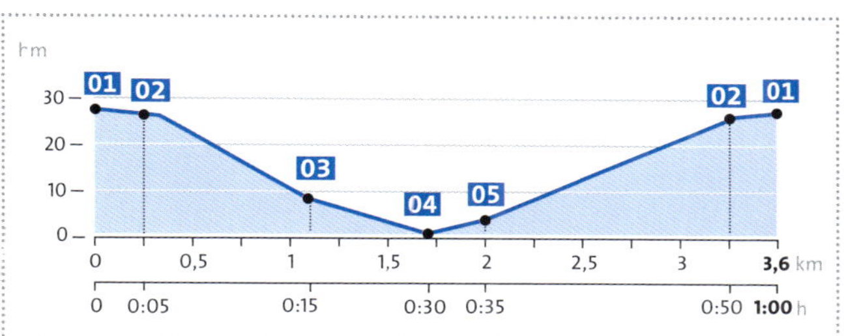

01 Parkplatz, 27 m; 02 Weggabelung, 26 m; 03 Bucht Smuge, 9 m; 04 Hütte, 2 m; 05 Bootsanleger, 4 m

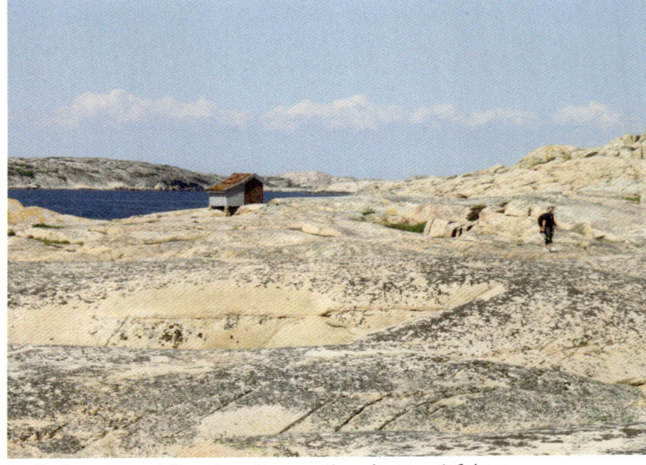

Einfache, aber schöne Wanderung über die Granitfelsen

steuern wir die Hütten am **Bootsanleger** 05 an der Hölen-Bucht an. Hier treffen wir auf eine Straße, der wir Richtung Nordosten folgen. An einer Weggabelung halten wir uns rechts, kommen an einer Reihe linker Hand liegender Wohnhäuser vorbei und stoßen so wieder auf die bekannte **Weggabelung** 02.

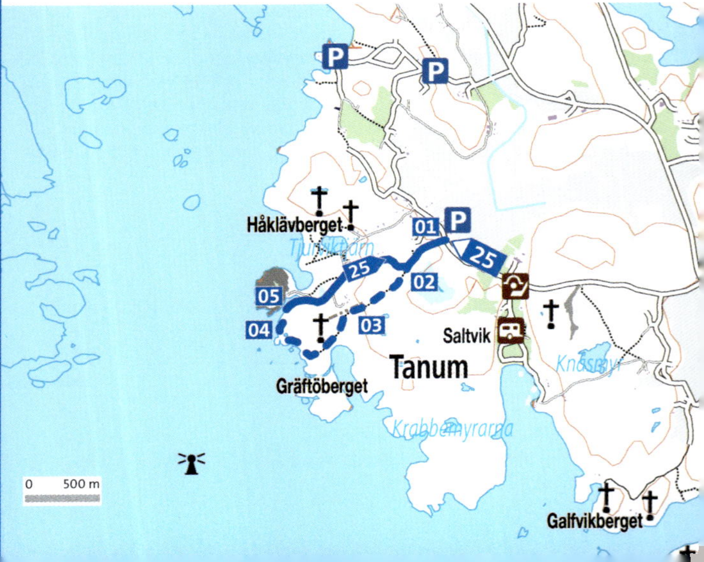

TANUMSHEDE

Wandern im Weltkulturerbe

 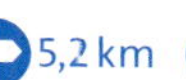 5,2 km 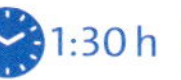 1:30 h 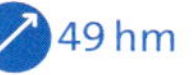 49 hm  49 hm

START | Wanderparkplatz (15 m) 4,5 km südöstlich von Vitlycke. Anfahrt: Vom Parkplatz beim Museum biegt man nach links ab (Richtung Åmål) und folgt der Straße geradeaus, bis links der Parkplatz ausgeschildert ist („Ljungbytorp 3/Hällristningar 1"). Bushaltestelle „Ryk". [GPS: UTM Zone 33 x:x636.727 m y: 6.506.869 m]
CHARAKTER | Landschaftlich unspektakulär; interessant sind die Infotafeln zu den Ritzungen und den alten Ruinen. Im ersten Teil und zum Schluss hin schattenlos entlang von Feldern.

Der gut ausgeschilderte Rundweg führt zu mehreren Felsritzungen und kulturhistorisch interessanten Ruinen. Der Wanderweg ist eine Initiative der ortsansässigen Bevölkerung. Die Felszeichnungen wurden zwischen 1800 bis 500 v. Chr. in der Bronzezeit in die Felsen geritzt und gehören zum UNESCO-Weltkulturerbe Tanumshede. Nirgendwo sonst findet man eine solche Dichte an schönen, lebendig dargestellten Bildern wie hier südlich von Tanum. Das besuchenswerte Vitlycke Museum bei Tanumshede liegt an der Straße nach Ljungbytorp.

▶ Auf der anderen Straßenseite vom **Wanderparkplatz** 01 bietet eine Infotafel eine Übersicht über den Rundweg. Wir wandern gegen den Uhrzeigersinn entlang eines Feldes zu den ersten Felsritzungen am **Felsen Lövåsen** 02. Die Felszeichnungen erstrecken sich

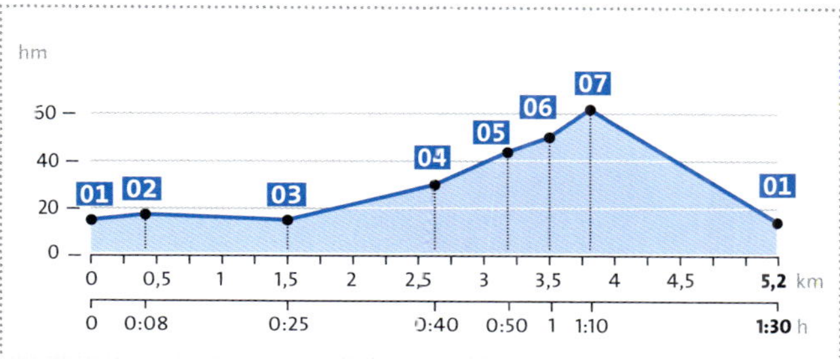

01 Wanderparkplatz, 15 m; 02 Felsen Lövåsen, 17 m; 03 Runohällen Gerum, 15 m; 04 Abzweig hinter Hof, 30 m; 05 Sotetorpshällarna, 43 m; 06 Aussichtsplatz, 52 m; 07 Ruinen, 62 m

Felsenbilder Aspeberget – bedrohtes Kulturerbe

Die Kulturerbestätte Aspeberget bezeichnen manche auch als „Heiligen Berg". Hier findet sich mit über 20 Felsenritzungen die größte Dichte an Ritzungen, die vor 3000 Jahren geschaffen wurden. Am bekanntesten ist die Stierritzung im nördlichen Bereich des Berges, die eine Prozession von Stieren zeigt. Die Ritzungen sind in Granit geschlagen. Da die Luft in den letzten 150 Jahren durch Schwefel und Stickstoff aus Autoabgasen und Industrie sehr sauer geworden ist, verwittern der Fels und damit auch die Ritzungen immer schneller. Eine der ergriffenen Maßnahme ist, die Kunstwerke den größten Teil des Jahres abzudecken. Über die Sommermonate werden sie aber für die Besucher freigelegt.

über 30 m auf einer Felswand und zeigen 40 Schiffsritzungen sowie Menschen. Die bekannteste Figur ist ein Schamane. Der besseren Lesbarkeit wegen wurde ein Teil der Ritzungen rot angemalt.

Wir folgen dem Feldrand, bis ein rotes Holzschild mit der Aufschrift „Gerumhällen" nach links zu einer Brücke über einen Bach weist. Es leitet uns zum Felsen **Runohällen Gerum** 03 mit Originalritzungen ohne Nachfärbung. Auf den Felsen sind (mehr oder weniger gut erkennbar) 200 Abbildungen von Schiffen, Menschen und Tieren zu sehen. Wieder zurück auf dem Rundweg, halten wir uns links und bleiben weiterhin am Feldrand, bis wir auf eine Teerstraße stoßen. Hier biegen wir nach rechts ab und laufen für wenige Minuten auf

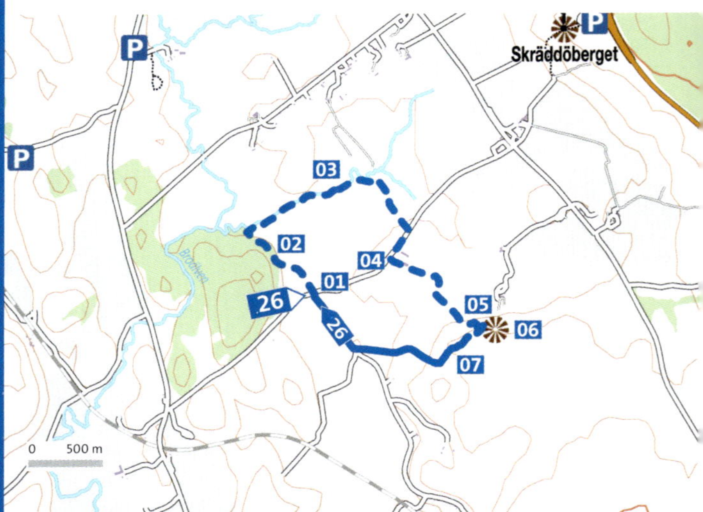

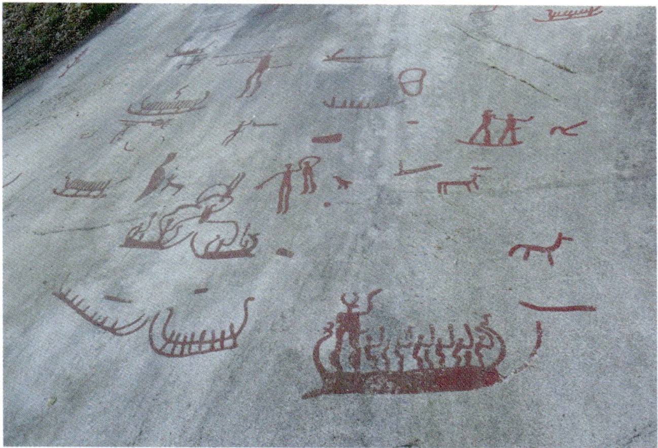

Die nachträglich aufgebrachte Farbe hebt die Felsritzungen hervor

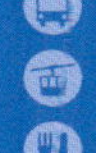

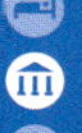

der Fahrstraße. Hinter einem **Hof biegen** wir **nach links** **04** Richtung Sotetorpshälarna ab.

Wer sich nur für die Felsritzungen interessiert, kann von hier aus geradeaus auf der Straße zum **Parkplatz** **01** zurücklaufen (500 m). Der Rundweg führt weiter am Feldrand entlang auf ein Waldstück zu. Von hier aus ist schon das nächste Ziel – weitere Felsen – zu erahnen. **Sotetorpshällarna** **05** besteht aus mehreren Fundstellen, die durchnummeriert sind (siehe Übersichtstafel). Es empfiehlt sich, zunächst Sotetorp 1 zu besuchen und dann zurück zur Übersichtstafel zu gehen und von dort den Bogen vorbei an den Felsen 2 und 3 zu gehen. Der Felsen Sotetrop 3 zeigt eine der bekanntesten Felszeichnungen von Bohuslän, den Akrobaten.

Gleich hinter Sotetorp 3 setzt sich der Rundweg fort und erreicht eine Weggabelung, an der man zu einem Aussichtsplatz gelangt („Rastplats – Utsikt"). Eindrucksvoll sind auch die Ruinen des Stenhuggarbostad, dem ehemaligen Wohnsitz eines Steinmetzes. Weit reicht der Blick vom **Aussichtsplatz** **06** mit Picknicktischen über die Welterbelandschaft.

Zurück an der Weggabelung geht es nun durch Wald zu einer Lichtung namens Hirbertstycket. Gleich darauf stößt man auf die **Ruinen** **07** eines Müllerhauses (bis 1920 bewohnt), einer Windmühle, eines Kuhstalls, eines Erdkellers und einer Fabrik (Kvan).

Hier nun muss man etwas sorgfältiger auf die orange Markierung achten: Der Rundweg führt links von den Ruinen in den Wald hinein und zu einer Weggabelung, an der unser Parkplatz („Till P-Plats") ausgeschildet ist. Der Rückweg zieht sich jedoch etwas unangenehm in die Länge, führt an Wohnhäusern und Landwirtschaftsgebäuden vorbei und erreicht schließlich den **Wanderparkplatz** **01**.

27

BRÄNDA BERGET

Schleusen und Badeplätze am Dalslandkanal

 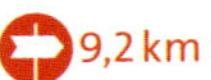   

START | Bengtsfors, Parkplatz bei der STF-Jugendherberge Gammelgården (138 m) auf dem Majberget [GPS: UTM Zone 33 x: 341.428 m y: 6.546.459 m]
CHARAKTER | Abwechslungsreiche Wanderung über einen aussichtsreichen Höhenrücken oberhalb des Sees Bengtsbrohöljen. Bis zur Schleuse ist der Weg auch für Kinder interessant. Der Rückweg am Westufer des Sees ist eher unspektakulär.

Der Dalslandkanal führt durch Dalsland-Nordmarken, eine der seenreichsten Regionen des Landes. Unzählige kleine und große Seen, Flüsse und malerische Kanäle sind über den Kanal zu einer Traumroute für Motorbootfahrer, Segler und Kanuten verbunden. Nur 12 der insgesamt 240 schiffbaren Kilometer führen durch Kanäle, die gegraben oder aus dem Fels gesprengt werden mussten, alles andere sind natürliche Wasserwege. Der Höhenunterschied beträgt insgesamt 67 m.

Der Wanderweg Brända Berget (Verbrannte Berg) führt an drei der insgesamt 31 Schleusen vorbei. Unweit der Schleusen liegen die Stromschnellen Höljerudsforsen. Im Hochsommer bietet es sich an, nicht den 9 km langen Rundweg zu laufen, sondern stattdes-

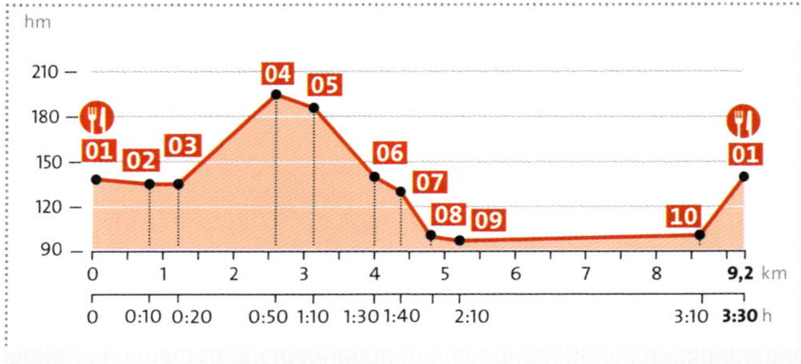

01 Parkplatz Gammelgården, 138 m; 02 Bushaltestelle „Bengtsfors Majbergsdal“, 136 m; 03 Trampelpfad, 137 m; 04 Picknickplatz, 194 m; 05 Abzweig, 185 m; 06 Wegweiser, 140 m; 07 Weggabelung, 131 m; 08 Schleuse 19, 101 m; 09 Parkplatz, 98 m; 10 Majbergsvägen, 103 m

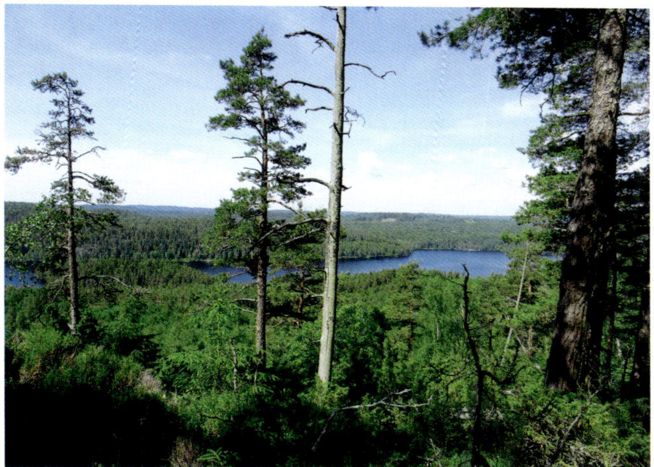

Blick vom Aussichtsplatz auf den Bengtsbrohöljen

sen den rund 11 km langen Weg nach Billingsfors zur Schleuse 18 zu wählen und von dort mit dem Schiff nach Bengtsfors zurückzufahren. Alternativ zum Schiff fahren auch regelmäßig Busse nach Bengtsfors.

Vom **Parkplatz** 01 vor dem **Freilichtmuseum Gammelgården** gehen wir die Dalgatan (die wir zum Freilichtmuseum hinaufgefahren sind) wieder hinunter, bis wir auf den Majbergsvägen treffen. Wir halten uns links und nehmen den Fußweg in einen Grüngürtel, biegen aber gleich wieder rechts in die Wohnstraße Majbergsvägen ein (als Orientierung dient eine weiße Villa), die schließlich bei der Autowerkstatt Dalslands Bilservice endet. Wir halten uns dort kurz rechts und nehmen gleich wieder links die Parallelstraße zur Hauptstraße Stömgatan und kommen so zur **Bushaltestelle „Bengtsfors Majbergsdal“** 02. Hier gibt es weitere Parkmöglichkeiten.

Neben der Bushaltestelle hängt ein kleiner handgeschriebener Plan mit den wichtigsten Eckpunkten der Wanderung (nur schwedisch). Wir überqueren die Strömgatan und folgen den Markierungen leicht bergauf durch die Järngatan zur Feuerwehr. Den Wegweisern („Vandringsled“ – Wanderweg) folgend wird das Gelände der Feuerwehr umrundet. Am Ende des eingezäunten Areals beginnt neben dem Zaun ein **Trampelpfad** 03 (rote Markierung am Drahzaun), der in den Wald leitet. Hier könnte man ebenfalls parken, allerdings handelt es sich um keinen offiziellen Parkplatz.

Der Wanderweg ist gut markiert und führt über den Kamm eines parallel zum See verlaufenden Höhenrückens. Immer wieder bieten sich durch die Bäume hindurch schöne Ausblicke auf den See. Zu einer ersten Pause lädt ein **Picknickplatz** 04 mit Tisch und tollem Blick über den See ein. Rund 200 m nach der Bank geht es rechts zu einem Aussichtspunkt mit kleiner Karte und Gipfelbuch. Wir bleiben auf dem Waldweg, steigen leicht ab und erreichen kurz vor einer Lichtung einen **Abzweig** 05 nach rechts – ein Pfeil zeigt die Richtung an. Der Pfad führt über eine Lichtung bergab, an ihrem Ende überqueren wir einen Wirtschaftsweg, biegen aber gleich wieder in den Wald ein. Kurz nach der Straße führt der Wanderweg erneut über eine Lichtung mit Jungwuchs, diesmal kurz bergan. Danach stößt der Weg nochmals auf eine Straße, der wir kurz folgen, um anschließend wieder auf einen Pfad in den Wald hinein abzubiegen (**Wegweiser** 06). Ihm folgen wir bergab, bis wir auf eine weitere **Weggabelung** 07 treffen. Hier muss man sich entscheiden, ob man nach Bengtsfors zurücklaufen will („Kortare leden" – kurzer Weg) oder ob man nach Billingsfors weiterwandern möchte. Dann wählt man den „Långa leden" (langen Weg), der zur Schleuse 18 führt. Dort besteht dann die Möglichkeit zur Rückfahrt mit Bus oder Schiff. Der Långa leden ist im Prinzip eine 2,5 km lange Schleife, die über die Schleuse 18 zur Schleuse 19 führt.

Wir nehmen den kürzeren Weg geradeaus direkt zum Dalslandkanal zur **Schleuse 19** 08. Am Kanal lässt sich den ganzen Sommer über das spannende Spektakel der Schleu-

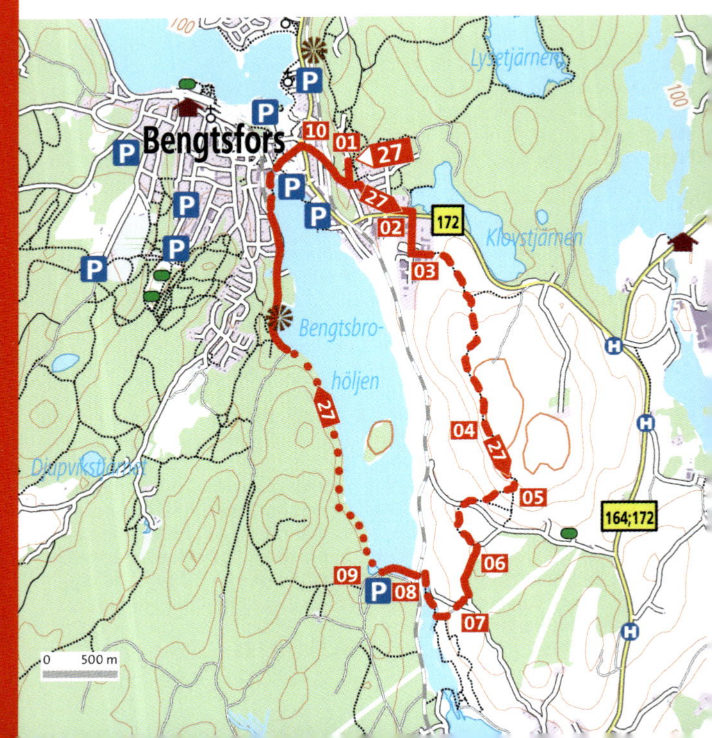

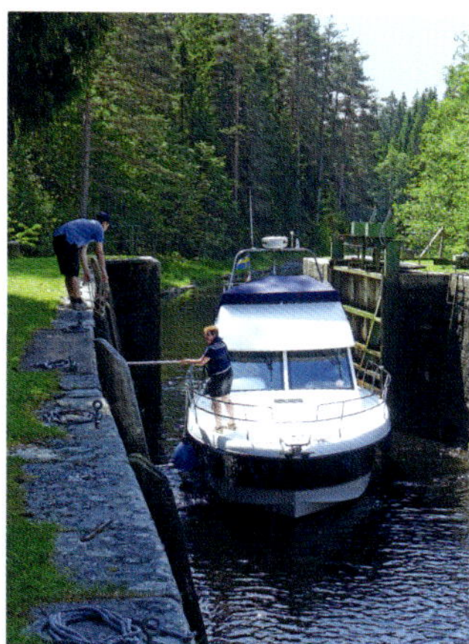

Spannendes Spektakel an der Schleuse

sung beobachten. Ein Schleusenwärter bedient die beiden dicht beieinanderliegenden Schleusen 19 und 20 und überbrückt die Distanz zwischen beiden mit dem Fahrrad.

Wir laufen zur Schleuse 20, von der aus man einen schönen Blick auf die Stromschnellen Höljerudsforsen hat. Wir befinden uns am Nordende eines kleinen Naturschutzgebietes. Eine Fußgängerbrücke führt über die Stromschnellen, wir queren zugewachsene Bahngleise und erreichen bald darauf einen **Parkplatz** 09 und einen Badeplatz am Südende des Bengtsbrohöljen. Ab dem Parkplatz folgt man dem Uferweg – einem alten Bahndamm. Der Weg ist unspektakulär, lässt sich aber zügig zurücklegen. Einziges landschaftliches Highlight zwischendurch ist ein großer Felsblock, auf dem man picknicken könnte.

Der Uferweg mündet in Stadtnähe in eine Straße (Kanalvägen) ein, von der ein Fußweg zum Wasser abbiegt und zur Brücke über den Dalslandkanal führt. Den Markierungen folgend kommen wir an einem Hostel vorbei und erreichen eine Kreuzung. Wir queren die Hauptstraße und wandern auf der anderen Straßenseite auf dem **Majbergsvägen** 10 bergauf, queren die Eisenbahnschienen und erreichen so die Kreuzung, an der es links 200 m hinauf zum **Parkplatz Gammelgarden** 01 geht. Wer am zweiten Parkplatz an der **Bushaltestelle** 02 geparkt hat, läuft wie zu Beginn beschrieben weiter zu seinem Auto.

Bootsfahrt auf dem Dalslandkanal

Im Hochsommer (Mitte Juni bis Ende August) fährt das Motorschiff M/S „Storholmen" auf dem Dalslandkanal. Das Schiff ist seit 70 Jahren auf dem Kanal zwischen Håverud und Bengtsfors unterwegs; die Tour nach Bengtsfors beginnt mit der Fahrt durch das Aquädukt von Håverud. Von Billingsfors kann man mit dem Schiff zurück nach Bengtsfors fahren, es gibt dort aber keine offizielle Haltestelle, ein Zustieg ist dennoch möglich. Wer sicher gehen will, kontaktiert die Mitarbeiter der MS „Storholmen" in Bengtsfors: dalslands@kanaltrafik.se, www.dalslandskanaltrafik.se

TIVEDENS NATIONALPARK: TROLLKYRKERUNDAN

Durch die Urwälder Tivedens

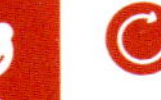
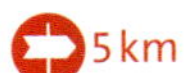

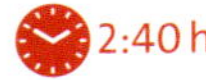

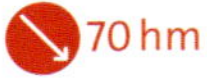

START | Parkplatz (174 m) am Haupteingang des Nationalparks. Anfahrt über den Tivedsleden, erreichbar vom Riksväg 49 zwischen Karlsborg und Askersund bzw. der E20 zwischen Hova und Laxå. [GPS: UTM Zone 33 x:476.443 m y: 6.508.460 m]
CHARAKTER | Auf Waldpfaden und über Felsen, teilweise unwegsam im ständigen Auf und Ab. Der Weg ist mit roten Bändern markiert, Übersichtstafeln dienen der Orientierung.

Der zwischen Vättern und Vänern gelegene 1353 ha große Nationalpark Tiveden schützt eine glazial geprägte Landschaft. Diese sogenannte Risstal-Landschaft (Spaltental-Landschaft) wird von kargen, vom Gletschereis glatt geschliffenen Felsen, bis zu 10 m hohen Findlingen, Waldseen, feuchten Senken, Rinnen und Grotten geprägt. Die urwaldähnlichen Wälder Tivedens konnten sich über die letzten Jahrzehnte vom Menschen unbeeinflusst entwickeln, da sie nie besiedelt wurden. Im 18. und 19. Jh. wurde allerdings Bau- und Brennholz aus den Wäldern entnommen und Holzkohle für die umliegenden Eisenhütten gebrannt; insgesamt fand man über 200 Reste von Kohlemeilern. Weit verbreitet auf der dünnen Bodenschicht ist die weißgraue Rentierflechte.

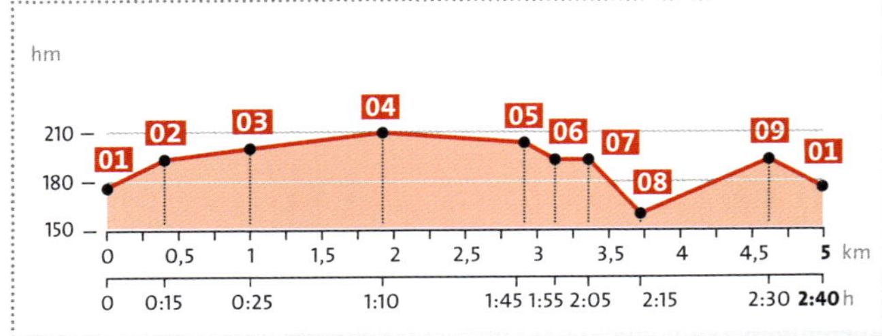

01 Parkplatz, 174 m; 02 Oxaberget, 193 m; 03 Gletschermühle, 202 m; 04 Lilla Trollkyrka, 210 m; 05 Stora Trollkyrka, 204 m; 06 Trollkyrkesjön, 193 m; 07 Feldkirche, 194 m; 08 Metesjön, 161 m; 09 Tjärdal, 194 m

▶ Übersichtstafeln über die Rundwege im Nationalpark finden sich beim **Wanderparkplatz** 01 am Haupteingang; im Besucherzentrum erhält man Folder mit den Routen. Sie helfen bei der Orientierung und dem Einstieg in die beliebte Trollkyrke-Runde, die südöstlich des Parkplatzes beginnt.

Wir queren dazu die Straße Tivedsleden und steigen zunächst steil und mit Unterstützung von Holztreppen einige Meter bergan zum **Oxaberget** 02, einem großen Findling, der vom Gletschereis an seinen heutigen Platz geschoben wurde. Weit verbreitet wächst hier die weiße Rentierflechte. Vom kahlen Aussichtsplatz auf der glatten Granitkuppe hat man einen weiten Blick. Wir folgen den Markierungen auf einer verwinkelten Route durch den Kiefernwald, kommen an weiteren Findlingen und **Gletschermühlen** 03 vorbei und erreichen die Trollkyrkebergen mit den Twillingbergen (Zwillingsberge). Wir steigen in eine Talsenke hinunter und stehen am westlichen Fuß der Zwillingsberge. Hier kann man schöne, vom Inlandeis geschliffene Eisriffel an der Unterseite des Felsens sehen.

Einer der beiden Zwillingsberge ist der **Lilla Trollkyrka** 04. Ein Wegweiser weist die Richtung hinauf zum 200 m hohen Berg, der sich über die Baumkronen erhebt und so eine schöne Aussicht auf den 110 m tiefer liegenden Vättern bietet. Wurzeln haben manche der Felsen fest im Griff. Wir verlassen Lilla Trollkyrka, steigen in eine Senke ab und wandern in ein historisches Waldbrandgebiet. Zuletzt gab es in Tiveden 1853 verheerende Brände, links von einem Steg ist noch der Baumstumpf einer Kiefer von damals mit Brandwunden zu sehen. Der älteste noch lebende Baum im Nationalpark stammt übrigens aus dem 16. Jh.

Wir ignorieren eine Abzweigung nach Osten und erreichen bald darauf die Stora Trollkyrka, die „Große Trollkirche". Dieser Name

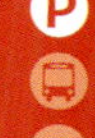

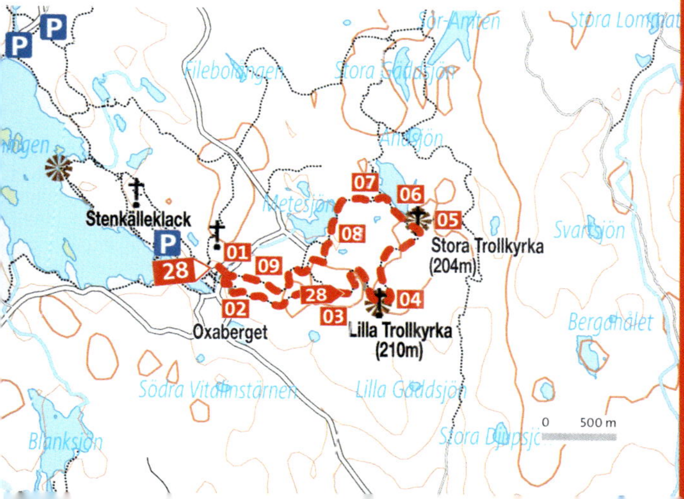

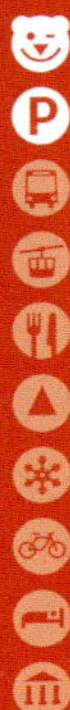

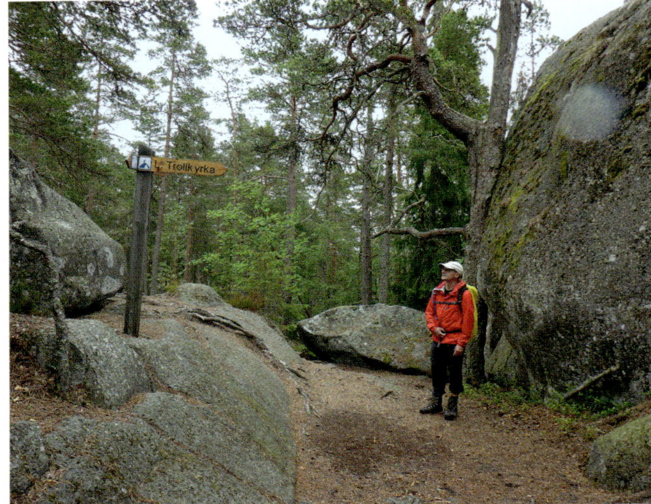

Eindrucksvolle Findlinge am Rundweg

findet sich schon in Büchern aus dem 17. Jh. Wir befinden uns im südöstlichen Teil des Nationalparks in einem der schönsten Teile. Über einen wurzelreichen Weg und zum Schluss über eine Holzleiter erklimmen wir **Stora Trollkyrka** **05**, der sich 35 m über dem Trollkyrkosjön erhebt. Wir steigen nun zum Westufer des **Trollkyrkesjön** **06** ab und genießen den Blick über den stillen Waldsee.

Kurze Zeit später kommen wir an eine Gabelung, an der wir uns links halten und schon bald die **„Feldkirche“** **07** erreichen, die in der schwedischen Religionsgeschichte eine bedeutende Rolle spielt. Auf dem flachen Stein wurden im 18. und 19. Jh. häufig von der offiziellen Kirche verbotene geheime Feldgottesdienste abgehalten.

Nächstes Ziel ist der **Metesjön** **08**, einer von vielen Waldseen des Nationalparks. Er ist so stark versauert, dass kein Fischleben mehr in ihm möglich ist. Ein Anzeichen für den hohen Versauerungsgrad ist weißes Moos, das allerdings unter dem Wasser grün schimmert. Wir folgen seinem Ostufer und kommen zu einer weiteren Weggabelung, an der wir uns schräg links halten.

Der Rückweg führt über das **Tjärdal** **09** (Teertal): Hier wurde früher an einem nur leicht geneigten Hang eine lange Grube ausgehoben, mit klein gehackten Spänen harzreicher Kiefernstümpfen befüllt, mit Erde abgedeckt und von oben her langsam abgebrannt. Durch den lichten Wald führt der Weg an zahllosen Blaubeerbüschen und über langgezogene glatte Felsrücken zurück zum **Wanderparkplatz** **01**.

TIVEDENS NATIONALPARK: STENKÄLLERUNDAN

Kurze Urwaldwanderung zur Höhle Stenkälle

 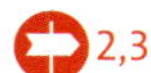

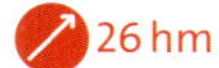

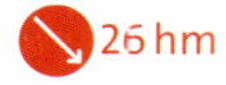

START | Parkplatz am Haupteingang (176 m), Anfahrt siehe Tour 28 [GPS: UTM Zone 33 x:476.443 m y: 6.508.460 m]
CHARAKTER | Der kurze Weg führt teilweise durch schwieriges Gelände, auf den Waldwegen kann es nach Regenfällen gefährlich rutschig werden, auch auf den glatt geschliffenen Granitkuppen ist Vorsicht geboten. Markierung: gelb mit zwei weißen Punkten.

Der Name des Nationalparks zwischen Unden und Vättern lässt sich auf die Namen ved (Wald) und Ti (Gott Tyr) zurückführen. Seine zerklüftete Landschaft wurde vor über 10.000 Jahren während und nach der Eiszeit durch Eis und Wasser geformt. Eindrucksvoll sind die gewaltigen Ansammlungen von Granitblöcken, die der Gletscher zurückgelassen hat. Die für die Region typischen Risstäler sind durch eiszeitliche Erosionsprozesse entstanden.

Der Rundwanderweg ist der beliebteste und meistbegangene des Nationalparks, der zu den gewaltigen Felsen rund um Stenkälla führt; an schwierigen Stellen wurden Holztreppen gebaut. Während auf den kargen Felsen die Kiefer dominiert, findet man in feuchteren Regionen eher die Fichte, etwa am Nordostufer des Stora Trehörningen. Auch Spuren früherer Waldnutzung sind zu sehen, z. B. am Älgasundet, wo noch ein alter Meilerplatz erkennbar ist.

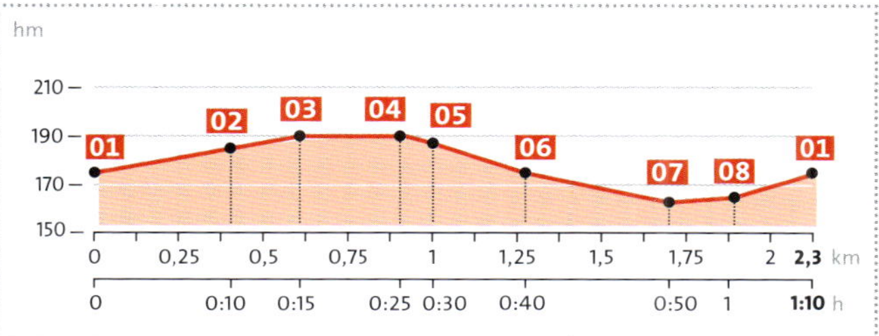

01 Wanderparkplatz, 176 m; 02 Ödlesjön, 184 m; 03 Meilerplatz, 189 m; 04 Stenkälleklack, 189 m; 05 Stenkällan, 187 m; 06 Weggabelung, 176 m; 07 Weggabelung, 163 m; 08 Meilerplatz, 165 m

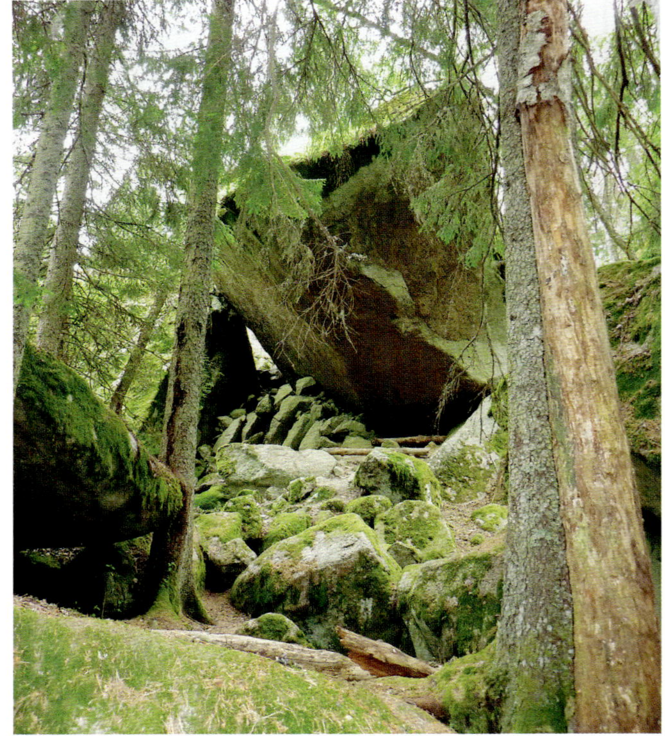

Mit Moos bewachsen sind die mächtigen Felsen der Quelle Stenkälla

Der landschaftlich sehr eindrucksvolle Rundweg beginnt am nordöstlichen Ende des **Parkplatzes** 01, hier finden sich auch erste Wegweiser. Der Pfad führt zunächst durch herrlichen Urwald über Blockwerk und Granitfelsen moderat bergauf, teilweise sogar mit Unterstützung von Holzstiegen, und verläuft dabei oberhalb des Westufers des **Ödlesjön** 02, dessen Wasser durch die Bäume glitzert. Wir erreichen eine Weggabelung, an der ein Weg zum Älgasundet abzweigt, den wir ignorieren (das wäre der kürzeste Weg zurück zum Parkplatz). Wir halten uns stattdessen geradeaus und wandern über einen stark verwurzelten Pfad Richtung Norden. Am Weg liegt ein historischer **Meilerplatz** 03, an dem einst Holzkohle geköhlert wurde.

Dann ist auch schon der links abzweigende Aufstieg zum Aussichtspunkt **Stenkälleklack** 04 erreicht, Unterstützung bieten ein paar steile Treppen. Viel zu sehen ist von der einst sicher beeindruckenden Aussicht nicht mehr, sie ist fast komplett zugewachsen.

Wir steigen wieder zum Hauptweg ab, wo wir uns links Richtung **Stenkällan** 05 halten. Stenkällan heißt übersetzt Steinquelle. Wir tauchen in ein Gewirr hoher, vom Inlandeis aufeinander getürmter Felsbrocken ein, unter denen sich ein Quelltümpel versteckt. Ein spannender Ort vor allem für Kinder! Rund 200 Jahre alt sind die Bäume in diesem Teil des Parks, einige über 200 Jahre alte Kiefern haben hier den großen Waldbrand von 1835 überlebt.

Wir kommen zu einer **Weggabelung** 06, an der die Möglichkeit besteht, rechts Richtung Vitsand mit seinem schönen Sandstrand zu wandern (ca. 1,2 km) – angesichts der Kürze der Rundwanderung durchaus eine interessante Variante. Wir halten uns aber links und laufen nun nach Süden – durch Wald und teils über Felsen in das Feuchtgebiet Älgmossen (Bohlenwege) und erreichen schließlich eine **Weggabelung** 07, an der nochmals die Möglichkeit besteht, nach Vitsand (2,1 km) zu wandern.

Wir halten uns auch hier links und folgen dem Ufer des Stora Trehörningen, mit guten Chancen, Vögel zu beobachten. Der Weg führt durch eindrucksvollen Urwald und passiert einen zweiten **Meilerplatz** 08. Wir laufen am Nordende einer Landzunge entlang, die den Stora Trehörningen von der schmalen langen Bucht Östgötaviken trennt und machen dann einen leichten Bogen nach Südosten. Die Schlussstrecke ist nochmals ein Highlight, verläuft sie doch großteils über einen weitgehend vegetationsfreien Granitrücken parallel zum Östgötaviken. Teilweise fällt das Gelände steil zum Wasser hin ab, ist aber gut gesichert. Der gut markierte Weg führt zügig zurück zum **Wanderparkplatz** 01.

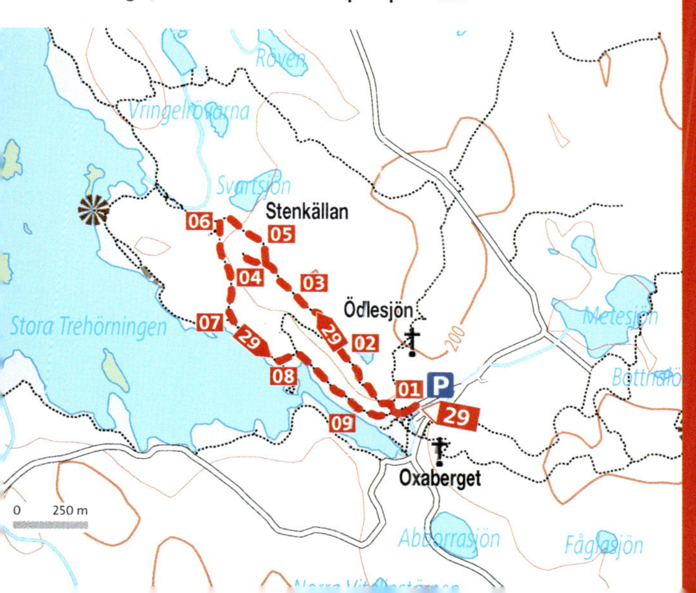

30 HALBINSEL STENSÖ

Vom Kalmarer Schloss nach Stensö udde

  10,2 km  2:45 h  16 hm  16 hm

START | Holzbrücke am Eingang zu Schloss Kalmar (8 m). Parkplätze in der Nähe, nördlich des Friedhofs. [GPS: UTM Zone 33 x:583.000 m y: 6.280.181 m]
CHARAKTER | Einfache Wanderung rund um die Halbinsel Stensö auf Wald- und naturbelassenen Wegen.

Der kleine Ausflug vor den Toren Kalmars führt auf die bewaldete Halbinsel Stensö im Kalmarsund. Stensö ist heute ein beliebtes Erholungsgebiet für die Bewohner der Stadt, die hier spazierengehen oder ihre Laufrunde drehen. Vom Festland ist die Halbinsel durch einen Kanal getrennt. Den Nordteil Stensös nimmt ein Campingplatz ein.

▶ Am Beginn der **Holzbrücke** beim Eingang zu Schloss **Kalmar Slott** **01** führt rechts eine Holz-

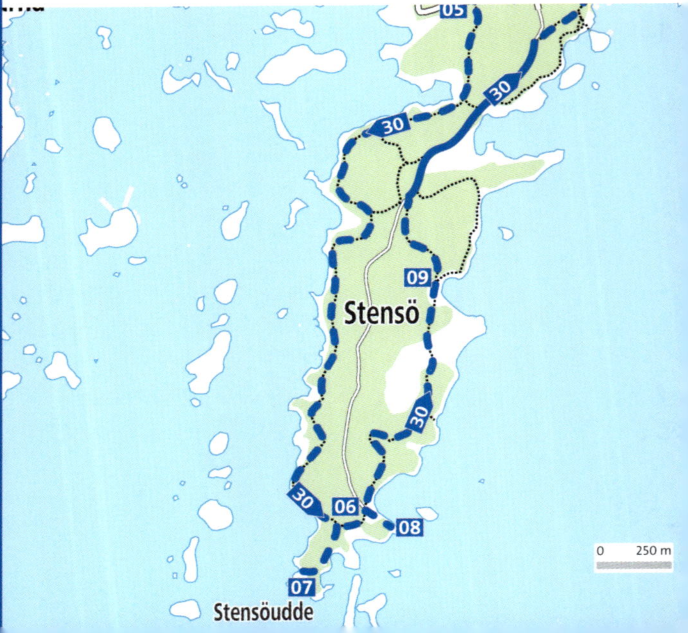

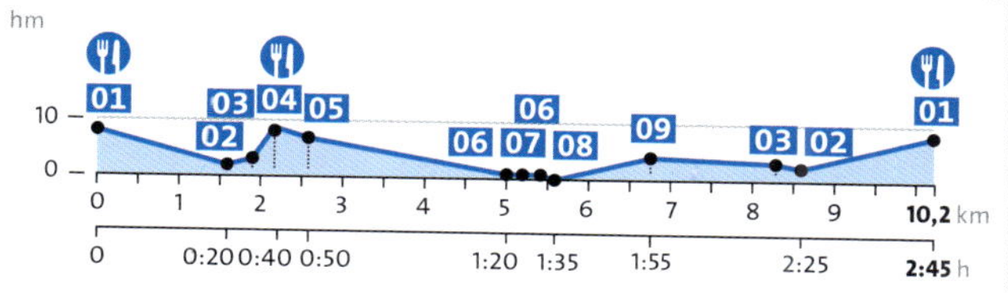

01 Holzbrücke Kalmar Slott, 8 m; **02** Fischerhäuschen, 2 m; **03** Fußgängersteg, 3 m; **04** Rezeption, 8 m; **05** Gatter, 7 m; **06** Weggabelung, 1 m; **07** Stensöudde, 1 m; **08** Badeplattform, 0 m; **09** Weggabelung (Variante), 4 m

rampe in den alten Wassergraben. Wir wandern im Graben über Wiesen zu einer weiteren Holzrampe, die wieder aus dem Graben herausführt. Von dort gehen wir um zwei Gebäude herum und über eine bewachsene Mauer zur Friedhofsmauer. Entlang dieser erreichen wir den Eingang des **Kalmarsundsparken**. Am Wasser entlang wandern wir Richtung Südwesten und stoßen schon bald auf die orangen Markierungen des Kalmarsundsleden. Der Weg führt uns zu malerischen roten **Fischerhäuschen** **02** an einem kleinen Hafen. Am Ende der Häuserreihe führt der Weg über eine Wiese zu einer abknickenden Straße (Håmmegatan). Hier wandern wir gera-

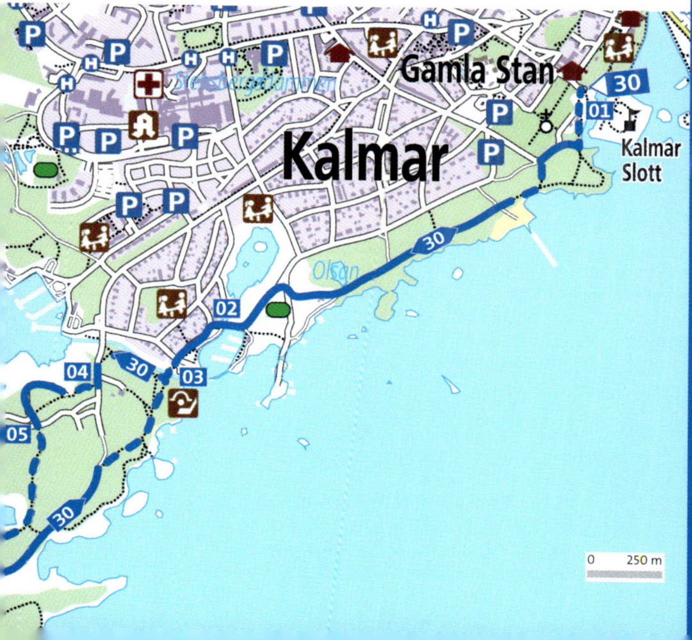

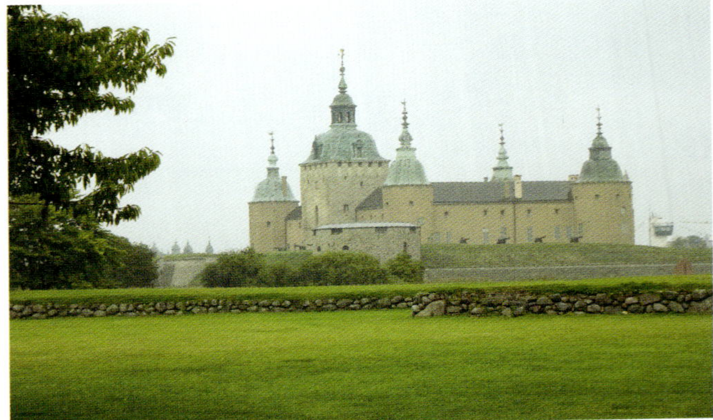

Kalmar Slott

deaus weiter und sehen sogleich den **Fußgängersteg** 03, der auf die Halbinsel führt. Wir betreten Stensö und erreichen kurze Zeit später die Fahrstraße, die ins Campingplatzareal hineinführt (hier gibt es eine Übersichtstafel über die Wanderwege). Wir laufen an der **Rezeption** 04 vorbei und biegen hinter dieser rechts ab. Hier weisen blaue Schilder mit Kilometerangaben auf die Wander- bzw. Laufstrecken hin, die hier beginnen.

Wir folgen der Markierung „5,5 km", die der roten Markierung auf der Übersichtskarte am Parkplatz entspricht. Wir wandern rechts an Ferienhütten vorbei und parallel zum Westufer Richtung Süden. Wir überwinden ein **Gatter** 05. Richtung Westen hat man nun durch den lichten Eichenwald einen schönen Blick auf die kleinen vorgelagerten Inseln. Schließlich erreichen wir eine **Weggabelung** 06, von der ein Trampelpfad zur **Südspitze der Insel (Stensöudde)** 07 abzweigt. Von dort folgen wir dem Pfad zurück zur **Weggabelung** 06 am Hauptweg und halten uns rechts. Nächster Halt ist das Wasa-Denkmal – ein großer Findling auf einem kleinen Hügel. Er erinnert an das Jahr 1520, als Gustav Wasa hier nach seiner Flucht aus Lübeck an Land ging. Geht man ein paar Schritte links am Denkmal vorbei, erreicht man eine **Badeplattform** 08 mit Blick auf Schloss und Hafenanlagen von Kalmar.

Wieder zurück auf dem Hauptweg wandern wir nun (uns immer rechts haltend) parallel zum Ufer durch den Wald nach Norden, zunächst der roten Markierung folgend. Bei **Weggabelung** 09 kann man wahlweise einen Schlenker nach rechts entlang des Ufers machen oder auf dem markierten Wanderweg geradeaus bleiben. Kurz nachdem der Uferweg (Variante) wieder in den Hauptweg eingemündet ist, stoßen wir auf den gelben Rundweg und folgen der rot-gelben Markierung bis zum Abzweig zur **Fußgängerbrücke** 03. Auf bekanntem Weg geht es zurück zum **Schloss Kalmar** 01.

ÖLAND: GÖSSLUNDASLINGAN

UNESCO-Welterbe Stora Alvaret

 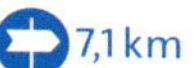 7,1 km 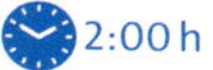 2:00 h 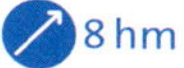 8 hm 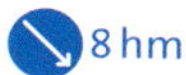 8 hm

START | Wanderparkplatz (21 m) an der Straße zwischen Bårby und Alby [GPS: UTM Zone 33 x:594.412 m y: 6.261.528 m]
CHARAKTER | Einfacher, meist gut zu sehender Trampelpfad, teilweise etwas monoton. Die Markierung besteht ausschließlich aus Steinmännchen.

Das ausgedehnte waldlose Kalkplateau Stora Alavaret auf der schwedischen Ferieninsel Öland wurde 2000 von der UNESCO zum Weltkulturerbe „Agrarlandschaft südliches Öland" ernannt.

„Alvar" ist ein altschwedisches Wort, das damit ein für die Landwirtschaft ungeeignetes Land auf felsigem Kalkuntergrund bezeichnet. Der Alvar wird seit dem Mittelalter für extensive Weidewirtschaft genutzt. Die kurze Wanderung führt über Trockenrasen- und Feuchtwiesen, Grus- und Felsflächen und vorbei an unterschiedlich ausgeprägten Karstrinnen. Weltweit gibt es nur wenige Alvargebiete, u. a. kleine Areale in Estland, in Russland südwestlich von St. Petersburg, in Michigan und New York und in Kanada im Gebiet der Großen Seen.

Die Gösslundaslingan beginnt am **Wanderparkplatz 01**, von dem aus zwei Treppen über die Steinmauern führen. Wir nehmen die Treppe im Norden (Schild: „Örnkullen 6 km, Gösslundaslingan 6,9 km") und wandern immer Richtung Norden auf einem meist gut ausgetretenen Trampelpfad

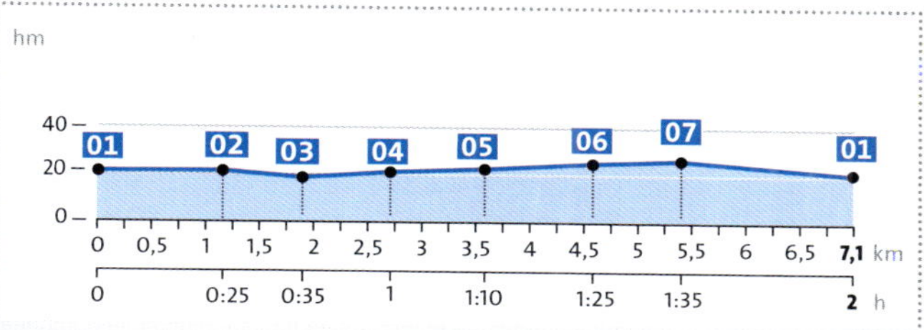

01 Wanderparkplatz, 21 m; 02 Steingrab (Gravröse), 21 m; 03 Rörkällan, 19 m; 04 Weggabelung, 21 m; 05 Svinryggen (Schweinrücken), 23 m; 06 Mittmuren stenmur, 26 m; 07 Steinmauer, 27 m

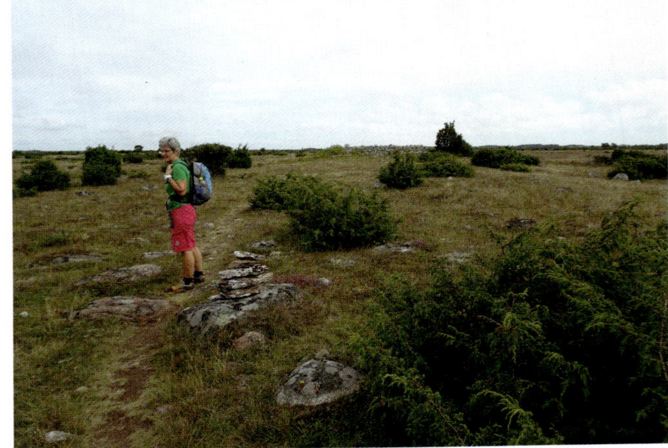

Das flache Stora Alvaret ist in seiner Kargheit durchaus faszinierend

über das karge Karstplateau. Nach 15 Minuten muss ein weiterer Weidezaun überwunden werden (Treppe). Wacholder, Erika und vereinzelt ein paar Krüppelkiefern säumen den Weg. Wir passieren ein altes **Steingrab (Gravröse)** 02, laufen nun nach Osten und erreichen schließlich bei dem in der Karte als **Rörkällan** 03 bezeichneten Punkt einen steinernen Tisch mit mehreren Felsen zum Sitzen. Hier macht der Weg abermals einen Richtungswechsel: Wir wandern nun links vom Tisch Richtung Nordwesten zu einem weiteren Steingrab (Gravröse).

Kurz darauf erreichen wir eine **Weggabelung** 04 mit zwei hölzernen Wegweisern. Nach rechts zweigt der Verbindungsweg nach Örnkullen (1,7 km) ab, der zum Stora-Alvar-Weg weiter im Norden führt. Wir halten uns aber geradeaus und folgen dem Wegweiser „Gösslundaslingan" in nordöstlicher Richtung. Schließlich kommt eine markante Landerhöhung in Sicht, der sogenannte **Svinryggen (Schweinrücken)** 05. Der quer zur Wegrichtung von Südwesten nach Nordosten verlaufende 2 bis 3 m hohe Grat ist durch geologische Prozesse entstanden. Wir folgen dem Grat für etwa 900 m nach Südwesten, bis wir auf die historische Steinmauer **Mittmuren stenmur** 06 stoßen.

Die 40 km lange Mauer zieht sich in Nord-Süd-Richtung durch das Alvar und war eine der ersten Mauern, die im Rahmen der Aufteilung der königlichen Ländereien im frühen 19. Jh. errichtet wurde. Wir bleiben östlich der Mauer und wandern parallel zu dieser gen Süden, steigen dann über eine im rechten Winkel dazu verlaufenden zweite **Steinmauer** 07 und wandern dann links von einem Wäldchen nach Südosten, biegen einmal rechts, dann links ab und folgen nun einem Pfad, der rechts von einem Wäldchen über

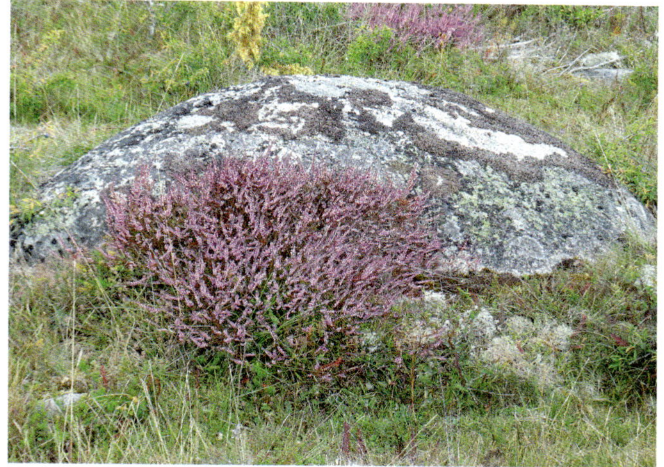

Die Schönheit liegt im Detail

die Heideflächen zurück zum **Wanderparkplatz** 01 führt. Hier hilft nochmals eine Holztreppe über die letzte Steinmauer. Beim Parkplatz findet man eine Toilette und Picknicktische.

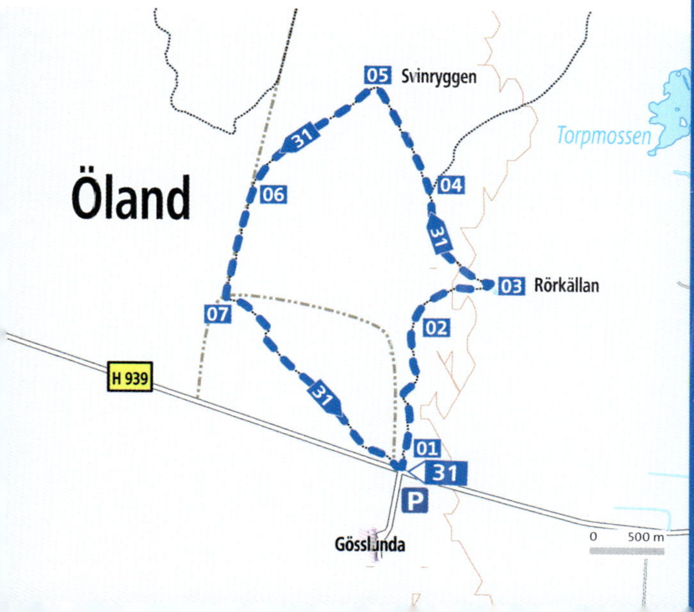

05 Svinryggen
Torpmossen
Öland
31
06
04
31
03 Rörkällan
07
02
H 939
31
01
31
P
Gösslunda
0 500 m

32

ÖLAND: OTTENBY NATURRESERVAT

Ein Besuch beim Langen Jan an der Südspitze

 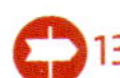 13,3 km  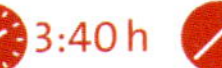 3:40 h  14 hm 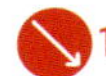 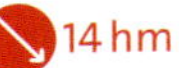 14 hm

START | Parkplatz (6 m) ca. 800 m vor dem Krongut Ottenby (Ottenby Kungsgård) rechts der Straße
[GPS: UTM Zone 33 x:587.710 m y: 6.234.300 m]
CHARAKTER | Abwechslungsreicher, relativ langer Weg zur Südspitze Ölands, gute Möglichkeiten, Vögel zu beobachten.

Das Naturreservat Ottenby liegt südlich der Ortschaft Ottenby und umfasst die gesamte Südspitze der Insel. Das Schutzgebiet mit seinen weitläufigen Seewiesen ist ein bedeutender Rastplatz der Zugvögel. Die dort angesiedelte Fågelstation (Vogelwarte) zählt zu den bekanntesten in Schweden. Die Westseite und der Süden werden durch die Ausläufer des waldlosen Kalkplateaus Stora Alavaret geprägt. Von der Aussichtsplattform des Leuchtturms hat man den besten Blick über das Schutzgebiet.

▶ Wir starten **nicht** beim offiziellen Parkplatz östlich des Krongutes (ab der Straße ausgeschildert: „Ölands S Udde 4, Naturum 4, Ottenby Naturreservat"), sondern schon 1 km vorher an einem Parkplatz rechts der Straße – schon in Sichtweite des Krongutes.

Beim **Parkplatz 01** queren wir mittels einer Holztreppe eine Steinmauer und wandern auf einem Karrenweg auf das Wäldchen des Krongutes Ottenby zu. Rechts der Straße informieren Hinweistafeln über die Hügel (alte Wikingergräber) und die vereinzelt stehenden Steine: Sie sind die Reste des alten Friedhofes Djupvik, eines Dorffriedhofs aus der jüngeren

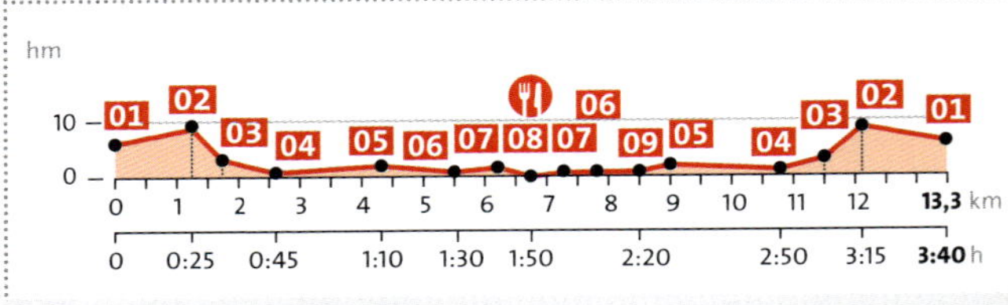

01 Parkplatz, 6 m; 02 Mauer, 9 m; 03 Naturschutzgebietsgrenze, 3 m; 04 Wegkreuzung, 1 m; 05 Weggabelung, 2 m; 06 Steinhäuser (Kyrkhamn), 1 m; 07 Parkplatz, 1 m; 08 Leuchtturm, 0 m; 09 Königssteine (Kungsstenarna), 1 m

Långe Jan

Der Leuchtturm an der Südspitze Ölands wurde zwischen 1784 und 1785 gebaut – als Material wurden teilweise Steine von der Sankt-Johannes-Kapelle verwendet. Auch der Name spiegelt diesen Vorgang wider, ist Jan doch die schwedische Abkürzung von Johannes. Bis zur Spitze des 40 m hohen Gebäudes heißt es 197 Stufen hochsteigen. Die Besteigung des Turms lohnt sich wegen der fantastischen Sicht über die Südspitze der Insel.

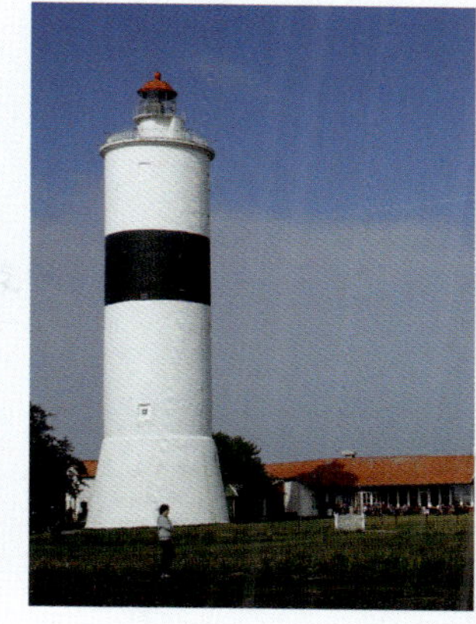

Eisenzeit (400–1050 n. Chr.). Es handelt sich hierbei um eines von Ölands größten eisenzeitlichen Grabfeldern mit insgesamt 275 Gräbern, die in einem Zeitraum von 500 Jahren angelegt wurden.

Wir erreichen das Krongut, das im 16. Jh. als landwirtschaftlicher Großbetrieb von Gustav Vasa geschaffen wurde, und wenden uns noch vor der **Mauer** 02 nach rechts und folgen der blauen Markierung über die Wiesen Richtung

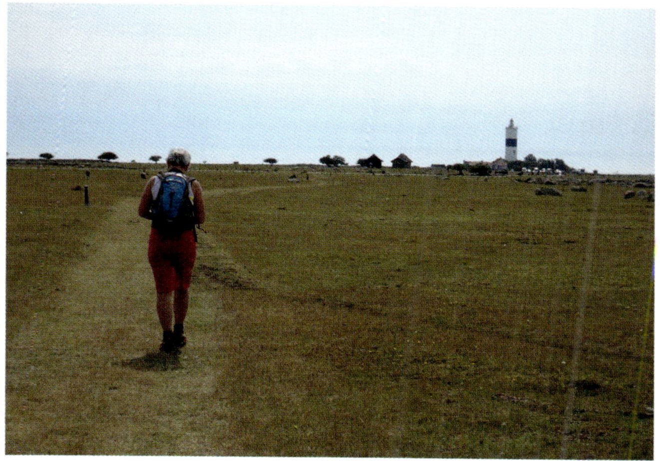

Der Leuchtturm gibt die Richtung vor

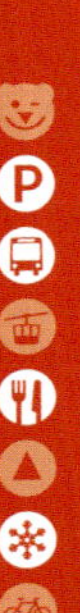

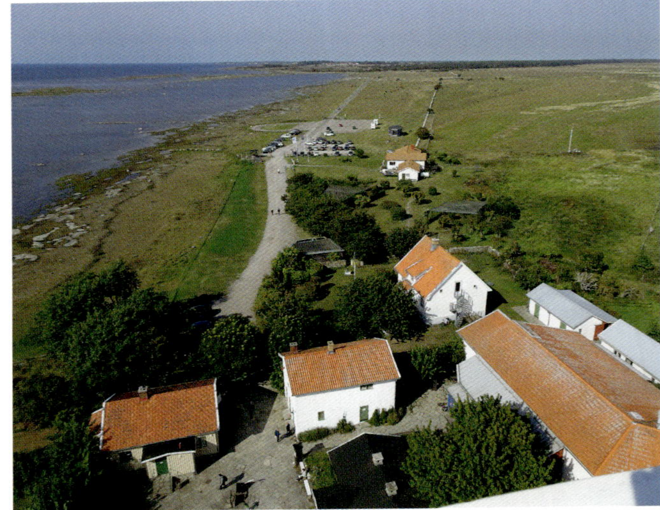

Eindrucksvoll ist der Blick vom Leuchtturm

Küste. Der Pfad führt auf einen weiteren Zaun zu, der die **Grenze des Schutzgebietes** 03 markiert. Wir folgen dem blauen und nach der **Wegkreuzung** 04 (Kyrkhamnsleden mot udden) dem roten Pfad (Västra mark slingan) entlang der Wasserkante, vorbei an grasenden Kühen und Schafen und erreichen so die **Weggabelung** 05, an der die „Västra mark slingan" wieder nach links (Norden) abzweigt.

Wir wandern nun auf dem blauen Weg Richtung Leuchtturm, queren die Straße und halten uns rechts der von Norden nach Süden verlaufenden Steinmauer Richtung Südspitze. Rechts von uns stehen zwei **Steinhäuser (Kyrkhamn)** 06. Das Gebiet östlich der Mauer darf in der Zeit vom 1. April bis Ende August aus naturschutzrechtlichen Gründen nicht betreten werden. Wir erreichen alsbald den wegen der Weidetiere eingezäunten **Parkplatz** 07 und nähern uns Ölands Südspitze (Södra udde). Die Häuser des alten Dorfes werden heute als Vogelstation, Naturum, Laden und Restaurant genutzt. Bei der Vogelstation findet man Netze, in der Vögel zum Beringen gefangen werden. Auch eine sogenannte Helgoländer Fangvorrichtung ist hier zu sehen.

Eine Infotafel informiert über die heutige Nutzung der alten Häuser. Lohnend ist der Besuch des Naturums, des Beobachtungsstands hinter dem Restaurant, die Besteigung des **Leuchtturms** 08 sowie ein Gang zur Wasserkante, wo sich häufig Seehunde und Vögel beobachten lassen.

Zurück geht es auf dem blauen Weg bis zur **Weggabelung** 05, vorbei an den Fundamenten der St.-Johann-Kapelle. Die Ruine der

Kapelle ist unter einem Hügel verborgen. Händler errichteten diese Kapelle nördlich des Fischerdorfes Kyrkhamn im 13. Jh. Hier wurden Messen gefeiert, aber auch Waren gelagert. Nach der Reformation verfiel die Kapelle. Eine Bronzenachbildung zeigt die Umrisse der Kapelle.

Wir halten uns weiter auf dem blauen Weg nach Norden, passieren die **Königssteine (Kungsstenarna)** **C9** (2 Steine markieren ein Grabfeld) und wenden uns dann nach Westen zur **Wegkreuzung** **04**, wo wir auf bekanntem Weg zurück zu unserem **Parkplatz** **01** wandern.

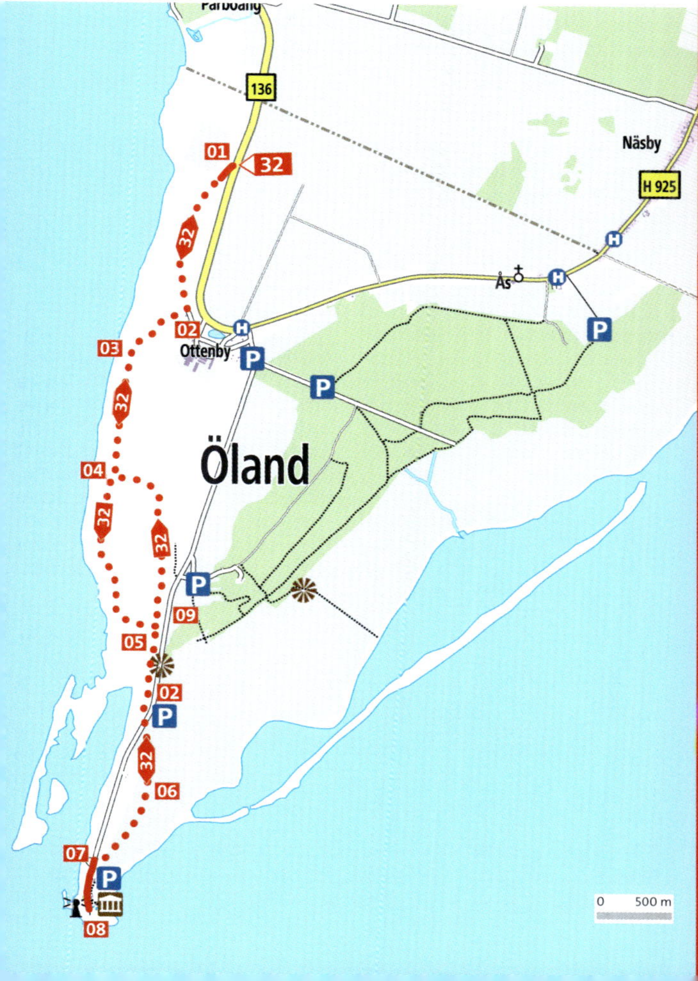

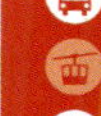

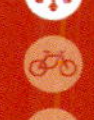

33

GRÄNSÖLEDEN

Entlang der Schärenküste über die Halbinsel Gränsö

 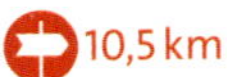 10,5 km  3:30 h 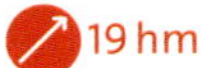 19 hm  19 hm

START | Parkplatz am Schloss Gränsö slott (9 m)
[GPS: UTM Zone 33 x:600.285 m y: 6.403.476 m]
CHARAKTER | Einfach; auf Waldwegen, über Felsen und auf Teerstraße mit Möglichkeiten zum Baden und Picknicken.

Gränsö liegt rund 4 km östlich von Västervik. Ein beliebtes Ausflugsziel ist das gleichnamige Schloss, das bis vor wenigen Jahrzehnten dem Verfall preisgegeben war und vor 20 Jahren in ein Hotel und später Resort umgewandelt wurde. Die Wanderung führt einmal rund um die Halbinsel. Die Halbinsel, zu weiten Teilen unter Naturschutz gestellt, wird im (stärker besiedelten) Westen durch schöne Eichenwälder geprägt, kahle Felsen finden sich im Süden und an der Ostküste.

▶ Die Wanderung startet beim **Parkplatz** 01 rechts der Inselstraße genau gegenüber vom Schloss. Eine Übersichtstafel zeigt die Halbinsel und die farbig markierten Wanderwege. Wir folgen dem rot markierten Gränsöleden, der einmal entlang der Wasserlinie um die Halbinsel führt, die nur durch den künstlichen Gränsö-Kanal von der Halbinsel Norrlandet getrennt wird.

Wir betreten die Hotelanlage und biegen auf Höhe des Cafés nach links ab. (Wer auf die kleine Insel Ekholmen gehen will, hält sich rechts.) Der rote Hauptweg führt am Zaun entlang an den Ferienhäusern des Hotels vorbei zum Ufer und mündet schließlich in eine Fahrstraße ein. Dieser folgen wir, bis nach rechts der **Bengt Spånbergsvägen** 02 abbiegt.

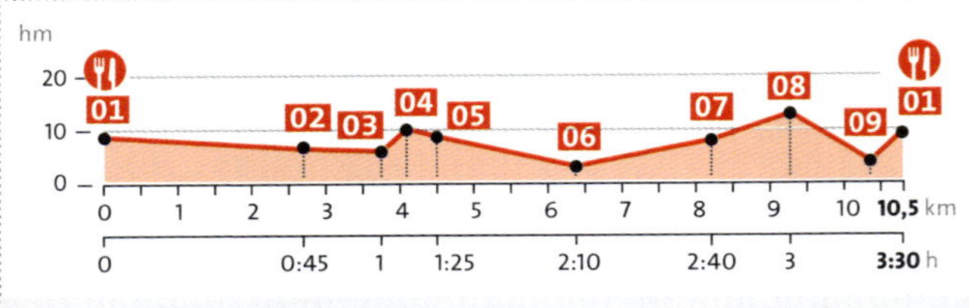

01 Parkplatz, 9 m; 02 Bengt Spanbergsvägen, 7 m; 03 Unterstand, 6 m; 04 Sandvik, 10 m; 05 Bucht Gloet, 9 m; 06 Granitfelsen, 3 m; 07 Parkplatz, 8 m; 08 Landzunge lillo, 13 m; 09 Bondbacken bad, 4 m

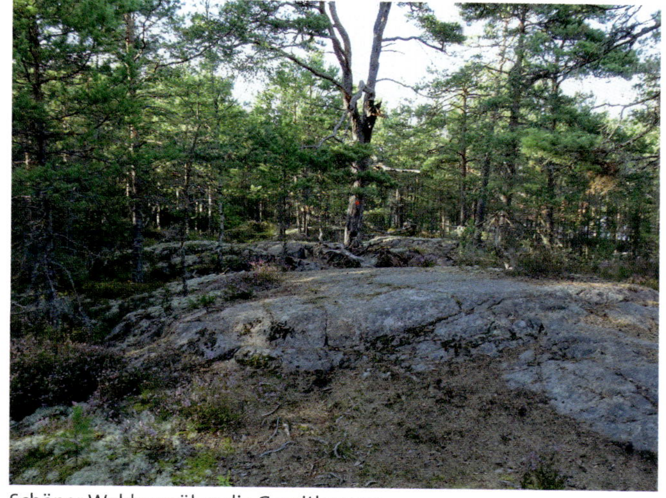

Schöner Waldweg über die Granitkuppen

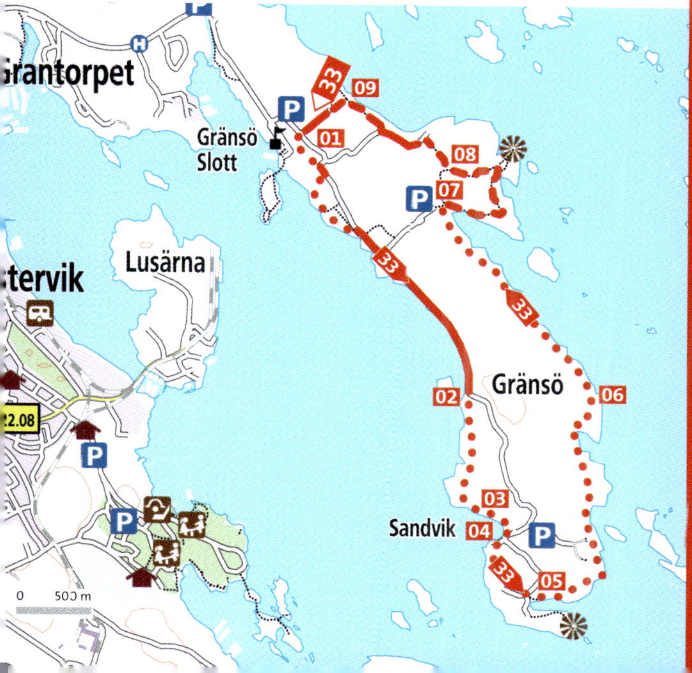

Grantorpet
Gränsö Slott
Lusärna
tervik
2.08
Gränsö
Sandvik
01
02
03
04
05
06
07
08
09
0 500 m

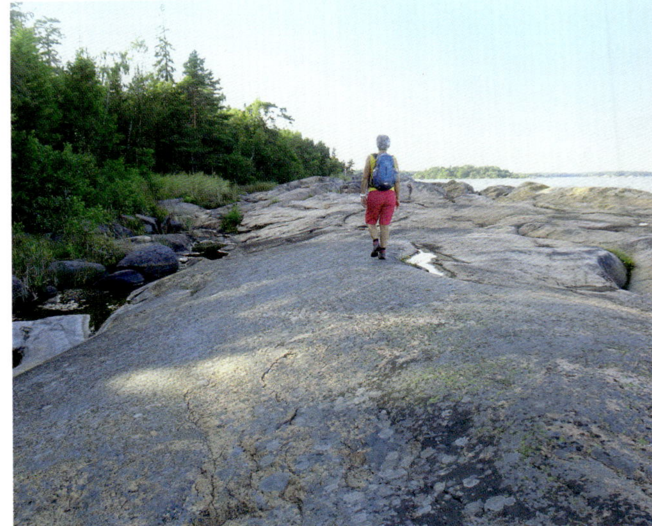

Herrliche Wanderung über die Granitfelsen auf der Ostseite

Wir folgen dem Zufahrtsweg zu einem Haus und biegen noch vor diesem nach links auf einen Pfad ab. Zunächst wandern wir durch Wald, später auf einem breiten Forstweg, und müssen schließlich über Granitfelsen (mit Seil gesichert) zum Ufer absteigen. So kommen wir zu einem **Unterstand** 03 und bald nach **Sandvik** 04, einem Sandstrand mit Parkplatz, Toiletten und Grillstelle. Wir folgen den roten Markierungen, verlassen wieder die Küste und wandern quer durch den Wald, folgen kurz dem Gränsövägen und wandern dann durch lichten Kiefernwald und über Felsen zur **Bucht Gloet** 05.

Nun umrunden wir die Südspitze von Gränsö auf einem herrlichen Weg, der über die mit Kiefern bestandenen Felsen verläuft. Nach 1 km passieren wir einen weiteren Unterstand und umrunden anschließend eine Bucht mit kleiner Landzunge, auf der malerisch zwei rote Holzhäuser stehen. Gleich danach führt der Weg direkt am Wasser entlang über die rosafarbenen **Granitfelsen** 06.

Leider ist diese Passage nur kurz und schon bald geht es erneut durch Wald zu einer kleinen Siedlung an der Nordostküste. Wir folgen den rot-blauen Markierungen entlang der Felder zu einem **Parkplatz** 07, wo wir nach rechts abbiegen.

Der Gränsöleden macht hier einen Schlenker über die **Landzunge Lillo** 08 und führt dann in die Siedlung Fiskartorpet. Wir laufen bis zum Ende der Straße, erneut in den Wald und weiter bis zum Strandbad **Bondbacken bad** 09. Von dort gelangen wir auf direktem Weg zurück zum **Parkplatz** 01.

KORPAHOLMARNA

Inselhopping vor der Küste von Västervik

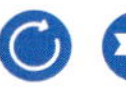  5,6 km  2:00 h  14 hm  4 hm

START | Parkplatz (13 m) vor der Rezeption des Campingplatzes Västervik Resort Lysingsbadet. Sollte die Schranke des Campingplatzes geschlossen sein, muss vor der Schranke geparkt werden. [GPS: UTM Zone 33 x:599.293 m y: 6.400.776 m]
CHARAKTER | Einfache, vergnügliche Wanderung über Felsen.

Korpaholmarna ist eine kleine Gruppe von Inseln und Felsen, die rund 4 km südlich von Västerviks Zentrum liegen. Die Hauptinseln sind durch Brücken verbunden und laden zu einem unterhaltsamen Inselhüpfen ein. Ein Vergnügen für die ganze Familie: herrliche Ausblicke auf die Schären und immer wieder schöne Felsen, die zum Sonnenbaden oder den Sprung in die Ostsee einladen.

▶ Der Spaziergang beginnt auf dem **Parkplatz** 01 des Campingplatzes. Wir folgen der Teerstraße, laufen vorbei am Badeplatz, halten uns an einer Kreuzung links und biegen dann an der zweiten Straße erneut nach links ab, hinauf zu den roten **Ferienhäusern** 02 der Anlage. Zwischen den Häusern hindurch hat man einen schönen Blick aufs Wasser. Wir folgen dem Weg zwischen den Ferienhäuschen hindurch und stoßen am Ende wieder auf eine Teerstraße. Dort halten wir uns rechts und kommen so zu einer **Weggabelung** 03, wo wir uns Richtung „Korpavägen“ halten.

Wir wandern über eine **erste Brücke** 04, die über einen Schilfgürtel und Wasser auf eine teils bewal-

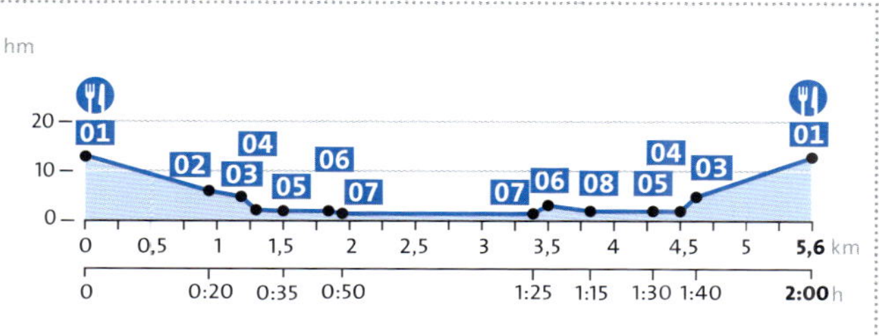

01 Parkplatz,13 m; 02 Ferienhäuser, 6 m; 03 Weggabelung, 5 m; 04 Erste Brücke, 2 m; 05 Zweite Brücke, 2 m; 06 Dritte Brücke, 3 m; 07 Vierte Brücke, 1 m; 08 Südostende der Insel, 2 m

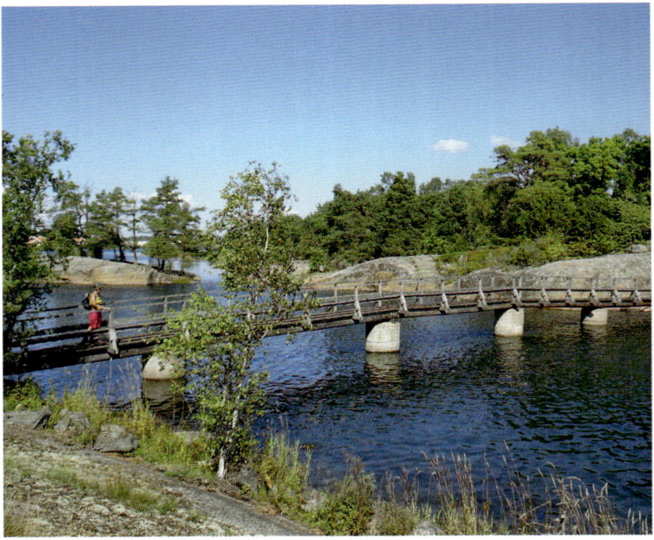

Holzbrücken verbinden die kleinen Schäreninseln

dete Schäre führt. Wir queren diese und kommen zur **zweiten Brücke** 05, die zur zweiten Insel mit großen Felsen führt, die geradezu zu einem Sonnenbad einladen.

Wir queren auch diese Insel auf einem gut sichtbaren Pfad und biegen nach links auf die **dritte Brücke** 06 zur dritten Insel ab. Über eine **vierte Brücke** 07 erreichen wir die nördlichste Insel der Korpaholmarna-Gruppe. Wir umrunden die Insel mit einem Häuschen und wandern dann wieder über die Brücken zurück zur zweiten Insel. Wir halten uns links, wo ein Geländer das Ausrutschen verhindern soll, und wandern über einen lang gezogenen Granitrücken mit gut sichtbarem Gletscherschliff.

Das **Südostende der Insel** 08 ist felsig und lädt einmal mehr zum Sonnenbaden oder Schwimmen ein. Auf der anderen Seite schaut man zur Marina von Västervik.

Auf gleichem Weg geht es über die Insel zurück aufs Festland, wo wir uns an der **Weggabelung** 03 links halten und über die Campingplatzanlage zurück zum Parkplatz spazieren.

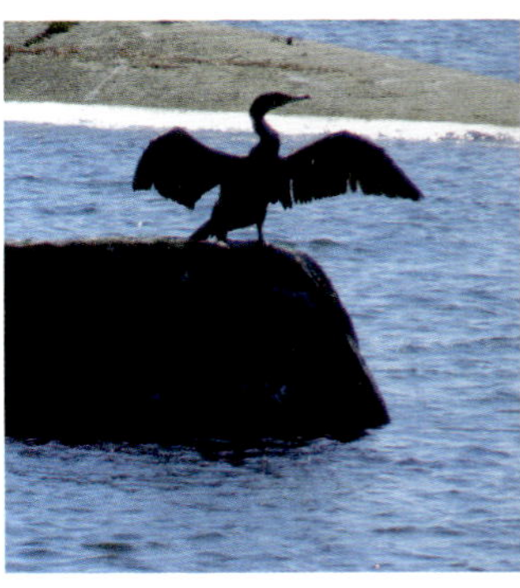

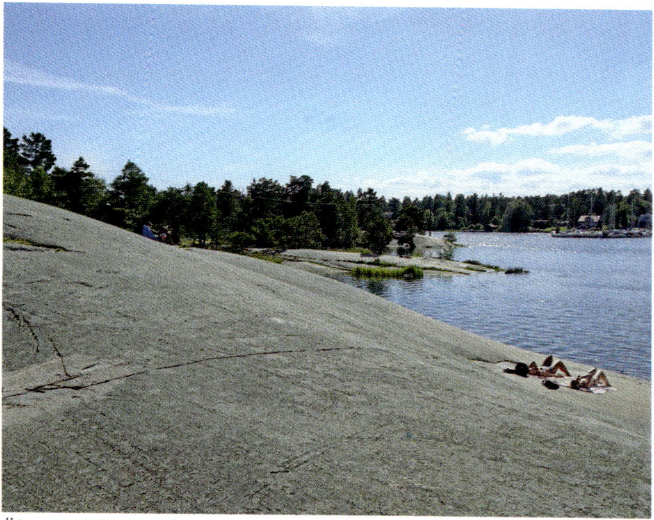

Überall gibt es schöne Felsen zum Sonnenbaden

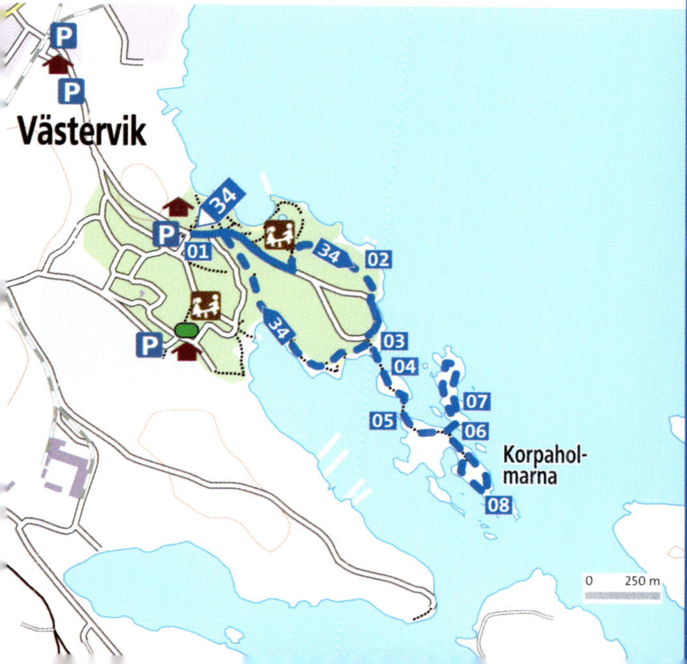

35

SEGERSGÄRDE NATURRESERVAT

Schöner Blick über den Schärengarten von Västervik

  3,3 km  1:20 h  44 hm  44 hm

START | Parkplatz (5 m) bei der Infotafel. Von der Straße nach Gränsö weist ein Schild nach rechts ins Naturschutzgebiet Segersgärde. [GPS: UTM Zone 33 x:590.295 m y: 6.412.737 m]
CHARAKTER | Mittelschwere kurze Wanderung, die aussichtsreich über die Granitfelsen führt. Spannend für Kinder, die sich hier als Pfadfinder betätigen können.

Der Schärengarten von Västervik umfasst 4450 Inseln und Schären in der Ostsee und liegt ganz im Süden von Småland. Ein Mosaik aus Felsen, alten Nadelbäumen und Weiden mit Edelhölzern prägt die 20 km lange, aber nur 500 m bis 3 km breite Halbinsel Norrlandet am Gamlebyviken. Die Wanderung im kleinen Schutzgebiet südöstlich von Gamleby bietet an Tagen mit guter Fernsicht einen herrlichen Blick über den Schärengarten.

▶ Der orange markierte Weg beginnt links neben der **Infotafel** 01, führt zunächst in den Wald hinein, an einer links liegenden Felswand (ein beliebtes Boulderziel) mit einer Höhle vorbei und dann über Granitfelsen durch lichten Wald stetig bergauf. Oben stehen nur noch vereinzelte Kiefern mit knorrigem Wuchs und Heidekraut. Je höher man kommt, umso schöner ist der Blick über die Felder und Wälder. Schließlich erreicht man den höchsten Punkt, den **Fruberget** 02. Hier geht es geradeaus nicht mehr weiter, da die Felsen nach Norden hin abfallen.

Für den Rückweg muss man nun genau hinschauen, denn folgt man den orangen Punkten nach rechts, verliert man rasch an Höhe und gelangt zu einem anderen Parkplatz nordöstlich des Fruber-

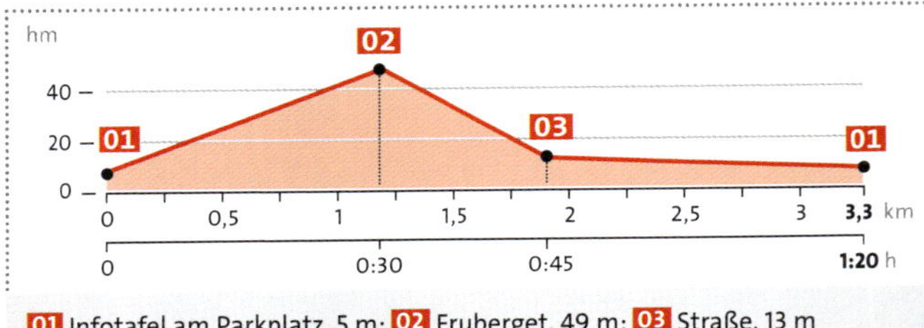

01 Infotafel am Parkplatz, 5 m; 02 Fruberget, 49 m; 03 Straße, 13 m

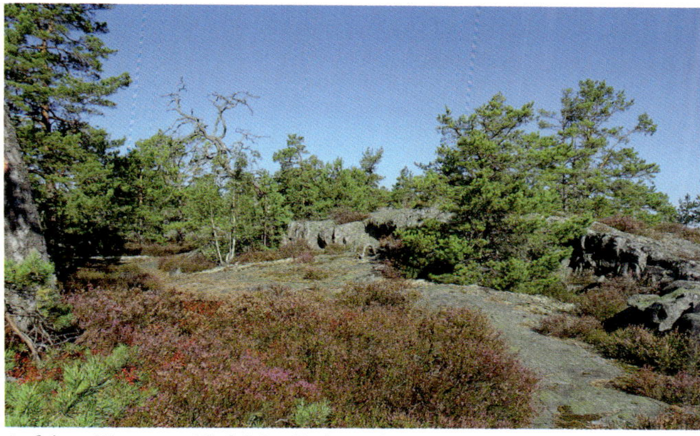

Auf dem Weg zum Gipfel des Fruberget

gets. Dann heißt es wieder zurück zum Gipfel aufsteigen, was allerdings angesichts der wenigen Höhenmeter nicht so schlimm ist.

Für den richtigen Abstiegsweg suchen wir am Gipfel nach einem Stein mit Pfeilen in zwei Richtungen, dort halten wir uns links (also Richtung Süden zum Wasser) und werden mit etwas Suchen einen ersten orangen Punkt an einem Baum finden. Hat man diesen gefunden, fällt die weitere Orientierung nicht mehr schwer: Der Weg bergab ist gut zu erkennen. Rasch verlieren wir beim Abstieg über die Felsen an Höhe und tauchen schon bald wieder in den Wald ein.

Der Weg mündet schließlich in eine **Straße** 03 ein. Rechts führt die Straße ins Privatgelände von Värmvik, wir halten uns daher links und erreichen kurz darauf wieder den **Parkplatz** 01.

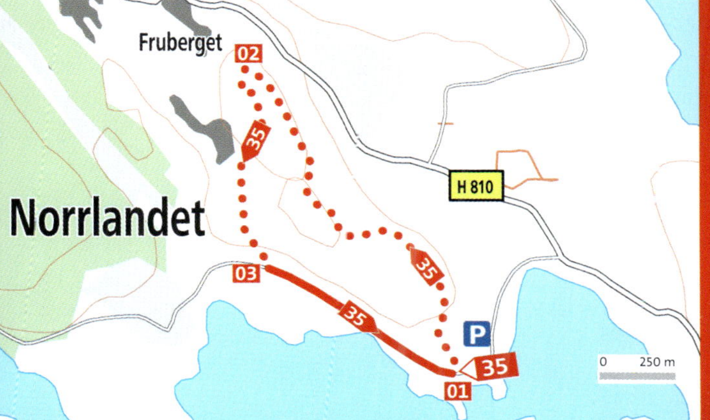

INSEL TORRÖ UND ÅSVIKELANDETS NATURRESERVAT

Schärenwanderung durch zwei Naturschutzgebiete

  16,5 km  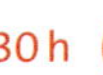 6:30 h 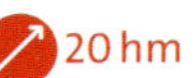 20 hm 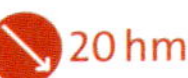 20 hm

START | Wanderparkplatz (12 m) im Åsvikelandets naturreservat [GPS: UTM Zone 33 x:602.819 m y: 6.433.339 m]
CHARAKTER | Abwechslungsreiche Schärenwanderung meist nah am Wasser und mit mehreren Bademöglichkeiten. Leider relativ lange Passagen auf der Straße. Der Weg ist orange markiert.

Zum Naturschutzgebiet Torrö gehören 40 Inseln und Schären. Die Wanderung durch die typische Schärenlandschaft Ostschwedens führt durch alten Kiefernbestand und über unzählige Granitfelsen, teilweise direkt an der Wasserlinie entlang.

▶ Beim **Wanderparkplatz** 01 befinden sich außer einer Infotafel zwei Wanderschilder, auf denen jedoch nur „6 Vandringsled" steht. Wir biegen nach rechts ab und wandern durch den Wald hinunter zum Wasser und weiter entlang eindrucksvoller Granitfelsen die Küste entlang Richtung Südosten. Mittels einer Holztreppe überwinden wir einen Weidezaun und wandern rechts vom Feuchtgebiet **Röholmen** 02 an der fjordähnlichen Bucht Breviken entlang, bis der Weg im rechten Winkel nach links abzweigt, die Wiese quert (ein Pfahl mit orangem Punkt dient als Orientierung) und in den Wald führt. Der folgende Abschnitt um das Haus Ollondalen und den verlandeten Lillsjön herum führt durch eine typische Schärenlandschaft mit teils blankem, teils bewach-

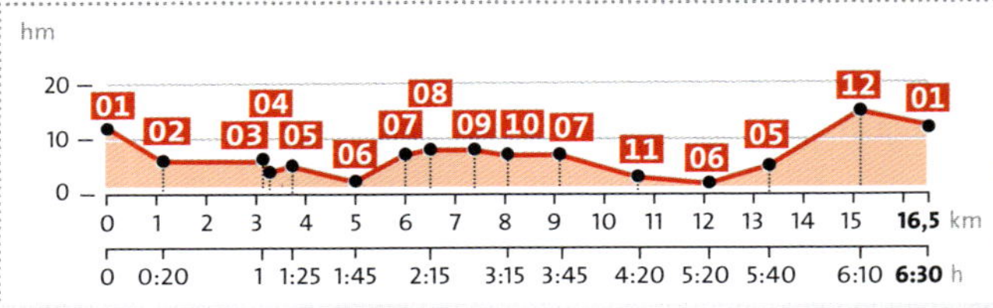

01 Wanderparkplatz, 12 m; 02 Röholmen, 6 m; 03 Bucht Västra stäket, 6 m; 04 Picknickplatz, 4 m; 05 Weggabelung/Straße nach Torrö, 5 m; 06 Brücke, 2 m; 07 Parkplatz, 7 m; 08 Weggabelung, 8 m; 09 Lotsstugan, 8 m; 10 Kreuz Korsudden, 7 m; 11 Ålgårdsudden, 3 m; 12 Weggabelung, 15 m

senen Granitbuckeln, lila blühender Erika und Kiefern. Schließlich erreichen wir bei der **Bucht Västra stäket** 03 wieder das Wasser und kommen zu einem **Picknickplatz** 04 mit Toilette, Infotafel und Blick über die Schären. Wir folgen der Beschilderung „Markens Udde 2.1" und stoßen an einer **Weggabelung** 05 auf die **Straße nach Torrö**. Wir biegen rechts ab und wandern in einem großen Rechtsbogen über die Halbinsel Kolmosö zur **Brücke** 06 über den Strömmen, der die Halbinsel Kolmosö von Torrö trennt.

Anfahrt

Die Anreise erfolgt über Skeppsgården und Östra Ed, unweit von Åsviks Säteri und Östra Eds Kyrka ausgeschildert. Von dort sind es 6 km auf unbefestigter Straße. Außer diesem Parkplatz gibt es noch einen weiteren auf dem Festland und einen (inoffiziellen) auf der Insel Torrö bei den Ferienhäusern.

Auf Torrö halten wir uns rechts und wandern auf der Fahrstraße in Richtung der Häuser von Torrö Byn und kommen so zu einem **Parkplatz** 07. Ab dort folgen wir den Wegweisern „Korsudden 1" und „Lotsstugan 0,9", wandern durch einen schluchtartigen Einschnitt und Mischwald weiter über die Felsen zu einer **Weggabelung** 08. Hier halten wir uns rechts Richtung Ödekyrkogård, einem Begräbnisplatz für verstorbene Seefahrer. Traumhaft ist die Wanderung über die Felsen um den Südostzipfel Torrös herum, entlang einer schmalen Lagune und mit herrlichem Blick über die Schären, zum Leuchtturm von Torrö Stickskär und weitere Inseln des Naturschutzgebietes. Der Weg führt unmittelbar an der Wasserlinie entlang und lädt an schönen Sommertagen geradezu zum Baden und Sonnenbaden ein. Die Bucht heißt Lotsbryggan, Reste von zwei Steinbrücken sind noch erkennbar, die früher einmal hinüber zu einer der Schären führten.

An der nächsten Weggabelung empfiehlt sich der Abstecher zur **Lotsstugan** 09, in der heute Fernwanderer auf dem Östgötaleden übernachten können. Von dort bis zum **Kreuz Korsudden** 10 sind die orangen Punkte etwas schwer zu finden. Das hoch aufragende Holzkreuz diente im Mittelalter als Seezeichen auf der Schiffsroute von der Küste Blekingens ins Baltikum. Das heutige Kreuz ist eine Kopie des Originals aus dem 13. Jh.

Bald darauf müssen wir die Felsküste wieder verlassen und wandern durch den Kiefernwald vorbei an einem links liegenden See

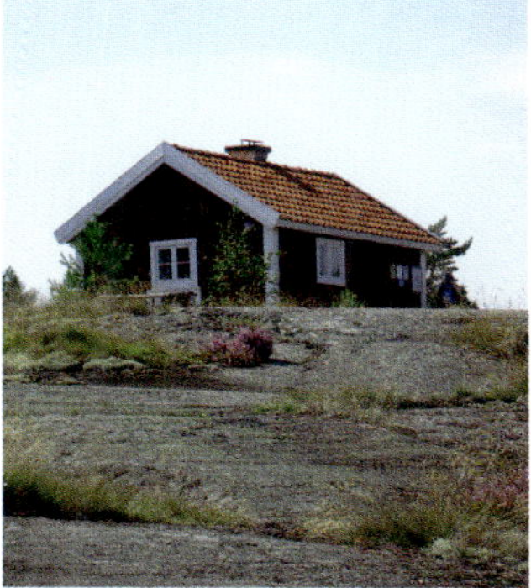

Lotsstugan

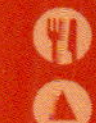

zu einem 100 m rechts liegenden Aussichtsfelsen mit Blick auf die Häuser in der Bucht Skeppskroken, steigen kurz bergab und treffen wieder auf den Hinweg. Durch die Minischlucht geht es zurück zum **Parkplatz** 07 bei Torro Byn.

Um auch die Nordhälfte Torrös kennen zu lernen, biegen wir nach rechts ab und folgen dem Wegweiser „Ålgårdsudden 1,4". Wir laufen an einer kleinen Bucht entlang mit Blick auf ein Ferienhäuschen und dann wieder über die Felsen rund um die Buchten Stora Bastvedskroken und Ålgårdshamnen. Herrlich ist die Wanderung um **Ålgårdsudden** 11 herum: Die Landspitze ist nur durch eine schmale Wasserstraße von der Insel Grytsholmen getrennt. Nach Norden hat man einen schönen Blick auf weitere Inseln und Schären des Naturre-

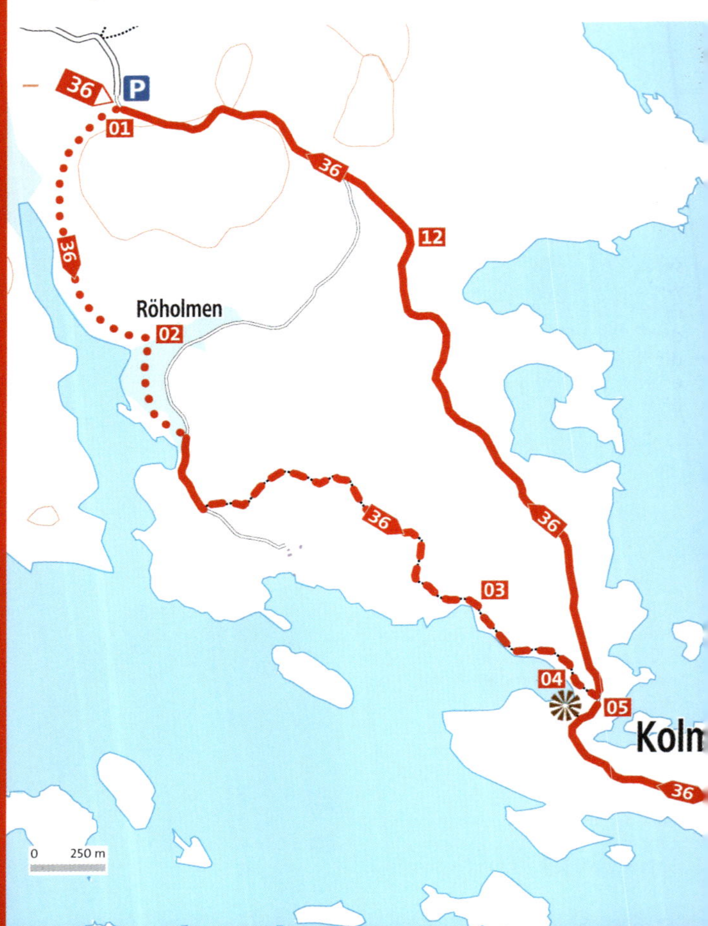

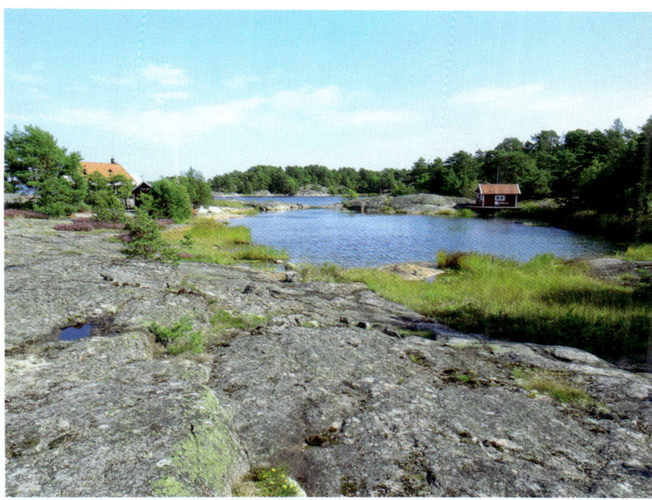
Schön gelegene Ferienhäuser in der Nordhälfte von Torrö

servats. Schließlich biegt der Weg wieder in den Wald ab, der Pfad mündet unweit der Infotafel in der Nähe der Brücke wieder auf die Straße von Torrö. Nun geht es zunächst auf bekanntem Weg über die **Brücke** 06 und über Kolmosö zur **Weggabelung** 05. Hier folgen wir nun geradeaus dem Wegweiser „Markens udde 2,1" bis zu einer weiteren **Weggabelung** 12, wo wir uns links zurück zu unserem **Parkplatz** 01 orientieren.

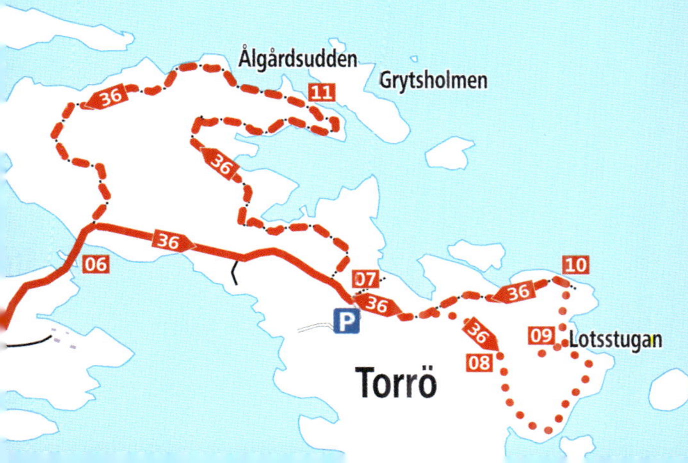

37

DJURSDALARUNDAN

Kulturhistorische Runde nördlich von Vimmerby

 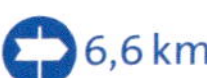 6,6 km 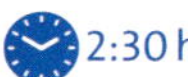 2:30 h 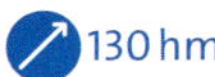 130 hm 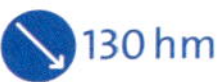 130 hm

START | Hof Ungstorp (187 m). Abzweig an der Straße von Sund nach Djursdala (Schild), Parkplatz unterhalb der Gebäude, WC. [GPS: UTM Zone 33 x:550.854 m y: 6.401.088 m]
CHARAKTER | Einfache, gut markierte Wege und Pfade.

Die Anfahrt durch eine imposante Baumallee nach Ungstorp markiert den Start in die informative Wanderung durch die smäländische Kulturlandschaft. Die Runde nördlich von Vimmerby informiert über die lokale Flora und Fauna, aber auch über die Siedlungsgeschichte, etwa anhand der Ruinen einer alten Hofstelle, bronzezeitlicher Steingräber und Köhlerplätze.

▶ Wir starten beim Informationsschild am Ende einer Grünfläche (zum Parkplatz biegt man noch vorher links ab). Rechts der Infotafel befindet sich eine kleine Aussichtsplattform mit Tisch und Bänken sowie eine Box, in der man einen Hefter mit der Übersetzung der schwedischen Texte zum Rundweg findet. Diesen kann man mitnehmen und nach der Wanderung zurück in die Box legen.

Links von der **Infotafel** 01 wandern wir am Zaun entlang bergab, passieren eine kleine Galerie und folgen den orangen und blauen Wegmarkierungen. Der Weg leitet in den Wald, ihm folgen wir, bis nach rechts ein **Hinweisschild** 02 den Weg **nach Tummetorped** anzeigt. Eine erste gemalte Infotafel

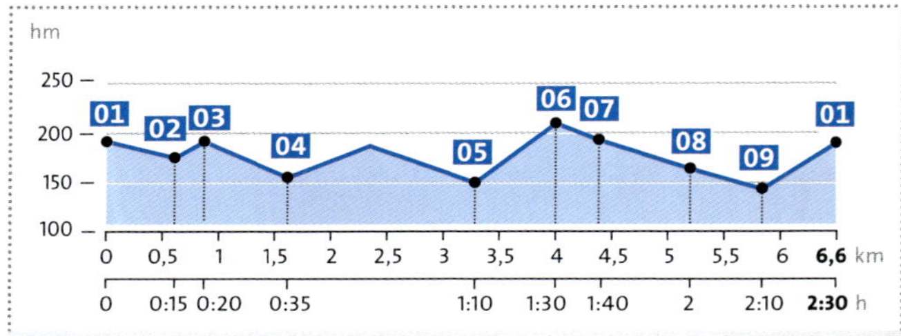

01 Infotafel, 187 m; 02 Hinweisschild nach Tummetorped, 174 m; 03 Hofstelle Tummetorped, 181 m; 04 Kiesweg, 155 m; 05 Südlichster Punkt, 151 m; 06 Djupdalsberget, 208 m; 07 Rodungsfläche, 195 m; 08 Picknickhütte Nyborg, 165 m; 09 Infotafel, 146 m

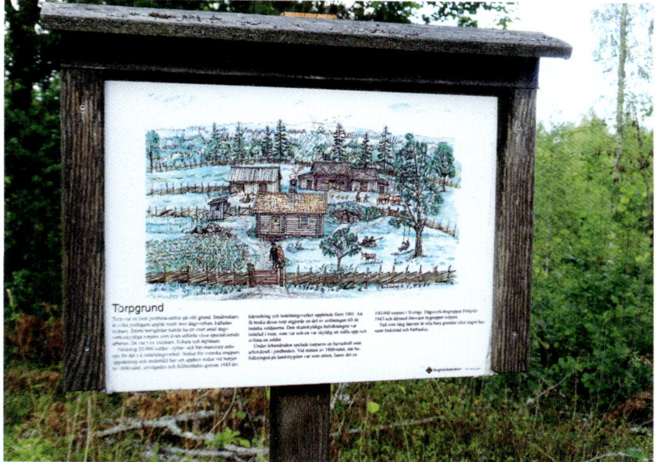

Tummetorped: eine von mehreren anschaulich gezeichneten Infotafeln

informiert mit Text und Zeichnung über die schwierigen Bedingungen der Landwirtschaft auf den mit Steinen übersäten Böden, die jedes Jahr herausgeklaubt und gesammelt werden mussten. Wir erreichen eine rote Hütte, der Rest des **Hofes Tummetorpet** **03**, dessen Bewohner man bis 1697 zurückverfolgen kann.

Der Waldpfad endet an einer Forststraße, die wir aber nur queren.

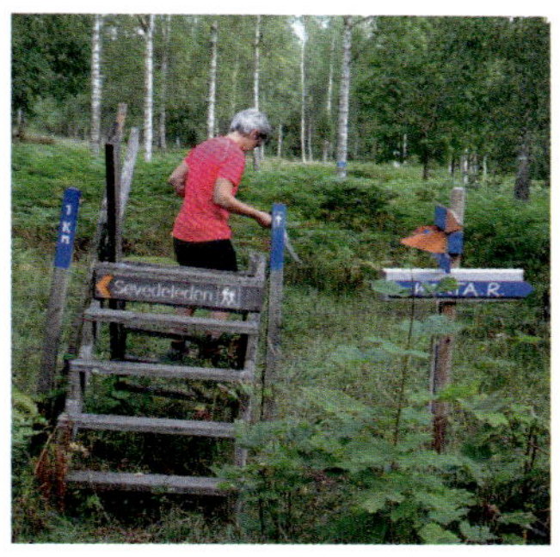

Der orange markierte Fernwanderweg Sevedeleden zweigt hier nach links ab. Wir steigen über eine Treppenleiter (den blauen Wegweiser „Karta.R“ nach rechts ignorieren wir) und wandern durch hüfthohen Farn in einem lichten Wald weiter, bis der Pfad auf einen **Kiesweg** **04** trifft. Hier biegen wir nach Süden (rechts) ab und bleiben auf der leicht ansteigenden Straße, bis der Rundweg nach links in den Wald abbiegt. Wir erreichen einen Karrenweg und kommen zum **südlichsten Punkt** **05** der Runde (Punkt 9 des Themenwegs). Hier stehen wir vor einer rund 250 Jahre alten Snokebo-Kiefer, die dank ihrer Sturmfestigkeit und schweren Entflammbarkeit so viele Jahrzehnte überlebt hat.

Wir folgen nun der blauen Markierung und dem Holzwegweiser „Ungstorp“ nach rechts. Es geht markant bergauf, vorbei an einer (rekonstruierten) Köhlerhütte an einem historischen Köhlerplatz

Schließlich ist der höchste Punkt der Runde erreicht, der **Djupdalsberget** 06. Ein kleiner Abstecher (Wegweiser „Uitsiken“) führt auf einen Granitbuckel mit Aussicht über die Wälder Smålands.

Wieder zurück am Hauptweg liegen rechter Hand alte Steingräber aus der Bronzezeit. Wir kommen zu einer **Rodungsfläche** 07, wo wir gleich wieder nach links abbiegen und hinunter zur Gertrudenquelle (Gertruds Källa) wandern, die aber nur schwer zu finden ist. Weiter geht es durch Wald zu einem Wendeplatz, wo wir aber noch **vor dem** Gatter nach links abbiegen (blaue Pfeile beachten), kurzzeitig am Zaun entlang laufen, ein Gatter queren und schließlich die **Picknickhütte Nyborg** 08 mit Grill und Holzvorräten erreichen. Hier hat früher eine Bauernkate gestanden. Der Rundweg führt an einem weiteren bronzezeitlichen Grabhügel vorbei und über einen Wirtschaftsweg rechts am Hof Hillebo vorbei. Hier mündet von Westen der Sevedeleden in den Rundweg ein und verläuft nun für die nächsten 2 km gemeinsam mit der Djursdalarundan zum Ausgangspunkt.

Wir bleiben auf dem Wirtschaftsweg, bis wir in Sichtweite eines vor uns liegenden Hofes auf eine Abzweigung treffen. Hier biegt der Rundweg nach links ab, verläuft kurzzeitig parallel zur Straße und schwenkt dann nach links ein. Der breite Weg steigt nun deutlich an und führt zu einer weiteren **Infotafel** 09, die über die hier von 1350 bis 1425 bestehende Siedlung Ungstorp und eisenzeitliche Gräberfelder mit zehn Steinsetzungen informiert. Entlang einer alten Lesesteinmauer und einer mit großen Steinen übersäten Wiese wandern wir weiterhin ansteigend zurück zum Ausgangspunkt bei **der Infotafel** 01.

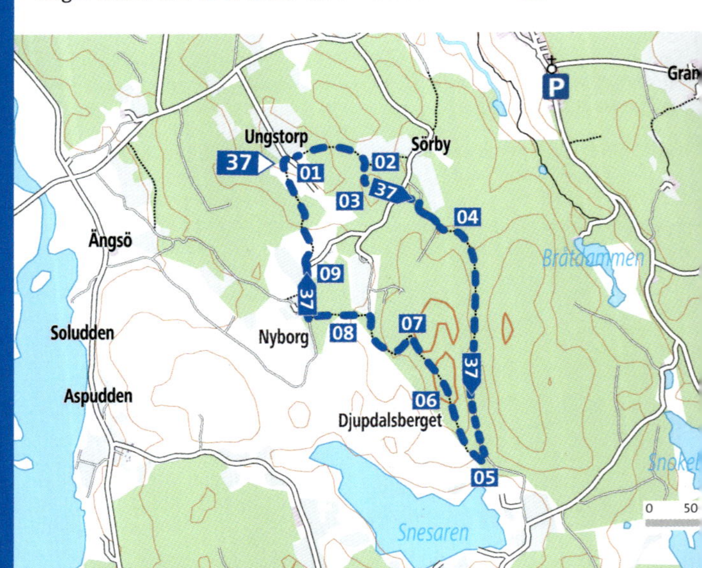

IN DEN WÄLDERN VON MARIANNELUND

Waldspaziergang mit Bademöglichkeit

 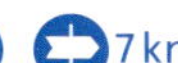 7 km  2:20 h  39 hm  39 hm

START | Mariannelund, Parkplatz des Campingplatzes Spilhammar (128 m) [GPS: UTM Zone 33 x:536.128 m y: 6.386.324 m]
CHARAKTER | Einfache Waldwanderung auf gut markierten Wegen.

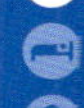

Östlich von Mariannelund liegen gleich mehrere Seen, darunter der Asjön und der Fagersjön. Der Spaziergang führt durch den Wald und bietet in der Saison die Möglichkeit zur Suche nach Preisel- und Heidelbeeren und zu einem erfrischenden Bad im See.

Vom **Parkplatz des Campingplatzes Spilhammar** 01 gehen wir zur Rezeption, denn dort hängt eine Wanderkarte, die die drei unterschiedlich langen Wanderwege im Osten von Mariannelund zeigt. Wir wandern größtenteils auf dem grün und kurzzeitig auf dem gelb markierten Weg. Nach der Orientierung auf der Karte bleiben wir auf der Straße durch den Campingplatz und nehmen am Ende des Platzes den breiten Pfad bergauf. Er trifft wenig später in der Schneise einer Hochspannungsleitung auf eine **Weggabelung** 02. Wir folgen hier einem mit Rindenmulch bedeckten Weg nach links und stoßen auf erste Quadrate, die uns auf den folgenden Kilometern als Wegweiser dienen werden.

Nach 1 km ab der Rezeption verlassen wir den Rindenmulchweg

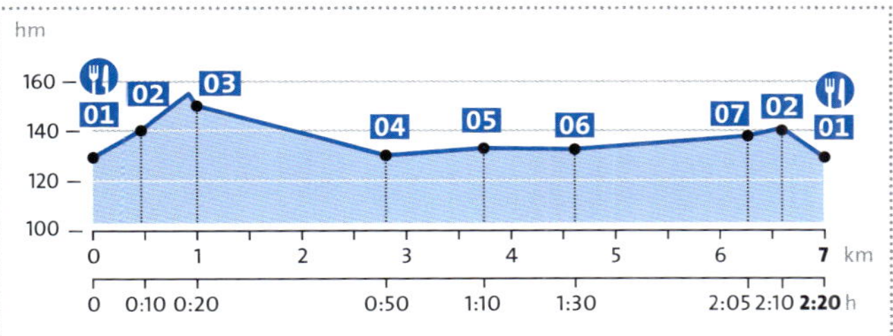

01 Parkplatz des Campingplatzes Spilhammar, 128 m; 02 Weggabelung, 140 m; 03 Wanderweg, 151 m; 04 Fluss Brusåan, 129 m; 05 Forstweg, 133 m; 06 Fagersjön, 132 m; 07 Wanderweg, 137 m

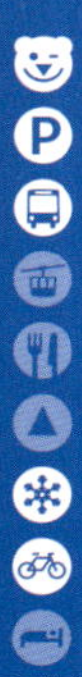

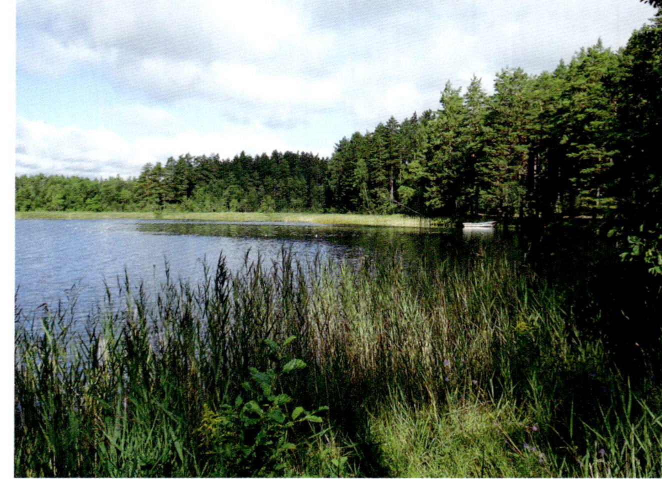

Bademöglichkeit am Fagersjön

(gelb) und zweigen nach links auf den grünen **Wanderweg** 03 ab. Durch einen hohen, lichten Kiefernwald geht es in Sichtweite des Sees Åsjön nach Süden. Wer im August unterwegs ist, kann sich über Blaubeeren und Preiselbeeren in Hülle und Fülle beiderseits des Weges freuen.

Schließlich erreichen wir die Lokalität Strömmen und bald darauf den **Fluss Brusåan** 04, dem wir eine Biegung lang folgen, bis der Weg wieder nach Norden abzweigt. Wir queren einen breiteren **Forstweg** 05 und kommen zum See **Fagersjön** 06, mit der Möglichkeit, ein Bad zu nehmen oder am Ufer zu picknicken und zu grillen.

Auf einem breiten Forstweg wandern wir anschließend am Ostufer

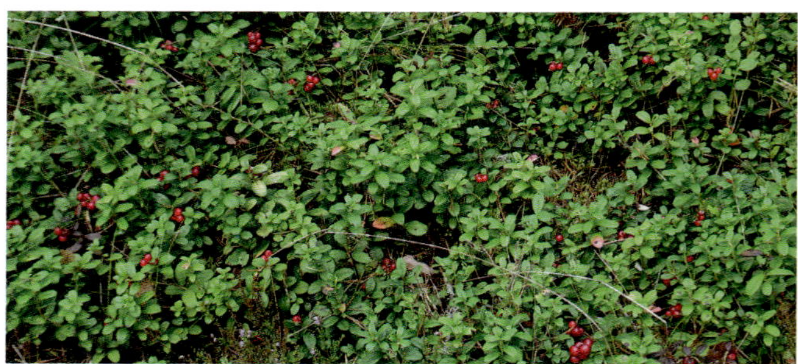

Beeren gibt es reichlich

Mariannelunds Karamellkokeri

Zu den Sehenswürdigkeiten des kleinen Ortes gehört die Bonbonküche (Karamellkokeriet), in der nach alten überlieferten Rezepten die Bonbons noch in Handarbeit hergestellt werden. Zu den Köstlichkeiten zählen die Vanillefugde (weiche Karamelbonbons) und Polkagrisar (bunte Zuckerstangenbonbons in unterschiedlichen Geschmacksrichtungen).
www.mariannelundskaramellkokeri.se

des Sees entlang, bis nach links ein Waldpfad abzweigt (weiterhin grün). Wir nähern uns von Norden dem Nordufer des Sees und erreichen nach einigen Schleifen im Wald schließlich wieder den mit Rindenmulch bedeckten gelb markierten **Wanderweg** 07, schon in Sichtweite der Schneise der Hochspannungsleitung. Wir halten uns links, bis wir auf die Schneise treffen. Hier verlassen wir den gelb markierten Weg und wandern am Rand der Schneise nach rechts zur **Weggabelung** 02. Wir queren den gemulchten Weg und kehren auf bekanntem Weg zurück zum **Parkplatz** 01 am Campingplatz.

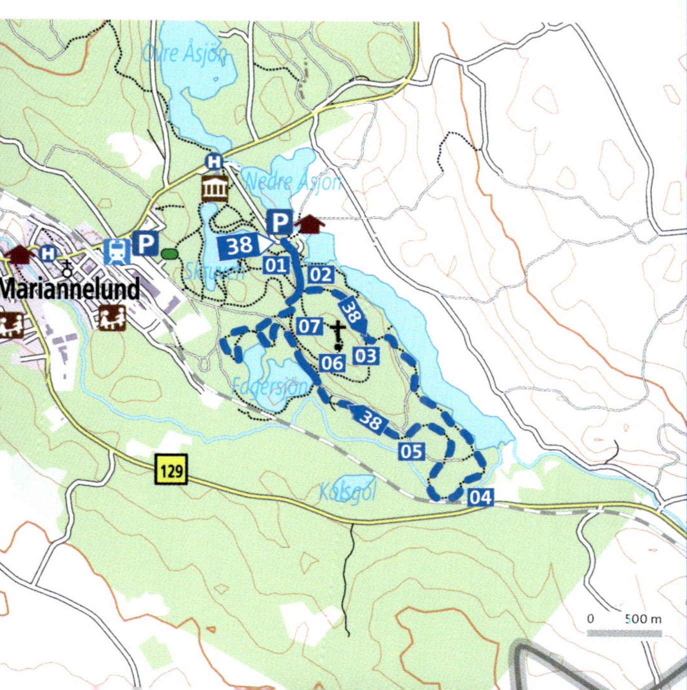

39

AUF DEM SEVEDELEDEN NACH RUMSKULLA

Schwedische Waldeinsamkeit

 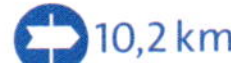   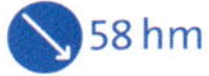

10,2 km 3:20 h 70 hm 58 hm

START | Mariannelund, Parkplatz des Campingplatzes Spilhammar (128 m) [GPS: UTM Zone 33 x:536.128 m y: 6.386.324 m m]
CHARAKTER | Landschaftlich abwechslungsreiche Streckenwanderung auf Waldwegen, durchgehend bis Rumskulla orange markiert.

Mariannelund ist ein typisches Dorf mit teilweise noch alter Bebauung; überregional bekannt ist die Bonbonmanufaktur Karamellkokeri. Das Dorf liegt am 100 km langen Fernwanderweg Sevedeleden, der entweder in Lönneberga im Süden oder in Södra Vi im Norden startet und östlich und nördlich von Vimmerby durch Smålands einsame Wälder verläuft. Wir folgen dem Fernwanderweg ab dem Campingplatz Spilhammar und kommen unterwegs an einem der größten Wackelsteine der Welt vorbei. Von Rumskölla ist es nicht mehr weit zum berühmten Hof Katthult, auf dem die Astrid-Lindgren-Filme rund um den frechen Michel von Lönneberga gedreht wurden.

Wir starten am **Parkplatz** nördlich des **Campingplatzes Spilhammar** 01 und folgen der orangen Markierung, bis rechts ein erstes Hinweisschild auf den Sevedeleden auftaucht. Wir folgen der Beschilderung und laufen am Badeplatz des Badesees vorbei zu einer Infotafel am Waldrand. Ein breiter, ausgefahrener Forstweg führt

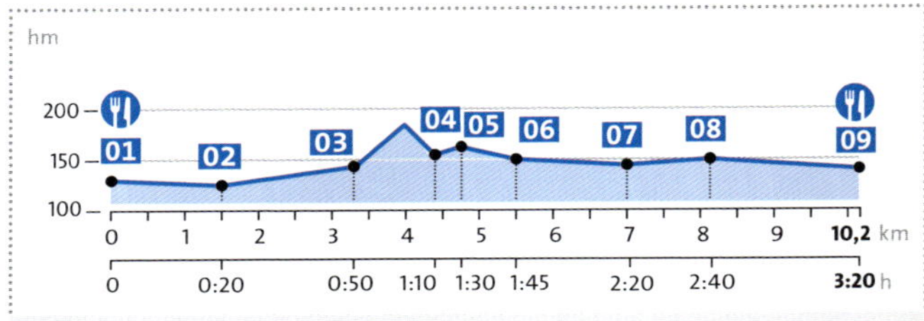

01 Parkplatz Campingplatz, 128 m; 02 Schnellstraße, 125 m; 03 Straße nach Rumskulla, 145 m; 04 oranger Pfeil, 154 m; 05 Trullegata, 162 m; 06 See Toregöl, 150 m; 07 Stora Holmsjön, 146 m; 08 See Kåremålagöl, 150 m; 09 Rumskulla, 140 m

uns durch lichten Kiefernwald zur Schnellstraße Richtung Vimmerby. Die Markierungen leiten uns kurz am Straßendamm entlang Richtung Westen zu einer Stelle, an der wir die **Schnellstraße** **02** queren können. Auf der anderen Straßenseite folgen wir zunächst für rund 150 m rechts der Teerstraße und biegen dann links (Norden) auf eine breite Forststraße ab.

In einer Rechtskurve zweigt nach rechts ein Pfad zum **Runkesten (Findling)** ab. Der Runkesten zählt zu den größten bewegbaren Findlingen der Welt. Er ist etwa 4 m breit, 10 m lang und 4 m hoch. Namhafte Wissenschaftler behaupten, dass er der größte Findling ist, der geschaukelt werden kann.

Wer den Abstecher auslässt, muss in der auslaufenden Kurve auf einen Trampelpfad achten, der nach links abzweigt. Er führt leicht ansteigend zur **Straße nach Rumskulla** **03**. Wir überqueren die Straße und wandern auf der anderen Seite auf dem breiten Sågvägen Richtung Sågstugan, zweigen aber noch vor dem Haus rechts in einen Trampelpfad (oranger Ring am Baum und Pfeil) in den Wald ab. Der Trampelpfad führt zwischen bemoosten Granitblöcken hindurch stetig bergan. Wir erreichen den höchsten Punkt, von dem aus der Weg in eine Senke leitet.

Ein **oranger Pfeil** **04** weist den Weg nach rechts. Wir folgen nun kurz einem kleinen Bächlein und kommen in eine eindrucksvolle Schlucht, die **Trullegata** **05**, die links von teilweise fast senkrechten Wänden gesäumt wird. Die Schlucht ist 250 m lang, die Wände teilweise 40 m hoch. Auf Bohlen wandern wir durch die Schlucht und erreichen schließlich eine Kletterwand, in der Bohrhaken zu erkennen sind. Wir folgen weiter dem Pfad und den orangen Markierungen und erreichen den kleinen **See Toregöl** **06**, an dessen

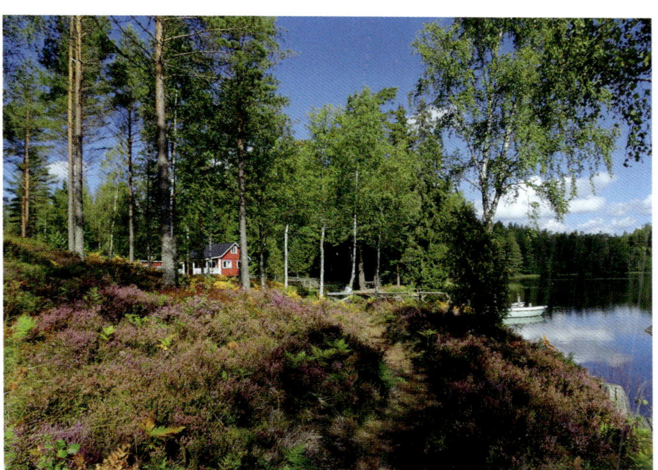

Traumhafte Wohnlage am Stora Holmsjön

Westufer wir entlangwandern. Hier lassen sich viele Blaubeeren und Preiselbeeren finden. Der Weg verlässt an der Nordseite den See und führt durch Wald, über eine Rodungsfläche, erneut durch Wald und vorbei an Granitblöcken zum malerischen **Stora Holmsjön** 07. Entlang des Westufers führt der Weg an zwei Ferienhäusern mit Bootsanlegern vorbei und verlässt den See schließlich im Nordwesten. Nach einer kurzen Passage durch Wald kommen wir erneut an einen See, den **Kåremålagöl** 08, wandern an seinem Westufer entlang und zweigen dann nach rechts auf eine Forststraße ab. Dieser folgen wir, bis nach rechts ein Pfad abzweigt, der später auf eine Straße mündet. Sie überqueren wir und folgen dann der Markierung nach links zum ersten Haus von Rumskulla. Schließlich erreichen wir einen kleinen Teich mit Picknickplatz. Hier in **Rumskulla** 09 endet die Wanderung, der Sevedeleden führt weiter nach Norden.

Zurück zum Ausgangspunkt trampt man am besten oder ruft ein Taxi, auch der Campingplatz bietet einen Transfer an. Busse fahren nur über Vimmerby nach Mariannelund (1¼ – 1½ Std.).

Variante: Von Rumskulla nach Katthult – auf den Spuren von Michel von Lönneberga

Astrid-Lindgren-Fans können von Rumskulla aus zum Hof Astrid Johannsson Gård im Dorf Gibberyd wandern. Auf diesem Hof wurden die Filme rund um Michl aus Lönneberga gedreht, der im schwedischen Original Emil heißt. Da die Figur des Emil in der deutschen Kinderliteratur schon durch Erich Kästners „Emil und die Detektive" besetzt war, wählte man für die deutsche Ausgabe den Namen Michl. In Astrid Lindgrens Büchern lebt Michl auf dem Katthult-Hof. Zu sehen sind das Wohnhaus der Familie Svensson, der Fahnenmast, an der Klein Ida von ihrem Bruder hochgezogen wurde, der Tischlerschuppen, in den Michl zur Strafe immer eingesperrt wurde, der Hühnerstall, das Brauhaus und die Gesindestube von Knecht Alfred.

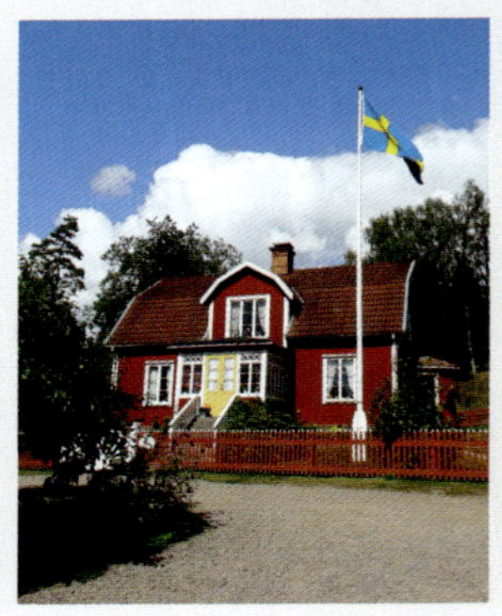

Leider führt der Weg zu den Filmschauplätzen entlang von Teerstraßen, insgesamt sind es 3 km bis zum Hof. Da der Hof immer gut besucht ist, findet sich in der Regel beim Parkplatz eine Rückfahrgelegenheit entweder nach Rumskulla oder sogar bis Mariannelund bzw. zum Campingplatz.

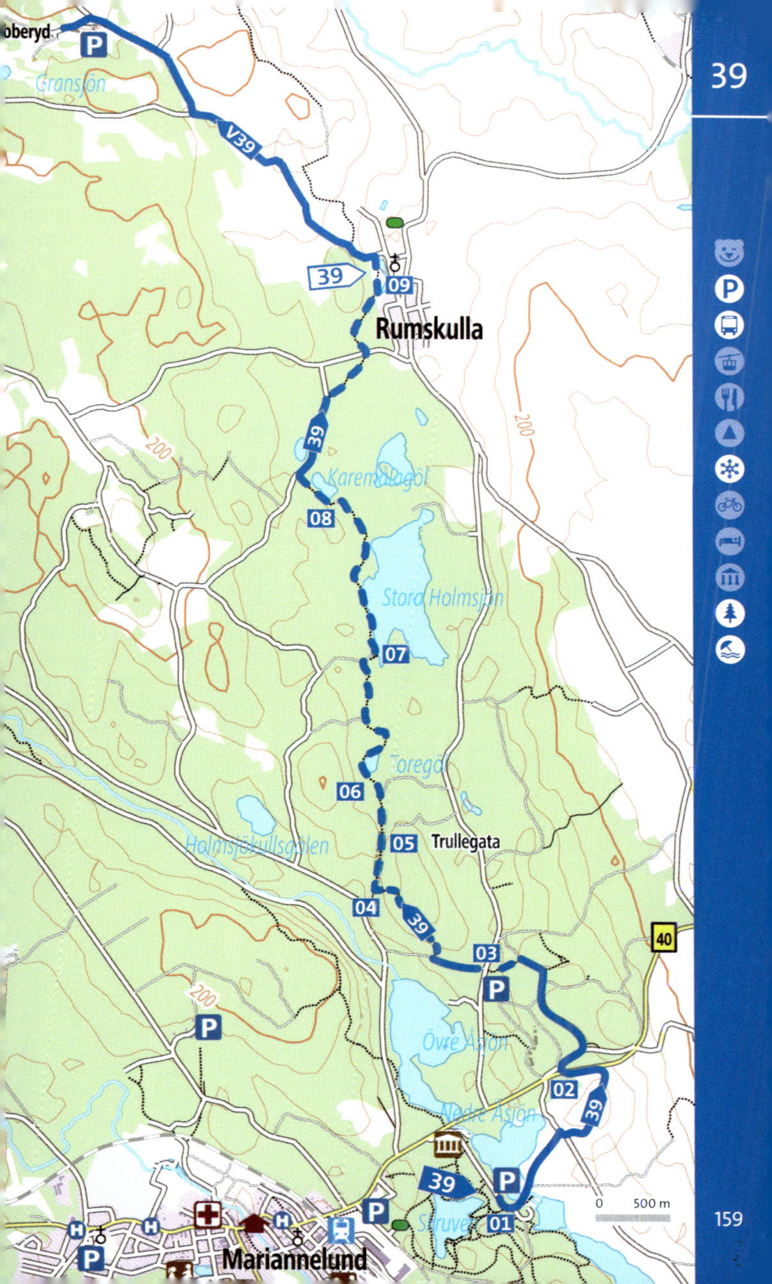

oberyd
Gransjön
V39
39
09
Rumskulla
200
39
Karemålagöl
08
Stora Holmsjön
07
Toregöl
06
05
Trullegata
Holmsjökullsgölen
04
39
03
40
200
Övre Åsjön
02
39
Nedre Åsjön
39
Struven
01
0
500 m
Mariannelund

NORRA KVILLS NATIONALPARK

Märchenhafter Urwald mit zwei idyllischen Waldseen

 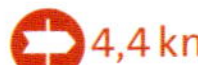 4,4 km  1:45 h 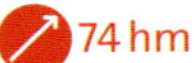 74 hm  74 hm

START | Nationalpark-Parkplatz Lilla Grytgölen (164 m). Anfahrt: Von Rumskulla aus auf der Straße nach Ydrefors; 7 km vor Ydrefors zweigt eine ausgeschilderte Straße nach rechts Richtung Nationalpark ab. [GPS: UTM Zone 33 535.676 m y: 6.401.855 m]
CHARAKTER | Leichte Wanderung auf Waldpfaden, nach Regenfällen ist an vielen Stellen (Wurzeln, Holzbohlen) erhöhte Aufmerksamkeit nötig, da alles gefährlich rutschig wird.

Der Nationalpark im Hochland von Småland schützt einen urwaldartigen Nadelwald mit teils 350 Jahre alten Kiefern. Zahlreiche umgefallene und liegengelassene Bäume sowie riesige bemooste Felsen verleihen dem Wald einen wildnisähnlichen Charakter.

▶ Vom **Parkplatz** 01 (Toilette, Infotafeln, Picknicktische) laufen wir zunächst einige Schritte nach Norden, bis nach links ein markierter Pfad abzweigt. Durch ein **Holztor** 02 betreten wir offiziell den Nationalpark und folgen zunächst dem leicht ansteigenden steinigen Verbindungsweg, der zu den zwei Rundwegen des Nationalparks führt. Vorbei an moosbewachsenen Steinen kommen wir zu einer **Weggabelung** 03 unweit des Sees Stora Idgölen, wo wir uns für die blaue Runde (Lilla Idgölen Rundan) Richtung Norden entscheiden.

Wir wandern durch den Wald an großen runden Felsbuckeln vorbei und erreichen schließlich den kleineren der beiden Waldseen,

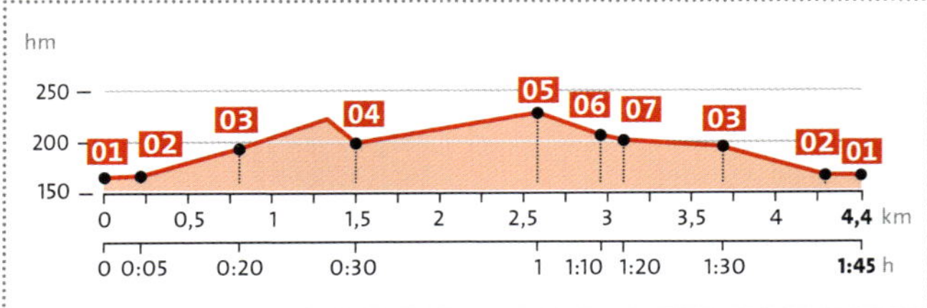

01 Parkplatz, 164 m; 02 Holztor, 167 m; 03 Weggabelung, 193 m; 04 Lilla Idgölen, 201 m; 05 Idhöjden, 228 m; 06 Wegweiser, 205 m; 07 Stora Idgölen, 202 m

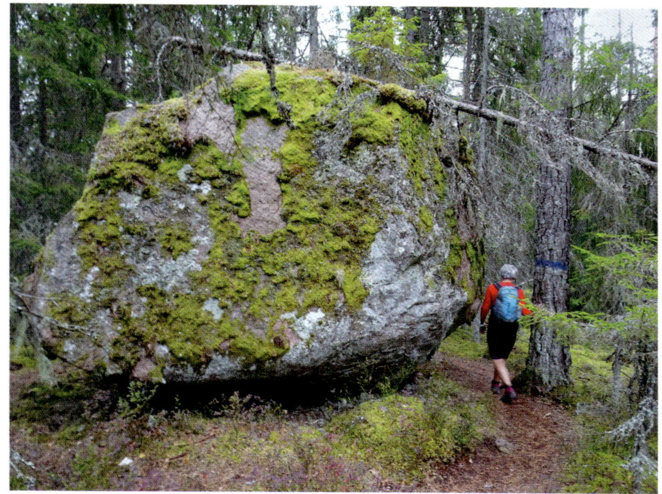

Imposante Granitblöcke säumen den Weg

den **Lilla Idgölen** 04. Vorbei an moosbewachsenen, teils haushohen Felsen schlängelt sich der Weg durch den Wald, führt im Auf und Ab zum **Aussichtspunkt Idhöjden** 05, einem Granitberg, von dem aus man durch die Bäume hindurch einen schönen Blick auf

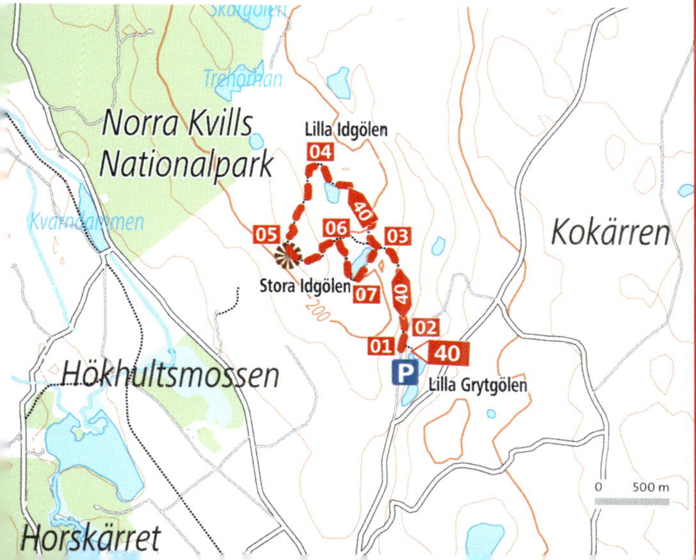

Skärgölen
Trehörnan
Norra Kvills Nationalpark
Lilla Idgölen
04
40
05
06
03
Kvarndammen
Kokärren
Stora Idgölen
07
40
200
02
01
40
P
Lilla Grytgölen
Hökhultsmossen
0 500 m
Horskärret

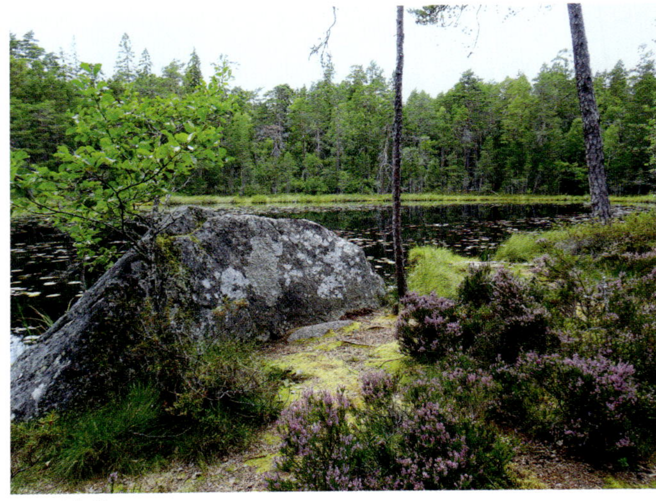

Stora Idgölen

die bewaldeten Hügel im Westen des Nationalparks hat. Der Idhöjden erhebt sich 45 m über seine Umgebung. Hier findet sich auch ein Wegweiser Richtung Parkplatz.

Nun geht es an einem markanten runden Felsen vorbei und durch ein Seil gesichert auf der Ostseite steil bergab. Nach 500 m passieren wir erneut einen **Wegweiser 06**, hier folgen wir nicht dem Schild Richtung Parkplatz (blaue und rote Markierung an den Bäumen), sondern zweigen nach rechts auf den roten Weg Richtung Stora Idgölen ab. Wir kommen nun in ein Gebiet mit vielen umgestürzten Bäumen und mehreren Trampelpfaden. Unbedingt vom Wegweiser aus geradeaus rechts an den vielen umgefallenen Bäumen vorbeigehen! Wer nach links abzweigt, kommt irgendwann nicht weiter.

Teilweise wird der Weg nun auf Bohlen über Nassstellen geführt und folgt – teilweise durch hohes Heidekraut – dem Ufer des Bergsees **Stora Idgölen 07**. Der See, den wir zur Hälfte umrunden, wird wegen seiner vielen Seerosen auch Zaubersee genannt. Schließlich erreichen wir wieder die **Weggabelung 03** und kehren auf bekanntem Weg zurück zum **Parkplatz 01**.

Rumskullaeken (Kvilleken)

Südlich des Nationalparks steht eine der dicksten Stileichen Europas, ihr Alter wird auf 900 bis 1000 Jahre geschätzt. Sie hat einen Stammumfang von 13 bis 14 m, steht im Naturschutzgebiet Kvill und ist an der Zufahrt zum Nationalpark ausgeschildert.

SKURUGATA NATURRESERVAT

Abenteuerwanderung durch eine imposante Schlucht

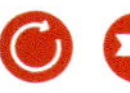  5,2 km 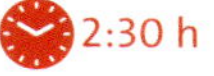 2:30 h  95 hm  95 hm

START | Parkplatz (164 m), rund 15 km nordöstlich von Eksjö [GPS: UTM Zone 33 x:505.238 m y: 6.395.419 m]
CHARAKTER | Der Weg durch die Schlucht ist sehr rutschig und steil (hoch wie runter); Wurzeln und Steine sind teilweise mit Moos bewachsen. Vor allem nach Niederschlägen ist der Weg mit großer Vorsicht zu begehen. Für die Durchquerung der Schlucht ist festes Schuhwerk mit guter Profilsohle notwendig.

Die Wanderung eignet sich gut für Familien, da sie sehr abwechslungsreich ist. In der Schlucht ist es deutlich kühler als in der Umgebung, was sich an heißen Sommertagen bemerkbar macht – der Temperaturunterschied kann bis zu 20 °C betragen. Wer wenig Zeit hat, kann direkt vom Parkplatz in die Schlucht absteigen, interessanter ist aber die längere Wanderung über den Aussichtsfelsen Skuruhatt zum See Forsjön im Süden, wo man auch baden kann.

▶ Es gibt eine blaue (kurze) Runde und eine lange, orange markierte Route zum See Försjön. Übersichtstafeln mit eingezeichneten Wegen und einem roten Standort-Punkt erleichtern unterwegs die Orientierung. Bis zum See folgen wir den orangen Punkten des Höglandsleden.

Die Wanderung beginnt am **Wanderparkplatz** 01 im Norden des Naturschutzgebietes, der Weg startet direkt neben der Infota-

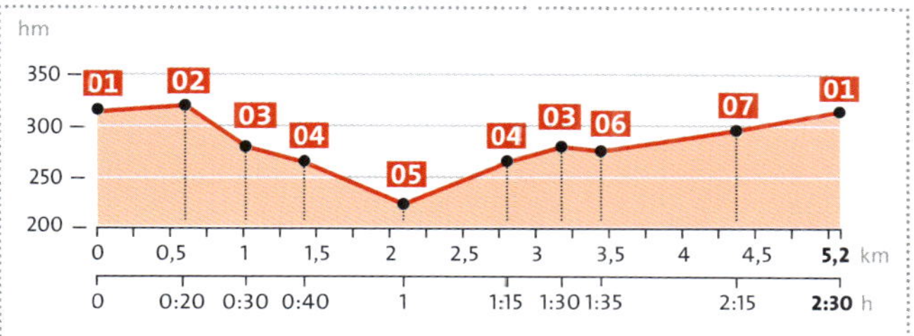

01 Wanderparkplatz, 316 m; 02 Felsplateau Skuruhatt, 318 m; 03 Weggabelung, 281 m; 04 Forststraße, 266 m; 05 Forsjön, 227 m; 06 Quelle Skurukälla, 277 m; 07 Ausgang der Schlucht, 293 m

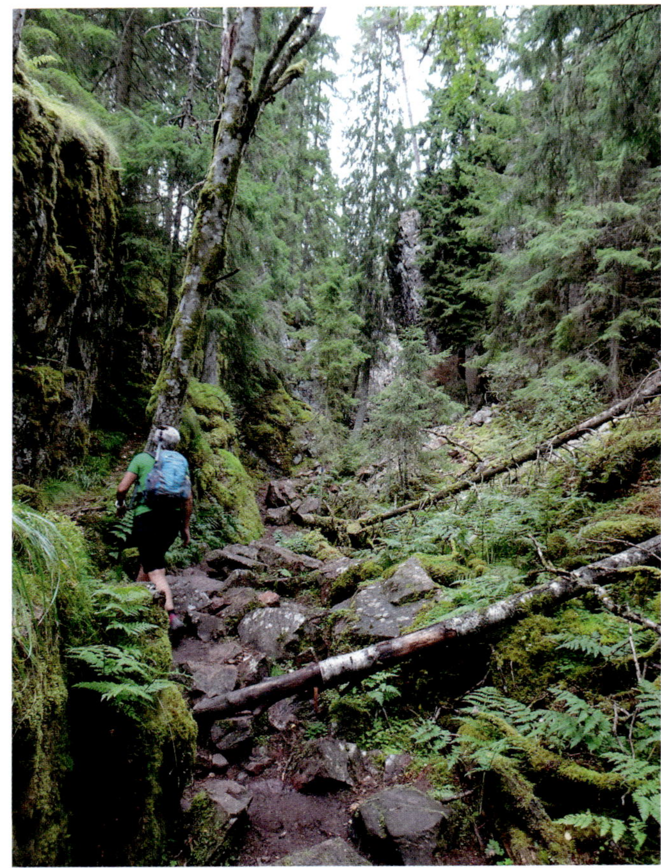

Hier ist Trittsicherheit gefragt

fel. Wir folgen der blau-orangen Wegmarkierung und wandern auf einem breiten Forstweg (rollstuhlgerecht) Richtung Skuruhatt. Unterwegs finden sich einige (schwedische) Infotafeln zu Flora und Fauna. Vorbei an einer Grillstelle und Grillhütte führt der Weg hinauf zum vegetationslosen Felsplateau **Skuruhatt** 02 mit eindrucksvollem Blick über die småländische Waldlandschaft. Am Gipfel finden sich weitere Grillstellen und die Möglichkeit zum Sitzen.

Nach der Rundumschau folgen wir zunächst dem blauen Wegweiser Richtung Skurugata und wandern der orange-blauen Markierung folgend wieder den Felsen hinab. Wir erreichen so einen Pfahl mit vielen Wegweisern, die zeigen, dass durch das Schutzgebiet gleich drei Fernwanderwege führen: Höglandsleden, Östgötaleden und Anebyleden. An dieser **Weggabelung** 03 biegen wir später in die eigentliche Schlucht ab.

Wir folgen aber vorerst dem orangen Wegweiser Richtung Klinten und wandern auf guten, wenn auch schmalen Waldwegen durch lichten Wald mit Heidegewächs und Rentierheide. Im August kann man sich hier an köstlichen Preiselbeeren und Blaubeeren satt essen. Der Weg führt an der Infotafel Klinten vorbei und endet schließlich an einer **Forststraße** 04. Dieser folgen wir nach rechts in ein paar Kehren hinunter zum See.

Am **Försjön** 05 befinden sich zwei offene Unterstände zum Übernachten, Grillstellen und ein Picknicktisch. Ein kleiner Sandstrand lädt zum Baden ein. Nach der Rast geht es auf gleichem Weg zurück zur **Weggabelung** 03, wo wir nun dem blauen Weg nach links in die Schlucht folgen. Schilder weisen am Eingang zur Schlucht darauf hin, dass es einen schweren („svår“) und einen leichten („lätt“, auf dem wir gerade gekommen sind) Ausstieg aus der Schlucht gibt. Eine Infotafel informiert zudem über die **Quelle Skurukälla** 06, die hier unten entspringt.

Nun beginnt die Wanderung durch die Schlucht Skurugata: Die 800 m lange Bergspalte ist zwischen 7 und 24 m breit, die Wände bis zu 35 m hoch. Wie die Spalte entstanden ist, ist wissenschaftlich nicht eindeutig geklärt. Ein schmaler, steiniger Pfad, der an in die Schlucht gestürzten Bäumen und einer Engstelle vorbeiführt, zieht sich zu einer Art Sattel hoch.

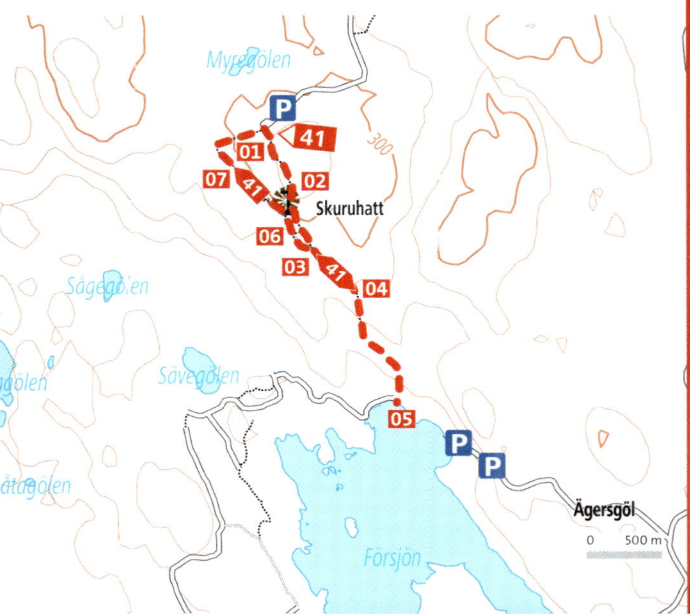

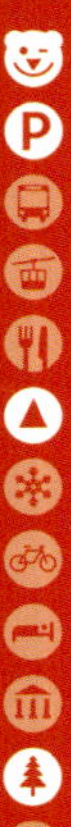

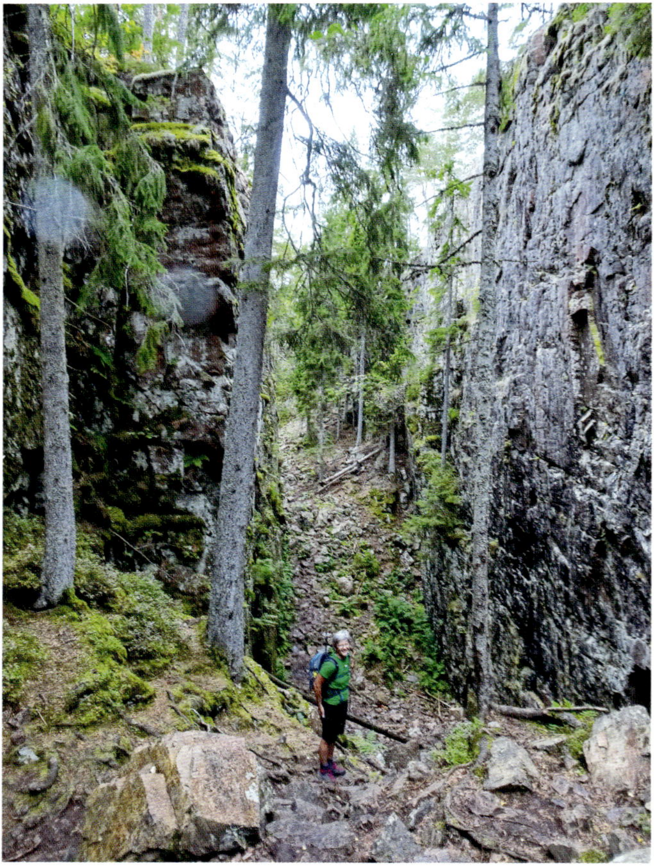

Blick vom Sattel in die Senke

Hier zweigt nach links eine Treppe ab, die zu dem Weg leitet, der außerhalb der Schlucht zur Quelle hinunterführt. Vom Sattel geht es bergab in eine kühle Senke und dann wieder hinauf zu einem zweiten Sattel, immer über rutschige Steine und Wurzeln. Noch ein weiteres Mal senkt sich der Weg ab, um abermals eine Rampe hinaufzuführen.

Auf den folgenden Metern werden die Wände zunehmend niedriger und wir nähern uns dem **Ausgang der Schlucht** 07. Der Weg verläuft nun links der letzten Ausläufer zu einer Abzweigung. Laut Wegweiser sind es noch 450 m bis zum **Wanderparkplatz** 01, der auf einem breiten, leicht ansteigenden Weg in wenigen Minuten erreicht wird.

INSEL VISINGSÖ

Spaziergang über die Insel im Vättern

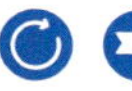  13,3 km  3:30 h  54 hm  54 hm

START | Fähranleger (88 m) auf Visingsö
[GPS: UTM Zone 33 x:461.698 m y: 6.432.475 m]
CHARAKTER | Einfache Wanderung über Feld- und Waldwege, teilweise auch auf Teerstraßen.

Die Autofähren von Gränna zur Insel Vinsingsö fahren im Linienverkehr (von 10–17 Uhr, meist im 30-Minuten-Takt), die Überfahrt dauert 30 Minuten. Für Autos empfiehlt sich in der Hochsaison eine Reservierung (www.jkpg.com/en/granna-visingso/the-ferry-between-granna-and-visingso/).

Die größte Insel im Vättern hat eine Nord-Süd-Ausdehnung von 14 km und ist an ihrer breitesten Stelle 3 km breit. Die Wanderung über die Südhälfte der Insel führt durch Wälder und entlang von Feldern und bietet immer wieder schöne Blicke hinüber zum Festland. Über die Südhälfte verlaufen drei farbig markierte Wanderwege, wir wandern eine Kombination aus ihnen. Wer die ganze Insel sehen möchte, kann den Nordteil anschließend mit dem Fahrrad erkunden.

▶ Am **Fähranleger** 01 steigen wir die Treppe hinauf zu einem Kiosk. Wir queren ein Spielgelände und halten uns dahinter links und beim Turm gleich wieder rechts und sind nun auf dem gelb markierten Wanderweg. Mit geringen Höhenunterschieden geht es zunächst durch Wald, vorbei an einem aussichtsreichen Picknickplatz. Unterwegs müssen einige Bäche auf kleinen Holzbrücken gequert werden.

Wir erreichen nach 2,4 km eine **Wegkreuzung** 02, an der der gelbe

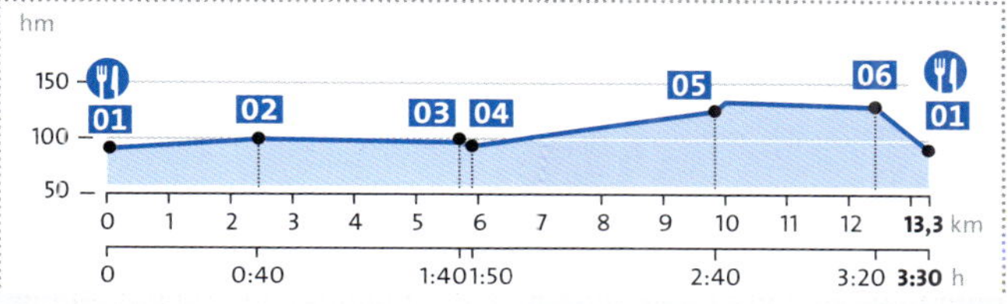

01 Fähranleger, 88 m; 02 Wegkreuzung, 101 m; 03 Näs Slottsruin, 101 m; 04 Alter Hof, 93 m; 05 Wegweiser zum Hafen, 125 m; 06 Brahekyrkan, 129 m

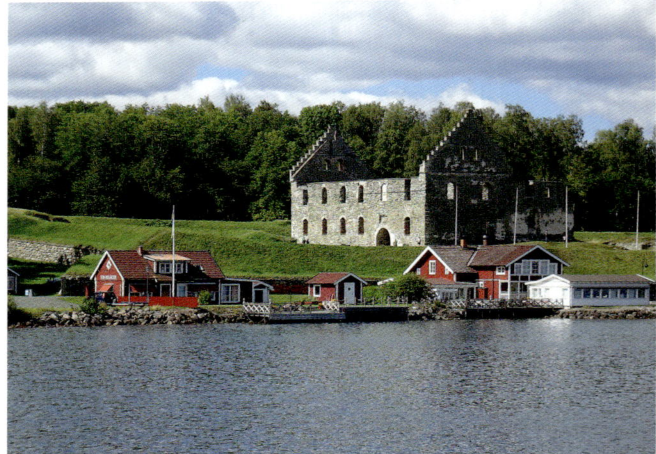

Die malerische Ruine von Visingsö slott

Weg nach rechts abbiegt. Wir halten uns hier geradeaus und wandern weiter durch lichten Wald. Kurz darauf verlassen wir den Wald und laufen am Feldrand weiter Richtung Südwesten. Bei einer roten Hütte und einer Bootsgarage queren wir eine Rinne.

Nochmals geht es durch ein kleines Waldstück hoch über einem

Der alte Hof – der letzte seiner Art

Steilufer mit Blick auf glasklares Wasser, dann verläuft der Weg erneut entlang der Getreidefelder, bis schließlich an der Südspitze der Insel die **Schlossruine (Näs slottsruin 03)** erreicht ist. Gleich dahinter finden sich Sitzgelegenheiten und ein kleiner weißer Pavillon für die wohlverdiente Pause.

Anschließend folgen wir der Teerstraße (Bushaltestelle) nach links und wandern an einem langen roten Scheunengebäude, einer alten Trockenscheune und einem **alten Hof 04** vorbei. Auf Höhe des Ortschilds von Asby biegen wir rechts ab und wandern auf einer unbefestigten Straße zur Hofanlage Asby und weiter zwischen Feldern hindurch Richtung Nordosten auf den Wald zu. Wir befinden uns auf dem Asbyvägen und folgen diesem, bis wir eine Teerstraße (T-Kreuzung) erreichen.

Hier halten wir uns für wenige Schritte rechts und an der nächsten T-Kreuzung wieder rechts. Auf der anderen Straßenseite verläuft ein Zaun, der alte Grabhügel schützt. Nach wenigen Metern taucht links ein Straßenschild „Gravhög 100 m“ auf. Wir biegen in diese Straße ein und stoßen gleich darauf auf den **Wegweiser zum Hafen** **05**: „Hamnen via Stora Silvergranen 3,2 km“. Hier treffen wir wieder auf den gelben Weg, dem wir nun nach links zum Hafen (Hamnen) folgen werden.

Der Weg ist gut markiert (teilweise Punkte, teilweise Pfeile) und führt im Zickzack auf Wald- und Forstwegen Richtung Nordosten. Wenn der gelbe Wanderweg eine breite Forststraße kreuzt, verlassen wir ihn und biegen nach links ab und kommen so zur **Brahekyrkan** **06**. Dort halten wir uns rechts und erreichen in wenigen Minuten den **Fähranleger** **01**.

Visingborgs Slottsruin

Wer noch Zeit bis zur Abfahrt der nächsten Fähre hat, sollte sich die malerische Schlossruine anschauen, sie liegt in Sichtweite des Fähranlegers. Das Schloss wurde Mitte des 16. Jhs. errichtet. 1718 brannte es ab und wurde danach nicht wieder aufgebaut.

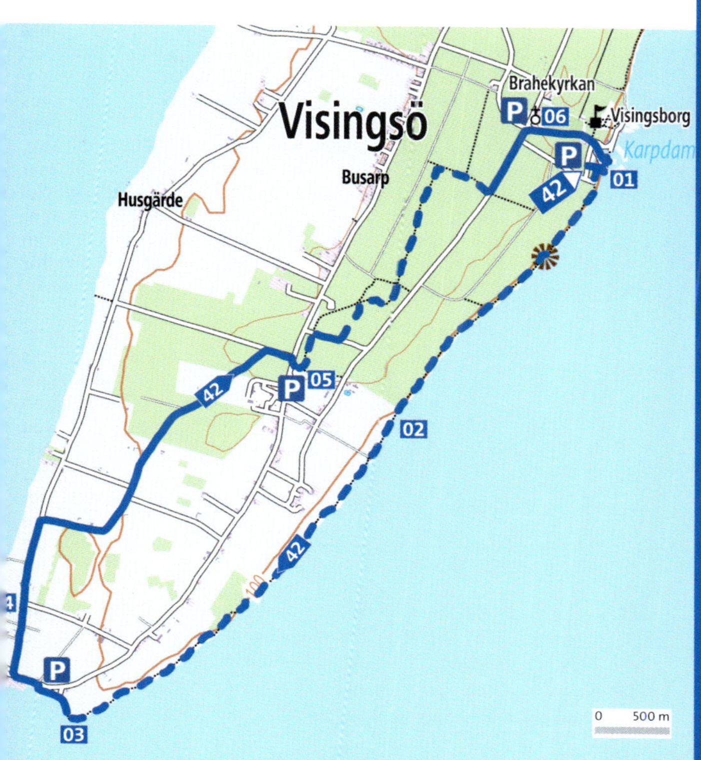

43

ECOPARK OMBERG

Am Ostufer des Vättern

 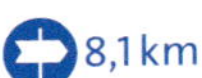 8,1 km   2:30 h 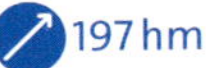 197 hm 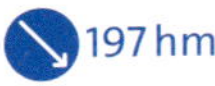 197 hm

START | Parkplatz (152 m) westlich des Omberg Ökoparkcenter Stocklycke [GPS: UTM Zone 33 x:478.602 m y: 6.463.247 m]
CHARAKTER | Abwechslungsreiche Tour mit schönem Blick auf den Vättern; meist markierte Pfade oder Forstwege im Wald.

Der Omberg am Ostufer des Vättern ist ein bewaldeter Plateauberg, der seinen Besuchern nicht nur schöne Aussichten auf den Vättern bietet, sondern auch eine spektakuläre Abbruchkante zum See, einen teilweise alten Waldbestand, Höhlen und im Frühsommer prachtvoll blühende Orchideen. Durch die große Wasserfläche des zweitgrößten schwedischen Sees herrscht hier ein feucht-mildes Klima. Diesem Klima und dem kalkhaltigen Boden verdankt der Omberg seine besondere Flora.

Im Naturpark Omberg stehen verschiedene Wanderungen zur Auswahl, die zwischen 2 km (Naturstig) und 27 km (Omberg runt) lang sind. Wir wandern auf Abschnitten der gelben, weißen und grünen Wanderwege.

▶ Vom **Parkplatz** 01 unweit des Naturums nehmen wir die Straße Richtung Norden („N Sjövägen") und folgen dieser für wenige Schritte bergab, bis links unser gelb markierter Weg abzweigt. Ihm folgen wir (teilweise über

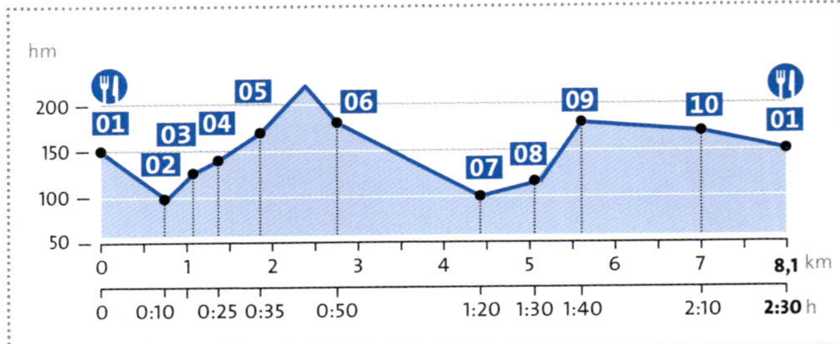

01 Parkplatz, 152 m; 02 Stocklycke Hamn, 97 m; 03 Naturstig, 125 m; 04 Hinweisschild „Grottan", 139 m; 05 Wegweiser „Älvarums udde 2,9 km", 173 m; 06 Aussichtspunkt, 179 m; 07 Älvarums udde, 102 m; 08 Naturreservat Stropissan, 117 m; 09 Panoramastraße, 179 m; 10 Kalkmoorgebiet Mörkåhalkarret, 172 m

Bohlen) durch den Wald bergab zu einer Teerstraße und auf dieser links zum **Stocklycke hamn** 02, wo die Möglichkeit zum Übernachten in Zelten auf einer Wiese und in einem Unterstand besteht.

Vom kleinen Hafen wurde bis Mitte der 1950er-Jahre das am Omberg geschlagene Holz über den Vättern abtransportiert. Wer abenteuerlustige Kinder dabei hat: Südlich des Hafens liegt eine Höhle am Wasser.

Rechts von der roten Hütte am Hafen führt der gelb markierte Weg nun als Trampelpfad am Ufer entlang nach Norden. Nach 300 m verlässt der gelbe Naturstig allerdings schon wieder das Ufer und führt rund 20 Höhenmeter hinauf zum weiß markierten **Naturstig** 03. Dieser Aufstieg ist schlecht markiert und möglicherweise schwer zu finden. Wem das zu unsicher ist, läuft vom Hafen kurz ein Stück die bekannte Teerstraße hinauf und wechselt schon dort auf den weißen Weg Richtung Oxbåset.

Wir folgen nun dem weißen Weg Richtung Norden und kommen zu einem **Hinweisschild** 04, das auf Schwedisch über die 200 m entfernt liegende **Grotte** am Steilabbruch Oxbåset informiert. Wer sich die Höhle – eine von insgesamt 15 Grotten am Ufer des Steilabbruchs des Ombergs – anschauen möchte, steigt von hier zur Wasserkante ab.

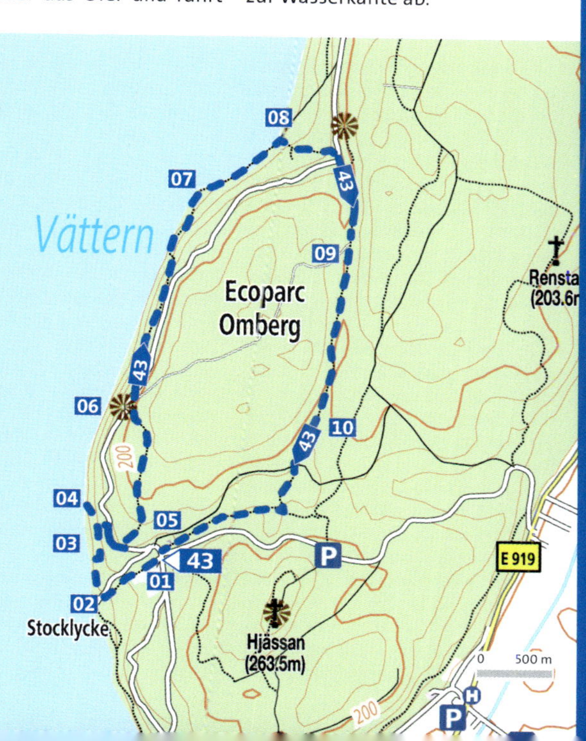

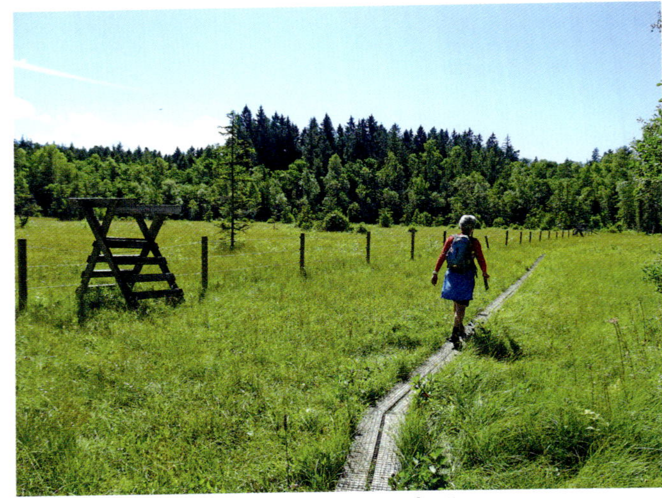

Auf Bohlen durch das Kalkmoorgebiet Mörkåhalkarret

Der weiße Weg führt uns durch schönen Wald zur Panoramastraße, die vom Naturum nach Norden führt. Dieser folgen wir kurz nach rechts, bis links ein rot-grün markierter Weg abzweigt (**Wegweiser 05 „Älvarums udde 2,9 km"**). Diesem folgen wir und laufen nun ein ganzes Stück höher als zuvor mit schönen Ausblicken auf den Vättern und sein Westufer.

Wir kommen zu einem weiteren **Aussichtspunkt 06** mit Toilettenhäuschen und treffen wieder auf die Panoramastraße. Wir folgen ihr wenige Schritte und zweigen dann nach links ab. 1,6 km sind es nun noch nach Älvarums udde. Über Steine und auf kurzen Passagen fast schon alpin geht es hinunter zum Ufer des Vättern und zu einem Unterstand mit Grillstelle (**Älvarums udde 07**). Wir wandern noch rund 700 m am Ufer entlang und biegen dann nach rechts ab (grüne Pfeile) – der orange Weg führt weiter geradeaus. Wir betreten kurz darauf das **Naturreservat Stropissan 08** mit alten Fichtenbeständen.

Wir erreichen erneut die **Panoramastraße 09**, folgen den Wegweisern Richtung „P Storpissan" auf einem Forstweg, passieren eine Infotafel, die über das Naturschutzgebiet Storpissan informiert, und verlassen dann beim Wegweiser „Ecoparkscenter 3,1 km" den Forstweg nach rechts und gleich wieder nach links Richtung Naturum. Der Weg verläuft nun teils auf schmalen Bohlen ins **Kalkmoorgebiet Mörkåhalkarret 10**. Über eine offene Lichtung, die wir ebenfalls auf Bohlen queren, erreichen wir schließlich einen Seerosensee.

Wir folgen nun den grünen Pfeilen zurück zum Naturum (mit Übernachtungs- und Einkehrmöglichkeit). Von dort sind es nur wenige Schritte bis zum **Parkplatz 01**.

STORE MOSSE NATIONALPARK: LILLA LÖVÖ RUNT

Weite Moorlandschaft und Flugsanddünen

 6,4 km 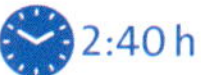 2:40 h 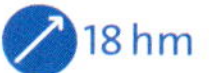 18 hm 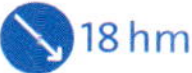 18 hm

START | Wanderparkplatz Kittlakull (172 m), ab der E4 aufgeschildert. [GPS: UTM Zone 33 x:435.715 m y: 6.349.854 m]
CHARAKTER | Einfache Wanderung auf Waldwegen und Bohlenwegen ohne Höhenunterschiede.

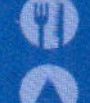

Die kleine Moorrunde in der Südhälfte des Nationalparks ist ideal für alle, die nicht so lange laufen wollen, aber dennoch einen Eindruck vom Store-Mosse-Moor bekommen möchten. Der Weg führt durch ein Torfabbaugebiet, entlang einer Flugsanddüne und auf Bohlen über ein noch sehr ursprüngliches Moorgebiet.

▶ Startpunkt ist der **Wanderparkplatz Kittlakull** 01. Am Fuß der Holzbrücke über die Bahnschienen befindet sich eine Holzbox, in der eine Schwarz-Weiß-Kopie lesenswerte Informationen in mehreren Sprachen zu den mit Nummern versehenen Punkten entlang der Runde bietet.

Wir steigen die Holztreppe zur Brücke hoch und haben von oben einen hervorragenden Blick nach Südwesten und Süden über den südlichen Teil von Store Mosse.

Auf Bohlen führt der Weg zu einer **T-Kreuzung** 02, wo wir uns rechts halten. Weit reicht der Blick ins unberührte Hochmoor im Süden. Wer genau hinschaut, sieht eine gebogene Horizontlinie: Das Moor ist in der Mitte höher als in den Randbereichen gewachsen. Der Torf hat hier eine Mächtigkeit von rund 5 m, darunter liegt Sand. Typisch für das Moor sind die Zwergbirken und der Sonnentau, eine Insekten fressende rötliche Pflanze. Kurz verläuft der Weg noch entlang der aufge-

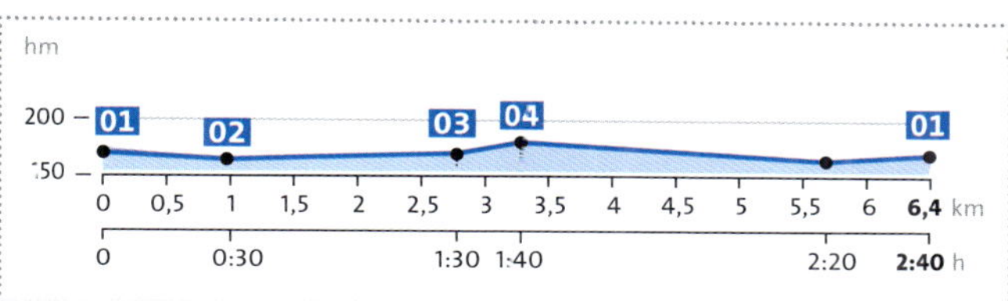

01 Wanderparkplatz Kittlakull, 172 m; 02 T-Kreuzung, 167 m; 03 Weggabelung, 171 m; 04 Lilla Lövö, 180 m

lassenen Torfstichgräben, biegt dann aber nach links in den Kiefernwald ein. Hier führt der Weg auf weichem Waldboden auf einer Flugsanddüne entlang, die teilweise mit silbern schimmernder Rentierflechte bewachsen ist. Die Düne diente schon in historischen Zeiten als Weg durch das ansonsten unzugängliche Moor.

Wir erreichen eine weitere **Weggabelung** **03**, an der wir uns links halten und kommen so nach **Lilla Lövö** **04**, einer „Insel" inmitten des Moors. Dabei handelt es sich um einen mit Fichten und Kiefern bewachsenen Moränenhügel. Rund um Lilla Lövö liegt ein sogenannter Randsumpf, der eine andere Vegetation als das restliche Moor aufweist. Nährstoffreiches Oberflächenwasser von Lilla Lövö sammelt sich hier und bedingt ein höheres Wachstum beispielsweise der Kiefern und Birken. Auf Lilla Lövö finden sich auffallend viele Sturmschäden, die Parkverwaltung hat die Bäume bewusst liegengelassen, damit sie einen Lebensraum für Pilze, Flechten und Insekten bieten. Diese wiederum ziehen zahlreiche Vögel an.

Torfabbau

Unweit der Bahnschienen befand sich seit Anfang des 20. Jhs. eine Torffabrik, die rund 60 Jahre betrieben wurde. Noch heute sind die Gräben im Moor zu sehen. Der Torf von hier wurde ins ganze Land und ins Ausland (z. B. in die USA) als Brennstoff verkauft. Im Zweiten Weltkrieg wurden mit Torf auch Züge betrieben. Dafür wurde Torf aus tiefer liegenden Schichten verwendet, der dunkler, schwerer und kompakter war.

Am Ende der „Insel" ändert der Weg erneut seine Richtung und führt nun zurück nach Norden. Rechts und links des schmalen Bohlenwegs lässt sich die Moorvegetation gut studieren. Ab und an gibt es Ausweich-Plattformen und Bänke.

Schließlich erreichen wir wieder die **T-Kreuzung** **02** und wandern durch das Torfstichgebiet zurück zur Brücke und zum **Parkplatz** **01**.

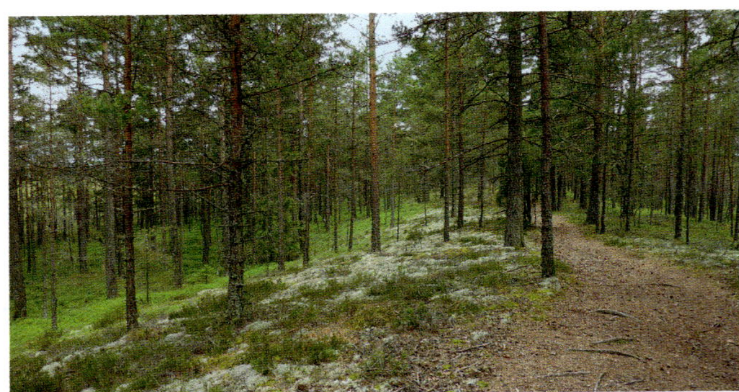

Unterwegs auf der Flugsanddüne, die mit Rentierflechte bewachsen ist

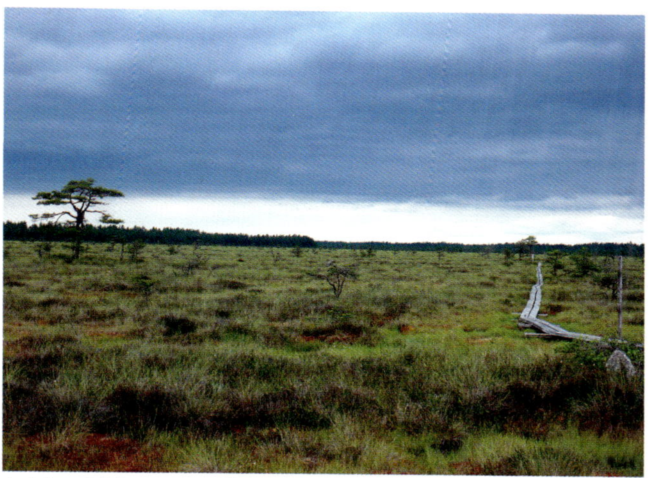

Auf dem Rückweg von Lilla Lövö durch das Moor

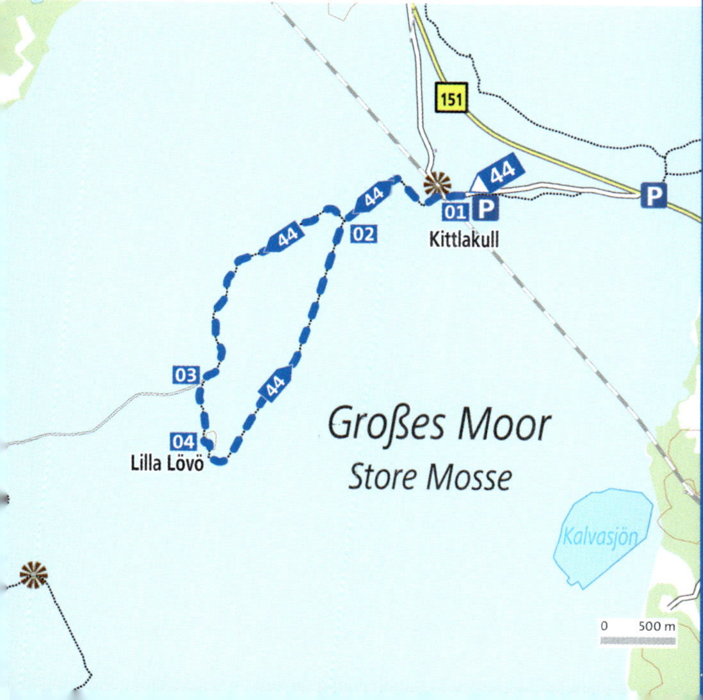

45

NATIONALPARK STORE MOSSE: KÄVSJÖN RUNT

Abwechslungsreiche Seerunde um den Kävsjön

 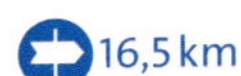 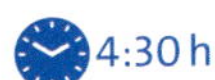  

16,5 km | 4:30 h | 33 hm | 33 hm

START | Parkplatz (173 m) beim Naturum des Nationalparks [GPS: UTM Zone 33 x:435.475x m y: 6.351.324 m]
CHARAKTER | Leichte Wanderung auf Waldwegen und Holzbohlen.

Store Mosse – das Große Moor – liegt auf dem einstigen Seebett des eiszeitlichen Sees Fornbolm, der nach dem Abschmelzen des Inlandeises weite Bereiche Smålands bedeckte. Durch die mit dem Abschmelzen der Gletscher einhergehende Landhebung fiel der Fornbolm in Teilen trocken. Der sandige Seeboden wurde durch Stürme zu Dünen verweht oder über weite Strecken teilweise bis nach Dänemark verfrachtet. Mit den wieder einsetzenden Niederschlägen in feuchteren Klimaperioden vermoorte der Seeboden und Store Mosse entstand.

Die beste Zeit für einen Besuch sind die Monate zwischen Frühjahr und Herbst, im August gibt es viele Blaubeeren und Preiselbeeren. Vögel lassen sich ganzjährig beobachten, am besten aber im Herbst und Frühjahr.

Einen Übersichtsplan des Nationalparks erhält man im Naturum, der Weg vom Parkplatz dorthin ist leicht zu finden. Das Naturum bietet eine kleine Ausstellung über die ökologischen und kulturhistorischen Besonderheiten des Nationalparks, Ferngläser, einen Kaffeeausschank und Toiletten.

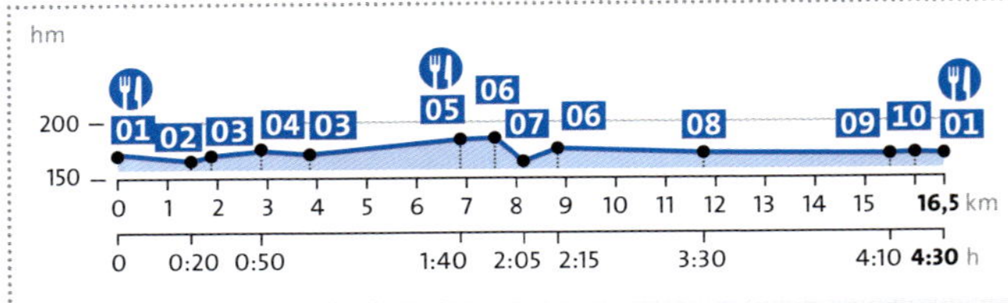

01 Parkplatz, 173 m; **02** Vogelbeobachtungsturm, 164 m; **03** Weggabelung nach Kävsjö, 169 m; **04** Kävsjö kyrka, 174 m; **05** Raststuge Södra Svänö, 173 m; **06** Abzweig zu Svänotornet, 177 m; **07** Vogelbeobachtungsturm Svänotornet, 166 m; **08** Gabelung Östra Rockne, 169 m; **09** Naturum, 169 m; **10** Fågeltorn, 169 m

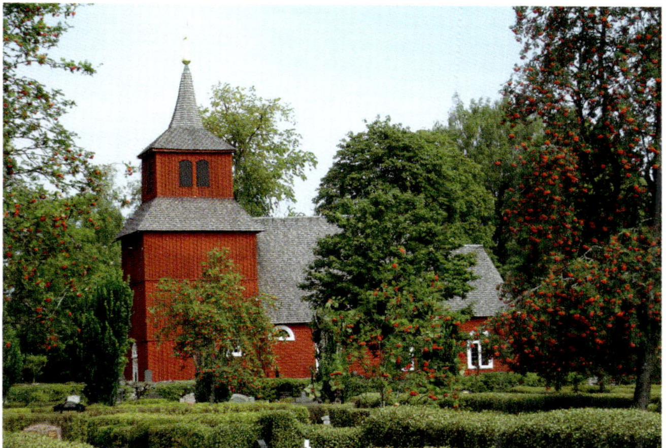

Die hübsche Kirche von Kävsjö

Mit allen gewünschten Informationen versorgt, starten wir nun am Nordende des **Parkplatzes** 01 und laufen die Runde im Uhrzeigersinn. Je nachdem, wo man parkt, muss man zunächst den Parkplatz Richtung Hauptstraße queren, bis man an seinem Nordwestende auf den orange markierten Seerundweg stößt. Auch hier finden sich in einer Holzbox Kopien mit Informationen zu verschiedenen Punkten entlang der Wegstrecke (auch auf Deutsch). Die Schwarz-Weiß-Kopien kann man sich ausleihen, sollte sie aber am Ende wieder in die Box zurücklegen.

Wir folgen den orangen Punkten in den Wald, wandern zum Teil über Bohlen, vorbei an 3 m hohen Wurzeltellern umgestürzter Fichten und überqueren auf einer Holzbrücke den Bach Fläsebäcken. Kurz danach zweigt nach rechts der Abstecher zum **Vogelbeobachtungsturm** 02 ab. Bald darauf erreichen wir eine **Weggabelung** 03, an der wir nach links zur **Kävsjö kyrka** 04 abbiegen. Die rot gestrichene Holzkirche wurde zwischen 1725 und 1775 errichtet.

Wieder zurück an der **Weggabelung** 03, laufen wir im Uhrzeigersinn weiter, wiederum über Bohlen. Wir sind nun am Nordende des Sees angelangt und blicken über ein Feuchtgebiet zur rund 600 m entfernt liegenden Wasserfläche. Für eine Picknickpause empfiehlt sich die Schutzhütte **Raststuga Södra Svänö** 05 (Feuerstelle, Wasser, Komposttoilette und Übernachtungsmöglichkeit). Hinter der Rastuga halten wir uns rechts, laufen an einem Erdkeller (linker Hand) vorbei und erreichen die Wiesen von Svänö, die heute beweidet werden, um ein Zuwachsen zu verhindern. Ihren ganz eigenen Reiz bekommen diese Wiesen durch die geschneitelten Laubbäume, deren Zweige und Blätter im Winter an das Vieh verfüttert werden. Auf dem Weg von der Raststuga Richtung Süden fallen Reste einstiger Gebäude auf, unter

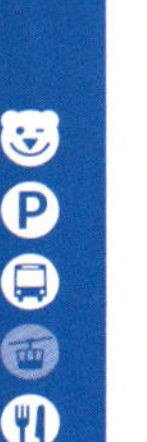

anderem eine steinerne Rampe zu einer (nicht mehr existierenden) Tenne, Erdkeller (die als gut funktionierende Kühlschränke genutzt wurden), Gruben, in denen man einst Kartoffeln lagerte, und Lesesteinmauern. Wir kommen zum **Gräberfeld auf Hanö**, wo im Fichtenwald stehende Felsbrocken an die 10.000 Jahre alte Siedlungsgeschichte erinnern. Noch vor dem Gräberfeld erreichen wir den **Abzweig** 06 zum **Svänotornet** 07, einem weiteren Vogelturm, der zur Rast und Vogelbeobachtung einlädt.

Wieder auf dem Hauptweg, durchwandern wir nun ein Feuchtgebiet, auf dem die Bäumchen nur 1 bis 2 m Höhe erreichen. An der **Gabelung Östra Rockne** 08 folgen wir den Wegweisern „Östra Rockne 1,6 km" geradeaus. Ein alternativer, etwas längerer Weg zweigt nach links ab, trifft aber später wieder auf den Hauptweg.

Vorbei an den alten Flugsanddünen (Rocknarna) erreichen wir die Wegkreuzung, an der von links der Alternativweg einmündet. Nördlich von uns befindet sich die ungefähr 2 km breite und 1 km lange Schwingrasenfläche **Stora Gugnflyet**: Diese rasenähnliche Verlandungsfläche hebt und senkt sich mit dem Wasserspiegel des Kävsjö. Stora Gugnflyet ist besonders gut vom Vogelbeobachtungsturm am Naturum aus zu sehen. Mit dem Verlassen des Walds verändert sich auch der Charakter des Wegs markant: Bis fast zum Naturum wandern wir nun über einen schmalen Bohlenweg übers Moor, hin und wieder unterbrochen durch eine Ausweichplattform mit Bank. Kurz hinter einem Picknickplatz und wieder im Wald zweigt bei Servicehäusern nach rechts der Weg zum **Naturum** 09 ab. Entlang eines kleinen Lehrpfads wandern wir erneut auf Bohlen zum Stichweg, der zum **Fågeltorn** 10 leitet. Dieser ist mehrstöckig und bietet neben Aussichtsplattformen auch eine kleine Übersicht über einige der Vögel, die sich hier beobachten lassen. Besonders eindrucksvoll sind die majestätisch stolzierenden Kraniche, von denen etwa 10 Paare auf Stora Gungflyet nisten.

Betretungsverbot

Von März bis September besteht zum Schutz der brütenden Vögel ein Betretungsverbot für den Bereich innerhalb der Kävsjö runt. Dank der drei Vogeltürme lässt sich die Vogelwelt aber dennoch gut beobachten. Zu den eindrucksvollsten Vögeln zählen Kranich, Singschwan, Großer Brachvogel und Stein- und Seeadler. Unbedingt an ein Fernglas denken!

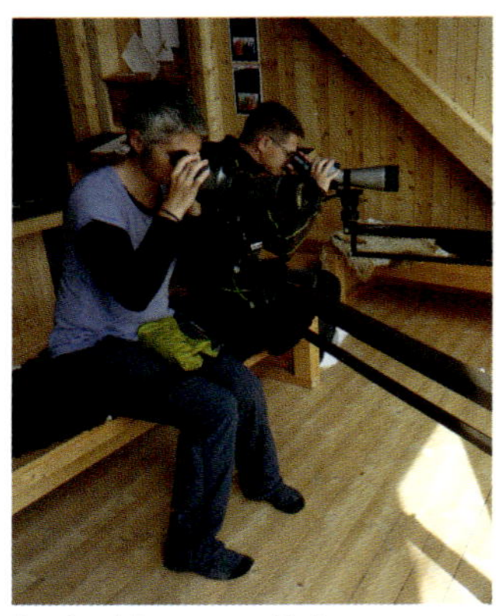

Beobachtung vom Naturum aus

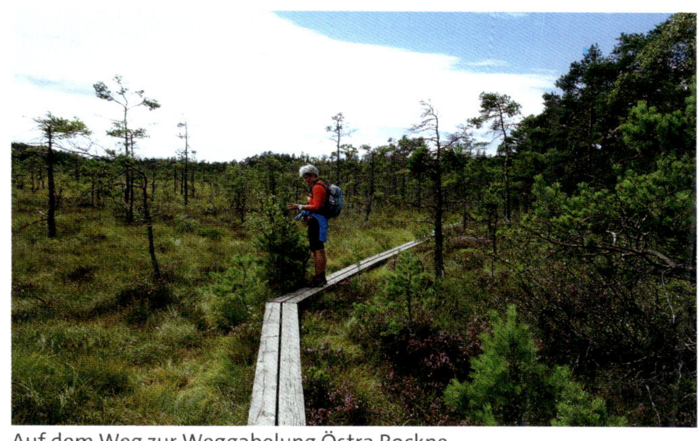

Auf dem Weg zur Weggabelung Östra Rockne

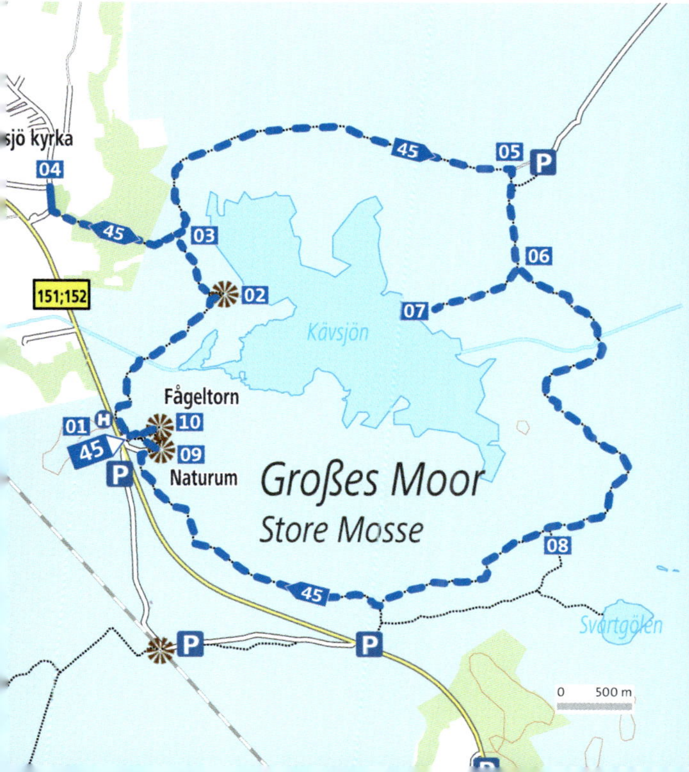

sjö kyrka
04
45
03
02
151;152
05
P
06
07
Kävsjön
Fågeltorn
01
H
10
45
09
P
Naturum
Großes Moor
Store Mosse
08
45
P
P
Svartgölen
0 500 m

46

INSEL HISSÖ UND INSEL MUSÖN

Zwei Inseln im Helgasjön

 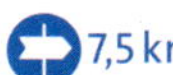 7,5 km  2:30 h  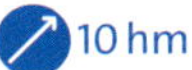 10 hm 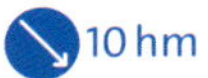 10 hm

START | Växjö, Parkplatz (171 m) vor der Kronoberg Slottsruin [GPS: UTM Zone 33 x:487.598 m y: 6.310.729 m]
CHARAKTER | Einfache Wanderung durch Buchenwald mit einer abenteuerlichen „Bootsfahrt“ nach Musön. Schöne Wanderung für Familien mit Kindern – nicht nur wegen der Überfahrt, sondern auch wegen der Bade- und Grillmöglichkeiten.

Im småländischen See Helgasjön nördlich der Stadt Växjö liegen gleich mehrere Inseln. Zwei von ihnen sind die Inseln Hissö und Musön. Vor allem Hissö besticht mit seinem schönen Buchenwald, der teilweise einen hallenähnlichen Charakter hat. Abenteuerlich ist die Überfahrt nach Musön – vor allem für Kinder ein kleines Abenteuer! Kulturell interessant ist die Besichtigung der Ruine von Schloss Kronoberg, einem einstigen Bischofssitz.

▶ Nach der Besichtigung der Schlossruine überqueren wir den **Parkplatz** 01 und folgen für wenige Schritte der Straße, bis eine gelbe Markierung zu sehen ist und ein gut sichtbarer Pfad abzweigt (vorher gibt es an der Straße schon gelbe Markierungen, aber keinen deutlichen Weg). Wir folgen dem Weg und erreichen die Straße nach Hissö, gehen an einem Wohnhaus (rechter Hand) vorbei und erreichen die kurze Straßenbrücke hinüber zur Insel. Nach der Brücke folgen wir der Teerstraße, ignorieren die Abzweigung zur Marina von Hissö (Båtklubb) und kommen zum **Wegweiser „Strövstig“** 02. Hier zweigen wir links ab. Wer sich

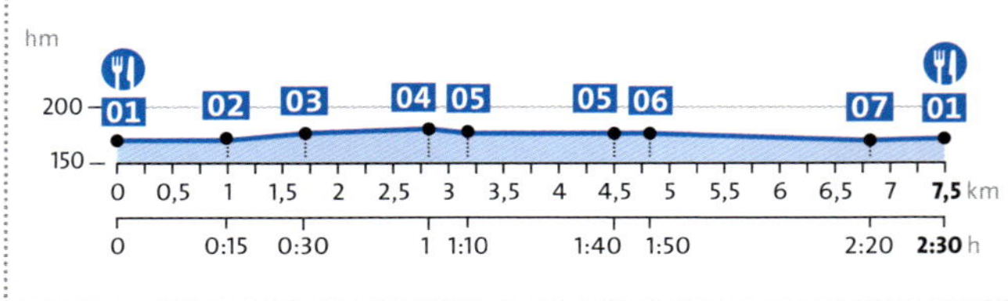

01 Parkplatz, 171 m; 02 Wegweiser „Strövstig“, 172 m; 03 Picknickplatz und Grill, 175 m; 04 Nordende der Insel, 180 m; 05 „Boot“, 178 m; 06 Sandstrand, 176 m; 07 Marina, 170 m

Växjö

Die Universitätsstadt Växjö ist die sogenannte „Hauptstadt des Glasreiches", ihre Hauptsehenswürdigkeit ist der Dom aus dem 14. Jh. Die große helle Kirche ist mit småländischer Glaskunst ausgestattet. Den Altarschrank mit dem Thema „Vom Dunkel zum Licht – Fiat Lux" hat der bekannte Glaskünstler Bertil Vallien gestaltet. Sehenswert sind auch das Taufbecken – „Die Quelle des Lebens" – in Stein und Glas und der sogenannte „Baum des Lebens und der Erkenntnis" von Erik Höglund und Lars Larsson.

Wer sich für Glaskunst interessiert, sollte anschließend das Glasmuseum Smålands Museum besuchen: www.kulturparkensmaland.se.

vorher noch einen Überblick verschaffen will, schaut sich zunächst die wenige Meter weiter bei einem kleinen Parkplatz stehende Infotafel an. Zurück am Wegweiser biegen wir links in den Wald ein und folgen dem Pfad zum Wasser.

Achtung: Bei einer unscheinbaren Abzweigung rechts halten, sonst wandert man auf die schmale spitze Landzunge im Südwesten von Hissö (mit schönem Blick zur Schlossruine), eine Sackgasse.

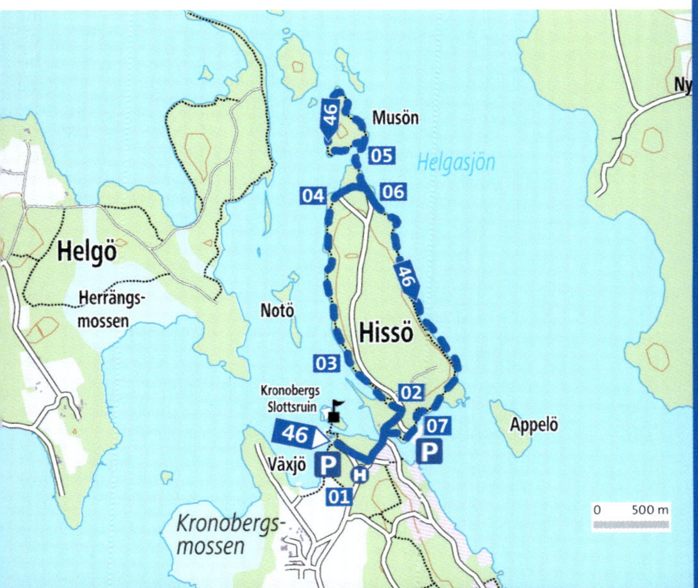

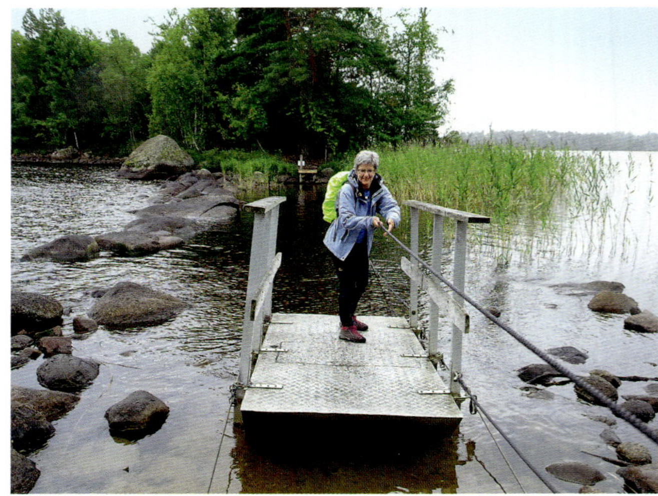

Hier sind Muskeln gefragt – Überfahrt nach Musön

Auf dem gelb markierten Hauptweg geht es nun durch einen herlichen Buchenwald immer nah entlang der Wasserkante. Nach rund 600 m erreichen wir eine Weggabelung mit **Picknickplatz und Grill** **03**. Wir bleiben auf dem Hauptweg, haben einen schönen Blick auf die langgezogene deutlich kleinere Insel Notö und erreichen schließlich das **Nordende der Insel** **04** (mit Grillstelle). Hier folgen wir kurz der Straße, bis nach links ein Weg abzweigt („Strövstig Musön").

Diesem folgen wir zum kleinen Highlight der Wanderung, der Überfahrt nach Musön. Das **„Boot"** **05** ist eine Plattform, auf der sich die Fahrgäste selbst ans andere Ufer ziehen müssen. Auf Musön angekommen, folgen wir einem Trampelpfad, der uns einmal um die Insel leitet. Auch auf Musön hat man die Möglichkeit zu grillen und in den See zu springen.

Nach dem Rundgang über die Insel geht es mit dem **„Boot"** **05** zurück nach Hissö. Dort folgen wir nochmals kurz der Straße, passieren einen Parkplatz mit Grillstelle und erreichen einen kleinen **Sandstrand** **06**. Dort biegen wir wiederum links in den gelben Weg ab (an einem Baum hängt zusätzlich ein roter Pfeil), der uns nun am Ostufer entlang zurück zur Brücke führt. Wir erreichen einen weiteren kleinen Sandstrand, wandern an bemoosten Felsen vorbei und kommen schließlich am Südostende der Insel zur **Marina** **07** von Hissö. Hier hat der Hissö Båtklubb sein Clubhaus.

Kurz geht es nochmals durch Wald, bis wir schließlich unmittelbar neben der Brücke wieder den Wald verlassen. Für den Rückweg zum **Parkplatz** **01** nehmen wir den Hinweg. Im Sommer empfiehlt sich anschließend die Einkehr im urigen Café Ryttmästaregården.

INSEL ÄNGSÖ

Rundgang über den Südteil der Insel

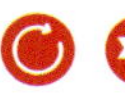 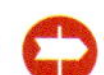 10,1 km 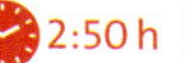 2:50 h 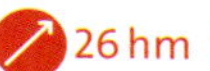 26 hm 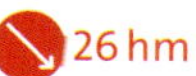 26 hm

START | Parkplatz (15 m) neben der Kirche und dem Naturum; Buslinie 35 (Haltestelle „Engsö Slott"); von der E18 Richtung Süden nach Ängsö [GPS: UTM Zone 34 x:604.946 m y: 6.600.935 m]
CHARAKTER | Mittelschwere Wanderung über Waldwege, die teilweise etwas Trittsicherheit erfordern. Die Wanderung ist wegen der vielen Wurzeln nach Regenfällen nicht zu empfehlen.

Das Naturschutzgebiet Ängsö umfasst einige hundert Inseln und Felsen im Mälaren. Auf der namengebenden Insel Ängsö wurden unterschiedlich lange Rundwege geschaffen und mit orangen, teilweise roten Punkten markiert – sie lassen sich je nach Lust, Laune und Kondition kombinieren.

Die hier vorgestellte Wanderung führt zum großen Teil entlang des Mälaren in den Südteil der Insel und bietet neben schönen Blicken auf den See bzw. die Bucht Grisfjärder einen Einblick in eine jahrhundertealte Kulturlandschaft, die sich als ein Mosaik aus Kiefernwäldern und offenen Weideflächen präsentiert.

▶ Startpunkt der Inselwanderung ist der **Parkplatz 01** bei der **Kirche** und dem Ängsö Natur & Kulturmagasin, das eine kleine Ausstellung und ein paar Folder über die Insel bietet. Links von der Kirche nehmen wir den breiten Kiesweg und wandern Richtung Süden, vorbei an einer Wiese mit einem Pa-

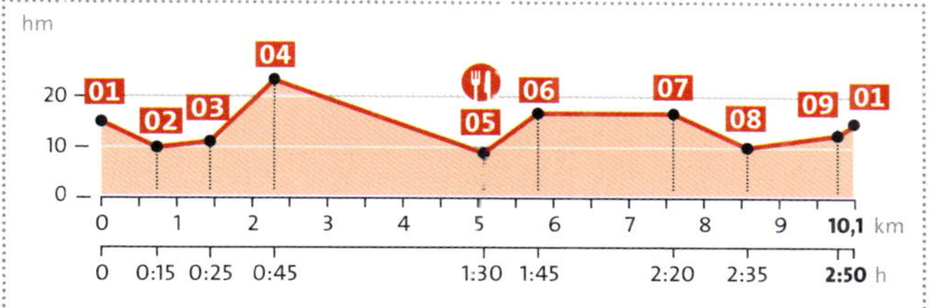

01 Parkplatz Kirche, 15 m; 02 Bootsanleger, 10 m; 03 Holzsteg, 11 m; 04 Infotafel, 23 m; 05 Bootsanleger Skurusund, 9 m; 06 Långholms brygga, 17 m; 07 Karrenweg, 17 m; 08 Vogelturm, 10 m; 09 Schlosspark, 13 m

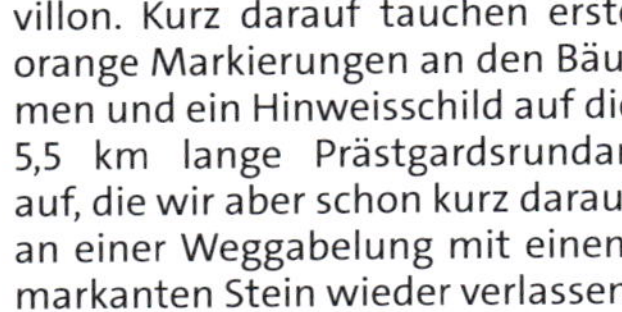

villon. Kurz darauf tauchen erste orange Markierungen an den Bäumen und ein Hinweisschild auf die 5,5 km lange Prästgardsrundan auf, die wir aber schon kurz darauf an einer Weggabelung mit einem markanten Stein wieder verlassen.

Wir halten uns an der Weggabelung links und bei einer privaten Zufahrtsstraße rechts (Wegweiser Båtbryggan) und erreichen kurz darauf einen Badeplatz und einen **Bootsanleger** **02** am Stamdalssundet. Nach einer Pause gehen wir auf dem Weg zurück und nehmen den Wanderweg nach Süden (rechts) auf, kommen an einem roten Toilettenhaus vorbei und wandern über eine Wiese zum Wasser hinunter.

Am Wasser finden wir schöne Felsen, einen Picknicktisch sowie einen **Holzsteg** **03** (Anlege- und Badesteg). Für den weiteren Weg heißt es nun etwas genauer hinschauen: Mit dem Rücken zur Infotafel queren wir die Wiese und finden etwas versteckt einen Trampelpfad links von einem großen Felsen. Der malerische Waldweg führt uns nun sehr schön an der Wasserkante entlang nach Süden. Achtung: Dieser Wegabschnitt ist nicht in den offiziellen Karten eingezeichnet! Wir kommen an einem Unterstand mit Grillstelle vorbei und können links des Weges auf einigen Felsen ein Sonnenbad nehmen oder eine Picknickpause einlegen.

Wir folgen weiter dem Pfad, der uns zu einer **Infotafel** **04** mit Positionsangabe führt. Hier stoßen wir auf die orangen Markierungen der Utörundan, die uns immer parallel zur Wasserlinie zur Südspitze der Insel leitet. Wir queren über Bohlen einige Feuchtstellen und kommen am Ryssbo fiske zum Abzweig Ryssbo Grytan, der zu einer weiteren Badestelle am Wasser führt.

Der eigentliche Wanderweg verläuft aber geradeaus. Wir passieren einen Wegweiser mit Kilometerangaben (6,3 km bis zum Schloss) und laufen nun ganz dicht

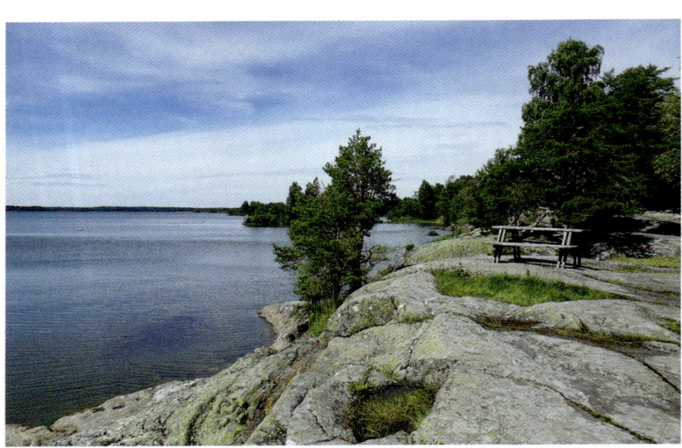

Aussichtsreicher Picknickplatz auf den Felsen an der Westküste

am Wasser mit Sicht auf einige kleine Inseln vor der Küste weiter nach Süden. Der Weg ist teilweise etwas felsig und immer wieder stark verwurzelt. Nach einem letzten Aussichtsfelsen mit Blick auf den See macht der Weg einen Linksbogen und führt an einigen Wiesen vorbei zum **Bootsanleger von Skurusund** 05 am Skurusundet, der Ängsö von der Insel Långholmen trennt. In Skurusund, einer kleinen Häusergruppe, kann man einkehren.

Wir gehen durch zwei Weidetore links und rechts der zum Bootsanleger führenden Straße und wandern dann zwischen Wacholdersträuchern und eindrucksvollen Eichen über offene Weideflächen. Vorbei an einem Schilfgürtel folgen wir ein Stück der Bryggrundan (rot markiert). Wir genießen nochmals einen schönen Blick auf die Insel Långholmen und passieren einen Wegweiser, der uns die verbleibenden Wegkilometer zum Schloss mit 4,7 km angibt.

Wir sind nun am Ende der Straße, die von Norden nach Süden die Insel quert. Sie endet an der **Långholms brygga** 06 (Parkplatz, Bushaltestelle, Infotafel mit Positionsangabe), wo die Fähre zur Nachbarinsel Långholmen übersetzt. Auf Höhe der Infotafel queren wir die Straße und gehen weiter durch die offene Landschaft, über Felsen und vorbei an imposanten Eichen. Der Weg führt erneut in den Wald hinein, bietet immer mal wieder Blicke auf den See, verläuft über schöne Felspassagen und durch hohen Wald. Wir queren eine Forststraße und stoßen auf einen **Karrenweg** 07, an dem wir nach links abbiegen. Links von uns befindet sich Wald, rechts weite Wiesen. Dabei handelt es sich um ertragreiche Über-

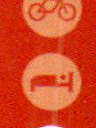

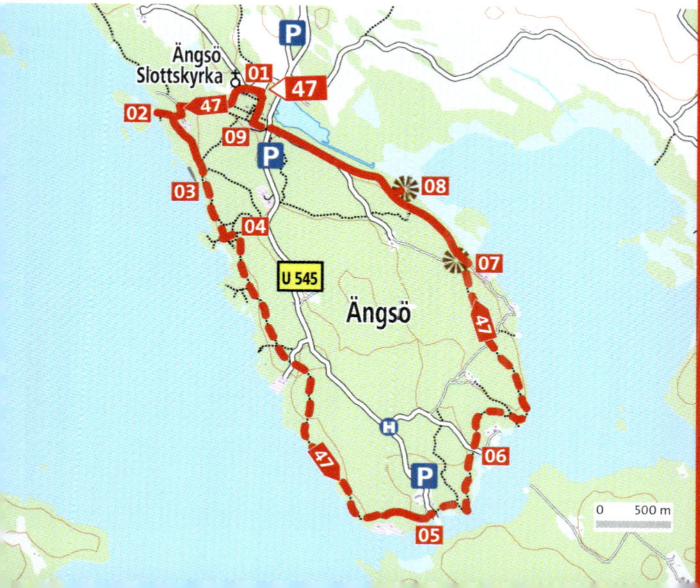

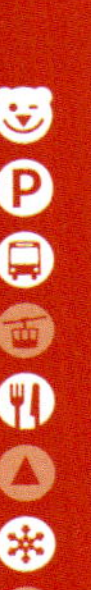

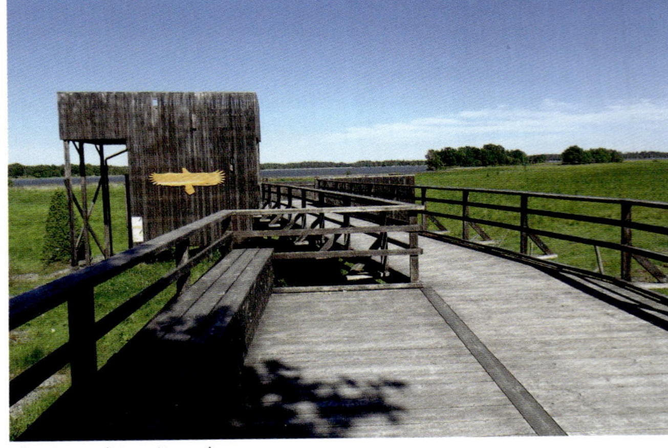

Fågeltorn (Vogelturm)

schwemmungs-Mähwiesen. Diese Mähwiesen der Insel wurden bis Ende des 19. Jhs. regelmäßig gemäht, um so Winterfutter für das Vieh zu gewinnen. Anfang des 20. Jhs. wurden sie in Ackerland umgewandelt, das aber nach 1945 zum Großteil aufgegeben wurde und verbuschte. Heute werden die Übergangszonen zum See teilweise wieder beweidet, um ein weiteres Ausbreiten des Schilfgürtels zu verhindern.

Wir kommen zu der von Schilf umrahmten Bucht Grisfjärden und können auf einer 120 m langen Holzbrücke zu einem **Fågeltorn (Vogelturm)** **08** laufen. Entlang des Stegs finden sich lesenswerte Infotafeln.

Wieder zurück auf dem Wanderweg geht es nun auf der Fahrstraße Richtung Nordwesten – Kirchturm und Dach des Schlosses dienen als Orientierung. Wir erreichen einen Parkplatz mit Hinweisschild auf zwei kürzere Rundwege. Wir halten uns am Parkplatz rechts und gleich wieder bei einem Tor links und laufen durch eine eindrucksvolle Baumallee in den **Schlosspark** **09**. Berühmt-berüchtigt ist Schloss Engsö in Schweden wegen seiner vielen Geister (www.visitvastmanland.com/engso-slott). Links vom Schloss geht es durch ein Tor zurück zum **Parkplatz** **01**.

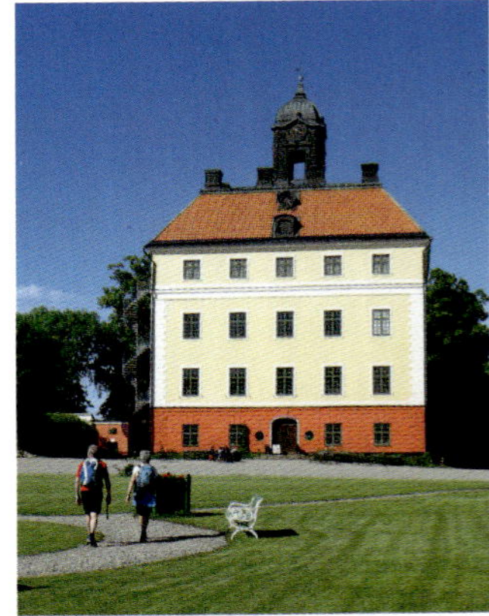

MALMHUVUD

Zur Nordspitze der Insel Ekerö-Munsön

 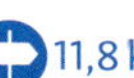 11,8 km  4:15 h 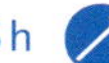 51 hm  51 hm

START | Fähranleger (8 m) nach Adelsö (Bushaltestelle „Sjöängen"; vom Stockholmer Zentrum über die T-Bana-Station „Brommaplan") [GPS: UTM Zone 34 x:644.034 m y: 6.586.368 m]
CHARAKTER | Waldpfade, teilweise Straße, unterschiedlich gut markiert.

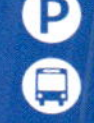
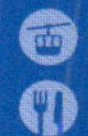

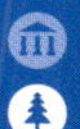

Eine landschaftlich sehr vielfältige Wanderung führt uns entlang der Nordspitze der Insel Ekerö-Munsön zur kleinen vorgelagerten Insel Malmhuvud. Gleich zu Beginn der Wanderung, die zum großen Teil dem Ekerö-Munsöleden II folgt, begeistert das Naturschutzgebiet Väsby Hage, ein herrlicher parkähnlicher Wald mit mächtigen Wacholderbäumen und altehrwürdigen Eichen. In Teilen des Walds wird seit dem 18. Jh. auch Heu gemäht. Dank der Heuernte und der Beweidung erhalten die Bäume ausreichend Licht, um so groß und mächtig zu werden. Am Westufer des Naturschutzgebietes finden sich schöne Badefelsen.

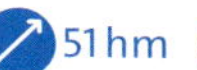 Am **Fähranleger** 01 (Kiosk) bzw. an der Bushaltestelle starten wir und gehen einige Meter auf der Fahrstraße zurück, bis links blaue Wegweiser den Beginn des Vandringsled (damit ist der Ekerö-Munsöleden gemeint) ins 1 km entfernte Naturschutzgebiet Väsby Hage markieren. Wir wandern auf der Fahrstraße zu einem Parkplatz, wo wir uns rechts halten und den blauen Quadraten folgen, die uns zu einem Weidezaun mit Treppe führen. Hier findet sich eine **Info-**

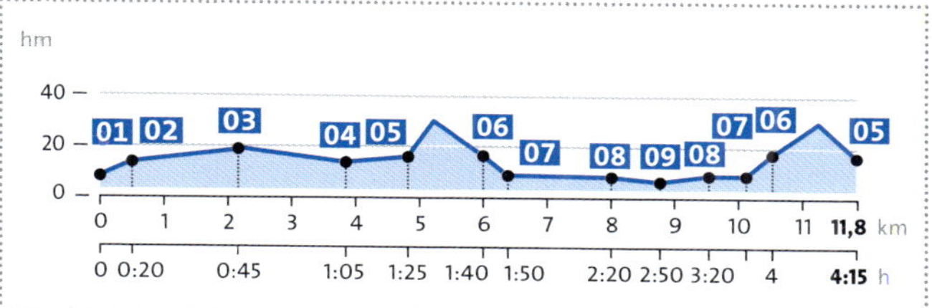

01 Fähranleger, 8 m; 02 Infotafel, 13 m; 03 Treppe, 19 m; 04 Lugnet, 14 m; 05 Bushaltestelle „Sandvik", 16 m; 06 Weggabelung, 17 m; 07 Schranke, 9 m; 08 Brücke, 8 m; 09 Nordspitze von Malmhuvud, 6 m

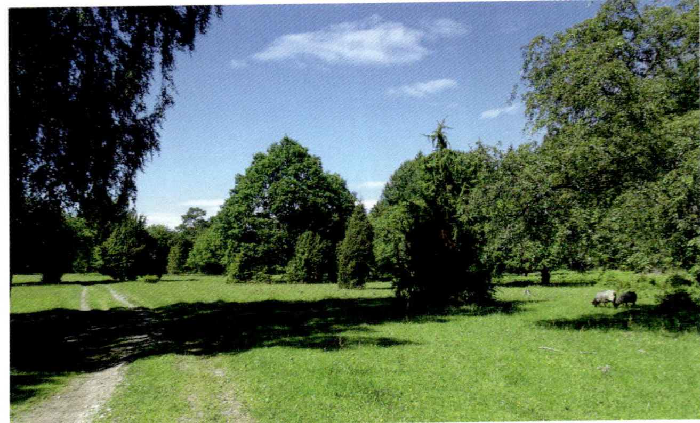

Der Karrenweg durch das Naturschutzgebiet Väsby Hage

tafel 02 zum Naturschutzgebiet Väsby Hage. Wir klettern über die Treppe und wandern durch die parkähnliche Landschaft mit eindrucksvollen Eichen. Hier weiden den Sommer über Kühe und Schafe. Ein Karrenweg führt gut sichtbar durch das Naturschutzgebiet, meist entlang der weitläufigen Wiesen. Am Nordende des Naturschutzgebietes verlassen wir über eine **Treppe** 03 das Weidegebiet, hier findet sich nochmals eine Infotafel mit Positionsangabe. Wer baden will, hat es von hier aus nicht weit zum Badestrand.

Der Karrenweg endet an einer Forststraße, an der wir uns rechts halten und weiterhin den blauen Markierungen folgen. Zunächst noch durch Wald marschierend, verlassen wir diesen bald und wandern nun entlang ausgedehnter Getreidefelder Richtung Nordwesten, vorbei an den Häusern von Killingholmen, die herrlich am Ufer des Mälaren liegen. In Gehrichtung sieht man am Ende der Felder ein hohes rotes Gebäude, an dem wir später vorbeikommen werden. Wir folgen dem Verlauf der Straße, bis diese auf ein Hofgelände mit einer markanten roten Scheune trifft. Hier halten wir uns rechts und wandern wenig später durch die Martins allé, eine noch sehr junge Baumallee. An ihrem Ende weist ein etwas zugewachsenes Wanderschild nach links.

Wir erreichen die Siedlung **Lugnet** 04 und folgen der Hauptstra-

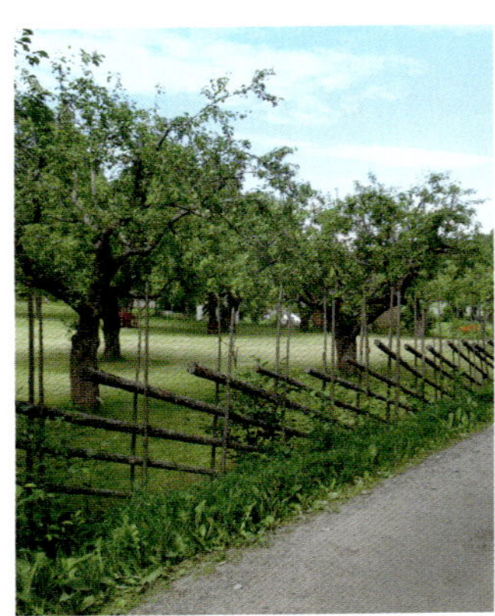

Typischer Holzzaun in Lugnet

ße zwischen den hübschen Wohnhäusern hindurch. Sehenswert sind die traditionellen Holzzäune, wie man sie vielfach in Süd- und Mittelschweden findet.

Wir queren ein kleines Wäldchen und laufen entlang von Feldern auf ein gelbes Wohnhaus zu. Hier biegen wir nach links ab (Bushaltestelle „Nybygget") und erreichen die **Bushaltestelle „Sandvik"** 05. Dort verlassen wir die Straße und wandern rechts in einen schönen Wald, verlassen ihn nach einiger Zeit wieder und laufen durch ein Rodungsgebiet leicht bergab zu einem Karrenweg. An der **Weggabelung** 06 halten wir uns für wenige Meter links, bis rechts der Wanderweg gut markiert wieder abzweigt. Wir gelangen so über eine Wiese zu einem Dammweg, der uns über einen schmalen Kanal führt und dann an einer **Schranke** 07 endet. Hinter dieser Schranke halten wir uns links. Die Markierungen sind etwas verwir-

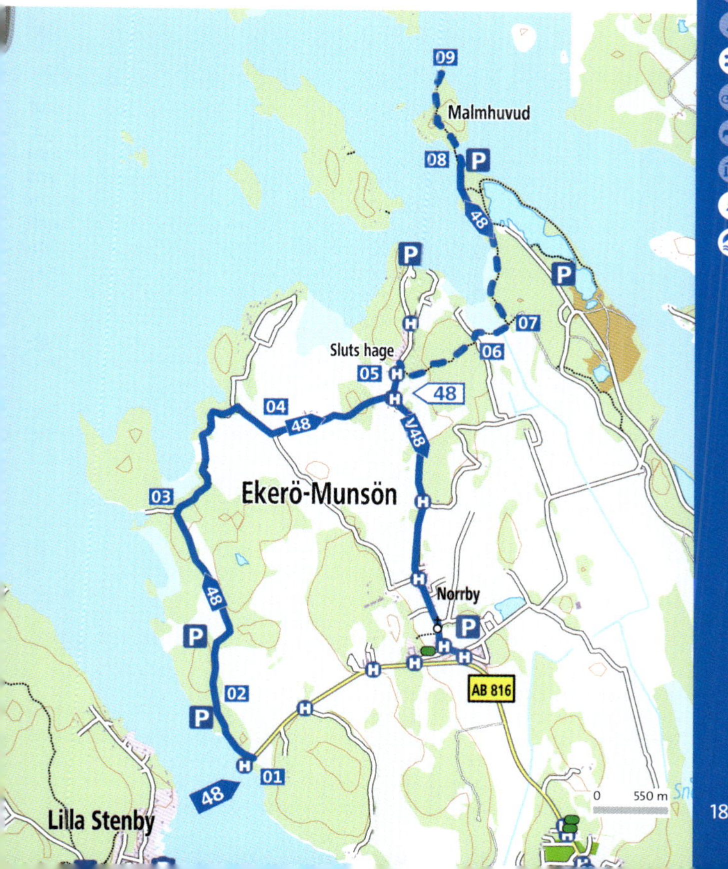

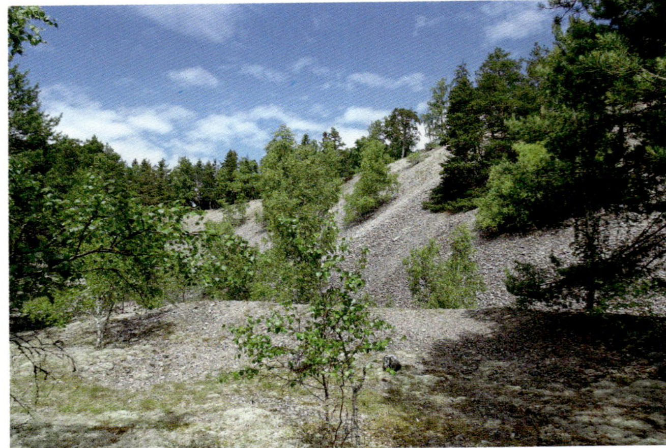

Die Lichtung auf der Insel Malmhuvud mit der Kies-Sand-Wand

rend, weil sowohl am linken wie auch am rechten Weg blaue Quadrate zu sehen sind. Wir nehmen auf jeden Fall den linken Weg und folgen ihm nun konsequent nach Norden bzw. Nordwesten.

Achtung: An der Nordspitze sind sowohl ein blauer als auch ein roter und ein gelber Wanderweg ausmarkiert (der blaue ist nicht mit dem Ekerö-Munsöleden identisch!) – weiterhin strikt den bekannten blauen Quadraten folgen. Der Weg führt zu einer kleinen **Brücke** 08, die einen nur 1 m breiten Kanal überbrückt, der auf die kleine Ekerö-Munsön vorgelagerte Insel führt. Hier enden die Markierungen des Ekerö-Munsöledens.

Wir können aber dennoch weiterwandern: Der Weg führt uns zunächst zu einer von einer hohen Kies-Sand-Wand begrenzten offenen Lichtung, auf der einige Büsche und Bäume wachsen. Wer das Abenteuer sucht, wandert noch weiter bis zur Nordspitze von Malmhuvud. Dafür halten wir uns in der Mitte der Lichtung rechts – der linke Weg (mit Holzbohlen) führt lediglich zu einem Wohnhaus. Wir nehmen also den rechten Weg, der nun ansteigend über einen Kiesrücken sehr schmal und etwas ausgesetzt bergan führt und dann als Trampelpfad hinter die Kies-Sand-Wand weiter strikt nach Norden führt. Wir sind nun in einer von der Eiszeit geprägten faszinierenden Landschaft, in der zahlreiche bewachsene alte Dünen für einen einzigartigen Charakter sorgen. Der gut zu erkennende Trampelpfad führt an einer kleinen Hütte vorbei und erreicht wenige Meter später die **Nordspitze von Malmhuvud** 09 – mit Blick aufs Wasser, aber ohne gute Möglichkeit zu Picknicken.

Zurück geht es auf demselben Weg bis zur **Bushaltestelle „Sandvik“** 05. Alternativ kann man auch zur Haltestelle „Munsö Kyrka“ laufen (3 km; 35 Min.).

EKERÖ-MUNSÖLEDEN

Entlang der Ostküste von Munsön

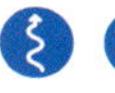 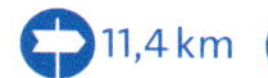 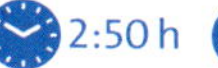 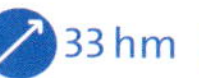 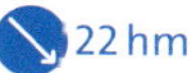

START | Bushaltestelle „Kärsösund" (7 m), von Stockholms Zentrum mit der U-Bahn zur T-Bana-Station „Brommaplan" , dann weiter mit den Buslinien 312 oder 311 zur Bushaltestelle „Kärsösund" [GPS: UTM Zone 34 x:649.188 m y: 6.582.351 m]
CHARAKTER | Teils Fahrstraße, meist Waldpfade, unterschiedlich gut markiert (Munsöleden: auf der Spitze stehendes blaues Quadrat).

Die Doppelinsel Ekerö-Munsön liegt im Ostteil des Mälaren, hier wurden zwei längere Streckenwanderungen ausgewiesen, die einmal die Doppelinsel von Südwesten bis Nordosten durchqueren. Wir wandern auf einem Teil des 18 km langen Munsöleden II entlang der landwirtschaftlich geprägten Ostküste. Sie führt uns zu einem Strandsee (Blaue Lagune) und in ein kleines, aber sehenswertes Naturschutzgebiet.

▶ Wir starten an der **Bushaltestelle „Kärsösund"** 01. In Fahrtrichtung schauend sehen wir rechts die Gebäude eines Pferdegestüts. Wir nehmen den Fahrweg dorthin und finden schon bald ein erstes Hinweisschild auf den Munsöleden (blaues Quadrat). Noch vor dem Stallgebäude halten wir uns links (Pfeile am Strommast). Wir folgen der ungeteerten Straße nach Nordwesten, passieren eine Infotafel zum Naturschutzgebiet Husby (rechts von uns) und laufen durch eine schöne Baumallee. Rechts liegt ein auffallend begrünter Hügel, eine alte Grabstätte.

Weiter auf der Allee erreichen wir eine Ansammlung schöner Wohn- und Stallgebäude. 200 m nach dem roten Stallgebäude auf der

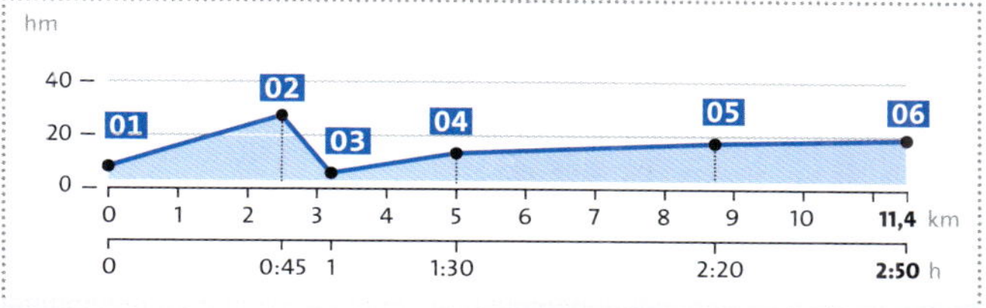

01 Bushaltestelle „Kärsösund", 7 m; 02 Pfad, 28 m; 03 Blaue Lagune (Blå Lagunen), 6 m; 04 Naturschutzgebiet Bonavik, 13 m; 05 Löten, 17 m; 06 Bushaltestelle „Munsö kyrka", 18 m

Naturschutzgebiet Bonavik

Eine Infotafel neben einem kleinen Parkplatz erklärt die Besonderheit des kleinen Schutzgebietes: Wir befinden uns am 250 km langen Uppsalaåsen, einem der eindrucksvollsten „Esker" Schwedens. Ein Esker (auch Os, As oder Wallberg genannt) ist eine bahndammähnliche Aufschüttung von Schmelzwassersanden und -kiesen, die die eiszeitlichen Gletscher aufgeschüttet haben.

linken Seite zweigt in einer Linkskurve ein **Pfad** 02 zur Blauen Lagune ab. Wir folgen den Markierungen und kommen zum Südostufer des Strandsees, den bewachsene Dünen vom offenen Wasser trennen. Wir wandern auf der Ostseite der **Blauen Lagune (Blå Lagunen)** 03 weiter, queren an ihrem Ende eine weite Sandfläche und gelangen erneut auf eine Zufahrtsstraße zu mehreren Wohnhäusern. Wir folgen der Straße nach rechts und passieren Häuser, zum Teil mit herrlichem Blick über den Mälaren.

Vor einem weißen Turm mit der Aufschrift „Bonavik gård" erreichen wir einen Wegweiser nach rechts. Es folgt der landschaftlich schönste Teil der Wanderung, der entlang des Seeufers durch eine naturbelassene Waldlandschaft führt.

Naturschutzgebiet Bonavik

Wir sind nun im **Naturschutzgebiet Bonavik** 04. Der Weg ist schmal, stark verwurzelt und führt in leichtem Auf und Ab an der Wasserlinie entlang, bis er eine scharfe Linksbiegung macht und in einer Art „Schlucht" den rund 400 m breiten Esker quert. Ein Foto zeigt eine historische Bahn, mit der hier Anfang des 19. Jhs. Sand und Kies abtransportiert wurde. Zum Schluss geht es kurzfristig steil bergauf, bis die Grenze des Naturschutzgebietes erreicht ist (Infotafel).

Wir stoßen wieder auf die Fahrstraße und folgen dieser nach rechts. Der Weg verläuft nun für rund 1,7 km entlang einer Kiesgrube. Wer einen Blick in die Grube wirft, bekommt einen guten Eindruck von der Mächtigkeit dieser Ablagerungen. Entlang der Felder und vorbei an Findlingen links und rechts der Straße erreichen wir schließlich die Häusergruppe von **Löten** 05. Bis hierher sind es knapp 10 km, bis zum Ende des Munsöleden noch weitere 8 km. Wir verlassen daher in Löten den Munsöleden und folgen der Straße nach Munsö zur **Bushaltestelle „Munsö kyrka"** 06. Regelmäßig fahren Busse von dort zur T-Bana-Station „Brommaplan".

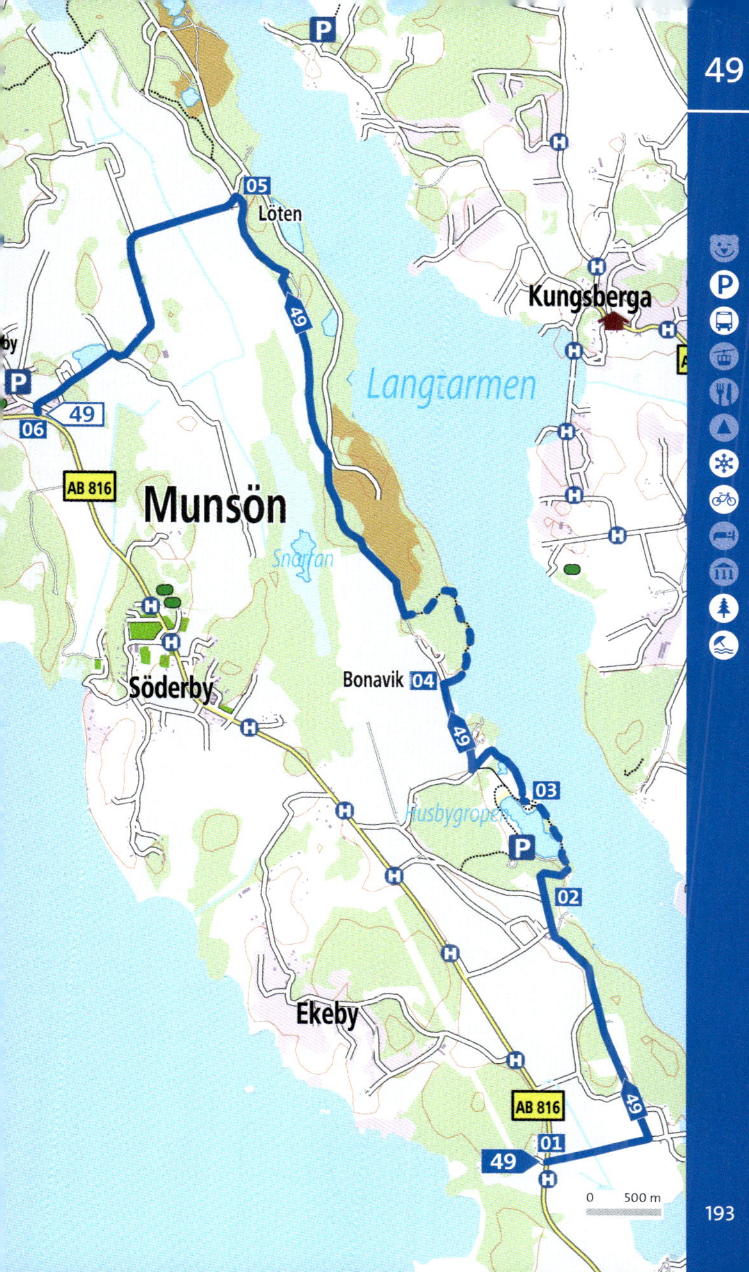
05
Löten
Kungsberga
Langtarmen
49
P
06
AB 816
Munsön
Snarfan
Söderby
Bonavik 04
03
Husbygropen
02
Ekeby
AB 816
01
0 500 m

FORNSTIGEN

Kulturhistorische Wanderung über die Insel Lovön

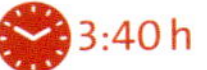

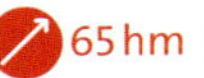

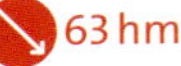

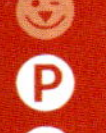

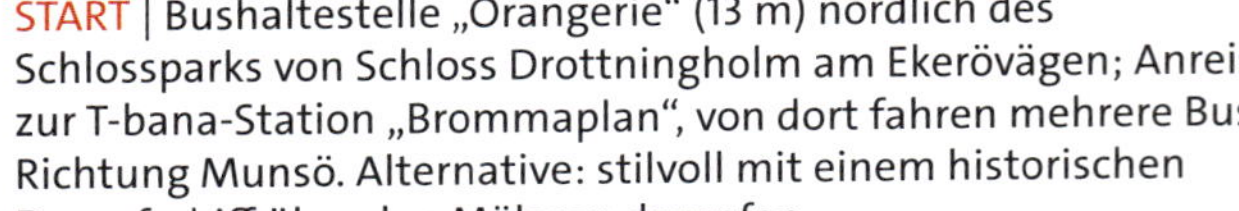

START | Bushaltestelle „Orangerie“ (13 m) nördlich des Schlossparks von Schloss Drottningholm am Ekerövägen; Anreise zur T-bana-Station „Brommaplan“, von dort fahren mehrere Busse Richtung Munsö. Alternative: stilvoll mit einem historischen Dampfschiff über den Mälaren dampfen.
[GPS: UTM Zone 34 x:663.689 m y: 6.579.909 m]
CHARAKTER | Lange Wanderung durch die abwechslungsreiche Kulturlandschaft Lovöns, meist Waldwege, teils Forstwege und im zweiten Teil auch abschnittsweise Teerstraße.

Der Fornstigen ist ein 18 km langer Rundwanderweg auf der Insel Lovön, der beim Schloss Drottningholm an der Cantongatan südlich des Kina Slott beginnt bzw. endet und an wichtigen historischen Stätten und sehenswerten Gebäuden vorbeiführt. Um die Wanderung mit einem Schlossbesuch verbinden zu können, wird hier eine verkürzte Variante vorgestellt.

▶ Mit dem Bus von Stockholm kommend, gehen wir von der **Bushaltestelle „Orangerie“** 01 (gleich südlich davon befindet sich der kreisrunde Parkplatz Karusellplan) einige Schritte zurück und biegen dann links in den Rörbyvägen ein (auf der rechten Seite der Straße stehen Gewächshäuser und ein auffallend rotes altes Gebäude). Hier finden wir an der Straßenkreuzung auch einen ersten weißen Pfeil auf blauem Grund, der die Laufrichtung des Fornstigen vorgibt. Wir folgen dem Rörbyvägen für wenige Meter, bis links

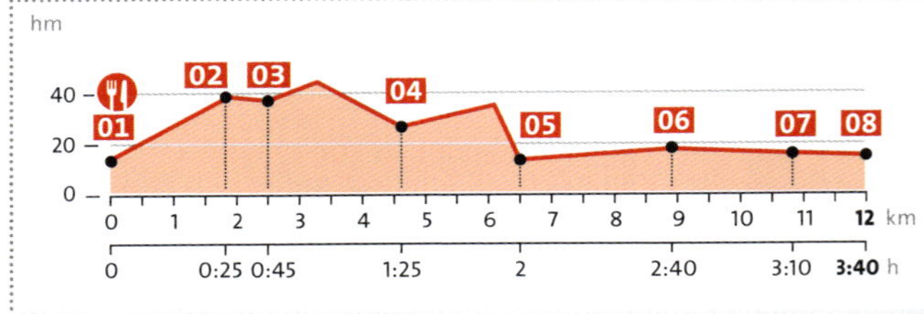

01 Bushaltestelle „Orangerie“, 13 m; 02 Golfplatz, 39 m; 03 Rörby, 37 m; 04 Norrby, 26 m; 05 Prästviken, 14 m; 06 Lunda, 18 m; 07 Weggabelung, 16 m; 08 Bushaltestelle „Tyllflykten“, 15 m

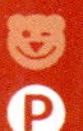

Schloss Drottningholm

Schloss Drottningholm auf der Insel Lovön im Mälaren liegt etwa 20 Autominuten von Stockholms Zentrum entfernt und steht seit 1991 auf der Liste des UNESCO-Weltkulturerbes. Es ist das am besten erhaltene schwedische Königsschloss und Wohnsitz des Königspaares. Drottningholm bedeutet übersetzt „Königininsel“ und wurde Ende des 16. Jhs. für Königin Katharina Jagellonica (Katharina von Polen) erbaut. Nach einem Brand 1661 wurde es im Barockstil wiederaufgebaut und um die Schlosskirche und den weitläufigen Barockgarten erweitert. Rund 100 Jahre später wurde dieser durch einen englischen Garten erweitert, der mit Teichen, Kanälen, Inseln, Wiesen und romantischen Brücken und Spazierwegen einer natürlichen Landschaft nachempfunden wurde. Um 1760 kamen noch das barocke Schlosstheater („slottsteater“) und das im Rokokostil errichtete, mit chinesischen und orientalischen Elementen verzierte Kina slott (chinesisches Schlösschen) dazu.

Mai – Sept. tägl. 10–16.30 Uhr, alle weiteren Öffnungszeiten siehe Homepage: www.kungahuset.se (Stichwort: Besök kungliga slotten)

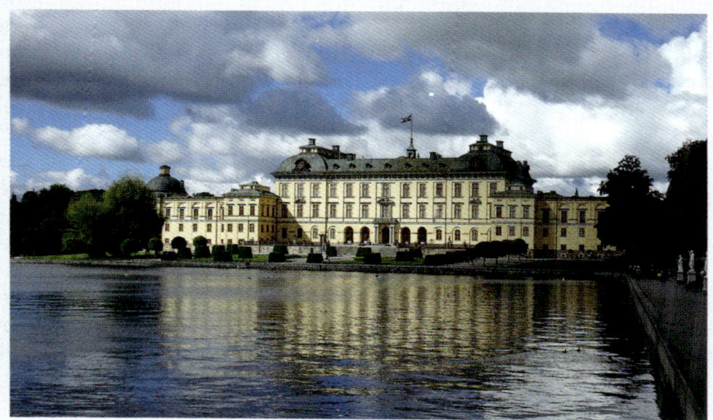

der Wegweiser „Fornstigen“ unübersehbar nach links durch die Felder zum Wald weist. Im Wald stoßen wir schon bald auf eine erste von zahlreichen zweisprachigen Infotafeln, die hier auf den alten Friedhof Ättebacken mit 29 Steinsetzungen und 11 Grabhügeln aus der Wikingerzeit hinweist. Wenig später folgt eine weitere über den alten Speichersee Ruddammen, der zur Bewässerung der Parkanlagen Mitte des 17. Jhs. angelegt wurde. Da die Anlage mangels ausreichendem Druck nicht funktionierte, wurde der Teich stattdessen als Fischteich genutzt.

Wir stoßen auf eine Straße, halten uns rechts, laufen an der Mauer eines Privatgrundstücks (Villan) vorbei, halten uns dann aber links

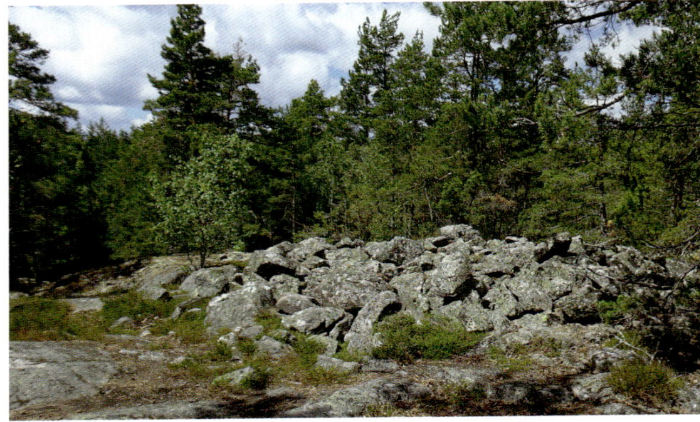

Bronzezeitlicher Steinhügel am Weg

und folgen den blauen Markierungen. Der Weg verläuft parallel zu Feldern und stößt schließlich auf einen **Golfplatz** **02**, den wir zu einem Teil umrunden. Kurz nachdem der Weg den Golfplatz verlassen hat und nach rechts abbiegt, stoßen wir auf eine weitere Infotafel über einen historischen Friedhof und wenig später auf das winzige rote Wohnhaus Lådan. Links des Weges fällt der Blick auf zahlreiche Pferdekoppeln. Der Weg zieht sich durch einen schönen Wald und führt zu einem Buckel, unter dem sich ein Steingrab befindet.

Wir erreichen schließlich die roten Gebäude eines **Gestüts** bei **Rörby** **03**. Der Fornstigen führt zwischen den Gebäuden des Rörby hembygdsgård hindurch in einen lichten Wald. Wir passieren einen Weidezaun und wandern am Rand der Pferdekoppeln nach Nordwesten, vorbei an einem weiteren Friedhof (Infotafel). Der Weg ist in diesem Abschnitt ausgesprochen schön und endet schließlich an einer Straße, an der wir uns links halten. Wir folgen dem Verlauf der ungeteerten Straße und kommen so zu einem weiteren Gestüt in **Norrby** **04**. Wir sind nun am nördlichsten Punkt der Wanderung.

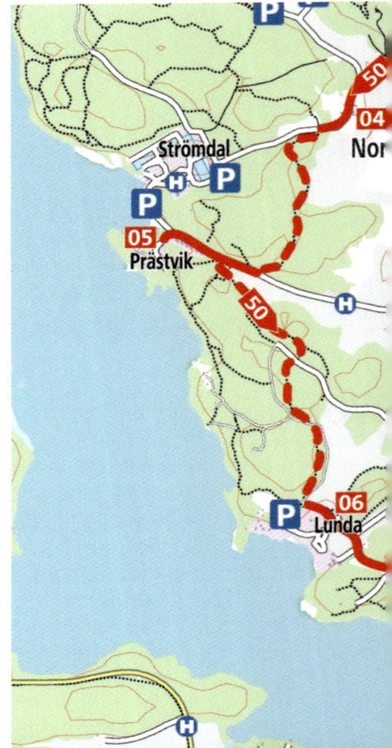

Zunächst noch entlang der Felder führt der Weg kurz durch ein Rodungsgebiet und dann weiter durch Wald, bis er erneut auf eine Fahrstraße trifft.

Bevor wir der Beschilderung des Fornstig weiter nach links folgen, machen wir zunächst einen kleinen Abstecher nach **Prästviken** 05, wo wir unterhalb der Siedlung auf einer Wiese am Wasser des Mörbyfjärden eine Pause einlegen können. Hier befindet sich auch eine Bushaltestelle („Prästviken") mit der Möglichkeit, etwa im Stundentakt über Schloss Drottningholm zur T-Bana-Station „Brommaplan" zurückzufahren.

Wir laufen nach der Pause zum letzten Wegweiser zurück, halten uns rechts und wandern nun durch ein ausgesprochen schönes Waldstück – über vom Gletscher abgeschliffene Felsbuckel, unter schönen Birken und vorbei an weiteren Grabfeldern (jeweils mit Infotafeln). Wir queren eine Straße, laufen durch eine kleine Rodung und erreichen schließlich einen Parkplatz mit einer Infotafel über die Wanderwege auf Lovön. Wir halten uns links (orange Punkte der Lövon runt und blaue Punkte) und kommen zu den Häusern von **Lunda** 06. An einer T-Kreuzung halten wir uns links und folgen den blauen Markierungen des Fornstigen. Bei den Postkästen rechter Hand biegen wir nach rechts ab und laufen auf ein rotes Wohnhaus zu, vor dem wir nach rechts abbiegen. Von hier aus genießt man einen schönen Blick über eine Weide auf den Fjord.

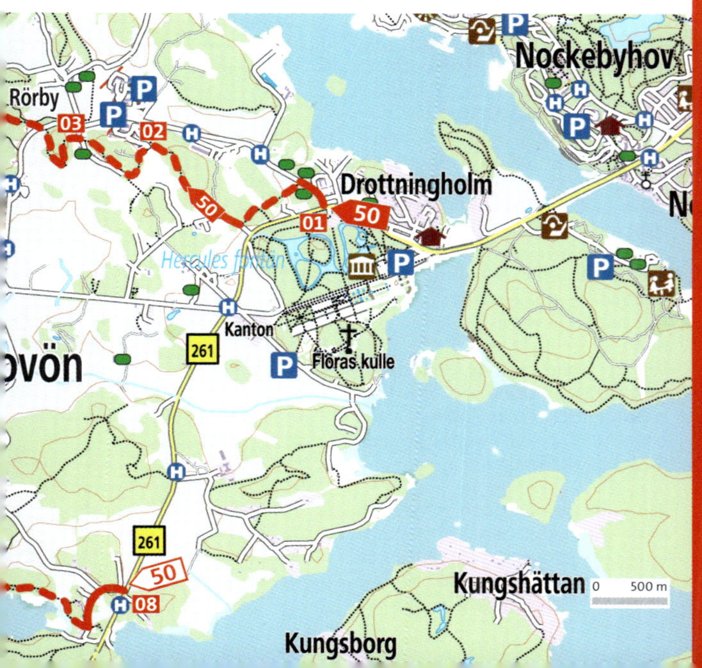

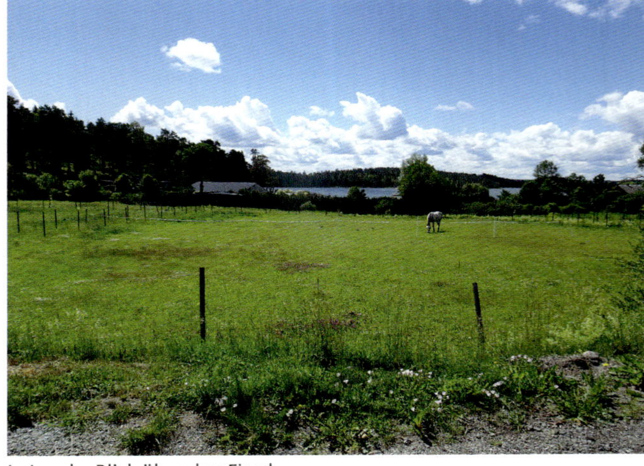

In Lunda: Blick über den Fjord

Nach wenigen Metern halten wir uns gemäß den Wegweisern an einer Pferdekoppel links. Kurz darauf biegt der Fornstigen nach links ab und macht eine Schleife, die an drei Fundstätten alter Friedhöfe aus der frühen Wikingerzeit (um 550–850 n. Chr.) und den Resten einer steinzeitlichen Siedlung vorbeiführt. Der Weg verlässt den Wald und führt am Feldrand entlang auf das Wasser zu, wo er bei einem Wegweiser wieder auf die Lovö runt trifft. Wir biegen nach links ab und laufen nun ufernah Richtung Südosten.

Wir kommen zu einer **Weggabelung** 07, an der der Fornstigen nach Norden (links) abbiegt und noch rund 6 km weiter in den Schlosspark führt.

Wir verlassen hier den Fornstigen und folgen nun am Wasser entlang den orangen Markierungen der Lovö runt, bis wir auf ein rotes und graues Holzhaus treffen. Wir laufen links am grauen Haus vorbei und halten uns am Ende der Zufahrtsstraße nochmals links und folgen der Straße, bis diese auf die Hauptstraße trifft.

Auf der anderen Straßenseite liegt die **Bushaltestelle „Tillflykten“** 08. Die Busse fahren relativ oft in der Stunde zum Schloss und weiter zur T-Bana-Station „Brommaplan“.

Variante: Kompletter Fornstigen

Vom Wegpunkt 07 führt der Fornstigen über Söderby zur Straße 261, quert diese und führt über Edeby und Oskarsborg bei Bredablick zum Ufer des Mälaren zurück und endet unweit des Kina slott. Von dort kann man durch das Parkgelände zurück zum Parkplatz bzw. zur **Bushaltestelle „Orangerie“** 01 laufen.

SKÄRHOLMENS STRANDVÄGEN

Strandpromenade am Mälaren

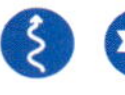 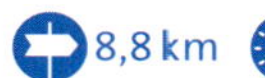 8,8 km 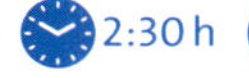 2:30 h 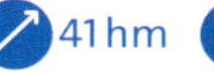 41 hm 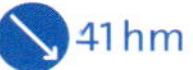 41 hm

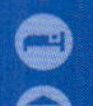

START | Skärholmen, T-Bana-Station „Bredäng“ (51 m)
[GPS: UTM Zone 34 x:667.066 m y: 6.576.567 m]
CHARAKTER | Die Uferpromenade ist ein breiter Kiesweg, der gut mit Kinderwagen befahrbar ist. Familienfreundlicher Spaziergang mit vielen Bademöglichkeiten in zwei schönen Strandbädern.

Rund 13 km südwestlich des Stockholmer Stadtzentrums liegt Skärholmen am Ufer des Mälaren. Die kleine Promenadenwanderung beginnt bzw. endet an einer T-Bana-Station und ist ein schönes Ziel an einem heißen Sommertag, bietet sie doch verschiedene Bademöglichkeiten sowie zwei ausgewiesene Strandbäder. Wer will, kann auch von Stockholm oder Drottningholm mit dem Schiff nach Mälarhojdsbadet anreisen. Am Weg liegt das Sätraskogens Naturreservat, das offene Weiden, Eichen und alte Laubwaldbestände schützt.

▶ Von Stockholm kommend verlassen wir die **T-Bana-Station „Bredäng“** **01** gegen die Fahrrichtung und kommen so zu einem Platz mit zahlreichen Geschäften und Wegweisern. Wir folgen dem Wegweiser Richtung Mälarhojdsbadet, halten uns am Bredängsvägen rechts, überqueren diesen und laufen am Gebäude der Svenska Kyrkan vorbei in einen Grünstreifen. Hier halten wir uns rechts und queren eine Wiese. Ein Kunstwerk dient als Orientierung, an diesem links vorbei. Vor uns sehen wir eine Fußgänger-Unterführung, durch die wir hindurchgehen. Kurz lau-

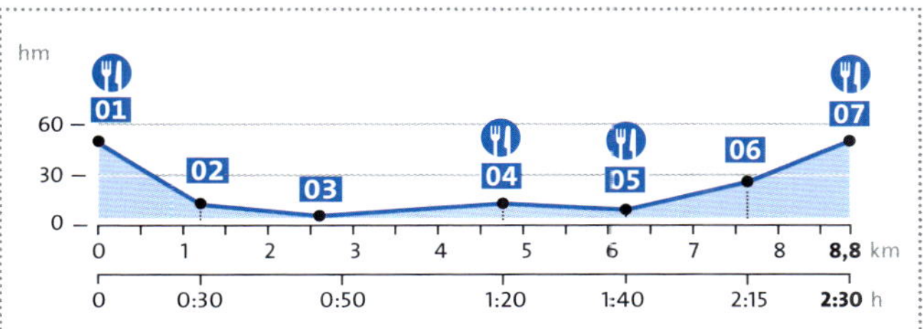

01 T-Bana-Station „Bredäng“, 51 m; **02** Mälarhöjdsbadet, 11 m; **03** Sätra varv, 9 m; **04** Sätra Badet, 11 m; **05** Skärholmens brygga, 10 m; **06** Kreuzung, 24 m; **07** T-Bana-Station Vårberg, 49 m

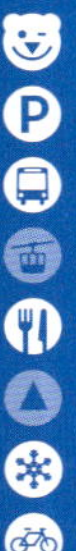

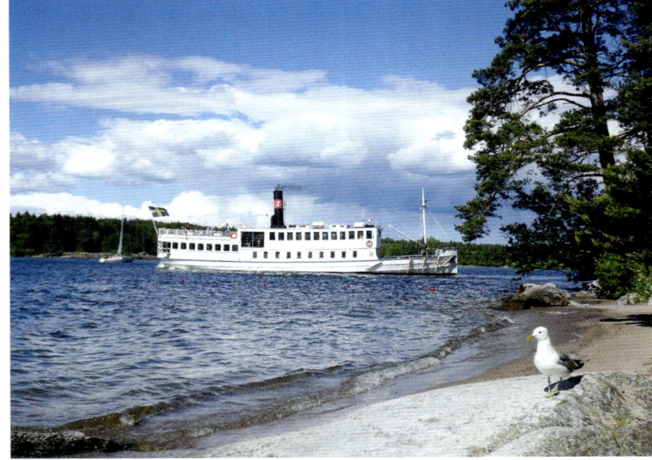

Mälarhöjdsbadet: Ein von Drottningholm kommendes Schiff steuert auf den Anleger zu

fen wir parallel zur Straße und biegen dann nach links ein, nehmen eine zweite Unterführung und gelangen so in eine Grünanlage und dort zu einer Infotafel, die über das Sätraskogens Naturreservat informiert.

Links der Tafel folgen wir dem Bredängs Badväg bergab zum Ufer des Mälaren. Hier erwarten uns links von der Anlegestelle **Mälarhöjdsbadet** 02 Liegewiesen, ein Sandstrand und ein Spielplatz. Hier trifft man meist auf badende Schweden, denn die gehen bei (fast) jedem Wetter ins Wasser – sie haben ganz offensichtlich ein anderes Temperaturempfinden.

Vorbei an einem Freiluft-Fitnessstudio folgen wir nun dem breiten Kiesweg und wandern an Grillstellen und weiteren Bademöglichkeiten vorbei auf dem Skärholmens Strandvägen entlang, beschattet von eindrucksvollen Eichen. Wir halten uns an Weggabelungen immer rechts und erreichen so **Sätra varv** 03, wo wir wegen einer Großbaustelle (Tunnelbau für die neue 21 km lange Autobahn-Westumfahrung der E4 – „Förbifart Stockholm", die u. a. über die Insel Lovön geführt wird) einem markierten Umweg um die Baustelle herum machen müssen. Der nächste Abschnitt, der mal hoch über dem Wasser, dann wieder an der Wasserlinie entlangführt, ist landschaftlich besonders schön.

Wir passieren ein Leuchtfeuer. Schließlich erreichen wir das große Strandbad **Sätra Badet** 04 mit ausgedehnten Liegeflächen, Freiluft-Fitnessgeräten, Toilettenanlagen, Spielplatz etc. Wir laufen auf dem Kiesweg um die Anlage herum und bleiben weiter auf dem ufernahen Weg, der uns an der Villa Skarholmensgard vorbeiführt. Kurz darauf liegt rechts der Schiffsanleger **Skärholmens**

brygga 05. Wir gehen Richtung Anleger und vor diesem links weiter auf dem Promenadenweg, der nun sehr schön durch einen Wald mit eindrucksvoll hohen Bäumen führt. Der Promenadenweg endet schließlich bei den ersten Wohnhäusern von Johannesbadet.

Wir stoßen auf eine **Kreuzung** 06, wo wir links in den Peterséns väg einbiegen und uns an der folgenden T-Kreuzung rechts halten (Vårudsringen). Wir folgen der Ringstraße und laufen links an einem Schulgebäude vorbei, halten uns danach rechts und gleich wieder links in die Wohnstraße Rönnholmsgränd, die uns auf eine markante Kuppe zuführt. Diese umrunden wir auf einem Fußweg links und sehen dann schon vor uns ein Hochhaus, zu dessen Füßen sich die **T-Bana-Station „Vårberg“** 07 befindet.

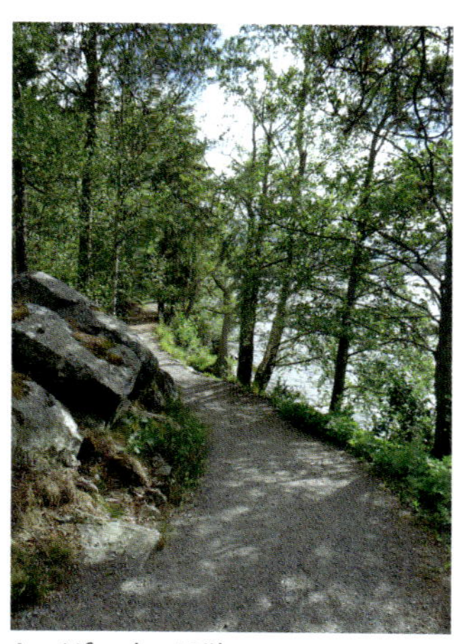

Am Ufer des Mälaren

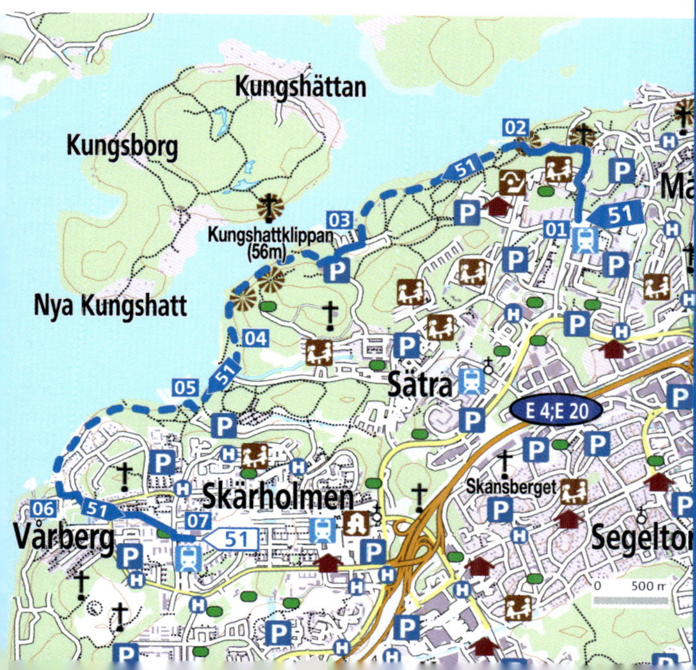

STRANDPROMENADE ALVIK – NOCKEBY

Entlang des Mälarenufers

 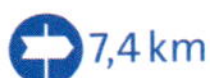 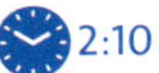 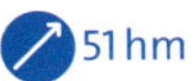 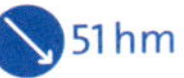

START | Stockholm-Bromma, T-Bana-Station „Alvik“ (15 m) [GPS: UTM Zone 34 x:669.532x m y: 6.580.929 m]
CHARAKTER | Meist naturbelassene Wege, ab und zu Passagen mit Teer. Der meist flache Weg folgt der Topografie über Granitbuckel am Wasser entlang.

Der Mälaren im Westen von Stockholm ist der drittgrößte See des Landes. Mit seinen Buchten, Halbinseln und Inseln zählt er zu den beliebtesten Naherholungsgebieten der Stockholmer. Der Weg führt entlang der Ostspitze des Mälaren von einer T-Bana-Station zur nächsten, in 30 Minuten ist man von der Altstadt am Ausgangspunkt. Die Wanderung empfiehlt sich für heiße Sommertage, da es am Ufer viele Möglichkeiten zum Baden gibt.

Mit den T-Bana-Linien 17, 18 oder 19 fahren wir zur **T-Bana-Station „Alvik“** 01 und verlassen diese in Fahrtrichtung. Unten halten wir uns links und stehen auf einem Platz mit mehreren Bushaltestellen. Wir laufen rechts am Coffeehouse by George vorbei auf das Hochhaus zu, hinter dem die Uferpromenade (Gustavslundsvägen) beginnt.

Mit schönem Blick auf den See passieren wir einige mehrstöckige Wohnhäuser und kommen zur Autobrücke, die Alvik mit der Stockholmer Insel Stora Essingen verbindet. Der Uferweg führt unter dieser hindurch und leicht

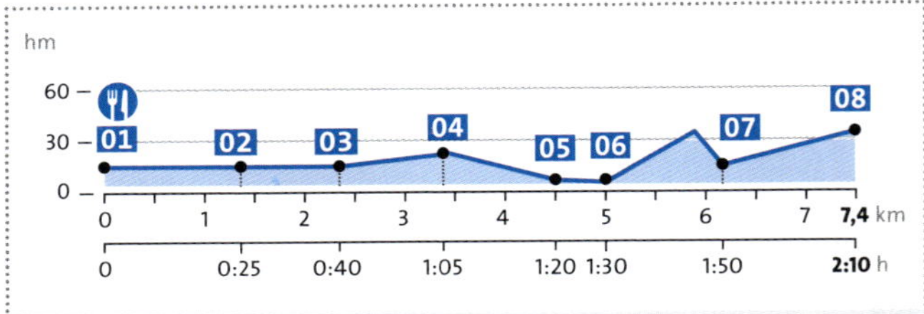

01 T-Bana-Station Alvik, 15 m; 02 Freizeithafen, 14 m; 03 Marina von Smedslätten, 15 m; 04 Solviksbadet, 23 m; 05 Badeplatz, 8 m; 06 Freizeithafen von Höglandet, 9 m; 07 Tällbergsgränd, 16 m; 08 T-Bana-Station „Nockeby“, 34 m

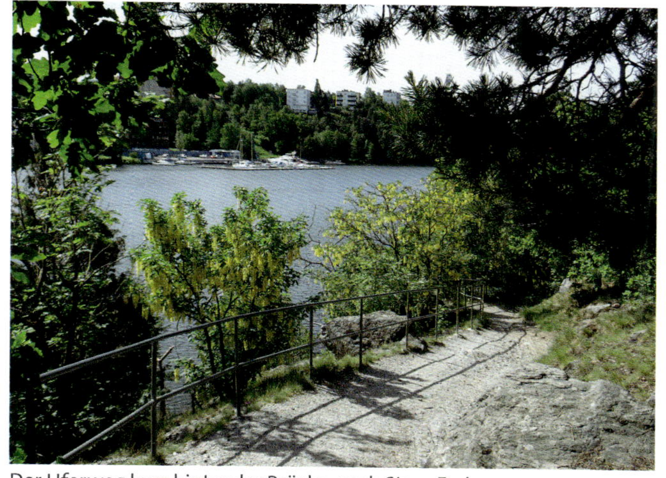

Der Uferweg kurz hinter der Brücke nach Stora Essingen

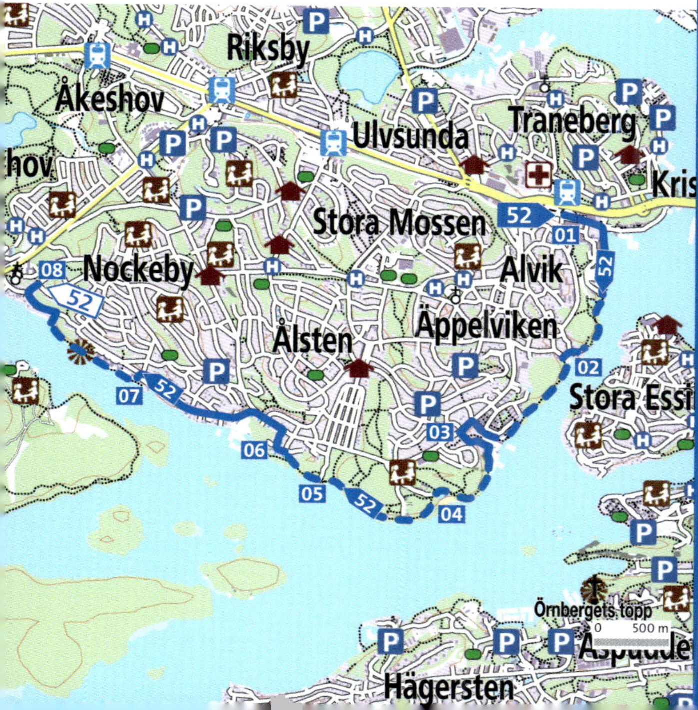

Riksby
Åkeshov
Ulvsunda
Traneberg
Kris
hov
Stora Mossen
Nockeby
Alvik
Ålsten
Äppelviken
Stora Essi
Örnbergets topp
0 500 m
Aspudde
Hägersten
52
01
02
03
04
05
06
07
08

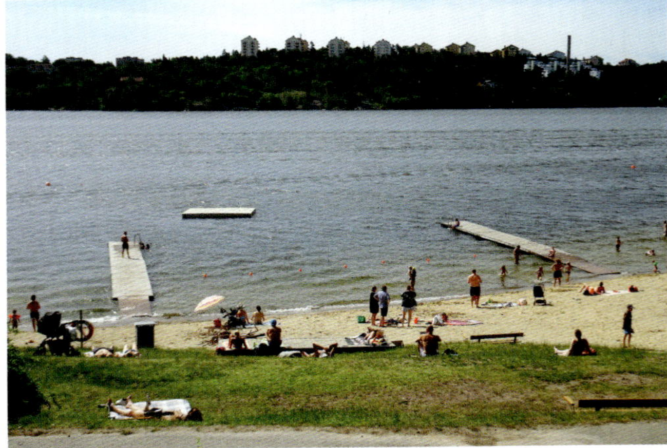

Einer von mehreren Badeplätzen

bergauf und an einem Kunstwerk im Mälarenpark vorbei.

Am Ende des Parks umrunden wir einen ersten kleinen **Freizeithafen** 02 und erreichen bald darauf die **Marina Smedslätten** 03, die wir ebenfalls umrunden. Für eine Pause bietet sich der Badestrand **Solviksbadet** 04 mit einigen Fitnessgeräten, Toiletten, Sandstrand und Spielplatz an. Wir laufen in einem leichten Rechtsbogen um die Südspitze, genießen die schönen Ausblicke und wandern entlang mächtiger Felswände. Rechts von uns befindet sich der Ålstensskogen mit dem Ålstensängen, ein Grabfeld mit sieben Steinsetzungen aus der Wikingerzeit zwischen 800 und 1050 n. Chr.

Kurz darauf erreichen wir einen weiteren **Badeplatz** 05, ein schmaler Grünstreifen mit Rasen. Hinter dem Ålstensparken erreichen wir den **Freizeithafen von Höglandet** 06. Wir umrunden ihn, in dem wir an dem rechts liegenden, von einem Kreuz gekrönten großen Granitfelsen Ålstenen vorbeilaufen und uns bei der anschließenden Rasenfläche links halten. Nun verlässt die Strandpromenade das Ufer. Wir laufen auf dem Grönviksvägen durch das Wohngebiet Höglandet bergauf und bleiben auf der Hauptstraße, bis diese wieder abfällt. Wir folgen ihr weiterhin bis zur Wohnstraße **Tällbergsgränd** 07.

Hier halten wir uns links und kommen so wieder zum Wasser, laufen an einer Wiese und Privatstegen vorbei zu den ersten Häusern von Nockeby, bleiben aber weiter in Wassernähe, bis der Weg einen leichten Rechtsbogen macht und in die Straße Grönviksvägen einmündet. Hier halten wir uns links und biegen gleich darauf in die Wohnstraße Flodavägen nach rechts ab. Hinter vier Wohnhäusern zweigt nach links ein Fußweg ab, der über eine Treppe zur **T-Bana-Station „Nockeby“** 08 führt.

STRANDPROMENADE NOCKEBY – HÄSSELBY STRAND

Entlang des Mälaren und des Grimsta naturreservats

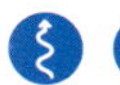  7,4 km  2:15 h  31 hm 29 hm

START | Stockholm, T-Bana-Station „Nockeby" (34 m)
[GPS: UTM Zone 34 x:666.019 m y: 6.580.230 m]
CHARAKTER | Einfache Wanderung, die im leichten Auf und Ab der Topografie des Mälarenufers folgt. Viele schattige Abschnitte und mehrere Badestrände.

Die Wanderung ist die Fortsetzung der Wanderung von Alvik nach Nockeby (Tour 52) und verläuft an einer Engstelle des Mälaren zwischen den Inseln Kärsön und Lovön (mit Schloss Drottningholm). Dabei wandern wir auch am Westrand des Naturschutzgebietes Grimsta entlang. Es schützt alten Laub- und Nadelwald und ist von einem Netz an Spazierwegen durchzogen.

▶ Wir beginnen die Wanderung an der Endstation der **T-Bana-Station „Nockeby"** 01, gehen in Fahrrichtung geradeaus und links an der Kirche S:ta Brigitta Kyrka vorbei. Gegenüber vom Haupteingang führt links eine Treppe hinunter zur Straße. Dort halten wir uns rechts und bei der Autobrücke nach Lovön links und laufen unter der Brücke hindurch Richtung Wasser. Rechts sehen wir ein scheunenartiges Gebäude, vor dem ein Weg zum Ufer des Mälaren verläuft. Vorbei an einem Bootssteg wandern wir auf einem breiten Waldweg an zahlreichen

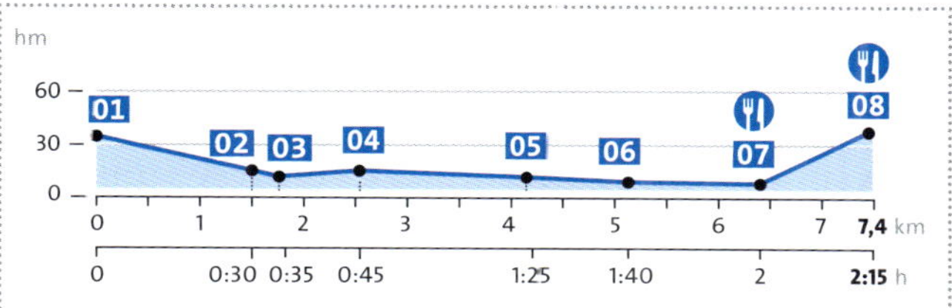

01 T-Bana-Station „Nockeby", 34 m; 02 Steg, 14 m; 03 Ängbybadet, 12 m; 04 Infotafel, 16 m; 05 Marina, 13 m; 06 Strandbad Kannanbadet, 9 m; 07 Strandbad Hässelby Strand, 9 m; 08 T-Bana-Station „Hässelby Strand", 36 m

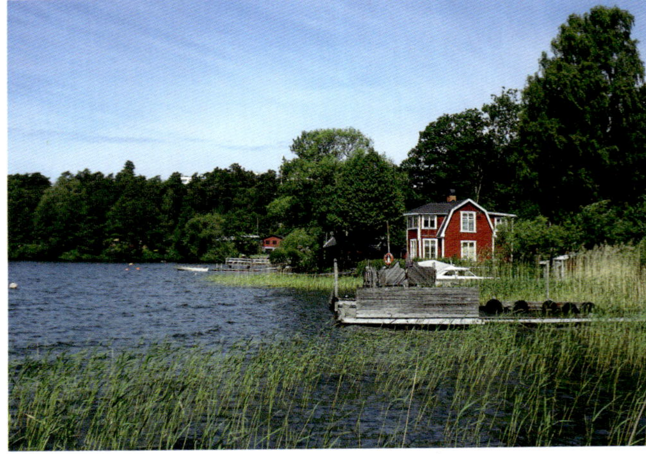
Schwedische Idylle vor den Toren der Hauptstadt

Felsen (Badberget Nockeby) vorbei, auf denen sich bei schönem Wetter die Stockholmer sonnen.

Mit schönem Blick über die schmale Wasserstraße nach Lovön geht es durch lichten Wald Richtung Nordwesten. Kurz hinter einer schmucken weißen Villa bietet ein **Steg** 02 die Möglichkeit, aufs Wasser hinauszukommen. Wir erreichen kurz darauf das Strandbad **Ängbybadet** 03 mit Kiosk, Minigolf und Bootsstegen. Wir queren die Freizeitanlage und wandern dann hoch zur Straße Blackebergsvägen und queren diese auf dem Zebrastreifen. Links des Zaunes hat der Bootsverein Ängby Batklubb seine Bootsanleger, danach passieren wir ein Kieswerk und bleiben weiter auf dem Fußgängerweg, bis links die Ekbacksstigen abzweigt. Nach wenigen Schritten biegt rechts ein Spazierweg ab, der auf eine **Infotafel** 04 zuführt. Hier finden wir eine Übersichtskarte über das

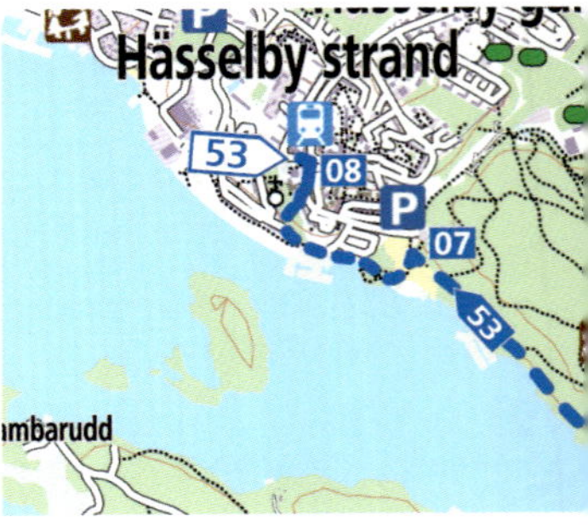

Naturschutzgebiet Grimsta. Der Weg führt entlang der Wiese in ein Wäldchen. Auf Höhe einer Liegewiese schauen wir links auf die am Ende der Wiese leicht erhöht liegende Villa Blackeberg (Blackeberg slott), die sich der „Schnupftabak-König" Knut Ljunglöf Mitte des 19. Jhs. errichten ließ.

Wir steigen anschließend zu ein paar Felsen (Grillstelle, schöner Blick auf das glitzernde Wasser) auf und können nun schon unser Ziel Hasselby Strand (blaues Hochhaus) ausmachen. Weiter am Wasser entlang geht es nochmals durch ein Wäldchen und über einen Steg entlang der Felsen am Kvarnviken zu einer Infotafel, die über die Fabrik Kvarnviken und eine Mühle informiert. Wir befinden uns nun an einer **Marina** 05, umrunden diese und erreichen kurze Zeit später das **Strandbad Kannanbadet** 06. Es bietet neben einem Sandstrand auch einen Sprungturm, Toiletten, einen Spielplatz und Grillplätze.

Der breite Pfad führt am Wasser entlang durch ein Wäldchen zum **Strandbad Hässelby Strand** 07, hier bietet ein Kiosk Getränke und Snacks an. Wir durchqueren die Anlage, folgen dem Pfad, der am Ende der Anlage in ein Wäldchen führt, und erreichen so eine Grünanlage. Nun verlassen wir das Ufer und folgen den roten Wegweisern des Radwegs „Mälardalsleden" nach rechts. Wenn rechts ein Spielplatz und der Beginn einer Treppe zu sehen sind, laufen wir zu dieser Treppe und stehen an ihrem Ende oben vor der Kirche Hässelby Strand kyrka. Gleich daneben befindet sich ein Supermarkt. Wir laufen links an diesem vorbei und geradewegs auf den Eingang der **T-Bana-Station „Hässelby Strand"** 08 zu. Von hier aus sind es rund 35 Minuten Fahrt ins Zentrum von Stockholm.

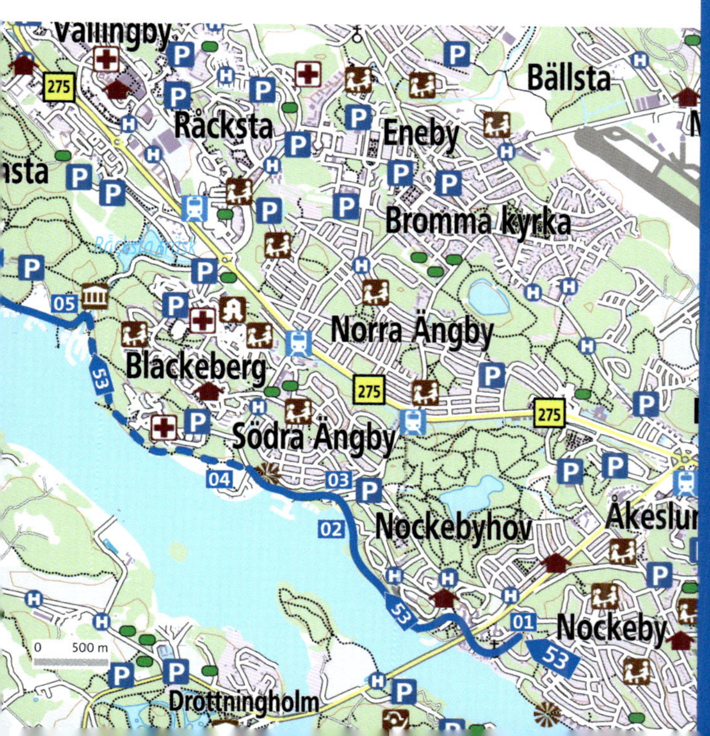

BRUNNSVIKEN

Von der Universität zum Schloss Haga

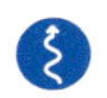 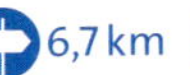 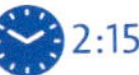  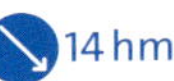

START | T-Bana-Station „Universitet“ (22 m)
[GPS: UTM Zone 34 x: 332.599 m y: 6.584.442 m]
CHARAKTER | Einfache Wanderung, die am Anfang über Felsen, sonst aber zumeist auf breitem Kiesweg zum Haga Parken führt.

Der 27 km² große Königliche Nationalstadtpark (Kungliga nationalstadsparken) ist der weltweit erste städtische Nationalpark. Über 10 km lang zieht er sich von Ulriksdal und Sörendorp im Norden über die gesamte Länge des Brunnsviken und Norra Djurgården bis zur Insel Södra Djurgården im Süden. Auch die Inseln Fjäderholmarna gehören dazu. Der Park ist nicht nur ein viel genutzter städtischer Erholungsraum, sondern auch Standort bedeutender Kultur- und Naturschätze des Landes.

Die hier vorgestellte Wanderung führt von der Universität um die Südhälfte des Brunnsviken in den Hagaparken, ein Landschaftspark, der zusammen mit zahlreichen Gebäuden Ende des 18. Jhs. angelegt wurde. Hagaparken bietet so viele Sehenswürdigkeiten, dass man hier problemlos einen Tag verbringen kann.

▶ Die **T-Bana-Haltestelle „Universitet“ 01** hat nur einen Ausgang, verlässt man diesen, blickt man auf eine Grünanlage. Mit dem Rücken zum Ausgang halten wir uns links und folgen den Wegweisern zur Roslagsbanan (Vorortbahn), gehen durch eine Unterführung, vorbei an links

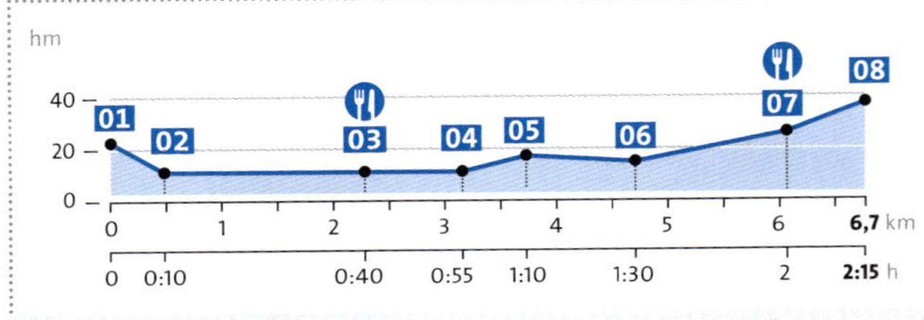

01 T-Bana-Haltestelle Universitet, 22 m; 02 Uferweg, 12 m; 03 Bellevueparken, 11 m; 04 Restaurants Stallmästaregården, 11 m; 05 Steinbrücke, 18 m; 06 Gustav III:s Paviljong, 15 m; 07 Koppartälten, 32 m; 08 Haltestelle „Haga Norra“, 37 m

Hagaparken

Hagaparken wurde Ende des 18. Jhs. von Landschaftsarchitekt Frederik Magnus Piper geplant. Sichtachsen wurden angelegt, um den Blick auf verschiedene Gebäude freizuhalten. Leider sind nach 200 Jahren nur noch wenige dieser Achsen erhalten. Zu den sehenswerten Gebäuden im Park zählt der Türkische Pavillon, der damals für sommerliche Feste genutzt wurde. Auch die chinesische Pagode wurde als königliches Sommerhaus genutzt. Nur wenige Gebäude können besichtigt werden.
Öffnungszeiten: www.kungahuset.se

liegenden Schrebergärten, überqueren die Gleise der Roslagsbanan und halten uns an einer Weggabelung links. Wir folgen dem Wegweiser Richtung Kräftriket nach links leicht bergab und erreichen ein gelbes flaches Gebäude. Vor diesem verläuft ein Trampelpfad, der in einen Zuweg zum Uferpfad einmündet. Hier rechts, bis der **Uferweg** 02 erreicht ist.

Am Wasser halten wir uns links und kommen zu einem blanken, bei sonnenhungrigen Stockholmern beliebten Felsen. Treppen leiten über die Felsen, dann erreichen wir einen Badeplatz. Der Uferweg führt an den Gebäuden und Anlegestellen des Ruderclubs vorbei und umrundet eine kleine Bucht und die schönen, auf einer Anhöhe stehenden Wohnhäuser

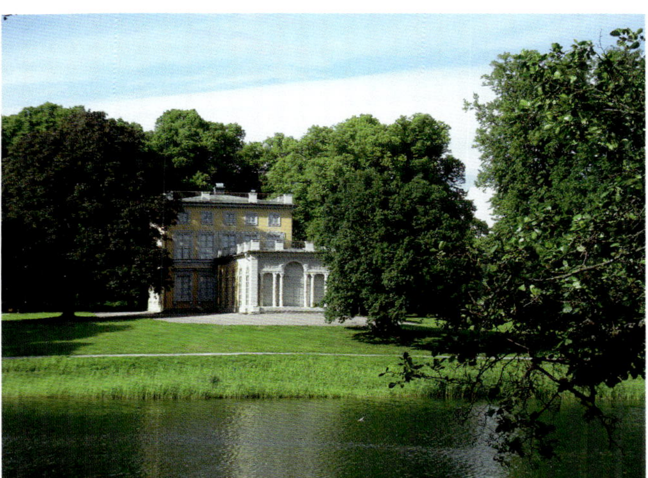

Gustav III:s Paviljong im Hagapark

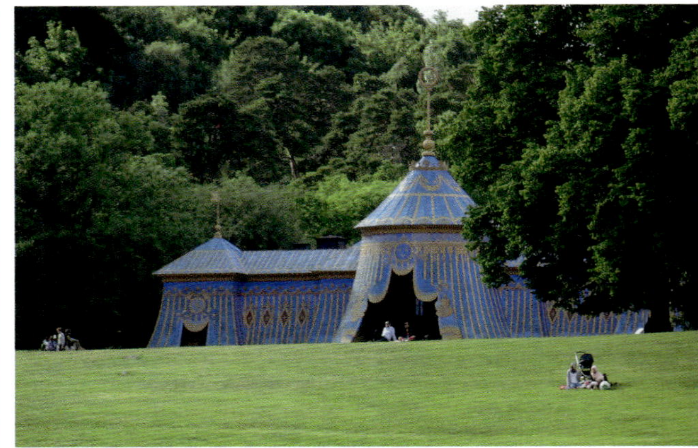

Die berühmten Koppartälten im Hagaparken

der Halbinsel Kräftriket. Schließlich erreichen wir den Albano Båtclubb mit kleinem Freizeithafen. Wir umrunden die Marina und stehen kurz darauf am Eingang zum **Bellevueparken** 03. Der Uferweg umrundet die kleine Landzunge und bietet einen schönen Blick auf die königliche Begräbnisinsel gegenüber.

Nun betreten wir das Gelände unterhalb des beliebten **Restaurants Stallmästaregården (Stallmeisterhof)** 04. Es ist das älteste Landgasthaus Stockholms und seit Mitte des 17. Jhs. in Betrieb. Von den in den Anfangszeiten des Gasthauses gepflanzten vier Linden stehen heute noch zwei. Es lohnt sich, einen kurzen Blick auf die Gebäude zu werfen. Die Wiesen beim Restaurant und der angrenzenden Tennisanlage werden von den Stockholmern an schönen Tagen für diverse sportliche Aktivitäten und Spiele genutzt.

Wir betreten nun den südlichen Teil des Hagaparken und wandern unter mächtigen Laubbäumen zur **Steinbrücke** 05, die auf die königliche Friedhofsinsel führt. Hier werden seit 1922 Mitglieder der Königsfamilie beerdigt, nachdem die Kirche Riddarholmen keinen Platz für weitere Grabstätten bietet. Die Insel kann von Mai bis August am Donnerstag von 13 bis 15 Uhr besucht werden. Der Weg führt an weiteren Gebäuden, zu denen ebenfalls nicht immer Zutritt besteht, darunter der chinesische Pavillon (Kinesiska Paviljongen): Er wurde im 18. Jh. errichtet, als alles aus China als „schick“ galt. Vom Hauptweg führen Wege zum Türkischen Pavillon, zur Pagode und den Finnenhütten, zwei Wohnhäuser im finnischen Holzbaustil. Die Abstecher lohnen sich.

Auf dem Hauptweg umrunden wir eine nach Westen spitz zulaufende Bucht südlich von Schloss Haga und kommen dabei zum **Gustav III:s Paviljong** 06 (ab 1787 errichtet, eines der schönsten Beispiele des sog. gustavianischen Stils in Schweden) und zum Ekotempel.

Er diente König Gustav III. als sommerlicher Speisesaal. Seinen Namen verdankt er dem Echo, das unter der Gewölbedecke entsteht.

Der Wohnsitz von Kronprinzessin Victoria und ihrer Familie ist mit einem hohen Zaun geschützt, Hecken und Baumpflanzungen bieten der Familie Sichtschutz. Der Weg führt am Zaun des Schlosses entlang und erreicht schließlich einen kleinen Hafen.

Hier halten wir uns links und spazieren zum **Koppartälten** 07. Der Komplex aus drei Kupferzelten wurde 1790 errichtet und barg zunächst Ställe und die Kaserne der königlichen Leibwache. Die bunt bemalten Fassaden wurden römischen Militärzelten nachempfunden und bestehen aus bemaltem Kupferblech (daher der Name „Kupferzelte"). Heute befinden sich darin ein Café und das kleine Haga Parkmuseum. Wir gehen an den blau gestreiften Gebäuden vorbei und erreichen so die Fußgängerbrücke Haga Norra gångbro, die über die mehrspurige E4 führt. Danach rechts zur **Haltestelle „Haga Norra"** 08 – von dort fahren mehrere Buslinien Richtung Zentrum.

Brunnsvikrundan

Wer will, kann auch um den gesamten See herumwandern, die Runde ist dann 12 km lang. Wermutstropfen: Im Nordwesten führt der Seeweg nahe an der E4 und E 18 vorbei, sodass man sicher eine halbe Stunde dem Verkehrslärm ausgesetzt ist.

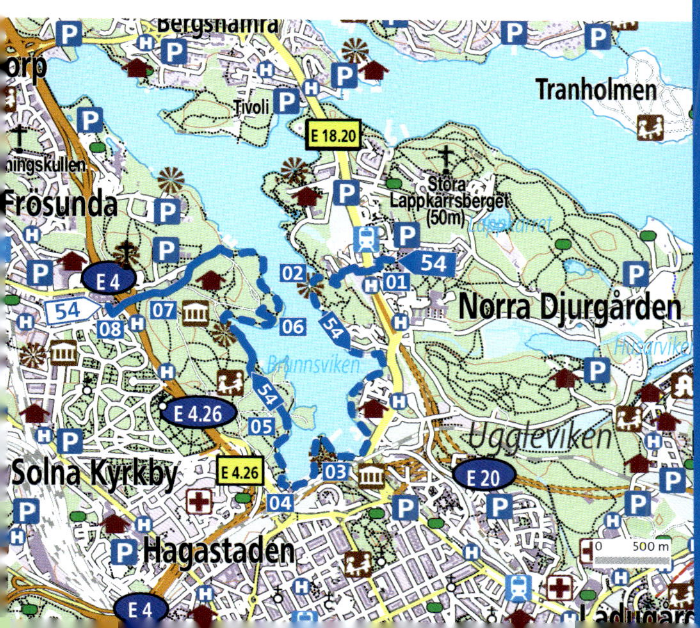

NORRA DJURGÅRDEN

Entlang des Djurgårdsbrunnsvikenkanalen

 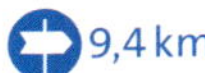 9,4 km  3:00 h 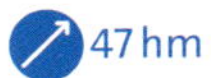 47 hm 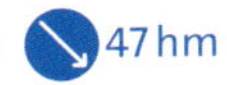 47 hm

START | Stockholm, T-Bana-Station „Karlaplan" (31 m)
[GPS: UTM Zone 34 x: 334.511 m y: 6.58.1346 m]
CHARAKTER | Einfache Wanderung entlang des Kanals auf zumeist breiten Wegen, zum Schluss hin Waldwege und etwas Teerstraße.

Östlich des wohlhabenden Stadtteils Östermalm beginnt die Landzunge Norra Djurgården, die Teil des Stadtnationalparks ist und einst königliches Jagdgebiet war. Wer am kreisrunden Karlaplan aus der T-Bana aussteigt, wird oben von eindrucksvollen Straßenzügen empfangen. Die südliche Grenze von Norra Djurgården bilden der Djurgårdsbrunnsviken und der Djurgårdsbrunnsvikenkanal.

Wer mit der T-Bana anreist, verlässt die U-Bahn-Station am **Ausgang Karlaplan** 01. Oben angekommen, halten wir uns links und wandern den Kreis ab, bis die Allee Narvavägen abgeht. Auf der rechten Seite der Allee liegt das Historische Museum (Historiska Museet). Wir erreichen auf der Allee das westliche Ende des Strandvägen, er ist einer der berühmtesten Boulevards der Hauptstadt. Die 1,2 km lange Prachtstraße erstreckt sich vom Nybroplan im Westen bis zur Brücke Djurgårdsbron im Westen. Vor uns liegt die Djurgårdsbron, die hinüber auf die Insel Södra Djurgården führt (siehe Tour 56).

Wir halten uns am Strandvägen links und kommen zur Uferpromenade. Hier finden wir einen Fahrradverleih (City Bikes) und eine

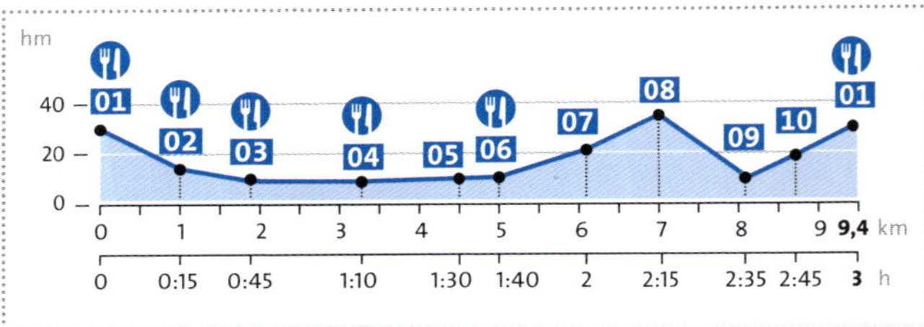

01 Ausgang Karlaplan, 31 m; 02 Nobelparken, 14 m; 03 Museiparken, 10 m; 04 Brücke, 11 m; 05 Haus Johansdal, 10 m; 06 Café Kruthuset, 10 m; 07 Weggabelung, 22 m; 08 Fernsehturm Kaknästornet, 35 m; 09 Weggabelung, 10 m; 10 Vallhallavägen, 18 m

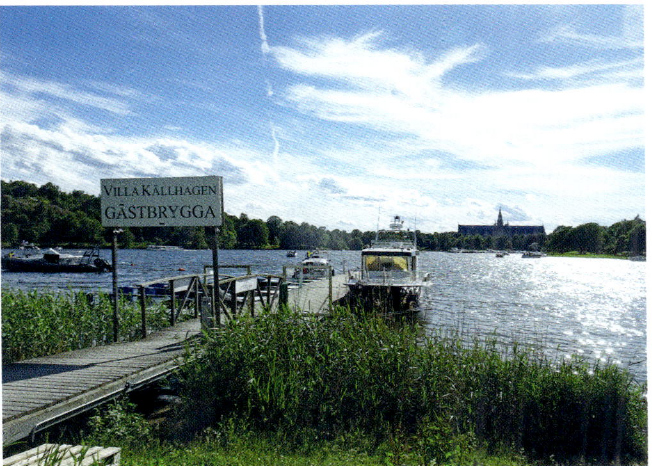

Bootsanleger bei der Villa Källhagen

Einkehrmöglichkeit beim Yachtclub Kungliga Motorbåts Klubben.

Gleich dahinter beginnt der **Nobelparken** 02. Wir spazieren an den schmucken Villen der Nobelgatan vorbei. Hier und in den angrenzenden Straßen des Viertels Diplomatstaden haben in Villen, die Anfang des 20. Jhs. zunächst von reichen Stockholmern erbaut wurden, später Botschaften ihren Sitz genommen. Wir genießen den Blick nach Süden auf das Nordufer von Södra Djurgården und den lebhaften Schiffsverkehr.

Wir kommen zum Eingang des **Museiparken** 03. Eine erste Einkehrmöglichkeit bietet die hübsche Villa Källhagen links des Uferwegs, der hier Folke Bernadotte Vägen heißt. Im Museiparken finden sich gleich mehrere bekannte Museen, unter anderem das Schifffahrtsmuseum (Sjöhistoriksa museet), das Technische Museum und das Ethnografische Museum.

Hinter den Museen verengt sich der Djurgårdsbrunnsviken und wird schließlich nach Passieren des Ruderclubs (Stockholm Roddförening) von 1913 zum Kanal. Ein Kiosk

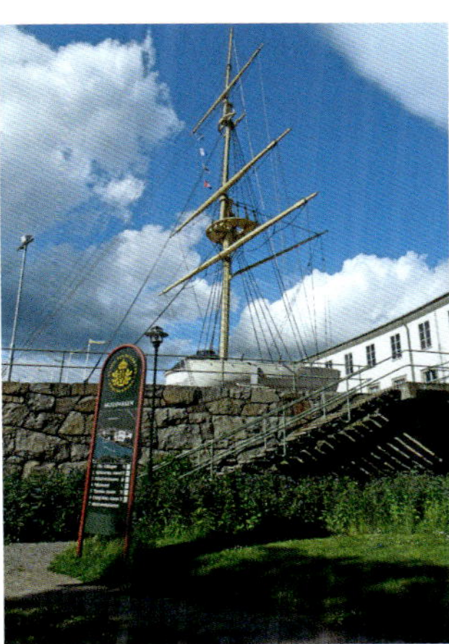
Eingang zum Schifffahrtsmuseum im Museiparken

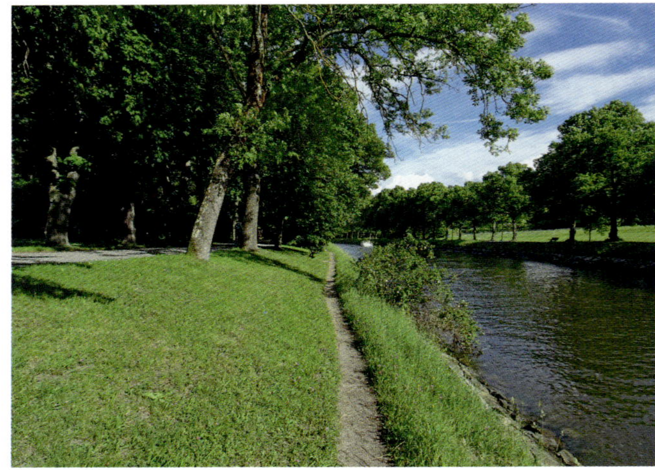

Am Kanal entlang führt ein Treidelweg

im neuen Clubhaus bietet am Wochenende Snacks und Getränke an. Wir befinden uns nun auf dem Lidovägen, auf dessen linker Seite bald das Restaurant Djurgårdsbrunn in Sicht kommt.

Wir überqueren den Djurgårdsbrunnsvägen, der über eine **Brücke** 04 nach Södra Djurgården führt. Hier beginnt der malerische Prins Bertils väg, der aus einem breiten Weg für Radfahrer und einem Treidelweg für Fußgänger direkt am Kanal besteht. Gleich hinter der Straße liegt links das Jüdische Theater, daran anschließend versteckt hinter Bäumen die Villa Solbacken (Wohnsitz von Prinz Carl Philip und seiner Familie). Wir nehmen den schmalen Pfad, der von vielen Bänken gesäumt wird, und wandern so unmittelbar am Kanal entlang Richtung Osten, vorbei an der Villa Rosenhill und weiter bis zum **Haus Johansdal** 05. Hier führt eine Fußgängerbrücke hinüber auf die Insel Södra Djurgården. Wir bleiben am Kanal, der schon bald in den Isbladsviken einmündet, und folgen den Wegweisern Richtung Kaknås.

Der Weg macht bei Lilla Sjötullen einen Bogen nach links und erreicht einen kleinen Hafen an der Südostspitze Hundudden. Eine Einkehr ist am ersten Hafen im **Café Krutshuset** 06 möglich. Auf dem weiteren Weg bieten Felsbuckel einen schönen Blick über den Saltsjön zur Inselgruppe Fjäderholmarna und zur großen Insel Lidingö. Picknickbänke und -tische laden zur Rast ein. Wir passieren noch einen zweiten Hafen und wandern durch Birken- und Buchenwald, bis wir in einer kleinen Bucht zu den Häusern von Kaknås schauen. Der Weg führt nun wegen eines Wasserlaufs ein Stück landeinwärts zu einer **Weggabelung** 07. Hier halten wir uns geradeaus und passieren den Tierfriedhof Kaknäs Djurkyrkogård, den ältesten seiner Art in Schweden. Bis 1940 wurden hier über 100 Jahre lang Haustiere begraben. Seit 1993 ist es wieder erlaubt, eingeäscherte Tiere auf dem Gelände zu bestatten.

Wir wandern weiter geradeaus, kommen an einem Fußballplatz vorbei und stoßen auf die Straße Kaknåsvägen. Hier halten wir uns links, wechseln die Straßenseite und biegen gleich wieder rechts in einen Pfad ein, der durch Wald hinauf zum **Fernsehturm Kaknästornet** 08 führt. Leider gibt es wegen eines Zauns keine Möglichkeit, direkt zum Turm zu gelangen, in dessen oberen Etagen sich ein Restaurant, ein Café und eine Skybar befinden.

Wir bleiben daher auf dem Hauptweg, bis wir auf Gebäude auf der linken Seite stoßen. Wir laufen rechts an diesen vorbei und biegen dann nach links auf eine Straße (Greve von Essens väg). Sie verläuft entlang der Felder und fällt schon bald zu einer **Weggabelung** 09 ab.

Der Rückweg zu den ersten Häusern von Östermalm ist ab hier nicht gut ausgeschildert: Wenn nach der Weggabelung links ein Weg im rechten Winkel nach Süden abgeht, biegen wir ebenfalls nach links ab und folgen einem Trampelpfad, der quer über die Wiese auf einen spitzen Kirchturm zuhält. Möglicherweise ist er je nach Jahreszeit nicht gut zu erkennen. Der Pfad endet schließlich an einem Kreisverkehr direkt am Beginn des Prachtboulevards **Vallhallavägen** 10. Wir laufen zwischen den Alleebäumen, bis links der Vartavägen abzweigt: Er führt direkt zur T-Bana-Station am **Karlaplan** 01.

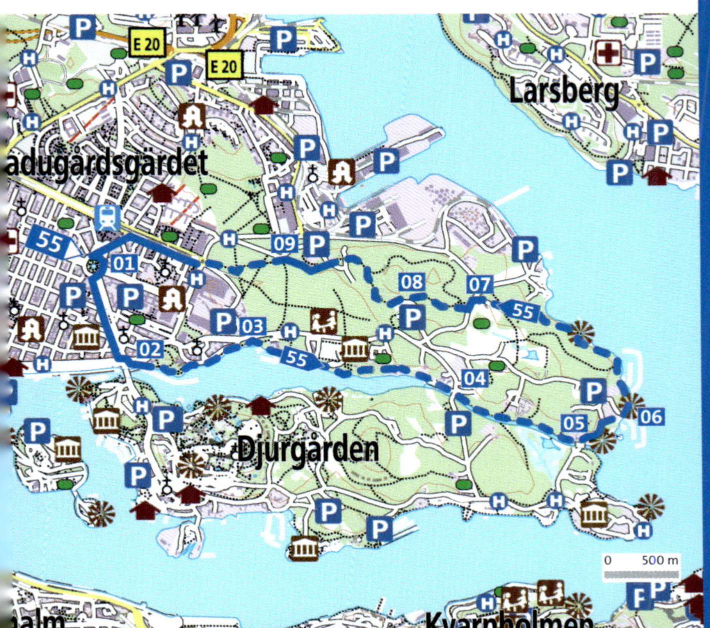

SÖDRA DJURGÅRDEN

Einmal rund um die Insel

 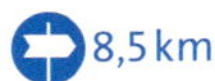 8,5 km  2:40 h 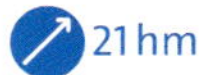 21 hm  19 hm

START | Stockholm, Blå Porten (11 m). Anreise mit Bus zur Haltestelle „Djurgårdsbron" (mehrere Linien) am Strandvägen [GPS: UTM Zone 34 x: 334.713 m y: 6.580.475 m]
CHARAKTER | Einfache Wanderung auf breitem Kiesweg.

Södra Djurgården ist zusammen mit Norra Djurgården und dem Gebiet rund um den See Brunnsviken Teil des Kungliga nationalstadsparken (Königlicher Nationalstadtpark). Der mitten in der Stadt gelegenen Nationalpark bietet über 800 Arten an blühenden Pflanzen, über 1200 Käferarten und mehr als 100 nistende Vogelarten einen Lebensraum. Ein Grund für diesen Artenreichtum sind die uralten Eichen, die ihr Alter und imposanten Wuchs dem Wild verdankten, die die Wiesen unter den Bäumen offenhielten. Die Insel war einst königliches Jagdgebiet. So findet man auf der Insel heute einen der größten Bestände an alten Eichen, einige stehen hier seit Ende des 17. Jhs. Die Wanderung rund um Södra Djurgården bietet nicht nur schöne, immer wieder neue Ausblicke aufs Wasser, sondern auch die Möglichkeit zum Besuch mehrerer Museen: Am Weg liegen das Museum Prins Eugens Waldemarsudde, im Westen der Insel das Freilichtmuseum Skansen, das ABBA Museum, das Aquaria Vattenmuseum, das Vasamuseet und das Nordiska museet.

▶ Wir starten den Inselrundgang am berühmten Blauen Tor – **Blå**

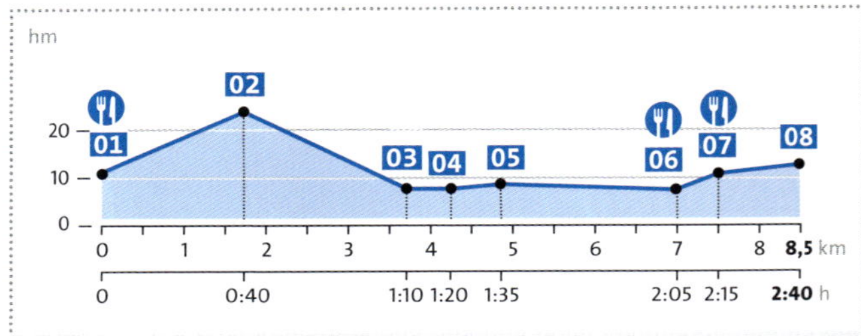

01 Blå Porten, 11 m; 02 Rosendals slott, 24 m; 03 Holzplattform, 7 m; 04 Wiese, 8 m; 05 Fähranleger, 9 m; 06 Freizeithafen, 7 m; 07 Eingang Waldemarsudde, 11 m; 08 Straßenbahnstation „ Waldemarsudde", 13 m

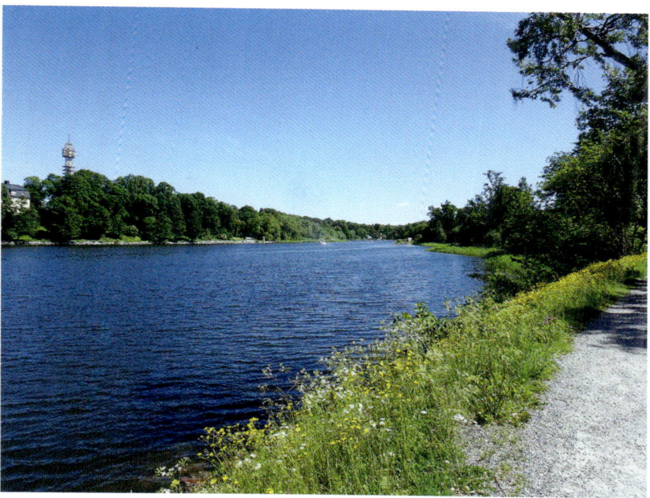

Auf der Nordseite der Insel – Blick über den Kanal zum Fernsehturm

Porten 01 – und wandern im Uhrzeigersinn zu Dreiviertel um die Insel. Der See Djurgårdsbrunnsviken, später der Kanal, trennen die Insel vom Stadtteil Östermalm. Gleich zu Beginn können wir nochmals einen Blick hinüber zum Prachtboulevard Strandvägen mit seiner schönen Häuserreihe werfen. Die mächtigen Bäume rechts davon gehören zum kleinen Nobelparken.

Bald schon bietet die Villa Godthem eine erste Einkehrmöglichkeit. Wir folgen immer dem Uferweg und laufen so mehrere kleine Buchten und Landvorsprünge aus. Erste Wegweiser nach rechts zum Rosendals slott ignorieren wir. Wir kommen an der hübschen roten Villa Sirishov vorbei, bleiben danach weiter auf dem ufernahen Weg und biegen erst dann zum Schloss ab, wenn wir an einem gelben Gebäude (auf der rechten Seite) vorbeigekommen sind und auf Wegweiser Richtung Boulehallen, Rosendal und Trådgården stoßen. Eine Tafel vor dem Schlossplatz informiert über das kleine Schlösschen **Rosendals slott 02**, das Karl XIV. Johan 1817 ein Jahr vor seiner Thronbesteigung als Landhaus kaufte. Zwei Jahre später brannte es nieder und er errichtete an gleicher Stelle das heutige Schlösschen. Da hier die norwegische Königin Sofia viel Zeit verbrachte, trägt es auch den Namen Königlicher Pavillon. Das Schlösschen kann besichtigt werden. Wir umrunden das Gebäude und können so einen Blick auf die mächtigen Porphyrvasen werfen, die jeweils aus einem 140 t schweren Granitblock herausgearbeitet wurden. Nun geht es zurück zum Wasser und weiter auf dem Rundweg.

Der See verengt sich nun zum Djurgårdsbrunnsvikenkanalen. Wir kommen an der Brücke nach Djurgårdsbrunn (Restaurant in Ufer-

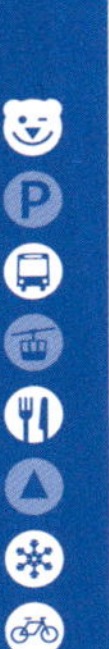

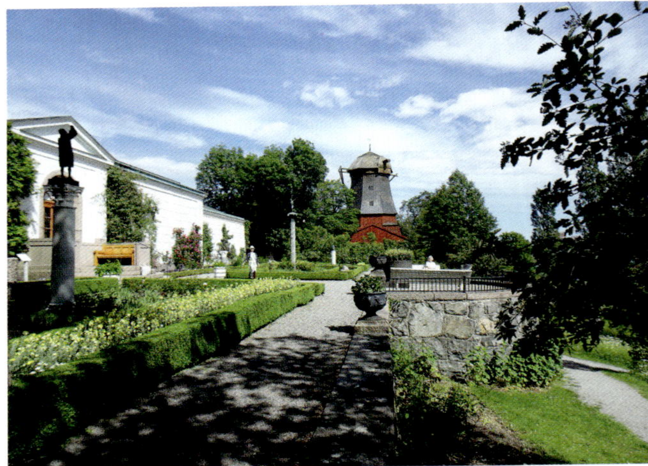

Waldemarsudde – Blick von der Terrasse zur Holländischen Mühle

nähe) vorbei und erreichen bald eine **Holzplattform** 03 mit Blick auf den Isbladskärret, einen See mit einer vielfältigen Vogelwelt. Infotafeln informieren über die hier rastenden und nistenden Vogelarten (Folder); Kühe weiden am beschaulichen Ufer.

Nachdem wir auch die zweite Brücke über den Kanal passiert haben, erreichen wir den Isbladsviken, halten uns rechts und erreichen eine **Wiese** 04 mit Picknickmöglichkeit. Der Weg macht einen leichten Rechtsbogen um die Ostspitze Radmansbåcken herum. Rechts des Weges liegen nun mehrere kleine Holzhäuser der Siedlung Blockhusudden. Wir kommen zum **Fähranleger** 05 der SL-Linie 80, die von Nybroplan über Blockhusudden nach Nacka Strand und weiter nach Lidingö fährt. Wir wandern nun nach Osten, laufen eine Bucht und den Landvorsprung mit der Villa Täcka Udden aus. Dort verlassen wir kurzzeitig den Uferweg und wechseln auf den etwas höher gelegenen Djurgårdsvägen, um einen Blick auf die alten Eichen zu werfen. Der Bestand auf Djurgården zählt zu den größten Eichenbeständen Nordeuropas – einzelne Exemplare sind bis zu 800 Jahre alt. Auf Höhe des Campus Manilla kehren wir zum Wasser zurück und erreichen schon bald den **Freizeithafen (Gåsthamn)** 06 mit dem Restaurant & Café Ekorren.

Hinter dem Hafen führt der Weg an einem Pavillon vorbei und erreicht **Waldemarsudde** 07. Wir steigen zur Holländische Mühle auf ihrem Granitbuckel hinauf und gehen weiter zur wunderschön gestalteten Terrasse der Galerie, einem Anbau an die Villa Waldemarsudde von 1913.

Nach der Umrundung das Haupthaus fällt der Blick von der Terrasse auf die kleine Marina am Ryssviken. Bald ist der Eingang zum

Waldemarsudde

Das 70.000 m² große, mit Kunstwerken geschmückte Areal Waldemarsudde erwarb Prinz Eugen gegen Ende des 19. Jhs. und baute sich an der Südwestspitze von Djurgården eine Villa für seine umfangreiche Kunstsammlung, die gemeinsam mit dem gesamten Anwesen nach seinem Tod 1947 in den Besitz des schwedischen Staates überging. Das Museum ist eines der schönsten Kunstmuseen Schwedens und lohnt unbedingt den Besuch. Es zeigt neben Bildern des Prinzen selbst seine wertvolle Sammlung an Schwedischer Malerei des 19. und 20. Jhs. Innen ist alles im Originalzustand erhalten worden.

Noch aus dem 18. und 19. Jh. stammt die fotogene **Leinsamen-Ölmühle** (Linoljekvarnen – leider ohne Flügel), die auf einem Felsbuckel steht. Die holländische Mühle, 1875 gebaut, ist eine von nur noch fünf weltweit existierenden Mühlen ihrer Art. www.waldemarsudde.se/in-english/

Café Ektorpet erreicht, wo man die Wanderung ausklingen lassen kann, außerdem besteht die Möglichkeit, dem Kunstmuseum einen Besuch abzustatten. Von dort sind es nur wenige Schritte am Wasser entlang zur **Straßenbahnstation „Stockholm Waldemarsudde“** 08. Wer noch den Besuch des **Freilichtmuseums Skansen** anschließen möchte, fährt zwei Stationen bis zur Haltestelle „Skansen“.

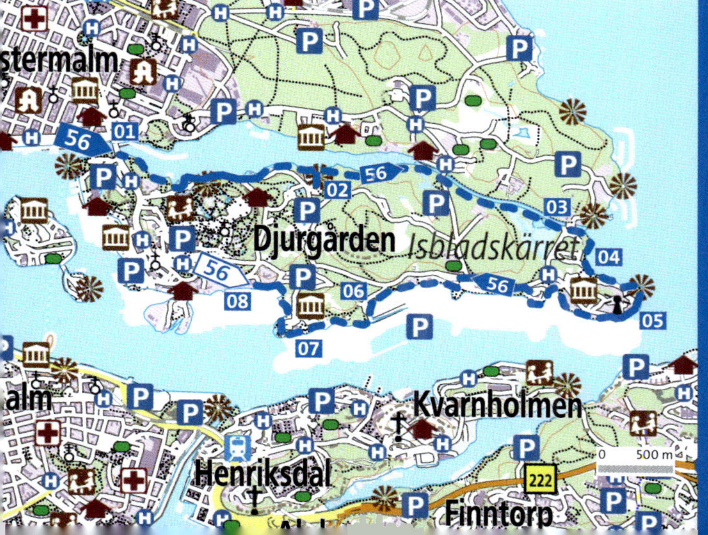

BOGESUNDLANDET

Von Vaxholm zum Schloss Bogesund auf dem Blåleden

 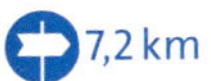

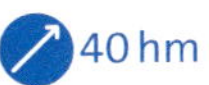

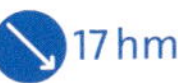

START | Vaxholm, Hotellkajen (9 m)
[GPS: UTM Zone 34 x: 349.829 m y: 6.587.593 m]
CHARAKTER | Meist gut zu laufender Pfad, einzig die Passage zwischen den Wegpunkten 04 und 05 am Wasser entlang ist ein wurzeliger und steiniger Weg.

Zu den beliebtesten Ausflugszielen im Schärengarten von Stockholm zählt die Insel Vaxholm, die mit den Schärenlinienbooten in nicht einmal 1 Stunde erreichbar ist. Bekannt ist die Insel durch die Festungsinsel Vaxholms kastell, die nur durch eine schmale Wasserstraße vom beliebten Ausflugsort getrennt wird. Im Sommer geht es hier hoch her. Die vorgestellte Wanderung führt auf die Halbinsel Tenö und durch das Bogesundslandet naturreservat zum Schloss Bogesund slott.

▶ Der Ausflug startet am Strömkajen in Stockholm, wo regelmäßig Linienboote nach **Vaxholm** zum **Hotellkajen** 01 ablegen. Bei der Ankunft in Vaxholm gegenüber vom Waxholms Hotell halten wir uns links und folgen der Uferlinie auf der Söderhamn bis zu einer Kreuzung. Diese überqueren wir, gehen wenige Schritte nach rechts und biegen in die Östra Ekuddsgatan ein. Sie ist leicht an dem gelben Haus mit Türmchen auf der rechten Seite zu erkennen. Wir folgen der Wohnstraße, bis diese in eine quer verlaufende Straße (Drottninggatan) einmündet.

Hier stoßen wir erstmals auf einen Wegweiser des Blå Leden (Blauer Weg), dem wir nun bis zum Schloss folgen werden. Ge-

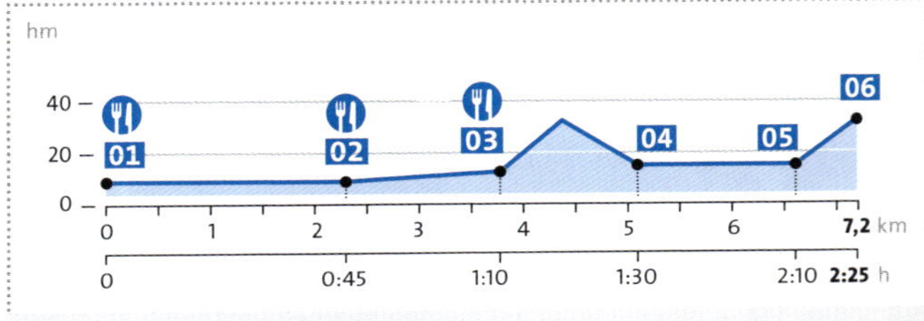

01 Hotellkajen 9 m; 02 Pålsundsbron, 9 m; 03 Café Morfarsstugan, 13 m; 04 Freizeithafen, 15 m; 05 Parkplatz, 16 m; 06 Schloss Bogesund, 32 m

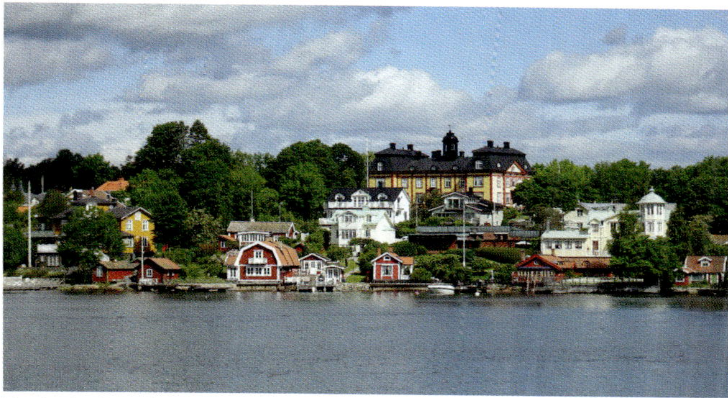

Vaxholm begeistert mit schönen Häusern

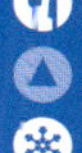

mäß dem Wegweiser halten wir uns links und folgen nun der V. Ekuddsgatan (später Brahevägen), bis von dieser rechts ein Fußweg abzweigt. Er leitet in den Vintervägen über, der leicht bergab zum Wasser des Pålsundet führt. Unten stoßen wir auf einen Wegweiser zur Pålsundsbron. Wir folgen dem Wegweiser durch eine Grünanlage am Johannesberg und wandern auf dem Uferweg. Auch die blauen Markierungen des Blå leden sind hier zu finden. Wir kommen an einem Badeplatz mit Sandstrand vorbei, steigen leicht über Felsen an und erreichen schließlich die **Pålsundsbron** **02**, die uns auf die Insel führt.

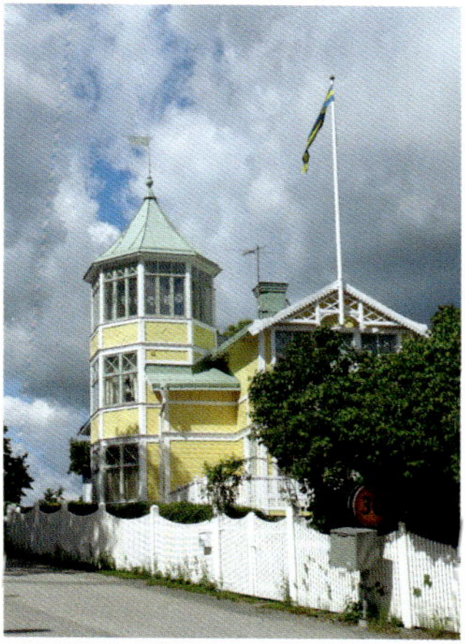

Villa in der Östra Ekuddsgatan

Auf der anderen Seite finden wir links eine Infotafel zum Bogesundslandet naturreservat mit genauer Positionsangabe. Wir folgen der Autostraße, bis rechts die Reste alter Kriegsbunker (Pålsundsbatterie) auftauchen. Die Batterie ist Teil der Vaxholmslinie, die zwischen 1914 und 1926 den Stockholmer Schärengarten sichern sollte. Die 17. Batterie der Linie liegt südwestlich der Landfestung Pålsundsbron und war seit 1713 befestigt.

Auf der gegenüberliegenden Straßenseite zweigt der Blå leden nach links ab, das Hinweisschild ist möglicherweise zugewachsen. Wir wandern nun auf einem Themenweg (Naturstig), der unterwegs auf Infotafeln über heimische Baumarten informiert. Bis zum Schloss folgen wir wie bisher den blauen Punkten des Fernwanderwegs, teilweise hängen zusätzlich

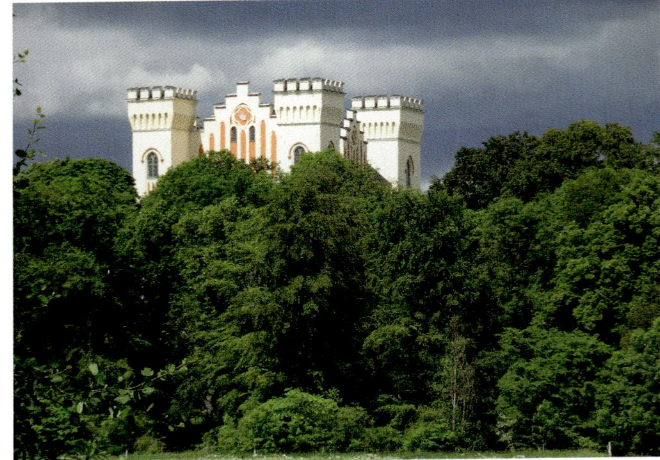

Erster Blick auf das Schloss Bogesund

blaue Bändchen in den Zweigen. Wir umrunden zunächst eine Anhöhe und wandern durch einen schönen Laubwald zu einer Lichtung. Links steht ein rotes Haus, das **Café Morfarsstugan** **03**, das aber nicht immer geöffnet hat. Hinter dem Haus befindet sich ein Badeplatz.

Vor dem Café biegen wir nach rechts ab und erreichen kurz darauf einen Parkplatz. Wir überqueren die Zufahrtsstraße und umwandern nun Richtung Westen die Halbinsel Tenö. Wir queren noch eine weitere Straße und zweimal die Schneise einer Hochspannungsleitung. Schließlich treffen wir auf die Zufahrtsstraße zu einem kleinen **Freizeithafen** **04** am Karlsuddsviken. Nun wandern wir am Wasser entlang über einen Weg, der nun deutlich stärker mit Steinen und Wurzeln durchsetzt ist und in diesem Abschnitt nicht kinderwagentauglich ist. Der schöne Weg durch einen lichten Kiefernwald und später entlang eines Feldes endet schließlich am **Parkplatz** **05** an der Zufahrtsstraße zur Siedlung Karlsudd. Hier sehen wir auch ein erstes Mal das imposante Schloss Bogesund. Eine schöne

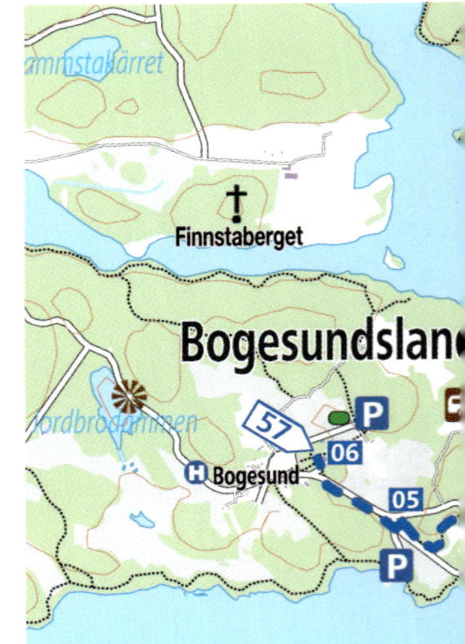

Bogesundslandet

Die knapp 29 km² große Halbinsel im Süden von Uppland liegt westlich von Vaxholm. Zwei große Höfe – Bogesund und Frösvik – wurden im Laufe des Mittelalters zu steuerfreien Gütern erklärt, deren landwirtschaftliche Flächen von Kleinbauern bestellt wurden. Bis heute hat sich die dadurch entstandene Kulturlandschaft mit Waldweiden und wertvollen Edelholzbeständen erhalten. Die alten, meist hohlen Eichenstämme sind wichtige Lebensräume für Vögel und Insekten.
Durch Bogesundslandet verläuft der 35 km lange Fernwanderweg Blå leden, der von Domarudden im Norden zum Hafen Vaxholm führt und an den Fernwanderweg Roslagsleden anschließt.

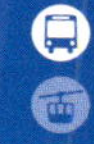

Baumallee führt uns nun parallel zur Straße zum Eingang des Schlossparks. Hier endet die Wanderung am **Schloss Bogesund** 06.

Wer mit dem Bus zurück nach Vaxholm fahren will, kann entweder einige wenige hundert Meter weiter zu den Häusern von Bogesund (Haltestelle „Bogesundsgård") oder zurück durch die Allee zur Haltestelle „Karlsudd vägskäl" beim Parkplatz laufen.

Achtung: Unbedingt vorab die Uhrzeiten prüfen! Die Busse der Linie 681 fahren in beide Richtungen (Vaxholm wie Stockholm) nur alle 2 bis 3 Stunden! Konditionsstarke können an die hier beschriebene Runde noch die Stora (Tour 58) oder Lilla Slottsrundan anschließen.

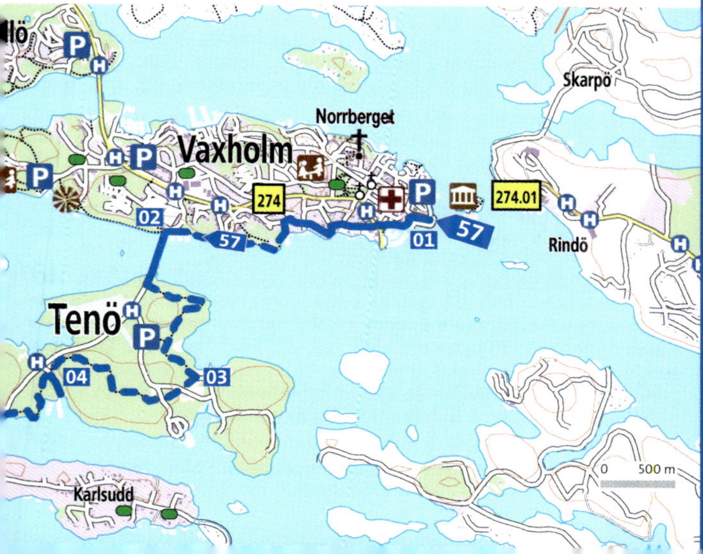

auf der linken Seite. Bei einer Weggabelung folgen wir dem Wegweiser der Schlossrunde (noch 4,8 km zum Ausgangspunkt).

Hier beginnt der landschaftlich schönste Teil, der auf einem abwechslungsreichen Pfad über die Schärenbuckel und einen kleinen Höhenrücken führt und schließlich den **Golfplatz** 07 quert. Wir halten uns auf der Golfplatzstraße kurz rechts und gleich wieder links und laufen durch den Nyhagen Richtung Wasser.

An einer **Weggabelung** 08 zweigen wir nach links ab; geradeaus ginge es zum Wasser (Knäviken) mit Picknickbänken. Hier ist der Rückweg zum Schloss (Slottet) mit noch 2,8 km angeschrieben. Durch lichten Wald, später durch Gebüsch und niedrigere Bäume verläuft der Weg parallel zur Wasserlinie, teilweise über Feuchtstellen auf Bohlenwegen, dann parallel zu einer langgezogenen Lichtung mit Feldern. Schließlich erreichen wir einen schönen **Badeplatz** 09 mit Sandstrand. Die offizielle Schlossrunde führt weiter geradeaus zu einem Parkplatz und über die Allee zum Schloss.

Wir biegen aber beim Badeplatz nach links ab und kommen so direkt zur **Bushaltestelle „Bogesunds gård“** 10 an der Straße nach Vaxholm. Da die Busse nur im 2- bis 3-Stunden-Takt nach Vaxholm oder in Gegenrichtung nach Stockholm fahren, sollte man sich vorab die genauen Zeiten notieren.

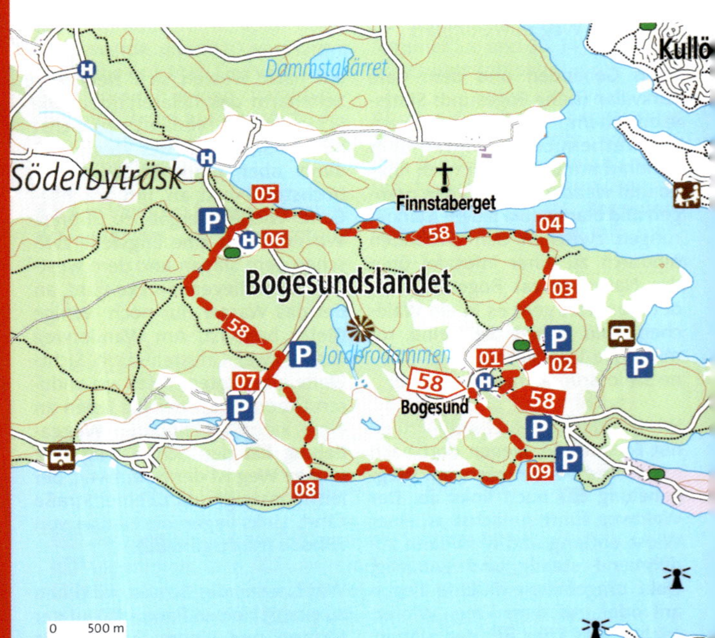

INSEL GRINDA

Beliebtes Ausflugsziel im Stockholmer Schärengarten

 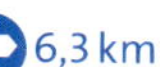 6,3 km  2:15 h 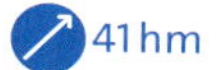 41 hm 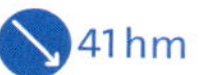 41 hm

START | Fähranleger „Södra Grinda" (11 m). Mit den Linienschiffen der Reederei Waxbolaget erreicht man in 1½ – 1¾ Stunden den südlichen Fähranleger Södra Grinda. Die Linienschiffe fahren im Sommer regelmäßig über Vaxhom nach Grinda.
[GPS: UTM Zone 34 x: 361.104 m y: 6.587.972 m]
CHARAKTER | Einfache Wanderung auf naturbelassenen Wegen und Waldpfaden.

Grinda in den inneren Schären ist seit dem 16. Jh. besiedelt und hatte in der Folgezeit verschiedene Besitzer. 1944 wurde sie von der Stadt Stockholm gekauft. Auf der Insel gibt es eine Feriensiedlung mit Hütten, eine Jugendherberge, zwei Zeltplätze und das Hotel Grinda Wärdshus. Die hübsche Jugendstilvilla gehörte Henrik Santesson, dem ersten Direktor der Nobel-Stiftung.

Neben dem Hotelrestaurant gibt es noch einen kleinen Laden (Grinda Landthandel & Café) und das Bistro Framfickan mit Holzterrasse direkt am Wasser.

Unsere Wanderung führt zunächst in die Südostspitze, dann in die Nordwestspitze und über den kleinen Hafen in einem Bogen zurück zum Fähranleger.

▶ Wir starten am **Fähranleger 01**, wo wir eine Übersichtstafel mit allen Wanderwegen vorfinden. Von dort wandern wir Richtung Norden auf dem Hauptweg ins Zen-

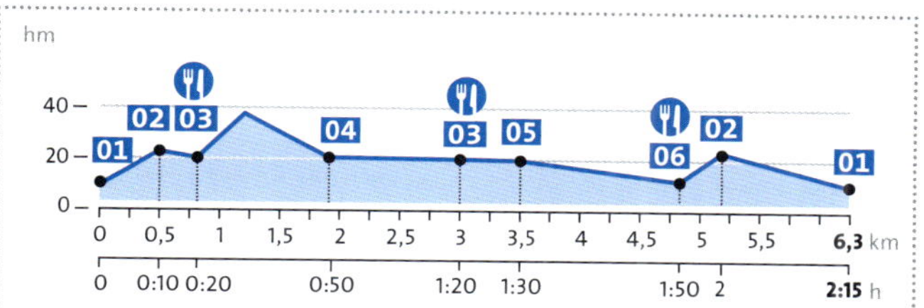

01 Fähranleger Södra Grinda, 11 m; 02 Weggabelung, 23 m; 03 Startpunkt Grindastigen, 20 m; 04 Klubbudden, 20 m; 05 Zeltplatz (Tältplats), 21 m; 06 Gästehafen (Gästhamn), 12 m

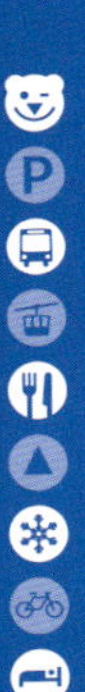

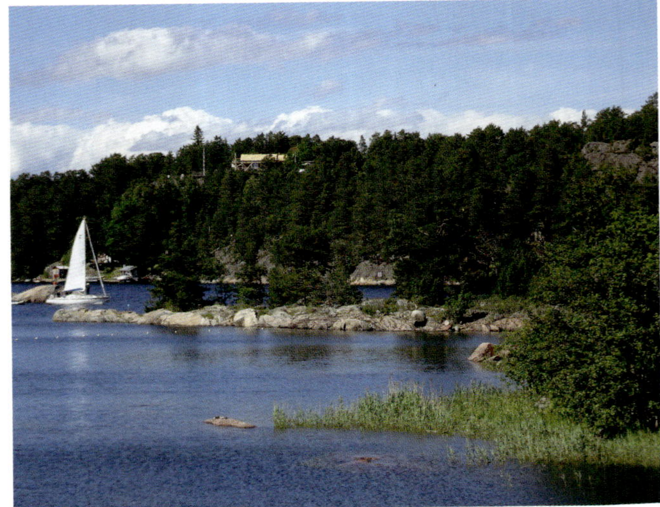

Blick auf die Bucht Norrviken

trum der Insel, vorbei am kleinen Kiosk Lilla Längan (Mini-Markt, Getränke und Snacks). Wir erreichen Wiesen und passieren die **Weggabelung** 02, an der wir auf dem Rückweg zum Schiff abzweigen werden. Vorbei am Bauernhof Grinda Gård, der auch Ponyreiten anbietet, erreichen wir den **Startpunkt des Grindastigen** 03. Der 3 km lange Rundweg erschließt den Südostteil der Insel. Der Naturlehrpfad informiert unterwegs über Flora und Fauna, Geologie und Geschichte der Insel. Wer vorher noch essen gehen will, findet wenige Meter links ein Hotel mit Restaurant sowie ein Café.

Der Grindastigen verläuft zunächst an alten Weiden entlang und zu einer Infotafel, die über die landwirtschaftliche Entwicklung auf der Insel informiert. Bis zu Beginn des 20. Jhs. weideten hier den Sommer über Rinder und Schafe, dann wurden die Weiden in Felder umgewandelt. Als der Anbau nicht mehr profitabel war, blieben die Flächen unbewirtschaftet. Heute versucht man, diese offenen Wiesen- und Weideflächen, die den besonderen Charakter der Insel ausmachen, durch Mahd und Beweidung offen zu halten. Ein schöner Abstecher zur Felsküste bietet sich auf dem Weg zur Südostspitze an: der Aussichtspunkt Lilla Utsikten. Hier findet man auch eine weitere Infotafel zur Entstehung der flachen Schärenfelsen.

Wir erreichen eine Weggabelung, an der ein Schild zum Aussichtspunkt **Klubbudden** 04 weist, mit 35 m die höchste Erhebung der Insel. Vom Felsen hat man einen schönen Blick über den Grindafjärden. Wir gehen anschließend zurück zur Weggabelung (Toilette und Picknickplatz) und wandern nun auf einem bequemen Waldweg Richtung Nordwesten zur Inselmitte zurück. Wir stoßen in Sichtweite des Ponyhofes wieder auf den Hauptweg, gehen zurück zum **Startpunkt** 03 des **Grindastigen** und halten uns nun geradeaus Richtung Norra Bryggan (nördlicher Fähranleger) und Tältplats.

Auf Höhe des **Zeltplatzes (Tältplats)** 05 wandern wir an der linken Seite der Wiese Richtung Westen (nicht richtig markiert) und erreichen so die schöne Bucht Norrviken (Nordbucht) mit weiteren flachen Felsen für ein Sonnenbad. Wir kommen zu einem Haus mit Bootsanleger, verlassen die Bucht und folgen den Wegweisern Richtung Södra Bryggan. Durch den Wald geht es nun zum **Gästehafen (Gästhamn)** 06 mit mehreren Bootsstegen, einem Getränkeausschank und dem Hamnkontor (Hafenbüro, Verleih von Kajaks und Kanus). In Sichtweite des Inselhotels biegen wir an einer Holz-Infotafel nach rechts ab und wandern am Rand der Wiese und vorbei an einem Badeplatz zum Hauptweg zurück.

Wir erreichen einen Wegweiser und können hier nun entweder auf direktem Weg nach Süden zum Anleger spazieren oder bei der **Weggabelung** 02 nach rechts abbiegen und in einem Bogen über den Südwesten der Insel zurück zum **Fähranleger** 01 wandern. So haben wir nochmals die Gelegenheit, den Blick auf das Wasser und die Nachbarschären zu genießen.

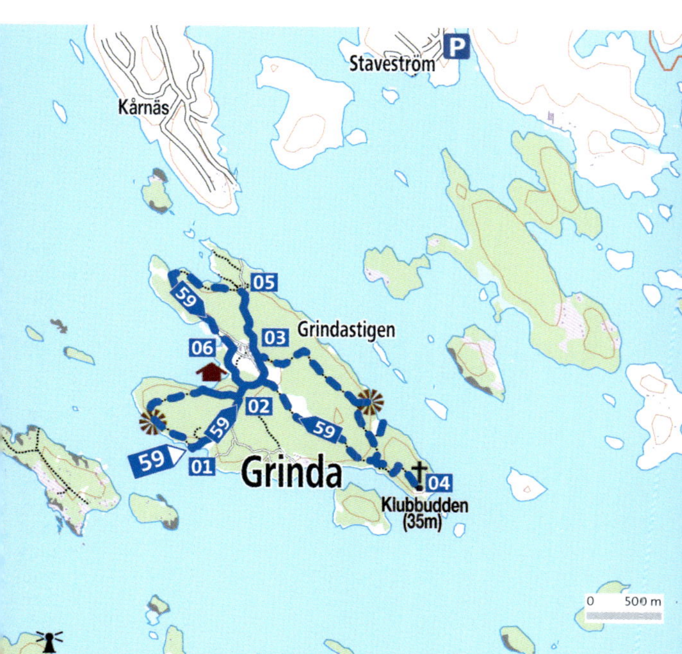

BJÖRNÖ NATURRESERVAT

Einsame Wanderung über eine Schäreninsel

  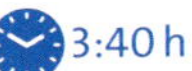 12,3 km  3:40 h  53 hm 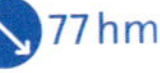 77 hm

START | Bushaltestelle „Björnö naturreservat“ (28 m). Durchgehender Bus ab Slussen oder Parkplatz am Eingang zur Halbinsel Björnö; ausgeschildert ab der Straße nach Björkvik [GPS: UTM Zone 34 x: 359.143 m y: 6.567.495 m]
CHARAKTER | Einfache Wanderung, teilweise auf Naturstraßen, sonst Waldwegen, manchmal auch weglos, aber markiert.

Die Wanderung im Naturschutzgebiet Björnö im Südosten der Schäreninsel Ingarö führt durch eine typische Schärenlandschaft im Schärengarten von Stockholm. Hier findet man lichte Wälder, kahle Schärenfelsen und genießt von einem Aussichtsturm einen weiten Blick über die Inselwelt – und das alles unweit der Stockholmer Zentrums. Das Schutzgebiet umfasst neben der Halbinsel noch eine weit nach Süden reichende Wasserfläche.

Wir starten die Wanderung an der **Bushaltestelle „Björnö naturreservat“** 01 und laufen parallel zur Straße auf einem Fußweg über eine Landzunge zum Eingang des Naturschutzgebietes, wo sich ein großer **Parkplatz** 02, eine Infotafel und eine Toilette befinden. Hinter der Schranke (Durchfahrt nur für Berechtigte zu den Häusern und Häfen der Halbinsel) bleiben wir zunächst auf der ungeteerten Fahrstraße, folgen den Holzschildern Richtung Näset (1,8 km)

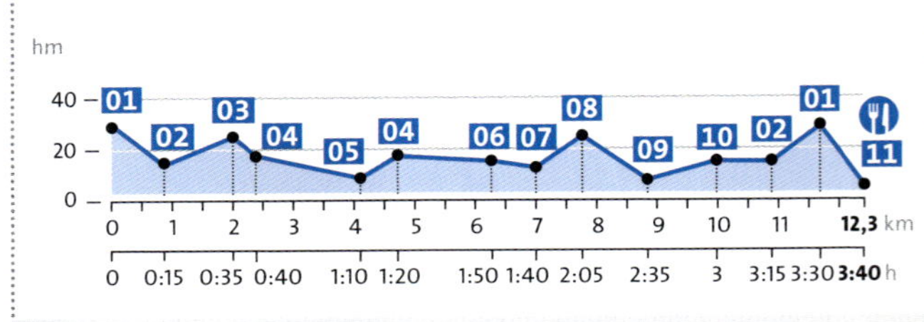

01 Bushaltestelle „Björnö naturreservat“, 28 m; 02 Parkplatz, 15 m; 03 Wegweiser, 25 m; 04 Weggabelung, 18 m; 05 Halbinsel Näset, 9 m; 06 Norrviken, 15 m; 07 Ramsviken, 13 m; 08 Aussichtsturm (Utsiktstorn), 26 m; 09 Hafen von Smååmgsviken, 7 m; 10 rotes Häuschen, 15 m; 11 Bushaltestelle „Björkvik brygga“, 4 m

und kommen so zur Bucht Torpe-Infjärden, an deren Südende wir zunächst entlanggehen. Die Straße verlässt das Ufer und wir folgen ihr nach Norden. Rechts von uns liegt ein rotes Wohnhaus mit mehreren Nebengebäuden, über dessen Zufahrtsstraße kommen wir am Ende der Wanderung wieder zur Fahrstraße zurück.

Wir folgen der Fahrstraße, bis links an einer Infotafel der **Wegweiser** 03 die Richtung nach Näset weist. Wir folgen dem landwirtschaftlichen Weg, der parallel zu einem Seitenarm des Torpe-Infjärden (Slängen) verläuft. An einer **Weggabelung** 04 mit Bank halten wir uns zunächst links und wandern auf die unbewohnte **Halbinsel Näset** 05. Dort drehen wir eine kurze Runde, genießen den Blick über das Wasser auf die Häuser von Eknäs und wandern anschließend zurück zur **Weggabelung** 04. Hier wenden wir uns nun nach links, gehen kurz durch Wald, passieren eine Lichtung, halten uns an einer Weggabelung mit Pfosten rechts und wandern an weiteren Wiesen entlang auf einem schmalen, wurzelreichen Pfad Richtung Osten. Wir kommen zu einer T-Kreuzung mit Bank und halten uns dort gemäß Wegweiser links Richtung Ramsviken (1 km). Ein Karrenweg bringt uns zu einer Wiese (**Norrviken** 06) mit Häuschen am Wasser. Wir müssen nun links von einer Schärenkuppe kurz bergan steigen, kommen beim Abstieg am See Ramsviksträsk (Infotafel) vorbei und erreichen schließlich eine weitläufige Wiese mit einer roten Hütte: **Ramsviken** 07.

Nun folgt ein sehr schöner Abschnitt, der über die Schärenkuppen zur Südostspitze von Björnö führt. Unterwegs hat man herrliche Ausblicke auf die umliegenden Schären. Da der Weg, der immer wieder über die kahlen Felsen führt, nicht eindeutig erkennbar ist, finden sich in diesem Abschnitt viele rote Punkte an den Bäumen.

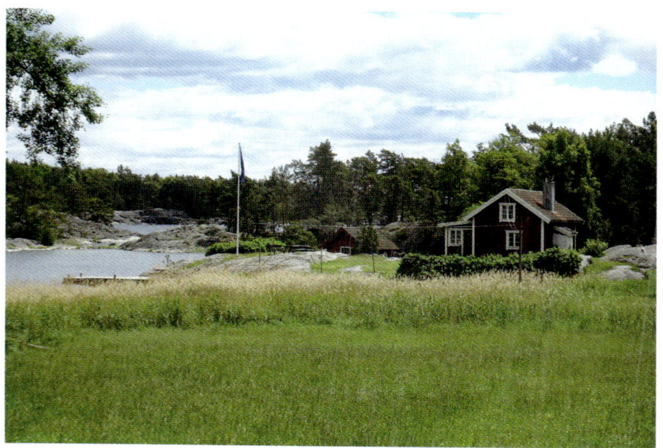

Der kleine Hafen Ramsviken

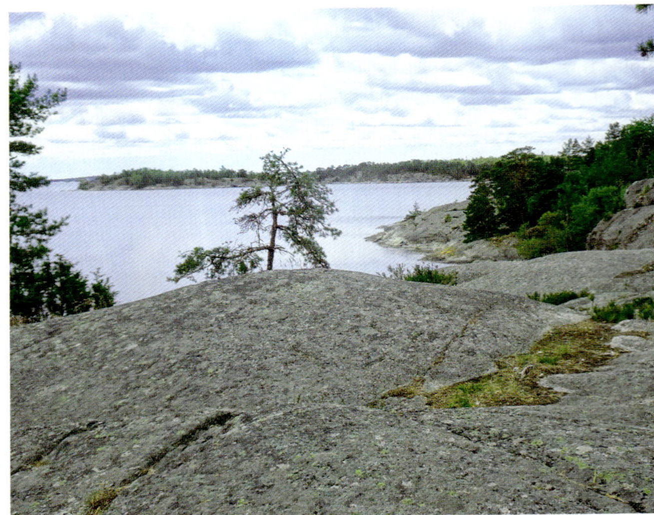

Herrlicher Weg über die Felsen

Höhepunkt im wahrsten Sinne des Wortes ist ein aus Holz errichteter **Aussichtsturm (Utsiktstorn)** **08**, von dem aus man einen Rundumblick auf den Schärengarten hat.

Wir verlassen den Turm und gehen auf gleichem Weg zurück zum Hauptweg, folgen weiter den roten Punkten, queren eine Tiefenlinie über eine Brücke und kommen zu einer weiteren langgezogenen Lichtung mit Wiesen.

Bald darauf ist der **Hafen Småängsviken** **09** erreicht, den wir einmal umrunden. Wir kommen dabei auf die Zufahrtsstraße zum Hafen, halten uns dort links, laufen an zwei Parkplätzen vorbei und zu einem Häuschen, an dem die Parkplatzgebühren kassiert werden.

Torpesand: Snorkelled (Schnorchelpfad)

200 m vom Parkplatz entfernt liegt der Snorkelled, der zu einer Erkundung der Unterwasserwelt der Ostsee einlädt. Das Besondere an diesem Schnorchelspot ist, dass hier auf einem 200 m langen Trail in 1 bis 3 m Tiefe auf dem Meeresgrund 15 Tafeln mit Infotexten zur marinen Tier- und Pflanzenwelt versenkt wurden, zu erkennen an roten Bojen. Der Snorkelled wurde auch mit Brailleschrift versehen, sodass auch Sehbehinderte den Trail abschwimmen können. Auch Besucher mit Rollstühlen können hier ins Wasser steigen, der Zugang wurde entsprechend gestaltet.

Gleich darauf steht links ein 30er-Verkehrsschild: Auf gleicher Höhe zweigt nach links der Wanderweg ab – unmarkiert. Hier nun wird die Orientierung etwas schwierig, da es mehrere Wege gibt. Wir halten uns zunächst noch links entlang der Wasserlinie und laufen allmählich ansteigend auf einem parallel zum Wasser verlaufenden Rücken. Wir orientieren uns nach rechts, also vom Wasser weg, und treffen wieder auf den gut sichtbaren Trampelpfad, der uns durch den Wald zu einer weiteren Bucht führt.

Wir halten auf ein **rotes Häuschen** 10 an einer Zufahrtsstraße zum Wasser zu und biegen dort nach rechts ab. Die Straße stößt auf Höhe des Torpe-Infjärden wieder auf die Fahrstraße, die wir vom Hinweg kennen. Wir biegen nach links ab und kommen so zum **Parkplatz** 02 und auf dem bekannten Weg zur **Bushaltestelle „Björnö naturreservat“** 01. Wer einkehren will, hält sich nach links, nach etwa 300 kommt ein Bistro in Sicht.

Vorab sollte man sich erkundigen, wann welcher Bus von welcher Haltestelle zurück in die Hauptstadt fährt: Einige Busse fahren von der **Bushaltestelle „Björkvik brygga“** 11 (unweit des Bistros) zum Bahnhof Slussen und brauchen dafür rund 50 Minuten. Andere Busse fahren aber nur die Haltestelle „Björnö Sandarna“ an: Um dorthin zu kommen, biegt man auf Höhe der **Bushaltestelle „Björnö naturreservat“** 01 nach rechts ab und folgt für rund 200 m der Straße, bis links der Klacknäsvägen mit der Bushaltestelle abzweigt.

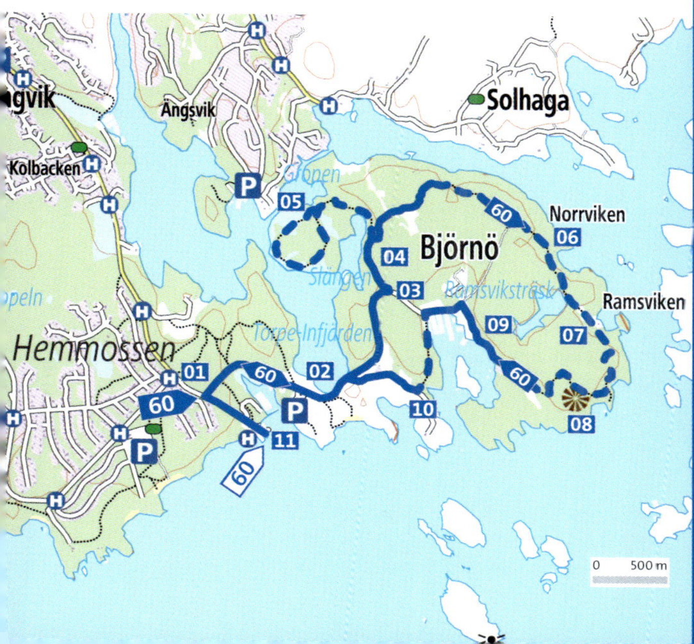

61

TYRESTA NATIONALPARK

Eindrucksvolle Urwälder vor den Toren Stockholms

 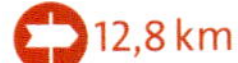 12,8 km  5:10 h 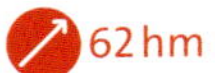 62 hm  62 hm

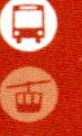

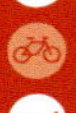

START | Parkplatz (46 m) beim Naturum; vom Zentrum mit dem Pendeltag bis Handen, Umsteigen in die Buslinie 834 (insg. 1 Std.), die Haltestelle befindet sich beim Parkplatz. Auf Landstraße 73 nach Süden bis Ausfahrt Brandbergen,dann den Wegweisern folgen [GPS: UTM Zone 34 x: 341.989 m y: 6.562.273 m]
CHARAKTER | Waldwege, Waldpfade und lange Abschnitte über Felsen und Bohlen, die Trittsicherheit erfordern, vor allem nach oder während Niederschlägen. Es gibt eine 5 km lange barrierefreie Runde, die für Kinderwägen und Rollstühle geeignet ist.

Der Waldnationalpark Tyresta liegt nur 20 km südöstlich des Stockholmer Zentrums und schützt einen nur wenig vom Menschen beeinflussten Wald, in dem bis zu 350 Jahre alte Kiefern stehen. Das 2000 ha große Nationalparkgebiet wird von einem gleich großen Naturreservat umgeben.

Die Wälder stehen auf einer sogenannten Rißtallandschaft: Eine von Gletschern und Erosion flach geschliffene alte Bergkette ist später zerborsten. Alle Anhöhen sind Reste dieser Urgesteinsplatte, dazwischen finden sich in den Spalten Seen und Sümpfe. Da der Schärengarten vor der Küste ebenfalls zu dieser Rißtallandschaft gehört, bezeichnen manche Tyresta auch als „Schärengarten auf dem Land“, der zeigt, wie der Schärengarten einmal aussehen könnte, wenn sich die skandinavische Landhebung wie bisher weiter fortsetzt.

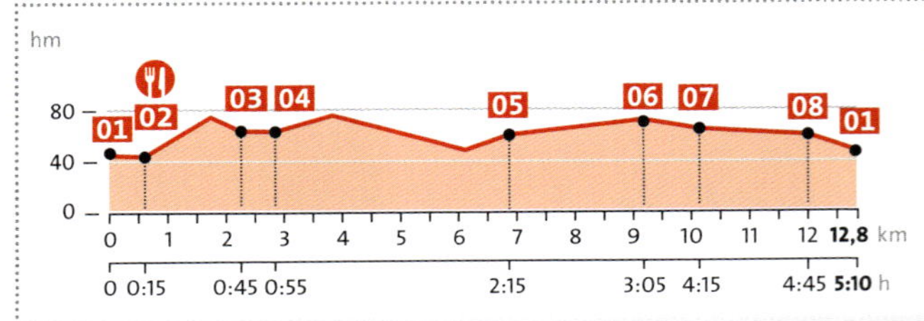

01 Parkplatz, 46 m; 02 Wegweiser, 45 m; 03 Holzbrücke, 63 m; 04 Weggabelung, 64 m; 05 Wegweiser, 60 m; 06 Årsjön, 68 m; 07 Unterstand, 65 m; 08 Verzweigung am Bylsjön, 61 m

Die schöne Wanderung durch den Waldnationalpark startet am **Parkplatz 01**. Wir laufen zunächst zum Naturum (Nationalparkernas hus). Das Besucherzentrum mit einer kleinen Ausstellung bietet Führungen an. Hier findet man auch eine Infotafel zum Nationalpark, eine Übersichtskarte zu den Gebäuden von Tyresta by sowie erste Wegweiser zum Sörmlandsleden, dem wir auf der Hälfte der Wanderung folgen werden. Ein breiter, für Kinderwägen geeigneter Weg führt hinunter zu den Gebäuden von Tyresta by mit Café (Sitzmöglichkeit im Hof), Hofladen, dem Vandrarhem Janssongården und Ställen. Einige Gebäude stammen aus dem 18. und 19. Jh.

An einem **Wegweiser 02** halten wir uns links und folgen den orangen Pfeilen (mit S für Sörmlandsleden) Richtung Alby. Der Weg bleibt breit, da wir uns auf der Barnvagnsslingan (Kinderwagenrunde) befinden. Nach rund 20 Minuten erreichen wir den nördlichen Teil des verlandenden Sees Sävkärr, in dem sich tote wie lebende Bäume an windstillen Tagen malerisch im Wasser spiegeln. Sörmlandsleden und Kinderwagenweg queren das Gewässer auf einer **Holzbrücke 03**, die zum Ostufer des Sees Bylsjön leitet. Der Weg verläuft parallel zum Seeufer. An der Nordostspitze des Sees erreichen wir eine **Weggabelung 04**, an der wir uns rechts halten und nun dem Arsjön-Stensjön-Weg zum Stensjön folgen. Bis zum größten See des Nationalparks sind es laut Wegweiser 3,2 km; die Markierung ist nun ein oranges, auf der Spitze stehendes Dreieck.

Der folgende Wegabschnitt bis zum See führt durch eine fantastische Waldlandschaft, zunächst

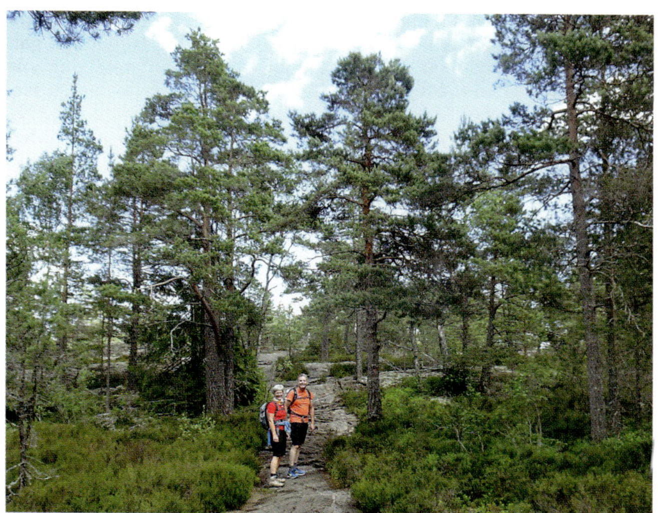

Herrliche Waldwege durchziehen den Nationalpark

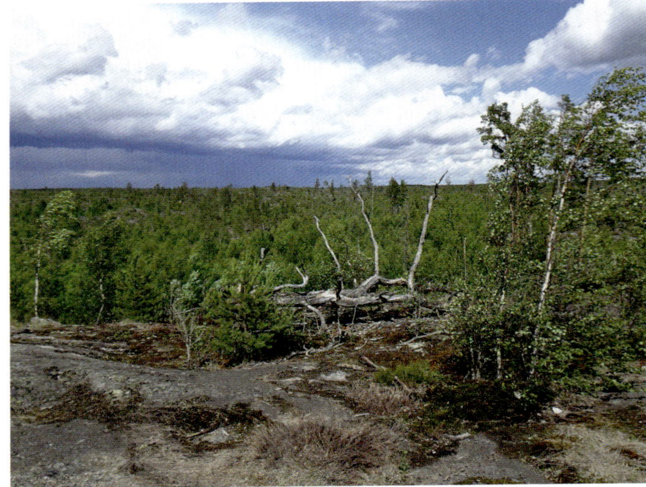
Weit reicht der Blick vom vegetationsfreien Aussichtsfelsen

noch durch Wald, aber schon bald über eine offene, nur von wenigen, niedrigen Kiefern bewachsene Felslandschaft. Abgestorbene, silbergrau in den Himmel ragende Bäume erinnern an den verheerenden Waldbrand vom August 1999 in der Region westlich und südlich des Stensjön. Wer sich das Ausmaß des Brandes vor Augen führen will, sollte sich das Google-Earth-Bild des Nationalparks anschauen. Das Gebiet umfasst von Südwesten nach Nordosten eine Strecke von 3,6 km, von Nordwesten nach Südosten sind es rund 3 km – in Summe rund 450 ha von insgesamt 5000 ha, etwa 10 % der Gesamtfläche des National- und Naturparks. Eineinhalb Wochen brauchten die Feuerwehrleute zum Löschen – bis alle Schwelbrände in den Wurzeln gelöscht waren, noch deutlich länger.

Nach einem durch das Feuer nun vegetationsfreien Aussichtsfelsen

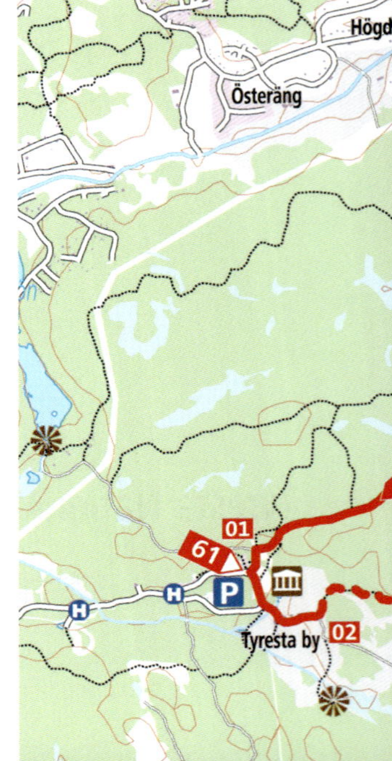

fällt der Weg allmählich Richtung See ab, führt durch niedriges Gestrüpp; Feuchtgebiete werden auf Bohlenwegen gequert. Nach wie vor ist alles gut markiert, die Orientierung einfach. Kurz vor Erreichen des Sees kommen wir zu einer Weggabelung, ab der wir den Wegweisern Richtung Alby und Langsjön folgen, und treffen am See auf eine weitere Weggabelung, an der wir uns Richtung Langsjön halten.

Schließlich erreichen wir einen **Wegweiser** 05, an dem wir uns links Richtung Alby (via Årsjön) und Höjde wenden; die Markierung ist weiterhin ein oranges, auf der Spitze stehendes Dreieck. Auch der Weg zum Årsjön führt über weite Strecken landschaftlich sehr schön über die durch den Brand nun weitgehend baumfreien Felsen und erreicht schließlich den malerisch unterhalb des Weges liegenden **Årsjön** 06. Hier bieten sich Felsen mit Blick über den See für eine Pause an.

Der Weg führt um die Nordspitze des Sees herum und trifft auf eine Weggabelung, an der wir wieder auf den Sörmlandsleden treffen.

Ab hier folgen wir bis zum Parkplatz den Wegweisern Richtung Tyresta By (5,5 km) und können uns wieder an den Markierungen des Sörmlandsleden (orange Punkte und Ringe an den Bäumen) orientieren. Wir wandern für 1,4 km am Seeufer entlang, der Weg wird hier teilweise auf

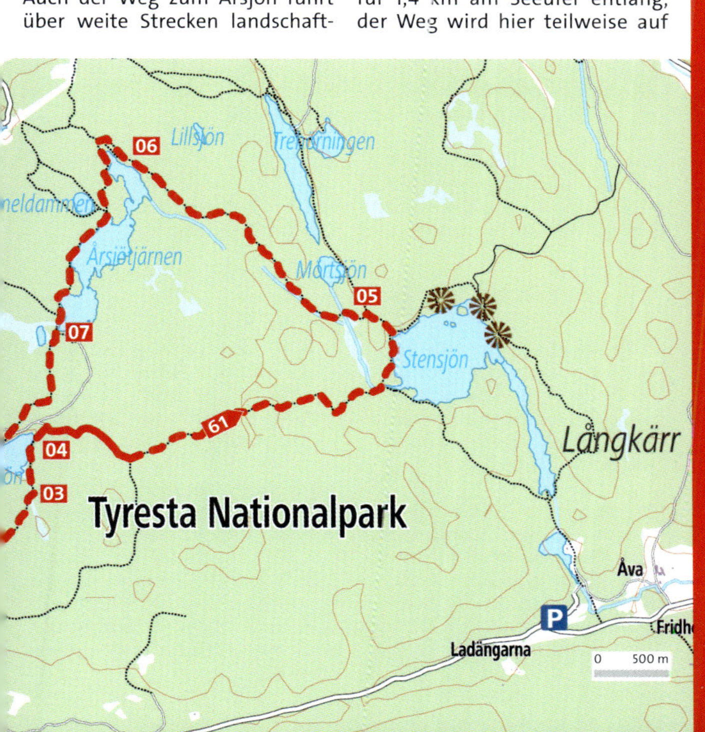

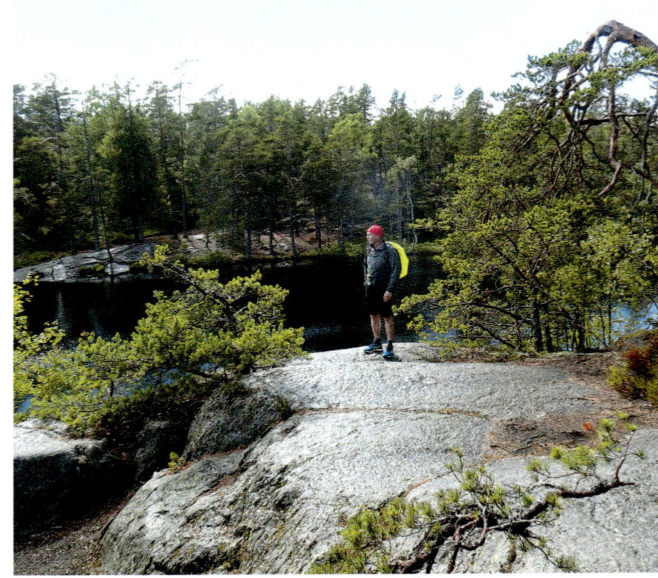

Ein schöner Picknickplatz mit Blick über den Årsjön

Bohlen geführt, bis ein Toilettenhäuschen und ein **Unterstand** 07 mit Grillstelle erreicht werden. Kurz geht es noch am Westufer entlang, dann auf Waldpfaden und über Felsen zu einer weiteren **Verzweigung am Bylsjön** 08 (2,9 km bis Tyresta By).

Wege im Nationalpark

Die Nationalparkverwaltung hat mehrere Hauptwanderwege im Park ausgewiesen, sie sind alle leicht bis mittelschwer und lassen sich beliebig kombinieren.

Urskogsstigen: 2,5 km, leicht
Hallmarkslingan: 5 km, mittel
Balsjöslingan: 6 km, leicht
Storskogsslingan: 8 km, leicht
Fornborgsslingan: 6 km, mittel
Barnvagnslingan: 5 km, leicht
www.tyresta.se

Hier verlässt uns der Sörmlandsleden nach links und wir folgen der Barnvägenslingan und der Bylsjöslingan (weiß-grünes Quadrat auf der Spitze) Richtung Tyresta By. Der breite Kinderwagenweg verläuft nun am Nordwestufer des Bylsjön entlang und gibt den Blick frei auf das gegenüberliegende Ostufer des Sees, an dem wir zu Beginn der Wanderung entlanggelaufen sind. Wir folgen den Wegweisern nach Tyresta By, ignorieren abgehende Wege, wandern nochmals über eine lange Holzbrücke und erreichen schließlich den **Parkplatz** 01.

HALBINSEL GÅLÖ

Herrliche Küstenwanderung entlang der Ostsee

  7,7 km  2:45 h  42 hm 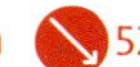 52 hm

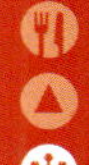

START | Parkplatz (20 m) hinter dem Museum an der Straße nach Skälåker oder Bushaltestelle „Morarna"; auf der Landstraße 73 nach Süden, Abfahrt Haninge, dann auf 227 Richtung Ekst, dann den Schildern folgen [GPS: UTM Zone 34 x: 344.178 m y: 6.552.784 m]
CHARAKTER | An sich ein einfacher Weg entlang der Wasserlinie, allerdings mit einigen Passagen, die über Felsen führen und eine gewisse Trittsicherheit verlangen. Teilweise erleichtern Holztreppen diese schwierigeren Passagen.

Südlich des Nationalparks Tyresta liegt die Halbinsel Gålö. Die Wanderung führt entlang der Südküste zur weit in die Ostsee ragenden Landzunge Havtornsudd. Einmal mehr überrascht die landschaftliche Vielfalt des Schärengartens auf kleinstem Raum. Eine schöne Familienwanderung mit vielen Badestellen, kleinen Klettereinlagen und schönen Aussichtspunkten!

Der Spätsommer und der Herbst sind die richtigen Monate zum Sammeln von Beeren und Pilzen. Nördlich des Campingplatzes findet sich ein 1 km langer Sandstrand.

Rund 3 km vor Skälåker führt die Fahrt an einem roten kleinen Museumsgebäude vorbei, hinter dem ein Sträßchen nach rechts Richtung Morarna abzweigt. Gleich hinter dem Haus befindet sich ein Parkplatz für Besucher. Die Alternative ist ein Parkplatz am Wasser, den man nach rund 450 m erreicht. Wir starten die Tour am **Museum** 01 (Bushaltestelle der

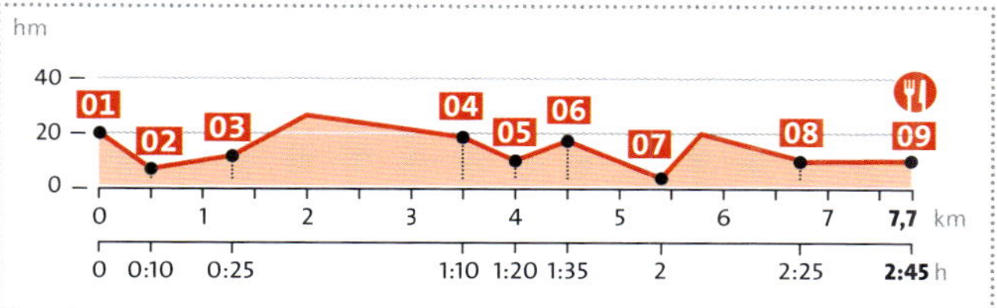

01 Museum/Bushaltestelle, 20 m; 02 Fußgängerbrücke, 7 m; 03 Abzweig, 12 m; 04 Weggabelung, 18 m; 05 Kiesstrand, 10 m; 06 Holzplattform, 17 m; 07 Picknickbank, 4 m; 08 Engstelle, 10 m; 09 Campingplatz Gålö Havsbad, 10 m

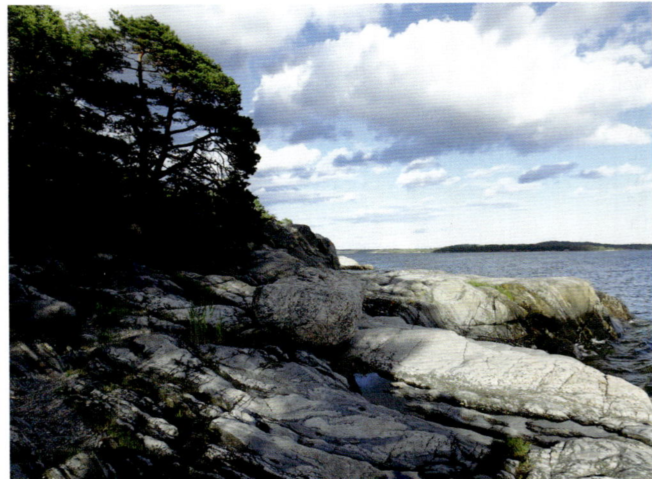

Die wilde Ostseeküste auf der Südseite von Havtornsudd

Linie 845) und wandern dem Wegweiser nach Morarna folgend zum Wasser und über die hübsche **Fußgängerbrücke** 02, die den schmalen Kanal überspannt. Noch vor der Brücke finden sich Holzwegweiser mit der Aufschrift „Fornstig" und rote Punkte. Auf der anderen Uferseite befindet sich ein Picknickplatz mit Grillstelle. Wir folgen nun immer dem schmalen, wurzeligen Uferweg, der nahe an der Wasserlinie verläuft und ignorieren den **Abzweig** 03, an dem der insgesamt 3,8 km lange Fornstig nach links abzweigt.

Wir bleiben weiterhin am Wasser und folgen den roten Punkten. Knapp 2 km nach Überqueren der Brücke macht der Weg einen markanten Bogen nach links (Pfeil) und führt für kurze Zeit bergauf und um eine Felspassage herum. Von oberhalb der Felsen genießt man einen schönen Blick über die Ostsee und den weiteren Wegverlauf. Der Abstieg zurück zum Ufer ist schmal und verlangt Trittsicherheit.

Noch einmal entfernt sich der Weg vom Wasser hin zu einer **Weggabelung** 04, an der wir auf einen blauen Weg treffen, der nach links zum Parkplatz bei der Marina von Skälåker und in der Gegenrichtung geradeaus Richtung Havtornsudd (2,1 km) führt.

Wir wandern Richtung Havtornsudd am Ostseeufer entlang (rote/blaue Markierung) und kommen an Kiesstränden vorbei; einen schönen **Kiesstrand** 05 erreichen wir rund 400 m nach der Weggabelung. Felsbuckel laden zum Sonnenbad ein. Noch zweimal verlässt der Weg das Ufer, auch hier ist jeweils etwas Trittsicherheit erforderlich. Beim zweiten Bogen ins Landesinnere erreichen wir eine **Holzplattform** 06 und steigen von dieser über eine steile

Treppe hinunter zum Wasser. An dieser engsten Stelle der Landzunge Havtornsudd könnte man zur Nordseite der Landzunge wechseln, ein kleiner unmarkierter Pfad ist zu erkennen. Wir bleiben aber auf der Südseite, genießen den schönen Blick zu einem rot-weißen Leuchtfeuer südöstlich der Landspitze und erreichen wenig später das nordöstliche Ende von Havtornsudd mit einer **Picknickbank** 07 und Blick von oben in den Schärengarten.

Der Rückweg führt nun entlang der Nordseite der Landzunge und überrascht mit einem gänzlich anderen Landschaftseindruck. Nun geht es durch eine deutlich lieblichere Küstenlandschaft, durch Wiese, Laubwald und vorbei an zwei Häusern. Schließlich ist wieder die **Engstelle** 08 erreicht. Wir laufen eine Bucht mit Blick auf die Marina von Skälaker aus und erreichen schließlich die Marina. Dort halten wir uns links vom Hafen und kommen zu einem Parkplatz, an dem der blaue Weg Richtung Südufer abzweigt. Hier nach rechts zu den Gebäuden des **Campingplatzes Gålö Havsbad** 09, der auch Hütten vermietet und ein Vandraham (8 DZ) betreibt. Links der Gebäude befindet sich eine Bushaltestelle, von der aus Busse im Sommer regelmäßig zurück zum **Museum** 01 fahren. In rund 1 Stunde ist man in Stockholm.

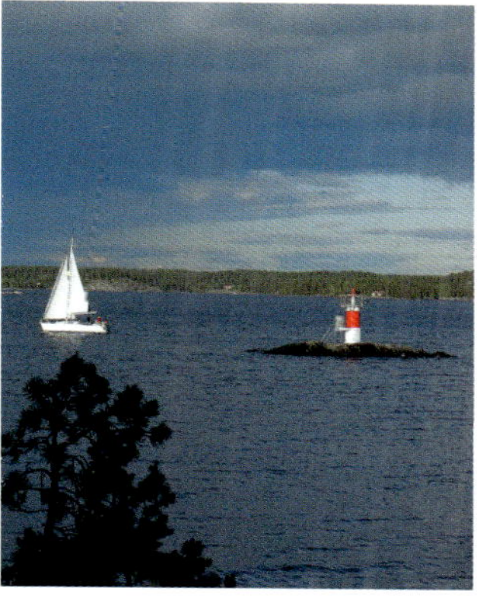

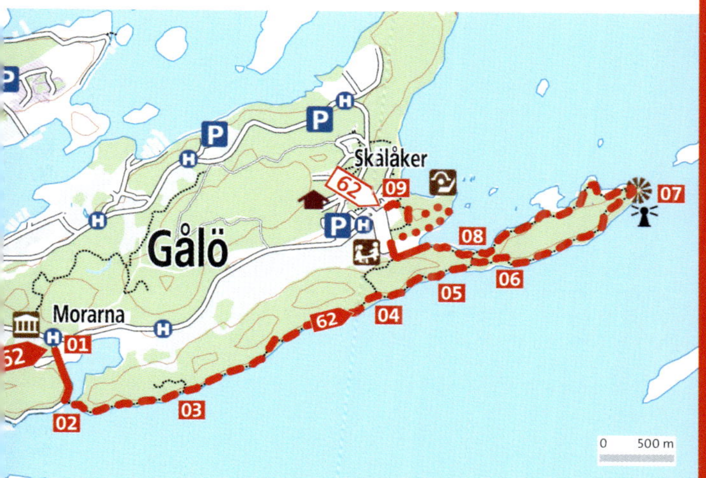

INSEL UTÖ

Schöne Küste und Bergbaugeschichte

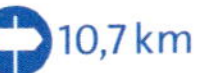

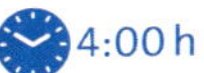

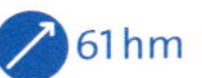

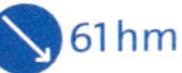

START | Fähranleger „Utö Gruvbrygga" (5 m) in Årsta havsbad. Der Fähranleger ist von Stockholms Zentrum mit dem Pendeltag 35 und dem Bus 846 in gut 1 Stunde erreichbar. Anfahrt über Landstraße 73 nach Süden bis Abfahrt Haninge C
[GPS: UTM Zone 34 x: 346.223 m y: 6.539.842 m]
CHARAKTER | Flacher Weg meist auf Waldwegen, teilweise auf ungeteerten Fahrstraßen, nicht immer gut markiert.

Utö ist die entfernteste Insel im Südteil des Stockholmer Schärengürtels und für die Stockholmer ein viel besuchtes Ausflugsziel. Die Insel bietet zahlreiche schöne Strände und Felsen, aber auch eine Windmühle (1891) und eine bewegte Bergbaugeschichte. Aufzeichnungen zufolge baute man schon im 12. Jh. auf der Insel Eisenerz ab, aktiv geschürft wurde über 700 Jahre. 1879 wurden die Minen geschlossen.

Die Bademöglichkeiten sind vielfältig: Barnens bad an der Nordküste bietet einen Sandstrand und flaches Wasser, während die Buchten Södra Sandvik und Rästavik mit Schärenfelsen begeistern.

▶ Die Fähre legt auf dem Festland in Arsta Brygga ab, sie braucht etwa 30 Minuten bis zum **Fähranleger Utö Gruvbrygga** 01, wo die Wanderung beginnt. Sie führt uns zunächst in den Norden der Insel. Unweit des Fähranlegers gibt es Einkehrmöglichkeiten, einen Fischimbiss, eine Touristeninformation, einige Läden, die Hafenmeisterei und Unterkünfte.

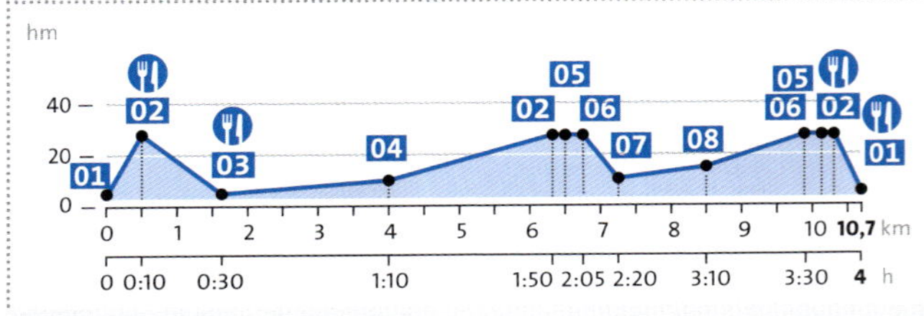

01 Fähranleger Utö Gruvbrygga, 5 m; 02 Kreuzung, 27 m; 03 Badebucht Barnens bad, 5 m; 04 Södra Sandvik, 9 m; 05 Bergwerksgruben, 27 m; 06 Weggabelung, 27 m; 07 Rävstavik, 10 m; 08 Wegkreuzung, 14 m

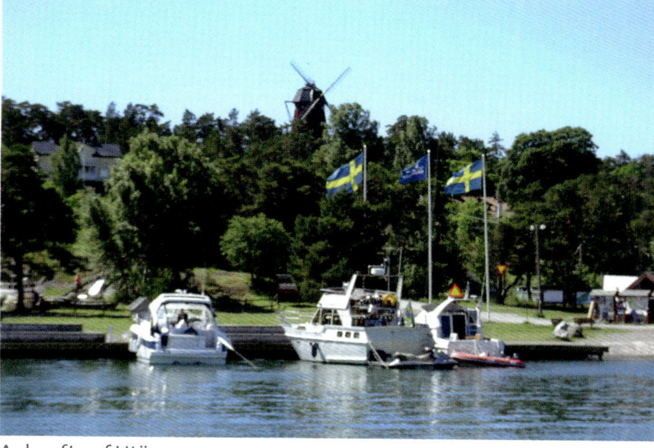

Ankunft auf Utö

Wir folgen den Wegweisern Richtung Södra Sandvik und laufen leicht ansteigend auf einer Schotterstraße an Ferienhütten und dem Utö Vandrarhem zur **Kreuzung** 02 vor dem Restaurant Utö Vårdshus.

Hier halten wir uns links und folgen dem Wegweiser „Södra Sandvik", zweigen aber bei der nächsten Weggabelung links Richtung Lurgatan ab. Eine Infotafel informiert über die kleinen Wohnhäuser der Bergarbeiter, die zwischen 1750 und 1800 gebaut wurden und heute in Privatbesitz sind. Die Straße Lurgatan mündet in den Krokavägen ein, von ihm zweigt kurz vor einem Haus nach links ein Waldweg ab, der zur **Badebucht Barnens bad** 03 führt. Familien mit Kindern finden hier seichtes Wasser und einen Sandstrand.

Wir folgen dem orange markierten Pfad durch den Norra Skogen zu einer Lichtung. Hier halten wir uns rechts und folgen dem Krokavägen in Richtung Ort, bis links ein Wegweiser den Weg zur Badebucht „Södra Sandvik" (1 km) weist. Der Waldweg führt an einer weiteren Weggabelung vorbei und durch den Wald nach **Södra Sandvik** 04. Hier findet man ein Toilettenhäuschen, eine Grillstelle, einen kleinen Sandstrand und viele Felsen zum Sonnenbaden. Nach der Pause gehen wir einige Schritte auf dem Hinweg zurück, bis ein Trampelpfad (oranger Ring am Baum) nach links abzweigt. Er führt uns durch den Wald mit vielen Blaubeersträuchern zu einer Fahrstraße, an der wir uns links Richtung Ort halten und schließlich wieder die **Kreuzung** 02 erreichen.

Wir biegen nun nach dem Restaurant Utö Vårdshus nach links ab und folgen dem Wegweiser Richtung Gruvor (Grube) und Rävstavik. Der Weg führt uns zwischen den eingezäunten und mit Wasser gefüllten **Bergwerksgruben** 05 hindurch. Wir wandern Richtung Rävstavik und erreichen

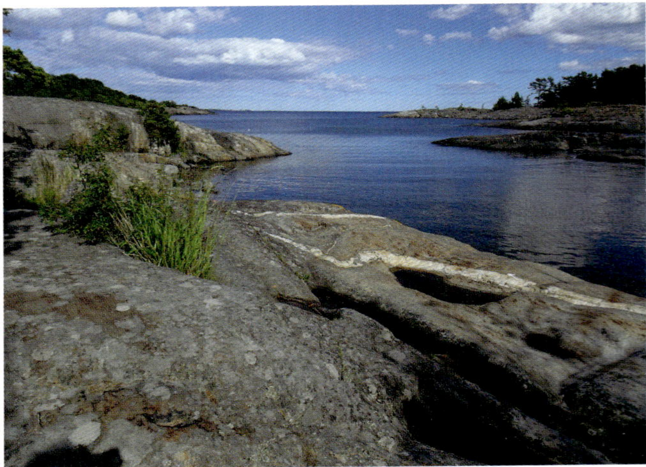

Die Bucht Rävstavik

Bergbau auf Utö

Die Gruben zählen zu den ältesten in Schweden, erste Aktivitäten reichen bis ins 12. Jh. zurück. Im 17. Jh. gab es hier neun aktive Minen, die vor allem damit zu kämpfen hatten, die Gruben von Wasser und Eis freizuhalten. Dafür kamen u. a. Ochsen und Pferde zum Einsatz. 1719 zerstörten Russen alle Gebäude auf der Insel und füllten die Gruben mit Steinen. Endgültig geschlossen wurden die Minen aber erst 1878.

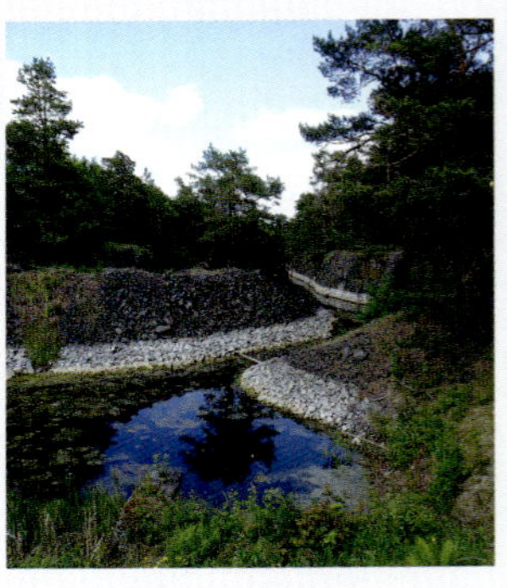

einen Wegweiser mit einem grün gemalten Pfeil mit der Aufschrift „Utöstigen“: Von hier aus sind es noch 800 m zur Bucht Rävstavik. Den grünen Markierungen folgen wir nun zum Wasser. Kurz darauf erreichen wir eine **Weggabelung 06**, hier stoßen wir am Ende dieser Runde auf den Weg zurück zum Fähranleger.

Vorbei an einem alten Erdkeller (Infotafel) führt der breite Waldweg nun leicht abfallend zur Bucht

Rävstavik 07, wo Infotafeln darüber informieren, dass es sich um einen wichtigen Rastplatz für Zugvögel handelt. Wir stehen an einer traumhaft schönen Stelle der Schärenküste mit flachen Schärenfelsen. Ein Holzwegweiser des Utöstigen weist uns den Weg nach rechts über die Felsen, teilweise ist der Weg mit grünen Punkten auf flachen Felsen gekennzeichnet. Zum Blau des Himmels und des Meeres bilden die grauen Felsen und das tiefe Grün der Kiefern einen schönen Kontrast und sorgen für zahlreiche Postkartenmotive.

Der Utöstigen führt uns nun zur Wasserlinie, wo man zahlreiche Gletschermühlen findet. Wir wandern an den Ausläufern der Bucht an einem Schilfgürtel entlang, teils über Bohlen, dann wieder über Fels, kommen zu weiteren Gletschermühlen, verlassen schließlich die schöne Bucht und folgen den grünen Markierungen Richtung Nordwesten.

An der **Wegkreuzung 08** halten wir uns links und wandern entlang einer Schneise Richtung Südwesten. Der Weg macht einen leichten Rechtsbogen und verläuft nun an einer Lichtung entlang. An ihrem Ende biegen wir nach rechts ab und erreichen so wieder die **Weggabelung 06**. Vorbei an den **Bergwerksgruben 05** und dem Restaurant Utö Vårdshus geht es zurück zum **Fähranleger 01**.

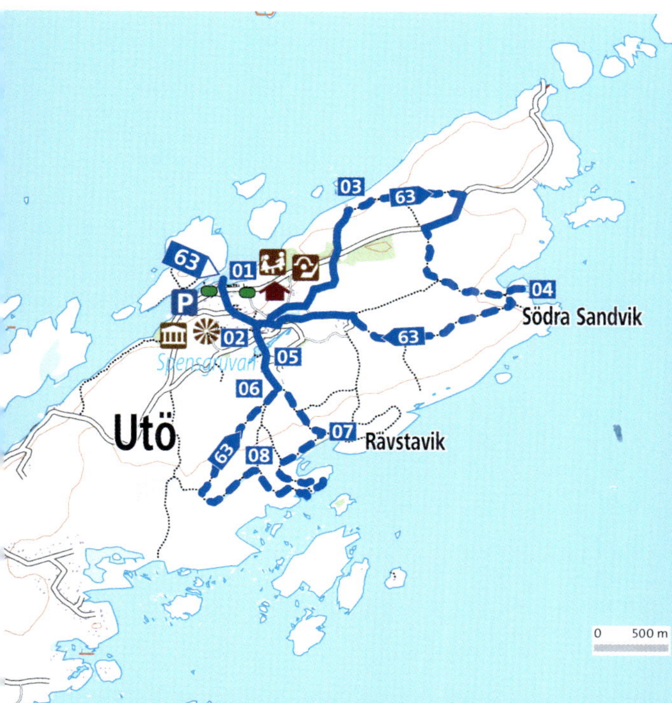

STENDÖRRENS NATURRESERVAT

Herrliche Schärenwälder und kahle Felsen

 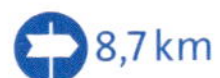 8,7 km 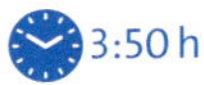 3:50 h 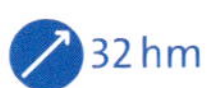 32 hm 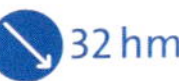 32 hm

START | Parkplatz Aspsundet (11 m), Anfahrt über E4, dann Landstraße 218 und 219, zum Schluss den Wegweisern folgen
[GPS: UTM Zone 34 x:637.751 m y: 6.514.526 m]
CHARAKTER | Meist weicher Waldboden, dazwischen Felsen, kurz auch Naturstraße. Schöne Familienwanderung mit vielen Möglichkeiten zum Baden und Grillen (Grillstellen mit Feuerholz).

Zu Fuß lässt sich nur ein kleiner Teil des Naturreservats besuchen, denn der größte Teil des Schutzgebiets umfasst die vorgelagerten Schäreninseln. Glücklich kann sich schätzen, wer hier ein Segelboot hat bzw. schwedische Freunde mit einem Boot kennt! Aber auch der Festlandsteil Stendörrens begeistert mit herrlichen Schärenwäldern, schönen Wegpassagen über kahle Felsbuckel, malerisch gelegenen Picknick- und Grillplätzen und immer neuen Ausblicken auf das glitzernde Wasser der Ostsee und die vorgelagerten Schäreninseln. Vorbildlich und sehr schön ist auch der barrierefrei angelegte kurze Weg zu zwei Grillplätzen am Wasser: Er bietet sowohl Rollstuhlfahrern als auch Familien mit Kinderwägen die Möglichkeit, die Schönheit des Schärengartens zu erleben und gratis dazu zwei der schönsten Grillplätze des Schutzgebietes nutzen zu können. Der Weg durch das Schärenparadies kann beliebig verkürzt werden, da die Abstände zwischen den Parkplätzen nicht lang sind.

▶ Wir fahren zum ersten von mehreren Parkplätzen, dem **Parkplatz Aspsundet 01**, und starten am hinteren Ende des in Fahrtrichtung links liegenden Parkplatzes.

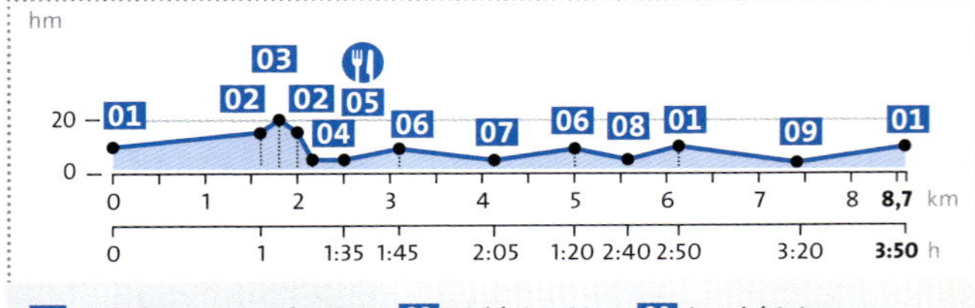

01 Parkplatz Aspsundet, 11 m; 02 Weidetor, 14 m; 03 Aussichtsturm, 21 m; 04 Landspitze, 4 m; 05 Naturum, 4 m; 06 Weggabelung, 9 m; 07 Stora Krokholmen, 5 m; 08 barrierefreie Grillplätze, 5 m; 09 Insel Äspskär, 4 m

Dort folgen wir dem markierten Naturstig in umgekehrter Richtung (absteigende Nummern auf den Infotafeln, nur Schwedisch). Der Weg führt zunächst an den Buchten Såviken und Ålviken entlang und schwenkt dann in einem Rechtsbogen nach Südosten zum Westufer des Drunnviken. Auf herrlich weichem, federndem Waldboden geht es im stetigen Auf und Ab Richtung Südosten, vorbei an mehreren Infotafeln und einer Anlegestelle. Wir erreichen schließlich ein **Weidetor** 02, vor dem ein unechtes Kälbchen steht und für eine Überraschung sorgt.

Noch vor dem Tor im Zaun biegt rechts ein Weg zum neu errichteten **Aussichtsturm** 03 ab, der am höchsten Punkt eines Hügels steht und einen weiteren Blick über die Schären bietet. Wieder zurück am **Weidetor** 02, gehen wir durch dieses hindurch und geradeaus auf eine Landzunge mit Picknickplatz und Grill (und Holzvorrat) zu. Von der **Landspitze** 04 genießt man einen Postkartenblick, wie er schöner nicht sein könnte: Rote Holzhäuser auf einer Schäre, davor ein weißes Segelboot, ein Kanufahrer. Wir gehen auf gleichem Weg zurück zum **Weidetor** 02, und halten uns nun

Das steinerne Tor

Der Name Stendörren – Steinernes Tor – taucht ein erstes Mal in der dänischen Fahrwasserbeschreibung „Navigato Danica“ (13. Jh.) auf, es bezieht sich auf die schmalste Passage des Sunds. Die eng zusammenstehenden Granitbuckel erinnern an ein steinernes Tor und gaben der Passage ihren Namen. An der Passage lag auch das Gasthaus Stendörren, in dem im 17. Jh. Seemänner auf besseres Wetter oder den richtigen Wind warten konnten.

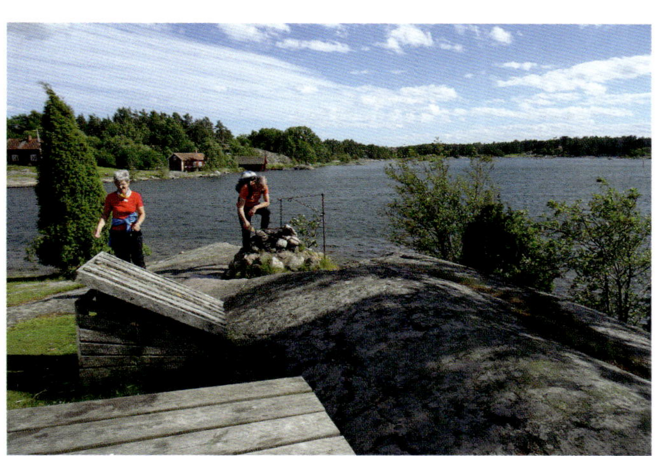

Herrlich gelegene Grillstelle unweit des Naturums

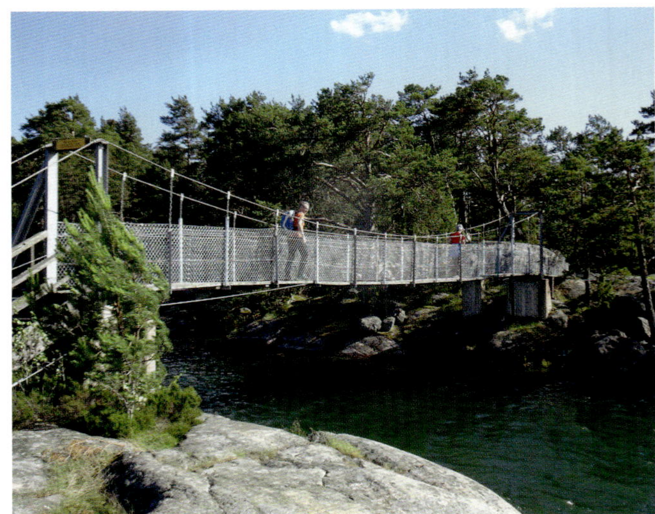

Hängebrücken verbinden die einzelnen Inseln

links und erreichen in 5 Minuten das **Naturum** 05. Hier hat in den Sommermonaten ein Kiosk geöffnet, der Getränke und Snacks verkauft. Wir gehen zur informativen Übersichtskarte (zeigt Wege und Infrastruktureinrichtungen) und besuchen das Naturum. Danach nehmen wir links vom Naturum einen Weg, der in einen Bohlenweg durch eine Feuchtwiese übergeht. Wir erreichen eine **Weggabelung** 06 ohne Wegweiser. Rechts ginge es zu einer Infotafel, Wegweisern und dem Parkplatz Atvik.

Wir halten uns aber links und gelangen so über eine Hängebrücke auf die Halbinsel **Stora Krokholmen** 07, auf der wir gegen den Uhrzeigersinn eine Runde drehen. Sie begeistert mit schönen Badeplätzen, einsamen Buchten, traumhaften Schiffsliegeplätzen und Felsen zum Sonnenbaden.

Auf gleichem Weg geht es wieder zurück zur **Weggabelung** 06 und zur Straße beim Parkplatz, wo wir uns links halten. Nach wenigen Metern erreichen wir einen kleinen Parkplatz (mit Toilette), der ausschließlich für Besucher mit Rollstühlen gedacht ist. Hier beginnt ein lohnenswerter, barrierefreier Weg, der zum Wasser und zwei ebenfalls **barrierefreien Grillplätzen** 08 (inkl. Holzvorrat) führt. Bei der hinteren Grillstelle ragt ein Felsen weit ins Wasser hinein – er eignet sich ideal zum Baden.

Wir kehren auf gleichem Weg zurück zur Straße, halten uns wieder links, lassen den Abzweig zur Halbinsel Långa udd links liegen und kommen so wieder zum **Parkplatz Aspsundet** 01.

Wer noch Lust auf eine weitere Erkundungstour in die Schären hat,

Naturum Stendörren

Das Naturum liegt etwas südlich des alten Fischerhofes Aspnäset und wurde in der Form eines Fischadlers gebaut – er ist der sörmländische Landschaftsvogel. Neben einer Dauerausstellung finden sich hier Informationen über Flora, Fauna, Geologie, Kulturgeschichte, Schärenlandschaft und Ostsee. Die Mitarbeiter bieten im Sommer Vorlesungen, Themenwanderungen und viele weitere Aktivitäten. An sie kann man sich auch mit Fragen wenden. Beim Naturum liegen Boote, wie sie so Ende des 19. Jh. von den Fischern genutzt wurden. Öffnungszeiten: siehe Homepage. www.naturumstendorren.se

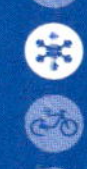

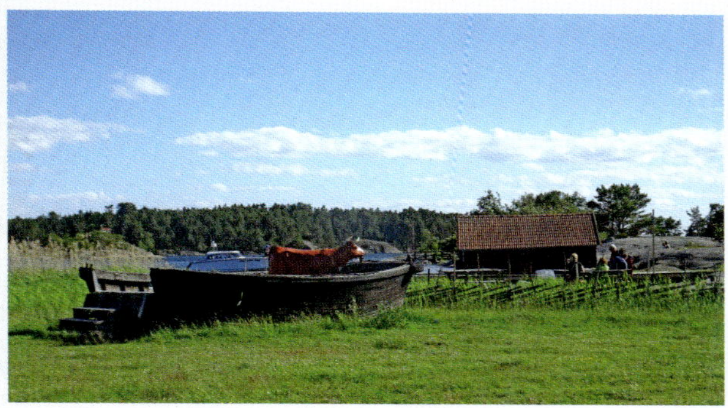

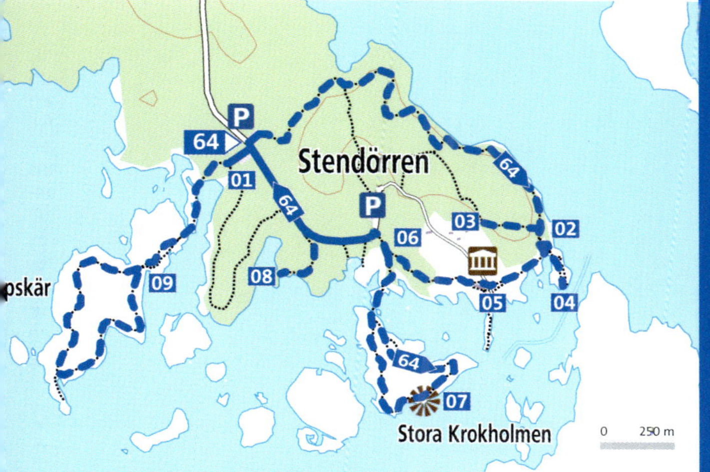

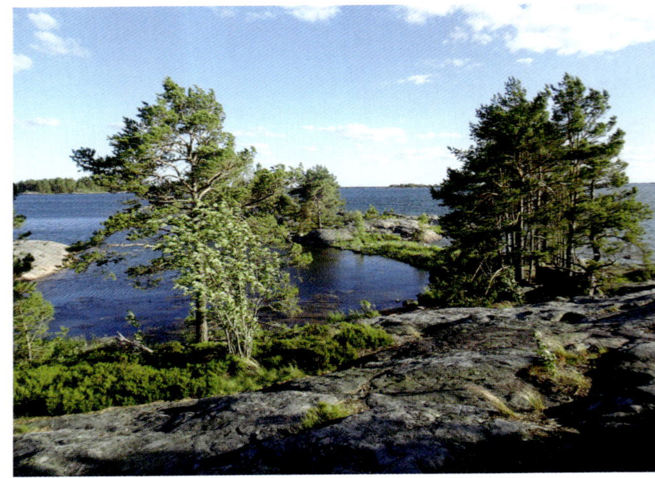

Die Landspitze von Äspskär

kann links noch eine Runde auf die Halbinsel Äspskär anhängen. Dafür biegen wir auf den links der Straße liegenden Parkplatz ein und verlassen ihn beim Wegweiser Äspskär (0,4 km).

Zunächst zweigt links ein Weg zur Halbinsel Långa udd ab, den wir ignorieren. Stattdessen halten wir uns weiter strikt geradeaus, laufen auf einen Felsen zu, vor dem rechts Markierungen den Weg zu den Hängebrücken weisen. Vor dem Felsen zweigt aber noch ein zweiter Weg nach rechts Richtung Talludden ab, das ist der falsche Weg! Wer sicher gehen will, steigt auf den Felsbuckel hinauf und auf der anderen Seite wieder hinunter und folgt dann den Markierungen.

Zwei weitere Hängebrücken führen hinüber zur **Insel Äspskär** 09, auf der wir eine kleine Runde laufen können. Auch hier finden sich herrliche Badeplätze und flache Felsen zum Sonnen oder Baden. Immer wieder bieten sich schöne Ausblicke in den Schärengarten. Die Runde endet bei den Hängebrücken, auf gleichem Weg kehren wir zum **Parkplatz Aspsundet** 01 zurück.

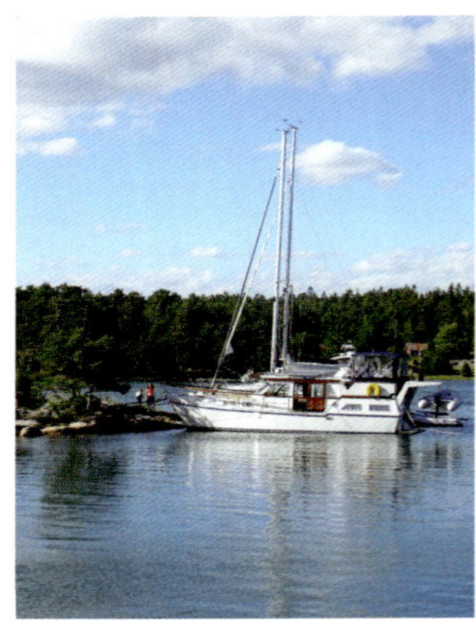

Segelrevier Stendörren

GLASKOGENS NATURRESERVAT

Auf dem Natur- und Kulturstig

  5,2 km  2:35 h  51 hm 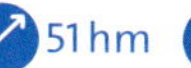 51 hm 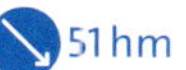

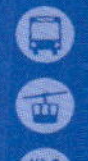

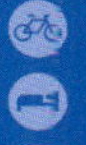

START | Besucherzentrum Lenungshammar (167 m).Anfahrt: von Süden über E18, ab Årjäng nach Norden auf Straße 172 bis Södra Ström, dann nach Osten Richtung Lenungen, zum Schluss auf einer unbefestigten Straße.
[GPS: UTM Zone 33 x: 351.251 m y: 6.599.470 m]
CHARAKTER | Informative Runde auf markierten Waldwegen.

Glaskogens naturreservat umfasst weite wildnisartige Wälder und fast 80 Seen, die zum Wandern, Radfahren und Kanufahren einladen. Beim Besucherzentrum Lenungshammar startet ein 5 km langer Natur- und Kulturpfad, der auch für Kinderwagen geeignet ist. Am Weg gibt es Rastplätze und Tafeln mit deutschsprachigen Informationen zu geologischen und kulturhistorischen Sehenswürdigkeiten. Der Kultur- und Naturstig ist als einziger Weg im Naturschutzgebiet mit weißen Markierungen versehen, für ihn gibt es eine eigene Wanderkarte mit Nummern und Erklärungen zu den einzelnen Standorten.

▶ Der Einstieg ist dennoch nicht ganz einfach zu finden: Mit dem Rücken zum **Besucherzentrum 01** hält man sich zunächst rechts und biegt rechts vom roten Wohnhaus hinunter zum kleinen See Flagan ab. Dort hält man sich links, folgt dem Seeufer und überquert die **Brücke 02**. Nun geht es geradeaus leicht ansteigend Richtung Herrgårdsbacken zu einer ersten Infotafel an einer **Lichtung 03**. Hier hat im 19. Jh. das **Herrenhaus Herrgårdsliv** gestanden.

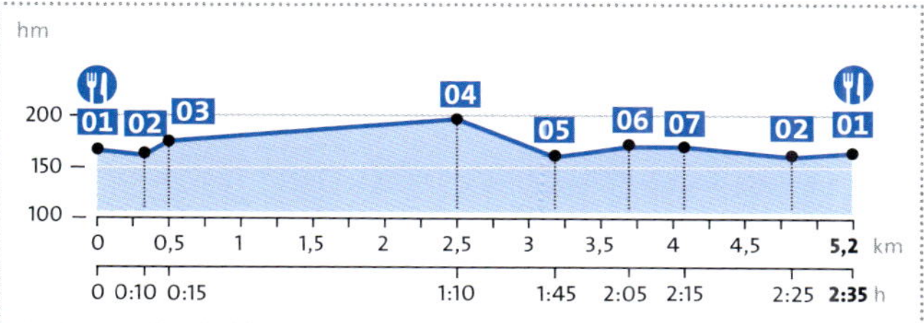

01 Besucherzentrum Lenungshammar, 167 m; 02 Brücke, 163 m; 03 Lichtung (Herrenhaus Herrgårdsliv), 174 m; 04 Laskerud-Hütte, 196 m; 05 Stora Gla, 158 m; 06 Steinmauern, 172 m; 07 Wiese, 170 m

Glaskogen-Besucherkarte

Lenungshammar im Zentrum des Naturschutzgebietes Glaskogen bietet einen Campingplatz, einen kleinen Supermarkt und einen Kanuverleih. Für den Aufenthalt im Glaskogen muss man eine Besucherkarte erwerben, deren Erlös zur Pflege und Instandhaltung des Reservats dient. Die Karte berechtigt die Benutzung von Rastplätzen, Mülltonnen, Toiletten und Brennholz. Angler benötigen eine Extra-Angelkarte.
www.glaskogen.se

Anschließend nehmen wir links den Fahrweg und zweigen nach 150 m rechts Richtung N:a Laskerud ab. Der breite Weg (rote und weiße Punkte) führt uns zu einer weiteren Infotafel zum Thema Geologie und weiter durch eine ausgedehnte Rodungsfläche zur **Laskerud-Hütte** **04**. Interessant sind dort die Informationen über die einstige Elchjagd: Erklärt und gezeigt wird eine Elchfalle – eine Grube, über die Reisig gelegt wurde. C14-Datierungen haben ergeben, dass einige der Gruben seit der Steinzeit genutzt wurden. Seit 1864 ist diese Form der Elchjagd verboten.

Anschließend folgen wir den Wegweisern, bleiben zunächst auf dem breiten Forstweg, biegen dann aber nach links auf einen zunächst schmalen Waldweg ab. Dieser gut gepflegte Weg führt geradeaus, quert eine Straße und erreicht schließlich den **See Stora Gla** **05** mit Picknicktisch. Unterwegs informiert eine Tafel über das Köhlern und eine steinzeitliche Wohnstätte. Viel zu kurz folgt der Natur- und Kulturstig dem Seeufer und biegt dann wieder nach links in den Wald ein. Wir verlassen den Wald und stehen vor eindrucksvoll langen **Steinmauern** **06**, die 2 m breit, 1,5 m hoch und 100 bzw. 150 m lang sind. Der Weg quert eine Rodungsfläche, führt nochmals in den Wald und vorbei an einer **Wiese** **07** am See, auf der man zelten darf. Nach einer letzten Infotafel zum Thema Eisenverhüttung im Glaskogensgebiet stehen wir kurz darauf an der Straße, auf der es rechts zurück zum Besucherzentrum geht.

Wir queren jedoch die Straße und tauchen auf der anderen Seite nochmals in den Wald ein und erreichen nach wenigen Minuten die **Brücke** **02** am See, wo sich der Kreis schließt. Auf dem Hinweg geht es zurück zum **Parkplatz** **01**.

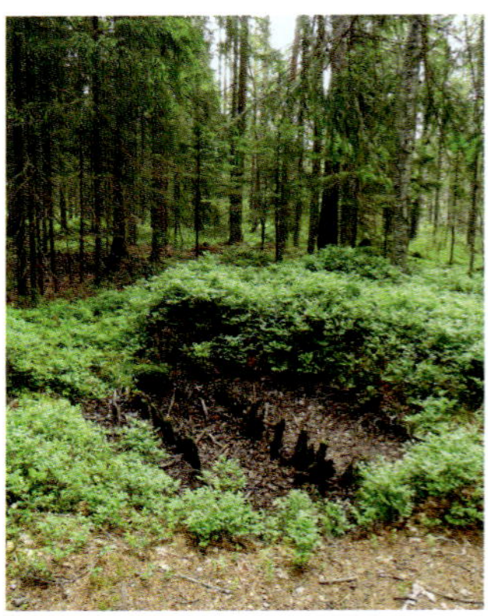

Historische Elchfalle

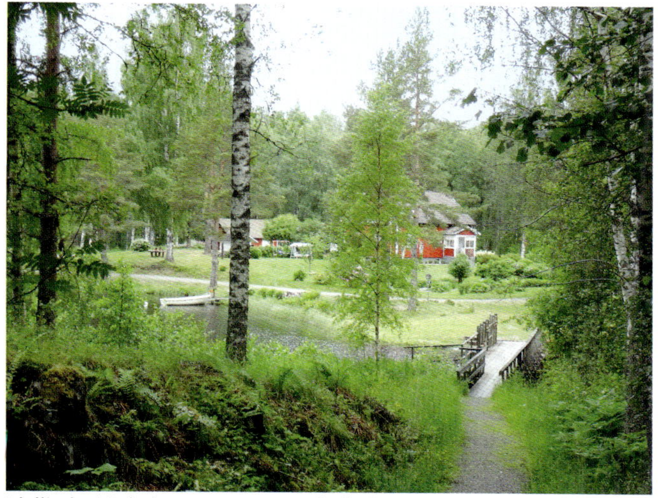

Idyllische Wohnlage am See unterhalb des Naturums

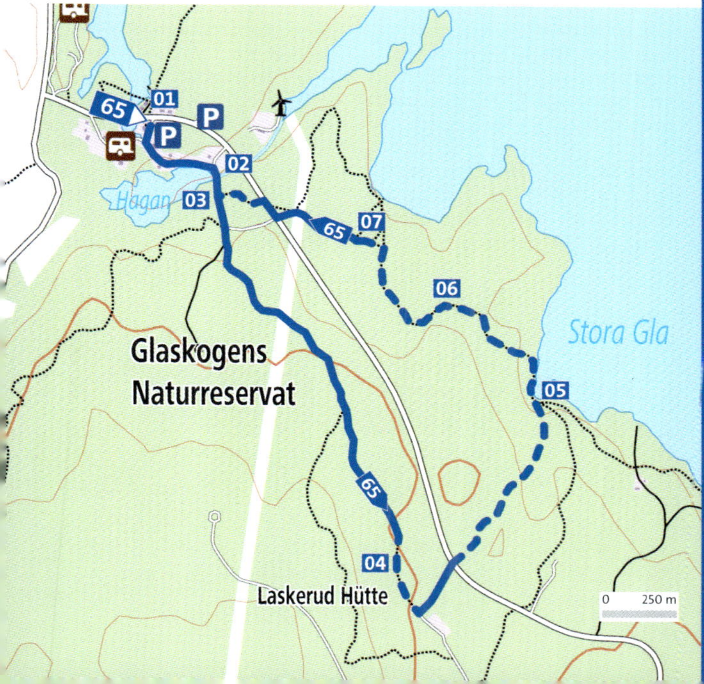

Glaskogens Naturreservat

Laskerud Hütte

Stora Gla

Hagan

0 250 m

SVEAFALLEN NATURRESERVAT

Die Kraft der eiszeitlichen Schmelzwässer

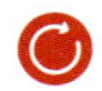 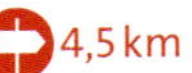 4,5 km  2:00 h   42 hm 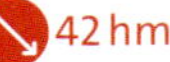 42 hm

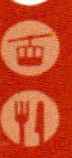
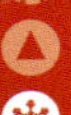

START | Degerfors, Parkplatz (101 m) am Kulturzentrum Berget östlich des Eisenwerks Degerfors Järnverk. Vom Zentrum aus Richtung Svartå fahren (Nr. 205), kurz vor dem Straßentunnel unter der Eisenbahn hindurch findet sich ein Hinweisschild. [GPS: UTM Zone 33 x:468.092 m y: 6.565.235 m].
CHARAKTER | Abwechslungsreiche Wanderung auf gut markierten Waldwegen und über Felsen, für Familien mit Kindern geeignet. Nach Niederschlägen besteht erhöhte Rutschgefahr.

Die kurze, aber landschaftlich hochinteressante Wanderung am Stadtrand von Degerfors bietet mit zahlreichen Gletschermühlen, fünf alten Flussrinnen, Toteislöchern, Findlingen und Steilabbrüchen einen Blick in die Landschaftsgeschichte der Region.

Das alte, aus fünf Stromrinnen bestehende Flusstal Sveafallen bildete einst die Wasserscheide zwischen der damaligen Ostsee und dem Kattegatt, durch das Flusstal floss vermutlich das Wasser des Sveafallen in den Letälven. Heute wandert man durch einen bezaubernden Nadelwald, in dem die Kiefer vorherrscht.

▶ Wir starten die Wanderung am **Parkplatz** 01, wo das Kulturzentrum auch eine Einkehrmöglichkeit bietet. Wir folgen zunächst einem barrierefreien Abschnitt und der Beschilderung zum **Domedags-**

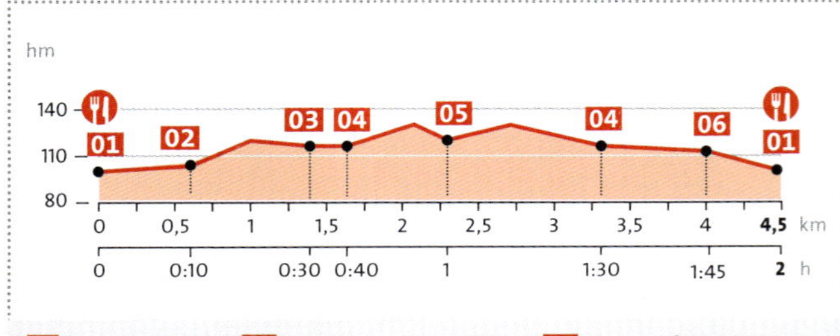

01 Parkplatz, 101 m; 02 Domedagsdalen, 106 m; 03 Grytområdet, 116 m; 04 Weggabelung, 117 m; 05 Bergtjärn, 121 m; 04 Weggabelung, 117 m; 06 Skeppet, 114 m

dalen 02, der tiefsten, mit Birken bestandenen Stromrinne in Sveafallen. Sie wird auf ihrer Westseite von einer 17 m hohen Felswand begrenzt, die bei Sportkletterern sehr beliebt ist. Bei der Infotafel für die Klettersportler drehen wir um und steigen rechts der Felswand zum höchsten Punkt hinauf. Oben folgen wir den Wegweisern Richtung Grytområdet und Bergtjärnen und den orangen Markierungen an den Bäumen. Sie bringen uns in das Areal **Grytområdet** 03, wo sich die meisten zum Teil mit Wasser gefüllten Gletschertöpfe befinden.

Auf einem wurzel- und steinreichen Pfad, teilweise auch über kleine Holztreppen, führt der Weg zu einer **Weggabelung** 04, an der wir die Wanderung in den Südteil des Naturreservats geradeaus fortsetzen und nun im Uhrzeigersinn Richtung Süden zum See **Bergtjärn** 05 wandern. Dort informiert eine Infotafel neben einem Picknickplatz über die Bergtjärnsrännan, einer ehemaligen Stromrinne, durch die eiszeitliches Schmelzwasser floss. Die von senkrechten Felsen begrenzte Rinne markiert die Wasserscheide zwischen Ostsee und Skagerrak.

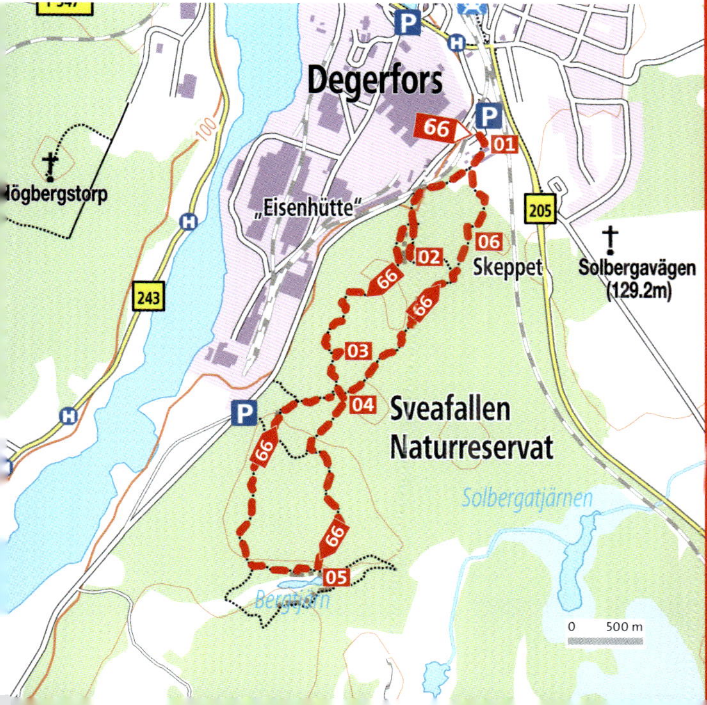

Wir wandern nun auf der Nordseite dieser Rinne nach Westen und biegen an einer weiteren Weggabelung nach Norden ab und folgen dem Wegweiser Richtung Grytområdet. Durch leicht hügeli-

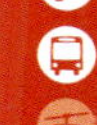
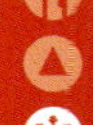
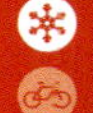

ges, anspruchsvolleres Gelände geht es über bemooste Felsen zurück Richtung Norden, zwei nach links (Westen) abgehende Wege zu einem Parkplatz und einem weiteren Ausgang des Schutzgebietes ignorieren wir.

Wir erreichen wieder die bekannte **Weggabelung** 04 und wandern nun den Rest unserer Achter-Schleife nach Nordosten, kommen zu einer Weggabelung (Picknickplatz), an der es nach links ins Domedagsdalen (160 m) geht, bleiben aber geradeaus und erreichen den **Skeppet** 06 (schwedisch: Schiff), einen großen markanten Felsen in Form eines Schiffes. Um den 4 m hohen Findling herum werden die Wanderer über einen Steg geführt.

Zurück über einen Moränenrücken erreichen wir kurz darauf wieder das Kulturzentrum und den **Parkplatz** 01.

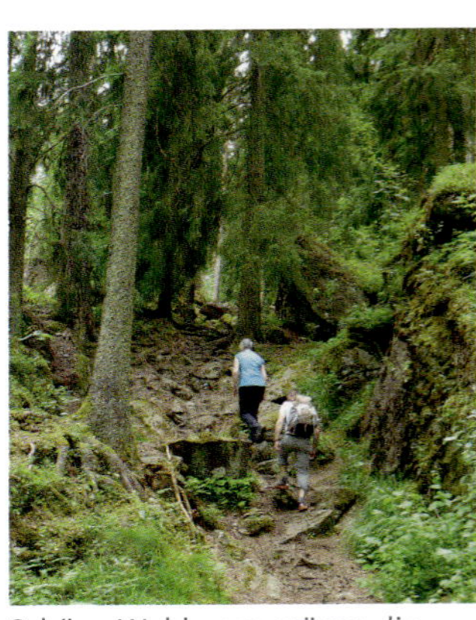

Schöne Waldwege prägen die Wanderung durch Sveafallen

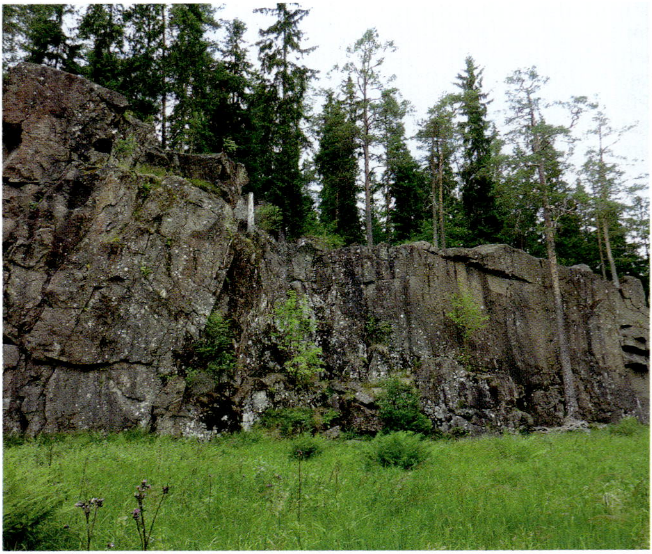

Im Domedagsdalen

SUNDSBERGSLEDEN

Aussichtsreich über dem Fryksdalen

  6 km  2:00 h 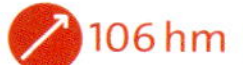 106 hm 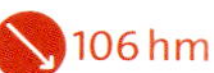 106 hm

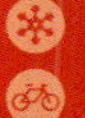
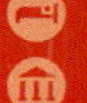

START | Sunne, Parkplatz (105 m) am Selma Spa; auf der E45 Richtung Sunne. [GPS: UTM Zone 33 x: 394.993 m y: 6.633.743 m]
CHARAKTER | Abwechslungsreiche Wanderung durch ein Windwurfgebiet mit toller Aussicht über den See Mellan-Fryken, mehreren Picknickplätzen und einem See voller Seerosen. Der Weg ist mit orangen Pfeilen und Punkten markiert.

Der Sundsbergsleden südwestlich der Stadt Sunne lockt mit einer schönen Aussicht vom Klövberg über das Fryksdalen (Tal des Frykensees) und einem sehr alten Waldbestand, der allerdings teilweise durch einen schweren Sturm stark geschädigt wurde. Im Frühjahr wandert man durch ein Meer an blau blühenden Leberblümchen. Die Tier- und Pflanzenwelt ist durch den kalkhaltigen Felsboden ungewöhnlich artenreich: So leben hier sieben der acht heimischen Spechtarten, darunter der Dreizehenspecht. Der hinterlässt auffallende Spuren an den Fichten: Er „ringelt“ den Baum durch das Hacken kleiner Löcher und dem Aussaugen des Baumsaftes.

Ein Sturm 2014 hat im Gebiet des Sundsbergsleden verheerende Waldschäden verursacht. Eindrucksvoll sind die riesigen Wurzelteller der Bäume, die rechts und links des Weges zu sehen sind.

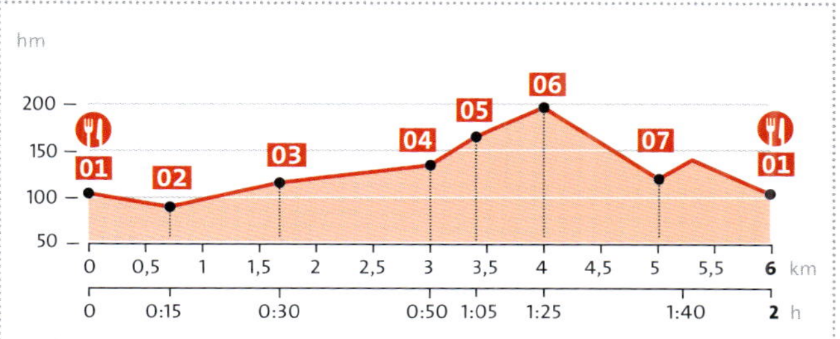

01 Parkplatz am Selma Spa, 105 m; 02 Informationstafel, 88 m; 03 Aussichtspunkt Skogsbacken, 120 m; 04 Djupdalen, 135 m; 05 Fågeldammen, 164 m; 06 Utsikten Klövberget, 194 m; 07 Gegenanstieg, 141 m

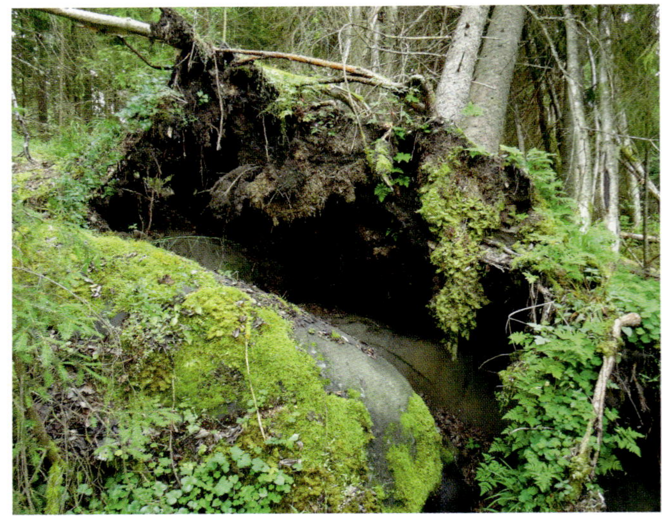

Gewaltige Wurzelteller säumen den Weg

Von der letzten Reihe des **Parkplatzes am Selma Spa** 01 ist der Wegweiser des Wanderwegs schon gut erkennbar. Nach rund 100 m hinauf zum Skizentrum stehen wir vor einer Informationstafel, die über Flora und Fauna und die vielfältigen Möglichkeiten für Aktivitäten am Berg informieren. Schon nach wenigen Minuten erreicht man den Unterstand Grönahörnet mit Picknickmöglichkeit.

Wir folgen den orangen Markierungen und stoßen bald auf die ersten umgefallenen Bäume. Wir erreichen eine Forststraße und folgen ihr ein Stück weit bis zu einer **Informationstafel** 02 und zweigen dann nach rechts ab. Mächtige, vom Sturm 2014 umgeworfene Bäume liegen teilweise parallel zum Weg. Wir erreichen den Wegpunkt Galtryggen mit einer Karte und folgen weiterhin den orangen Punkten bzw. Pfeilen. Eindrucksvoll sind die riesigen Wurzelteller der umgefallenen Bäume. Der Weg ist schmal und mit Wurzeln durchsetzt, sodass dieser Wegabschnitt nach Niederschlägen möglicherweise rutschig ist. Es geht immer wieder bergauf und bergab, bis schließlich der **Aussichtspunkt Skogsbacken** 03 erreicht wird – eine Wiese mit roter Hütte und Picknickplätzen. Durch die Bäume schaut man auf das Nordende des Sees Fryken.

Wir verlassen den Aussichtspunkt und wandern über eine Rodungsfläche, kreuzen den Skogsbacksstigen und erreichen schließlich den Wegpunkt **Djupdalen** 04. Der nächste lohnenswerte Haltepunkt ist der **Fågeldammen** 05, ein schöner See mit Seerosen und der Möglichkeit zum Grillen. Nach 400 m zweigt nach rechts der Stichweg zum Aussichtspunkt **Utsikten Klövberget** 06 ab. Von dort aus schaut man über den von ausgedehnten Wäldern eingefassten See Fryken. Wir steigen wieder hinunter zur Weggabelung und erreichen ein eindrucksvolles Windwurfgebiet am Skatberget, in dem die Sturmschäden so gravierend sind, dass der alte Sundsbergsleden nicht mehr begehbar war. Seit Sommer 2016 gibt es eine neue Wegführung, die nun unterhalb des Skatberget und um diesen herum geführt wird. Nach einem letzten **Gegenanstieg** 07 geht es bergab zum **Parkplatz am Selma Spa** 01 zurück.

Weitere Vorschläge für Wanderungen rund um die Stadt Sunne erhält man an der Rezeption des Campingplatzes, in der sich auch die Touristeninformation befindet. Auch Kartenblätter für Wanderungen in der Region können dort gekauft werden.

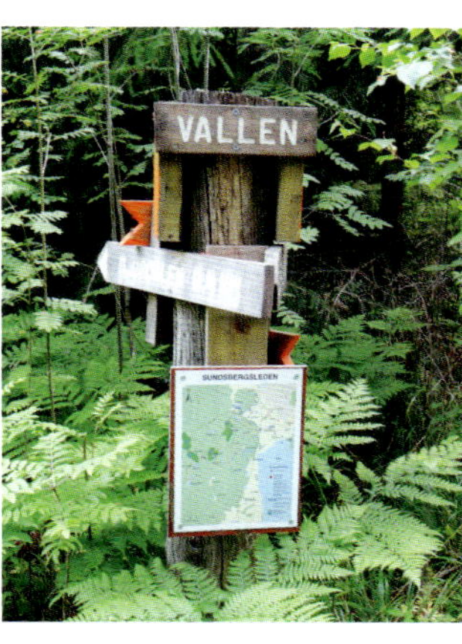

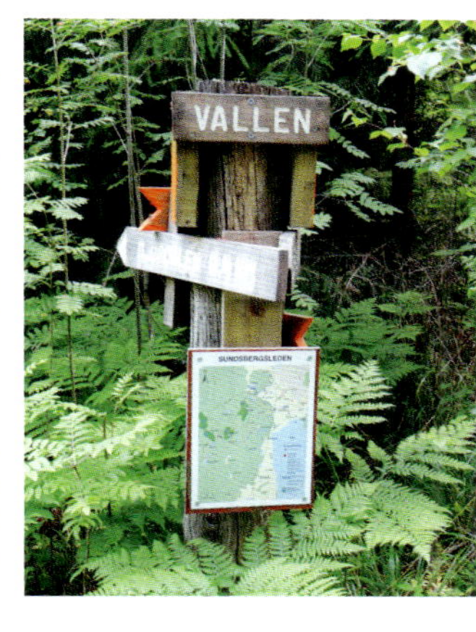

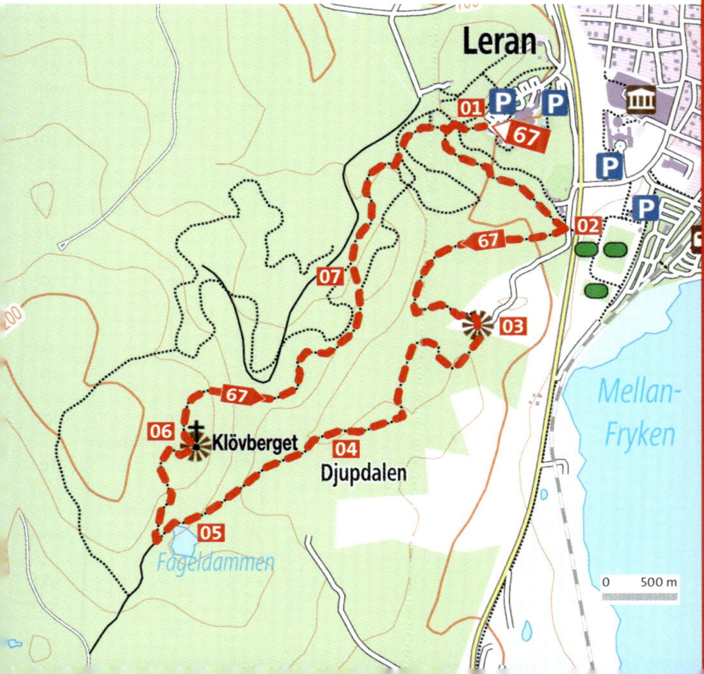

7-TORPSLEDEN

Wanderung durch die schwedisch-norwegischen Grenzwälder

 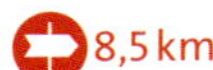 8,5 km  3:40 h 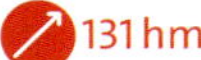 131 hm  131 hm

START | Wanderparkplatz (296 m) am Lomsen unweit von Ritamäki. Anfahrt: Von Torsby auf der E16 Richtung Norwegen, in Lekvattnet beim Finnkulturcentrum die E16 Richtung Ritamäki verlassen. Nach 10 km auf einer Staubstraße links abbiegen und bis zum Parkplatz fahren. [GPS: UTM Zone 33 x: 364.265 m y: 6.669.719 m]
CHARAKTER | Wanderung auf gut markierten Wald- und Karrenwegen (orange in Schweden, blau in Norwegen) durch Wälder und Moorlandschaften, teilweise auf Bohlenwegen.

Der 7-Torpsleden – 7-Höfe-Weg – in der Nähe von Lekvattnet führt hauptsächlich über alte Pfade, die einst von Waldfinnen angelegt wurden. Am Weg liegen sieben Höfe, die alle einen waldfinnischen Ursprung haben. Unterwegs wechselt man von Schweden nach Norwegen, zwei der Höfe liegen in Norwegen. Ritamäki Finngård ist einer der am besten erhaltenen waldfinnischen Höfe im Finnskogen (Finnenwald). Die waldreiche Region erstreckt sich über die norwegischen Provinz Hedmark bis zum Klarälven in Schweden. Der Name geht auf die Finnen zurück, die sich hier im 16. und 17. Jh. angesiedelt haben.

▶ Wir starten am Nordende des Sees Lomsen am **Wanderpark-**

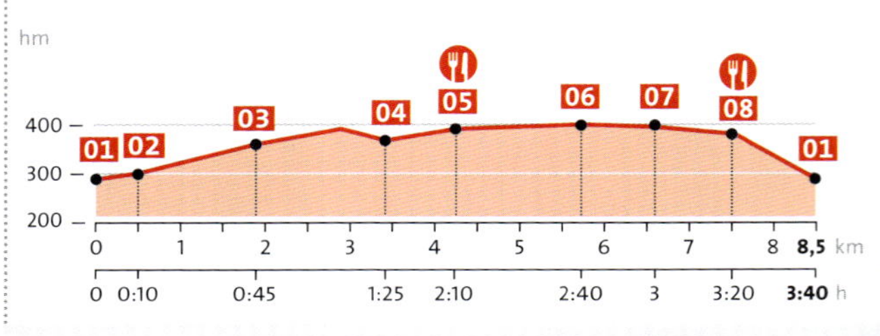

01 Wanderparkplatz, 290 m; 02 Hof Lomstorp, 300 m; 03 Svartbäcken/ Mustaporro, 359 m; 04 Hofstelle Österby, 371 m; 05 Hofstelle Lebiko, 387 m; 06 Finnenhof Kissalamp, 400 m; 07 Hofstelle Valli, 398 m; 08 Hofstelle Ritamäki, 379 m

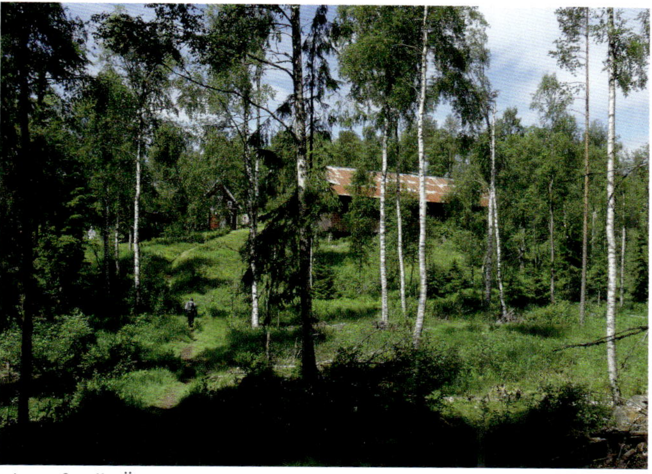

Die Hofstelle Österby

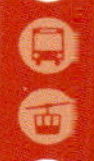

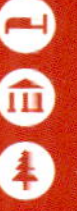

platz 01. Dort befindet sich eine Tafel mit einer Karte und eingezeichnetem Weg. Mit Blick zur Karte wandern wir nach links und folgen den Wegweisern „7-Torp" und „Finskog leden". Der 7-Torpsleden führt zunächst am Westufer des Lomsen entlang zum **Hof Lomstorp** 02, der seit Ende des 18. Jhs. besiedelt ist. Kurz vor dem Hof (heute ein Ferienhaus) steht links eine Hütte, in der man gratis übernachten darf. Ein rotes Schild „7-Torp" weist nach rechts. Ein Wiesenweg führt bergan und biegt in Sichtweite eines Wohnhauses nach rechts ab. Von hier oben hat man nochmals einen schönen Blick auf den See. Der Weg umrundet das Wohnhaus und einige Schuppen. Durch lichten Wald, über Lichtungen und vorbei an großen Findlingen geht es nun durch die schwedische Waldeinsamkeit.

Wir queren eine Schotterpiste und kommen an einer ausgewiesenen Wasserquelle vorbei und erreichen so **Svartbäcken/Mustapuro** 03, eine Ansammlung von mehreren Häusern auf einer Erhebung. Eine Infotafel informiert über die früheren Bewohner. Beim Hof Mustapuro beschreiben die heutigen Nachfahren der Waldfinnen die Geschichte ihres Hofes.

Nach den letzten Gebäuden führt der Waldweg links abwärts zu einer Schotterstraße, der man kurz nach Süden folgt, bis der Weg rechts wieder in den Wald abbiegt. Den Markierungen folgend wandern wir nun nach Westen Richtung Grenze. Von einer großen Rodungsfläche aus hat man einen weiten Blick hinüber in die norwegischen Wälder. Eine Schneise markiert die Grenze, nun sind wir in Norwegen.

Nach 300 m sind die Häuser der **Hofstelle Österby** 04 erreicht. Das finnische Wort für Österby – Autiomäki – bedeutet übersetzt „Berg des verlassenen Hofes". 1730

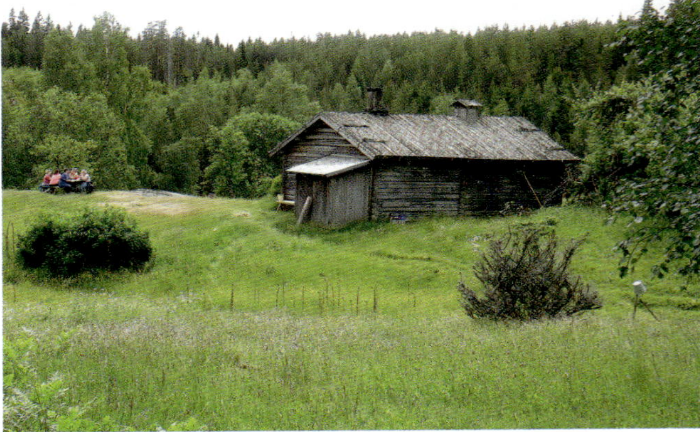

Die Hofstelle Ritamäki

wurde hier der Wald gerodet und ein für den Finnskogen sehr großer Hof errichtet. Bis in die 1970er-Jahre wurde hier Landwirtschaft betrieben, heute sind die Gebäude in Privatbesitz.

Über alte Rodungsflächen wandern wir nun den blauen Markierungen folgend nach Nordwesten zur **Hofstelle Lebiko** 05. Picknicktische stehen vor einem roten Haus, in dem man mit etwas Glück einen Kaffee und eine Kleinigkeit zu essen bekommt. Der Hof Lebiko wurde als einer der letzten Waldfinnenhöfe gebaut und ab 1840 bewohnt. Der Name geht auf das finnische Wort „leppi" – Erle – zurück. Die Endung -ko steht für Wäldchen oder Gehölz. Auch dieser Hof wurde bis Ende der 1970er-Jahre bewohnt. Im Touristenbüro Torsby oder beim norwegischen Finnskogen Turistforening kann man sich den Schlüssel für eine Übernachtung organisieren.
In Lebiko biegt der 7-Torpsleden nach Nordosten ab und führt über Feuchtgebiete (Bohlenwege) und durch Wald zurück zur Grenze, die wiederum an der Schneise und einem Holzschild mit beiden Ländernamen zu erkennen ist.

Der Weg macht kurz danach eine Biegung nach Norden und führt zum fünften **Finnenhof** namens **Kissalamp** 06, einst ein relativ großer Hof im Finnskogen. Reste von Scheune und Stall sind noch erkennbar, interessant ist auch der gemauerte Erdkeller. Der Brunnen hinter dem Haus liefert bis heute Trinkwasser. Das Haus steht offen, innen finden sich alte Zeitungen und Werbeplakate. Auch hier sind die letzten Bewohner um 1964 weggezogen. Im Zweiten Weltkrieg versorgte man hier Flüchtlinge aus Norwegen.

Auf einem breiten Waldweg folgt man den orangen Markierungen zur vorletzten **Hofstelle Valli** 07. Interessant sind hier der Erdkeller (kann betreten werden) und die Reste des Rauchhauses, das zu je-

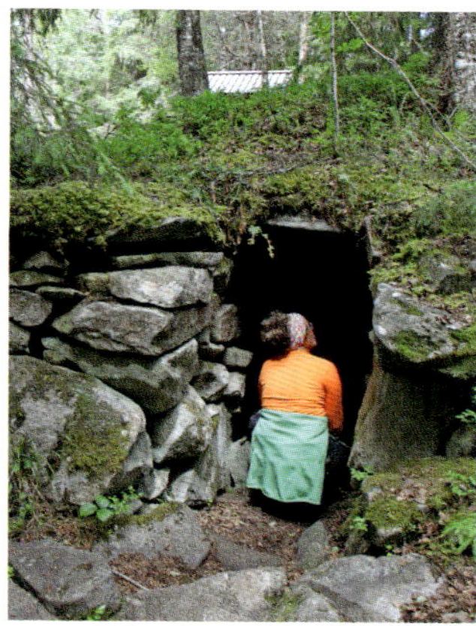
Erdkeller der Hofstelle Valli

dem Hof gehörte. „Valli" bedeutet übersetzt so viel wie Weide.

Nach rund 400 m verlassen wir den Wald und wandern durch einen Zaun hindurch auf die offenen Flächen und Wiesen der **Hofstelle Ritamäki** 08, sie steht auf einem Hochplateau mit lichten Birkenbeständen, auf denen früher die Kühe weideten. Die gut erhaltene Hofstelle steht als Gebäudeensemble unter Denkmalschutz und ist zum Naturschutzgebiet erklärt worden. Auch hier gibt es im Sommer eine einfache Bewirtschaftung. „Riita" bedeutet im Finnischen Streit, „mäki" Berg – vielleicht wurde hier einst um den Besitz eines Bergs bzw. eines Hügels gestritten.

Der Weg führt an mehreren Erdkellern vorbei hinunter zu den Hauptgebäuden. Ein Übersichtsplan zeigt das Gebäudeensemble und erklärt die Gesamtanlage des Hofes. Hier findet man noch ein Wohnhaus mit intaktem Rauchhaus und einem Rauchofen. Interessant ist auch die Konstruktionsweise des Holzzaunes mit schräg gestellten dünnen Fichtenstämmchen. Im Sommer gibt es eine einfache Bewirtschaftung.

Von Ritamäki geht es nurmehr bergab zum **Parkplatz** 06 am See.

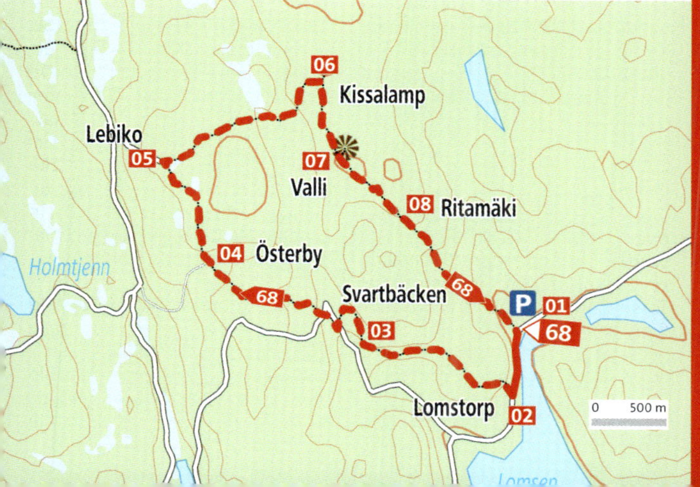

69

INSEL SOLLERÖN

Insel im Siljansee

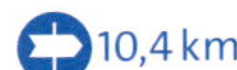

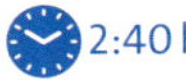

START | Parkplatz (203 m) neben der Kirche von Sollerön [GPS: UTM Zone 33 x:479.271 m y: 6.753.432 m]
CHARAKTER | Einfache Wanderung auf Teerstraßen und Waldwegen.

Sollerön ist mit einer Länge von 7,7 km und einer Breite von 4 km die größte Insel im Siljan-See und liegt etwa 10 km südlich von Mora. Zwei Brücken verbinden die Insel mit dem Festland. Die Insel ist bekannt für ihre traditionellen langen Kirchboote, die bis heute gebaut werden. Mit ihnen fuhr man früher zum sonntäglichen Kirchenbesuch. Die Insel ist seit 6000 Jahren besiedelt – ein kleines Freilicht- und Heimatmuseum informiert über die Inselgeschichte.

▶ Wir starten die Rundwanderung über den Südosten der Insel auf dem **Parkplatz** 01 neben der Kirche des Ortes Sollerön. Auf der Südseite des Parkplatzes beginnt die Straße Budgatu, der wir in einem Rechtsbogen nach Süden folgen. Rechts und links der Straße liegen hübsche Wohnhäuser. Nach den letzten Häusern wandern wir zwischen Feldern nach **Bodarna** 02, wo wir nach links in den Rannmyrvägen abbiegen. Eine Schotterstraße führt uns nach Osten, zunächst noch zwischen den Feldern hindurch, dann durch ein Waldstück. Schließlich erreichen wir die ersten Häuser von **Bråmåbo** 03 im typischen Schwedenstil. Der Rannmyrvägen mündet in den Bråmåbovägen ein.

An der Kreuzung halten wir uns rechts und bleiben auf der Straße, bis links der Budstavägen abzweigt. Der landwirtschaftliche Weg führt zunächst über eine

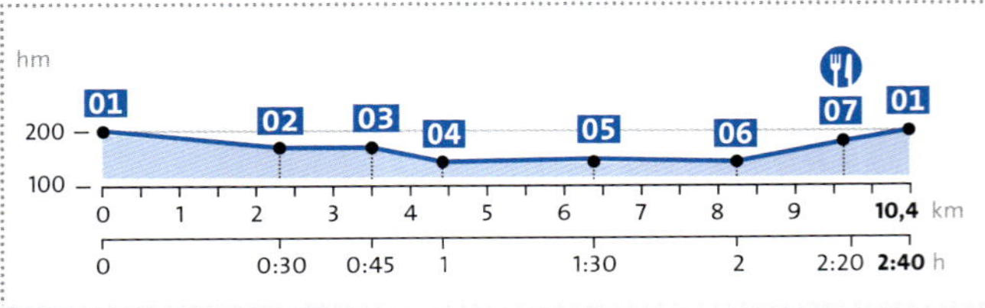

01 Parkplatz, 203 m; 02 Bodarna, 175 m; 03 Bråmåbo, 173 m; 04 Siljan, 162 m; 05 gelber Pfeil, 162 m; 06 Marina von Bengtsarvet, 162 m; 07 Hembygdsgård, 180 m

Hembygdsgård und Gräberfeld

Im kleinen Freilichtmuseum stehen Gebäude aus dem 17. und 18. Jh., die dorthin transferiert wurden. Die Anlage umfasst insgesamt 11 historische Gebäude, eine Mühle sowie eine Kapelle von 1781. Gleich daneben liegt Darlarnas größtes Gräberfeld aus der Wikingerzeit mit 123 freigelegten Gräbern. Auf dem Museumsgelände beginnt auch der 3,2 km lange, zum größten Teil auch für Rollstuhlfahrer befahrbare Kulturstig. Er führt zu prähistorischen Stätten wie dem Wikinger-Gräberfeld und weiteren historischen Relikten. Unterwegs informieren 15 Tafeln über die Siedlungsgeschichte. www.sollero-hembygd.se

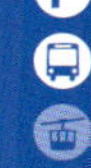

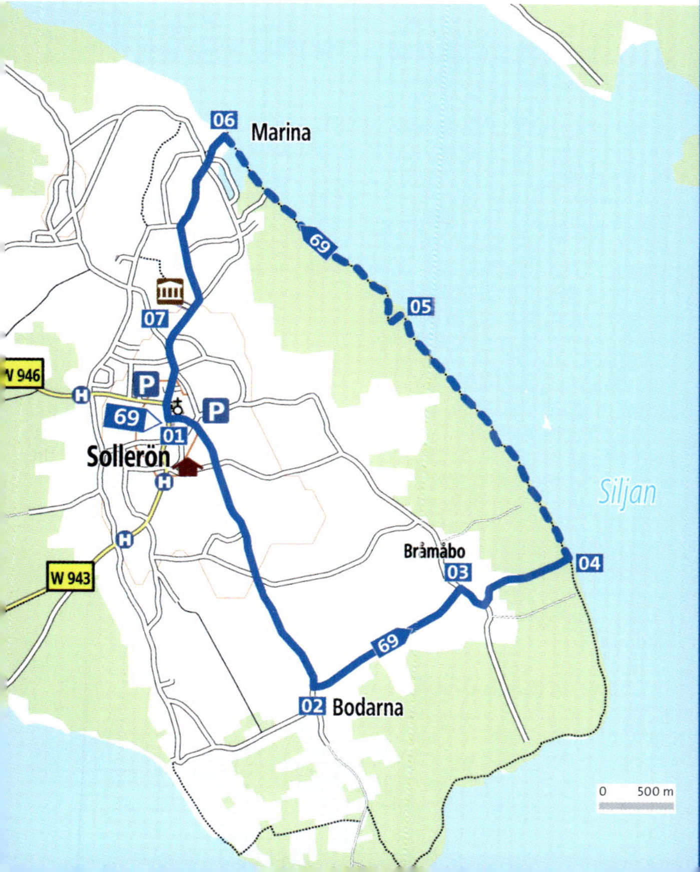

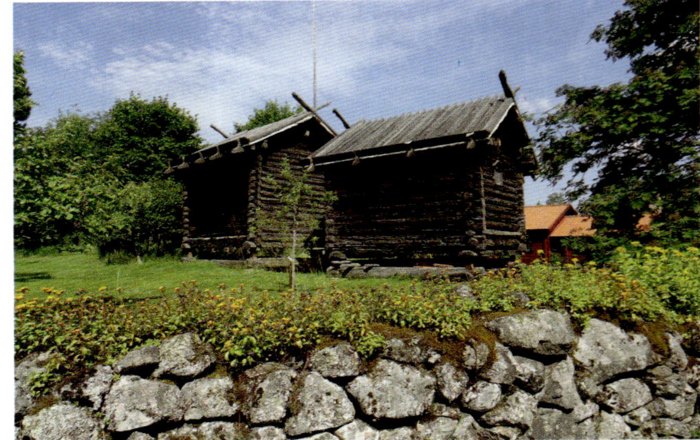

Schönes Fotomotiv – die Scheunen in Bengtsarvet

Wiese, dann in ein Wäldchen hinein und endet schließlich am Ufer des **Siljan** **04**.

Hier halten wir uns links und wandern nun immer am Seeufer entlang. Nach kurzer Zeit erreichen wir die kleine Marina von Bråmåbo. Auf dem weiteren Weg sehen wir rechts die Insel Sollkalven liegen. Wir folgen dem Trampelpfad am Wasser entlang, bis ein **gelber Pfeil** **05** den Weg nach links weist. Hier verlässt der Rundweg kurzzeitig das Wasser und führt in einem Bogen um ein Privatgrundstück herum. Anschließend geht es weiter am Wasser entlang, an einem Unterstand mit Grillmöglichkeit vorbei und weiter geradeaus, bis schließlich die ersten Häuser von Bengtsarvet in Sicht kommen.

In der **Marina Bengtsarvet** **06** mit hübscher Mole verlassen wir das Seeufer, halten uns links und folgen dem Bengtsarvsvägen Richtung Südwesten. Rechts der Straße stehen malerische Scheunen im Blockhüttenstil. Auf dem Weg zurück nach Sollerön lohnt sich ein Halt beim Freilichtmuseum **Hembygdsgård** **07**. Nach dem Besuch folgen wir weiterhin dem Bengtsarvsvägen, bis dieser schon in Sichtweite der Kirche von Sollerön in den Soldvägen einmündet. Vorbei an einem kleinen Supermarkt und der Kirche ist kurz darauf der **Parkplatz** **01** erreicht.

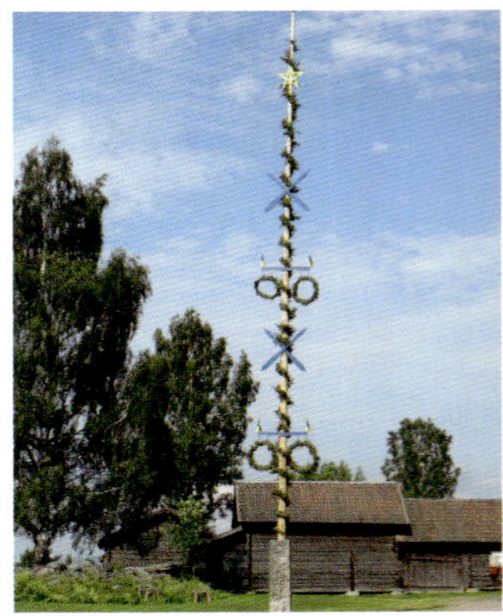

Midsommar im Hembygdsgård

INSEL SANDÄNGENA

Kleiner Inselrundgang bei Mora

  6,8 km 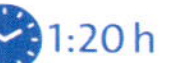 1:20 h 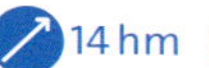 14 hm 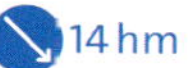 14 hm

START | Parkplatz (163 m) am Fußballplatz
[GPS: UTM Zone 33 x:475.362 m y: 6.764.717 m]
CHARAKTER | Leichter Spaziergang mit Bademöglichkeiten.

Die kleine Runde führt einmal um die Insel Sandängena und folgt dabei dem Ufer der Flüsse Österdalälven und Orsälven und des Sees Orsasjön im Norden. Im Frühjahr lassen sich hier viele Vögel beobachten. Nichts für zarte Gemüter ist die Tatsache, dass auf der Insel vor den Toren von Mora 1669 insgesamt 16 Hexen verbrannt wurden.

▶ Wir starten die kleine Wanderung am **Parkplatz** 01 des Mora Golfklubb Drift, gehen in Fahrtrichtung zurück und biegen nach links in den Tennisvägen ein. Wir überqueren den Parkplatz einer Wohnanlage und stoßen an dessen Ende auf ein Holzschild, auf dem die Golfrundan nach links ausgeschildert ist. Wir folgen den Pfeilen, queren auf einer Brücke den Sandängskanalen und wandern auf der Südseite der Insel am Ufer des Flusses Österdalälven Richtung Osten. Durch die Bäume hindurch genießen wir einen schönen Blick auf die Kirche von Mora. Wir kommen zum **Golfplatzgelände** 02, passieren einen Schiffsanleger und biegen schließlich nach Norden ab. Wir wandern nun am **Ufer des Orsälven** 03 entlang. Die kleine Wasserstraße verbindet den Orsasjön im Norden der Insel mit dem Siljan-See.

Wir queren eine Hochspannungsleitung und wandern durch lichten Birkenwald und teils auf Bohlenwegen zum **Nordufer** 04 der Insel, wo wir einen schönen Blick

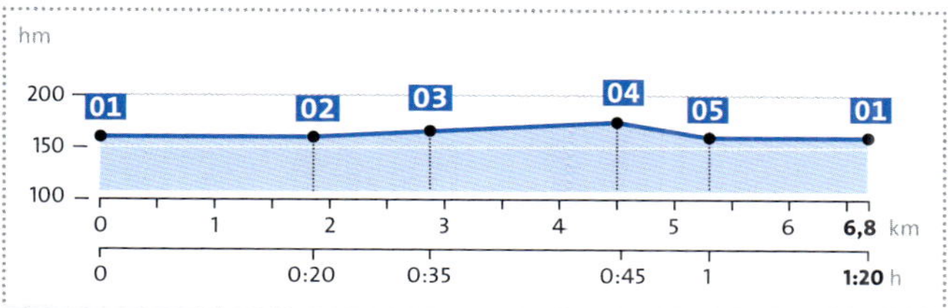

01 Parkplatz, 163 m; 02 Golfplatzgelände, 162 m; 03 Ufer des Orsälven, 164 m; 04 Nordufer, 176 m; 05 Åggemyr, 163 m

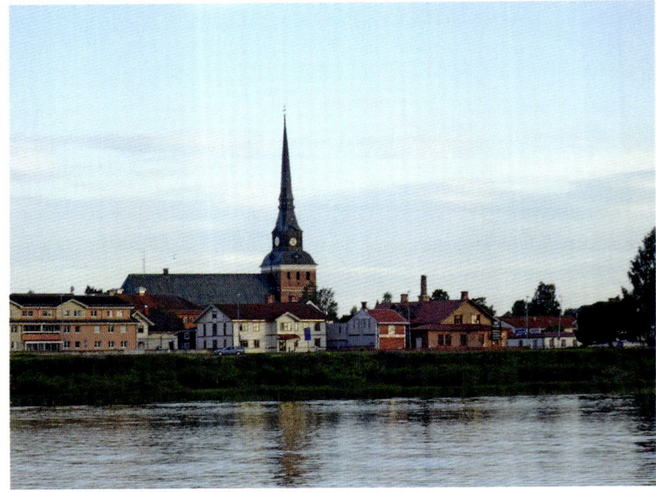

Abendstimmung in Mora

über den Orsasjön genießen. Hier finden sich kleine Strände und im Nordwesten einige Gebäude. Auf Höhe der Gebäude macht der Weg einen Bogen nach links und führt nun nach Süden. Wir wandern entlang des Feuchtgebietes **Åggenmyr** **05**, queren nochmals eine Hochspannungsleitung und erreichen so in wenigen Minuten wieder den Fußballplatz und den **Parkplatz** **01**.

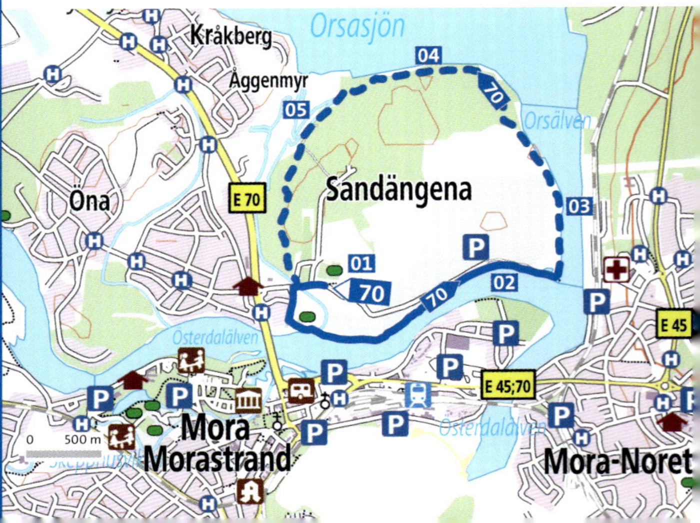

HÖKBERGET: BANANA RUNT

Wanderung auf dem Vasaloppet

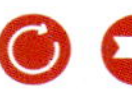  12,3 km 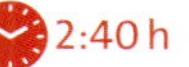 2:40 h 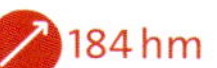 184 hm 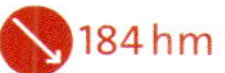 184 hm

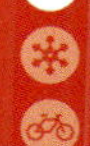

START | Waldparkplatz (205 m) nördlich von Läde auf halber Strecke zwischen Hökberget und Mora
[GPS: UTM Zone 33 x:465.209 m y: 6.768.488 m]
CHARAKTER | Mittelschwere Wanderung auf Waldpfaden und Forststraßen.

Was gibt es schöneres, als im Winter durch die verschneiten Wälder auf Langlaufskiern zu gleiten? Eine der berühmtesten Langlaufstrecken ist der 90 km lange Vasaloppet (Wasalauf), der seit 1922 alljährlich im März auf der Strecke zwischen Mora (Startpunkt) und Sälen veranstaltet wird. Mit diesem Lauf wird an die Flucht von Gustav I. Wasa auf Skiern vor den Soldaten des dänischen Königs Christian II. 1521 erinnert.

Das sommerliche Pendant zum Langlauf ist der Waldlauf. Die hier vorgestellte Wanderung folgt einer solchen Laufrunde, die mit leuchtend gelben Bananen-Markierungen ausgezeichnet ist. Dabei folgen wir zum Teil dem Verlauf des Vasaloppsleden. Die unterhaltsame Runde führt von Läde (westlich von Mora) über den Hökberget zum See Spjutmosjön und zurück entlang des Flusses Österdalälven.

▶ Wir starten auf einem **Waldparkplatz** 01 neben einem Schuppen (Läde Fäbod), der auf halber Strecke zwischen den Orten Hökberg und Mora liegt (eine Stichstraße zweigt von der Verbindungsstraße nach rechts zum Parkplatz ab). Wir halten uns links vom Schuppen und folgen

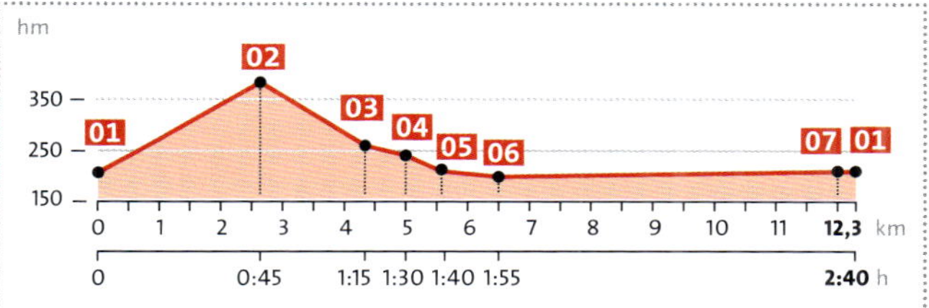

01 Waldparkplatz, 205 m; 02 Hökberget, 382 m; 03 Feriensiedlung Hökberget, 261 m; 04 Sandpfad, 240 m; 05 Ufer des Spjutmosjön, 209 m; 06 Böschung, 200 m; 07 Hauptstraße nach Mora, 207 m

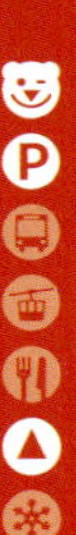

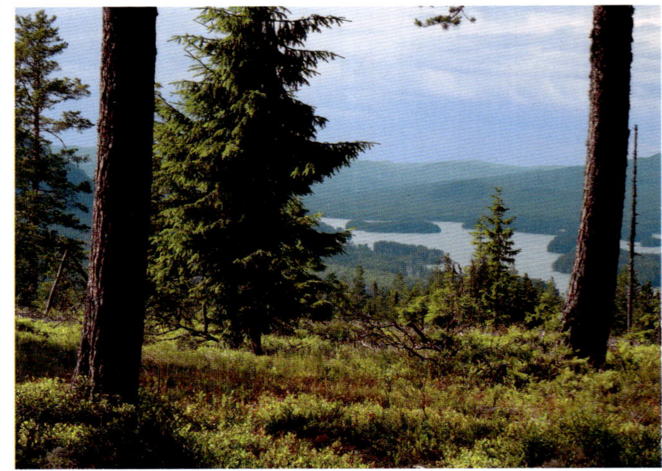

Weit reicht der Blick vom Hökberget

den Schildern der „Banana runt“ Richtung „Hökberget över Berget“ (nach Hökberget über den Berg) – markiert mit einer Banane und orangen Streifen an den Bäumen. Auf einem breiten Weg – immerhin müssen hier im Winter viele Langläufer gleichzeitig laufen – geht es nun stetig ansteigend durch lichten Wald hinauf auf den **Hökberget** 02. Entlang einer Rodungsfläche und dann auf schmalem Waldpfad erreichen wir eine Bank mit freiem Blick nach Osten auf den Fluss Österdalälven. Wir befinden uns hier an der Aussicht Okbjär (390 m). Nun geht es bergab (Markierung Banane) und durch ein Windwurfgebiet, das uns weite Blicke in das Waldland bietet. Eindrucksvolle 2 m hohe Wurzelteller säumen den Weg.

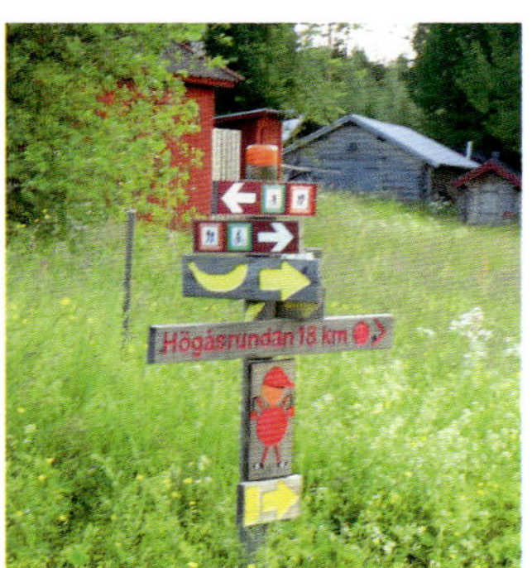

Wenige Minuten später erreichen wir die **Feriensiedlung Hökberget** 03. Wir folgen den Markierungen durch die Siedlung und stoßen am unteren Ende der Häuser auf einen roten, offenen Unterstand mit Kies. Dort weist das Bananenschild nach rechts und leitet uns zur Zufahrtsstraße, von der links ein **Sandpfad** 04 abbiegt, dem wir talwärts zum See folgen. Nach Überquerung der Schienen und der Straße nach Mora (Bushaltestelle „Jonsängsudden“) stehen wir schließlich am **Ufer des Österdalälven** 05. Eine breite ungeteerte Straße führt parallel zum

Seeufer nach Nordosten zu einem gelben Stoppschild, das auf ein Privatgrundstück hinweist. Wir halten uns gemäß den Markierungen nach rechts und folgen den Bananen-Markierungen in einen lichten Wald, dessen Boden von Rentierflechte bedeckt ist. Wir erreichen einen kleinen Parkplatz an der Straße zum Flusskraftwerk und steigen hier gemäß den Markierungen eine **Böschung** **06** hinauf.

Wir befinden uns nun einige Meter oberhalb des Flusses Österdalsälven auf einem dammartigen Rücken, der parallel zum Fluss nach Südosten führt. Dabei handelt es sich um eiszeitliche Sanddünen. Immer wieder bieten sich zwischendurch schöne Ausblicke auf das Flusstal und die Wälder. Abzweigungen, die zu einer Extra-Runde („X-tra backe") einladen, werden ignoriert. Wir folgen den Bananen-Markierungen auf dem Rücken, bis diese auf Höhe des Parkplatzes nach rechts weisen. Eine Forststraße leitet hinunter zur **Hauptstraße nach Mora** **07**. Wir queren die Straße und biegen nach rechts in den Krångdalswejen ein, queren die Bahnschienen und erreichen sogleich den **Parkplatz** **01**.

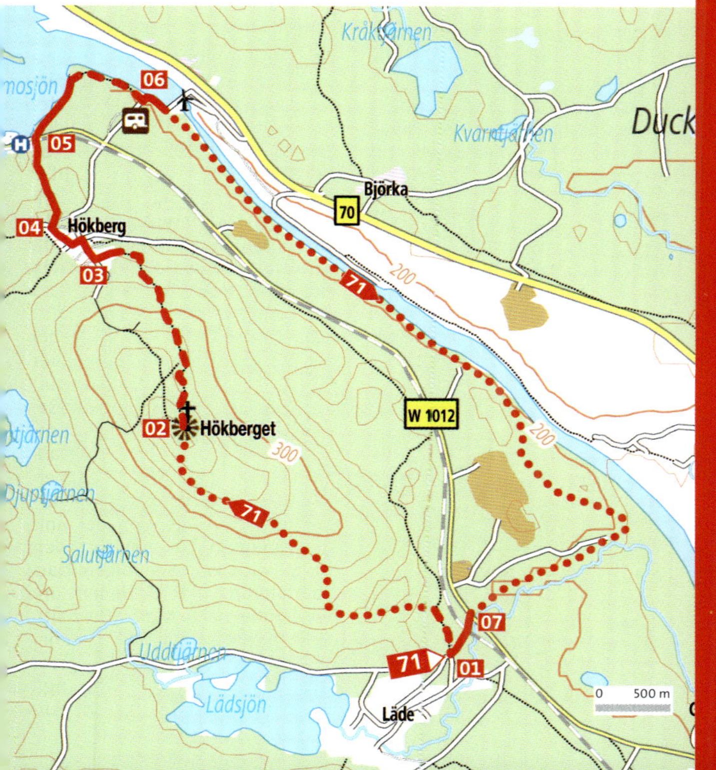

VON FRYKSÅS NACH GRÖNKLITT

Altes Almdorf oberhalb des Orsasjön

 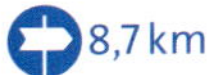 8,7 km 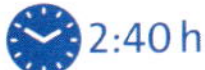 2:40 h 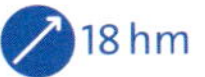 18 hm 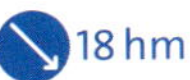 18 hm

START | Café Smidgården (478 m) in Fryksås
[GPS: UTM Zone 33 x:474.834 m y: 6.784.567 m]
CHARAKTER | Leichte Wanderung, jedoch teilweise etwas verwirrende Markierungen, da man genau darauf achten muss, ob es sich um Winter- oder Sommermarkierungen handelt.

Das 500 m hoch gelegene Almdorf Fryksås ist allein schon einen Besuch wert: Die alten Berg- und Almhütten (insg. rund 200) gehören zur ältesten registrierten Sommeralm Dalarnas. Die Geschichte einiger Hütten lässt sich bis ins 16. Jh. zurückverfolgen. Vom Dorf genießt man einen Panoramablick über den Orsasjön im Süden.

▶ Die Wanderung von Fryksås ins Seengebiet von Grönklitt beginnt beim **Café Smidgården** 01 am oberen Ortsrand. Wir wandern rechts vom Café bergauf und biegen an einem Hinweisschild (Privatweg) nach rechts ab. Wir folgen dabei den orangen Markierungen des Siljansleden, der sich durch den Fichtenwald hinauf auf das Grönklittplateau zieht. Grönklitt, eine Ansammlung von Ferienhäusern und -hütten, ist eine beliebte Langlaufdestination.

Bei einem **Pfahl** 02 mit vielen Wegweisern folgen wir der Rädsjön runt (gelbe Markierung). Eine Übersichtstafel informiert über das ausgedehnte Wegenetz – viele Wanderwege sind gleichzeitig Radwege und Winterloipen. Wir wandern auf dem gelben Rundweg um den Östra Rädsjön gegen den Uhrzeigersinn und biegen da-

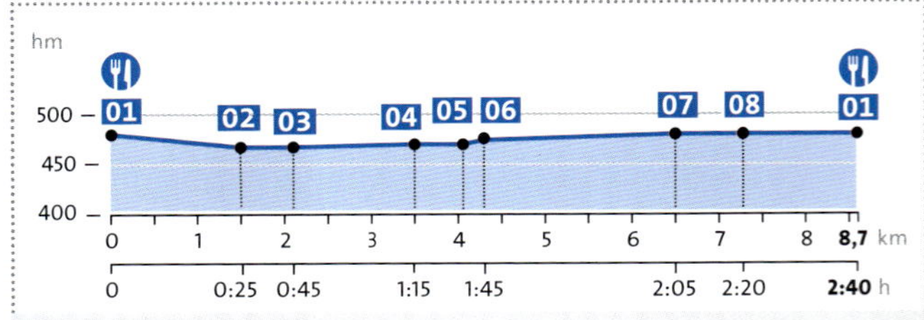

01 Café Smidgården, 478 m; 02 Pfahl, 464 m; 03 Pirateninsel, 468 m; 04 Straße, 471 m; 05 Wegweiser „Slogbod 0,3 km", 470 m; 06 Björntjärn-Weg, 473 m; 07 Weggabelung, 481 m; 08 Weggabelung, 480 m

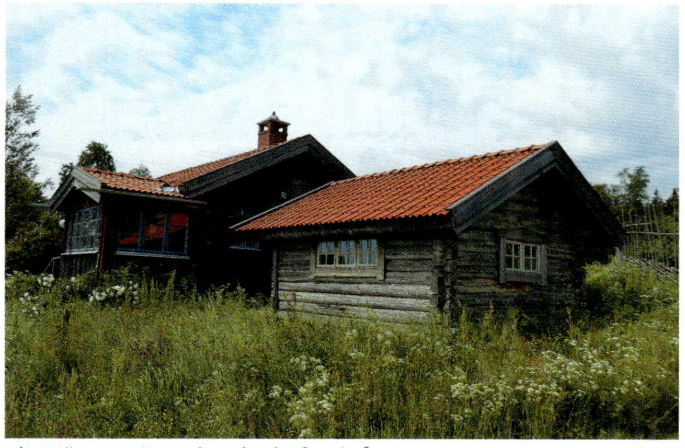

Alte Häuser prägen das Almdorf Fryksås

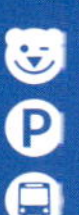
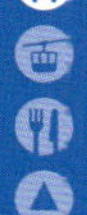
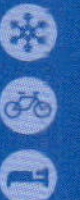

her am Wasser auf den Weg nach rechts ein und erreichen schon bald eine Infotafel über Luchse, die vor den Weltkriegen von Pelztierjägern gejagd wurden. Ein schmaler Waldpfad führt ufernah durch lichten Birken-Kiefern-Wald zu einem Sandstrand und einem Kanuverleih (gehört zum nahe gelegenen Campingplatz). Hier lohnt sich vor allem mit Kindern der Abstecher zur **Pirateninsel** **03**, die man über eine abenteuerliche Holz- und Zugbrücke erreicht.

Wieder zurück auf dem „Festland" wandern wir zunächst an den Kanuständern und dem roten Schuppen vorbei auf einer Kiesstraße Richtung Campingplatz und Skilift, biegen aber noch vorher nach links in eine Waldschneise mit Stromleitung ab (Trafohäuschen).

Achtung: Wir kommen zu einer Weggabelung, an der ein Weg mit gelber Raute abzweigt – das ist ein Skiweg, den wir ignorieren. Stattdessen folgen wir den gelben Markierungen an den Bäumen, durchqueren ein Feuchtgebiet auf Bohlen und halten uns immer ufernah. Der Uferweg endet an einem Unterstand mit Grill. Wir folgen der **Straße** **04** nach links (gelbe Markierungen beachten). Der Weg führt zu einem weiteren See, an dem wir links vorbeiwandern. An seinem Ende durchqueren wir ein weiteres Feuchtgebiet auf einem Bohlenweg und einer windschiefen Brücke. Wir kommen zum **Wegweiser „Slogbod 0,3 km"** **05** – ein Stichweg auf eine Halbinsel. Wir folgen weiterhin der Radsjön Runt, bis wir eine Weggabelung erreichen. Hier verlassen wir die gelbe Seerunde (Rädsjön rund) und biegen stattdessen nach rechts auf den **Björntjärn-Weg** **06** (1,5 km) ab, er führt uns zum gleichnamigen See. Auch hier werden Nassstellen auf Bohlen gequert. Schließlich erreichen wir kurz vor dem See eine **Weggabelung** **07**. Hier kann man den Weg abkürzen, indem man

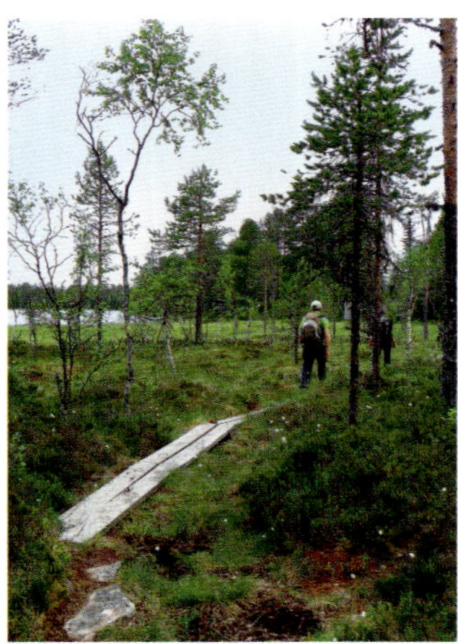

links am kurzen Ostufer Richtung Fryksås läuft (1,2 km). Wir nehmen den rechten Abzweig und laufen gegen den Uhrzeigersinn um den kleinen See Björntjärnen herum, etwa auf der Hälfte der Strecke stoßen wir auf eine offene Schutzhütte mit Grill. Ufernah folgen wir dem kleinen Pfad bis zu einer weiteren **Weggabelung 08**, an der ein Bohlenweg von links einmündet (die oben beschriebene Abkürzung).

Wir passieren noch einen weiteren Wegweiser und folgen dem Weg Bjonntjenwen durch den Wald zurück zum Ortsrand von Fryksås, kommen vorbei an hübschen alten Häusern und erreichen bald den Parkplatz. Nun sind es nur noch wenige Schritte am Hotel vorbei und rechts hinauf zum **Café Smidgården 01**, das zur gemütlichen Einkehr einlädt. Einige der Häuser werden über das Café vermietet, Zimmer über das Hotel „Fryksås Hotel". Außerdem verkauft die Handwerksscheune lokales Handwerk.

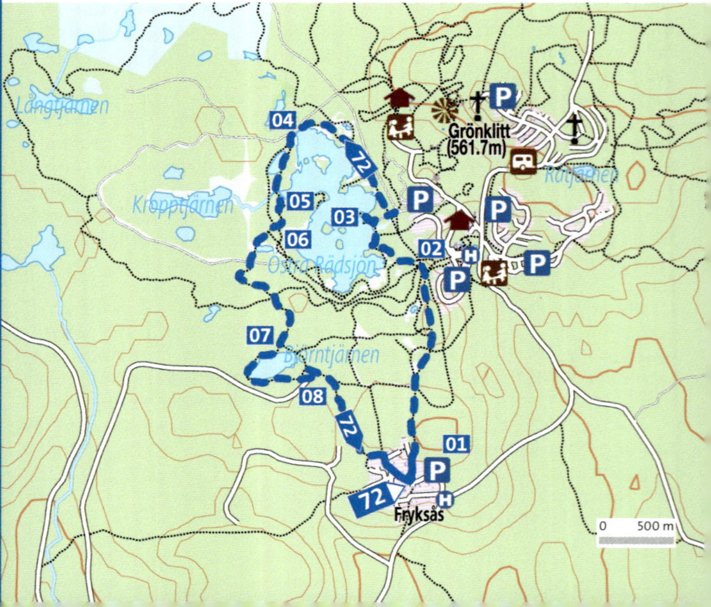

SKRÄDDAR-DJURBERGA

Stromschnellen und eine Sommeralm in den Wäldern von Orsa

 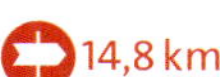14,8 km 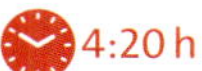4:20 h 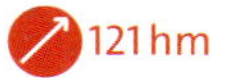121 hm 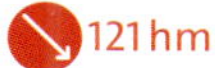121 hm

START | Wanderparkplatz (262 m) an der Straße nach Ången. Der Parkplatz liegt auf der linken Seite, ca. 6 km ab dem Abzweig steht links ein Wegweiser nach Storstuped (1 km).
[GPS: UTM Zone 33 x: 489.287 m y: 6.787.607 m]
CHARAKTER | Abwechslungsreiche Wanderung auf teils schmalen, markierten Wanderwegen, teils auf unbefestigten Straßen. Mit Kindern Vorsicht an den ungesicherten Felsen von Storstuped.

Die abwechslungsreiche Wanderung bietet zwei Attraktionen: die Stromschnellen Storstuped in einer eindrucksvollen Engstelle des Flusses Ämån, die von einem Eisenbahnviadukt überspannt wird, und die idyllisch gelegene Sommeralm Skräddar-Djurberga, in der Wanderer von der Sennerin mit Kaffee und Kuchen verwöhnt werden. Hier in diesem Teil Dalarnas spielte die Milchviehwirtschaft schon immer eine größere Rolle als der Ackerbau. Skräddar-Djurberga und Ången sind zwei von vielen „fäbods" (Sommeralmen) in Dalarna.

Von Orsa folgt man der Straße 296 und biegt dann bei Mässbacken (kurz vor Kallmora) an einer T-Kreuzung links auf die Straße nach Norden Richtung Skräddar-Djurberga und Ången ab. Rund

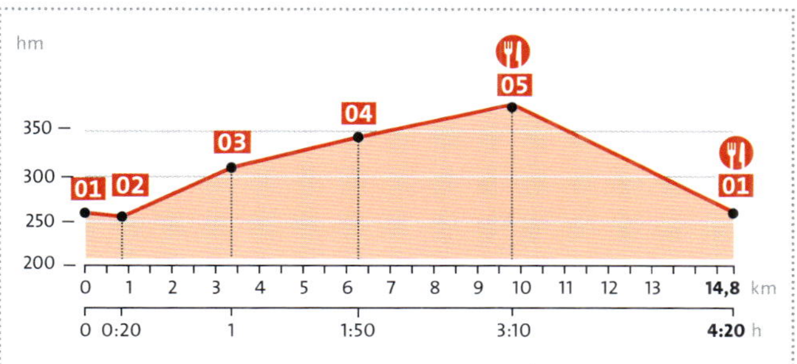

01 Parkplatz, 262 m; 02 Storstuped, 255 m; 03 Abzweig, 311 m; 04 Ången, 343 m; 05 Skräddar-Djurberga, 376 m

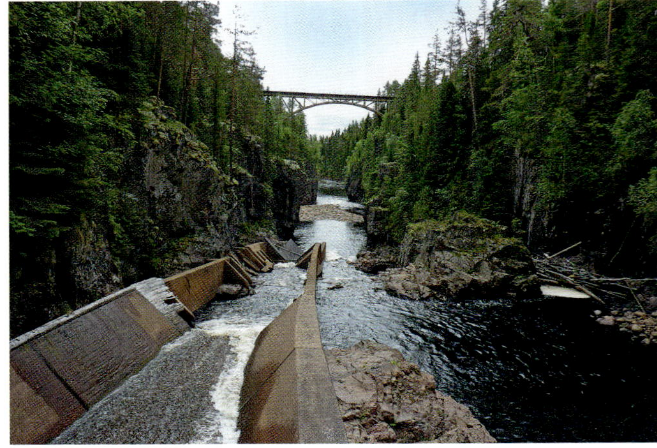

Die alte Holzrinne neben den Stromschnellen

5 km vor Ången (und 500 m vor der Weggabelung mit dem Wegweiser nach Skräddar-Djurberga) zweigt links die Stichstraße zum **Parkplatz** 01 ab (Wegweiser Storstuped). Am Parkplatz hängt gleich unterhalb des Wegweisers eine Infotafel mit einer Übersichtskarte über die Rundwanderung.

Wir laufen durch den Wald zur Stromschnelle **Storstuped** 02, die eine der größten des Ämån ist. Den Fluss überspannt in 34 m Höhe eine Eisenbahnbrücke, die 1903 für die Inlandsbanan erbaut wurde. Die Bahnstrecke ist in Betrieb, die Brücke darf man daher nicht betreten. Wer einen Blick auf die Stromschnellen werfen will, macht einen kleinen Abstecher rechts hinunter zu Felsen, von denen aus man sowohl auf die Eisenbahnbrücke als auch auf den Fluss blickt. Von den Felsen führt ein Pfad zu einer kleinen Brücke hinunter, über die man auf die andere Flussseite wechseln kann.

Wieder zurück auf dem Wanderweg folgen wir nun der orangen Markierung des Siljansleden Richtung Hällorna und Skräddar-Djurberga nach rechts, wandern zunächst auf schmalen, gut ausgetretenen und markierten Wegen Richtung Norden, queren einmal die Schienen, laufen kurz parallel zur unbefestigten Straße nach Ången, müssen dann aber auf die Straße wechseln. Nach etwa 1,5 km erreichen wir einen **Abzweig** 03, an dem der Siljansleden die Straße verlässt und parallel zur Bahnlinie nach Nordwesten führt. Nach weiteren 1,5 km biegt der Fernwanderweg nach Osten ab und erreicht etwas nördlich von Ången die Zufahrtsstraße in den Ort.

Wir halten uns dort rechts und erreichen die Häusersiedlung von **Ången** 04. Ången war eine von vielen Almsiedlungen, in der das Vieh den Sommer über mit einem Hirten lebte. Wir folgen den Markierungen, halten uns links und hinter einem Holzgestell wieder

Holztransport auf dem Ämån

Der Fluss Ämån entspringt an der Grenze zu Härjedalen und mündet etwa 10 km nordöstlich von Orsa in den Oreälven, der wiederum in den Orsasee fließt. Der 40 km lange Fluss bietet einige spektakuläre Stromschnellen und Wasserfälle. Die bekanntesten sind der Helvetesfallet (Höllenfall) und der Storstupet (Große Stufe). Im 18. Jh. wurde auf dem Ämån Holz talwärts zu den Sägewerken geflößt. Bei Storstupet half eine Holzrinne, das Holz um die Stromschnellen herum zu Tal zu befördern, Reste der Rinne (forsränna) sind heute noch zu sehen. Baumstämme wurden hier bis 1970 übers Wasser transportiert.

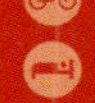

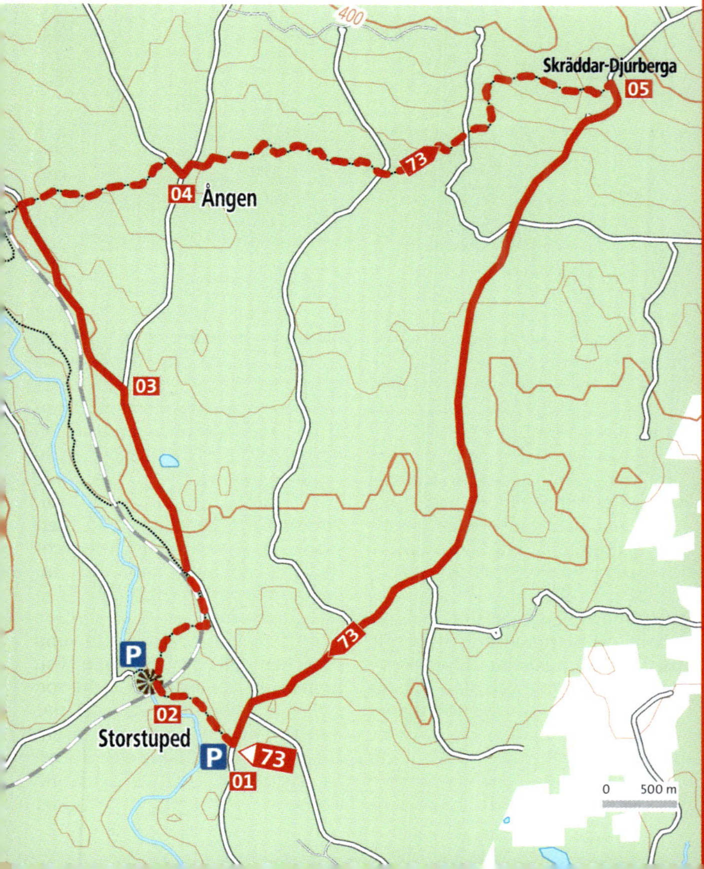

400
Skräddar-Djurberga
05
73
04 Ången
03
73
P
02
Storstuped
P
73
01
0 500 m

Skräddar-Djurberga

Die 1663 erstmals erwähnte Dorf-Sennstelle wurde damals von fünf Dörfern über den Sommer beschickt. Ab den 1960er Jahren wurden die alten Holzgebäude renoviert. Heute wird die Sennstelle von Mitte Juni bis Mitte August betrieben. Die Tiere streifen tagsüber durch den Wald und kommen zum Melken zurück.

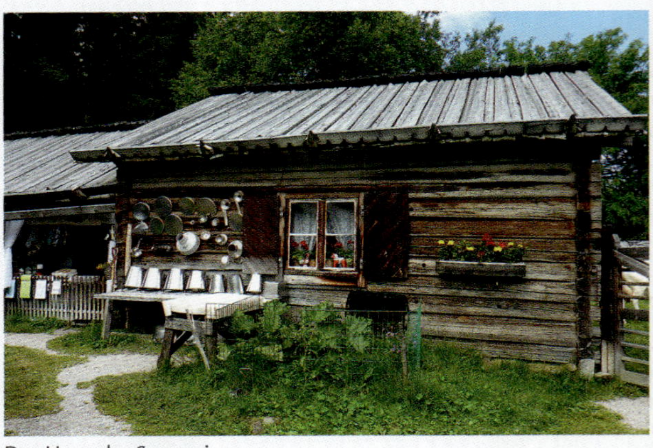

Das Haus der Sennerin

rechts (dort, wo der Weg an einem Haus vorbei in den Wald abzweigt). Die folgenden 3 km geht es abwechslungsreich durch Wald und über Rodungsflächen, wir befinden uns dabei nach wie vor auf dem Siljansleden. In einigen Rodungsflächen muss man gut Ausschau nach den orangen Punkten halten. Bis Skräddar-Djurberg kreuzen wir zwei Straßen.

Schließlich wird die malerische, schon 300 Jahre alte Sommeralm **Skräddar-Djurberga** 05 erreicht. Hier sollte man sich Zeit für die Besichtigung der hervorragend restaurierten alten Holzhäuser, Lagerschuppen und Ställe nehmen. Auf dem Gelände weiden schneeweiße, nordschwedische Rinder und Ziegen, eine Sennerin verkauft Kaffee und Gebäck. Die Wanderer bekommen ein Körbchen mit Pappbechern und Essen in die Hand gedrückt und dürfen sich selbst ein Plätzchen für ihr Picknick suchen.

Zurück zum Ausgangspunkt folgt man der unbefestigten Fahrstraße, was weniger schlimm als angenommen ist: Der Belag ist nicht sehr hart und man kann endlich einmal in Ruhe rechts und links nach den Elchen Ausschau halten, deren Spuren sich nicht nur im Wald, sondern auch am Straßenrand finden. So sind die 6 km zurück zum **Parkplatz** 01 schneller zurückgelegt als zunächst gedacht.

STORSNÄLL • 560 m

Aussichtsberg südöstlich von Älvdalen

  8,8 km 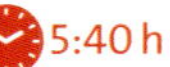 5:40 h 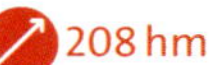 208 hm 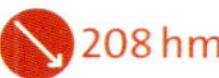 208 hm

START | Forststraße (390 m; kein Parkplatz). Von Älvdalen kommend noch vor Gåsvarv bei einem Baustoffhandel von der RV70 links in eine Staubstraße (Märbäcksvägen) abbiegen und für 3 km der Straße folgen, bis rechts unter einem roten Andreaskreuz ein Wegweiser Richtung Storsnäll auftaucht, dort am Straßenrand parken. Sinnvoll ist hohes Schuhwerk, da sumpfiges Gelände zu queren ist. [GPS: UTM Zone 33 x:452.566 m y: 6.783.968 m]
CHARAKTER | Waldwege und Forststraßen.

Vom Storsnäll kann man an klaren Tagen bis zum Siljan, nach Sälen und zum Fulufjället-Nationalpark schauen. Die Wanderung führt hinauf auf den Gipfel und dann in einem Halbkreis um ihn herum.

▶ Wer mit dem Bus anreist (Haltestelle „Gåsvarv"), muss von dort aus für rund 1,5 km den Schildern zum Storsnäll bergauf folgen. Damit die Wanderung nicht zu lang wird, kürzen wir einen Teil des Aufstiegsweges ab und beginnen die Wanderung am Rand der **Forststraße 01**.

Wir folgen für wenige Meter der Straße in Fahrtrichtung und biegen dann gemäß den Wegweisern (sowie gelbe und orange Markierungen) nach links in den Wald ein. Stetig ansteigend queren wir eine weitere Forststraße und kommen zu einer **Weggabelung 02** in Sichtweite einer Wendeschleife.

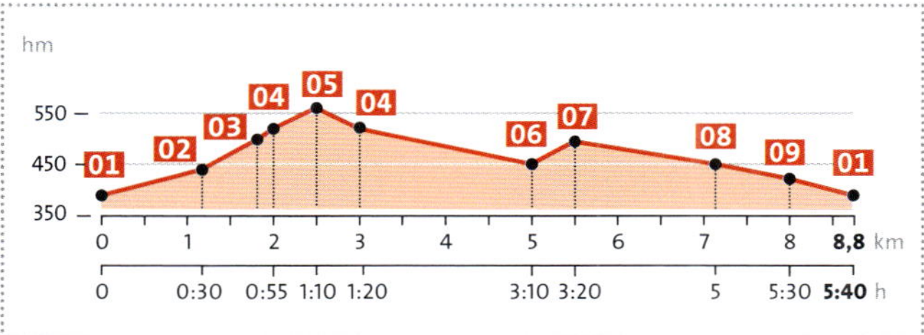

01 Forststraße, 390 m; 02 Weggabelung, 440 m; 03 Infotafel Tjärdal, 501 m; 04 Holzwegweiser „Snell", 513 m; 05 Storsnäll, 560 m; 04 Holzwegweiser „Snell 560 m.ö.h.", 513 m; 06 Forststraße, 450 m; 07 Lokbodana, 488 m; 08 Schotterstraße, 449 m; 09 Forststraße, 420 m

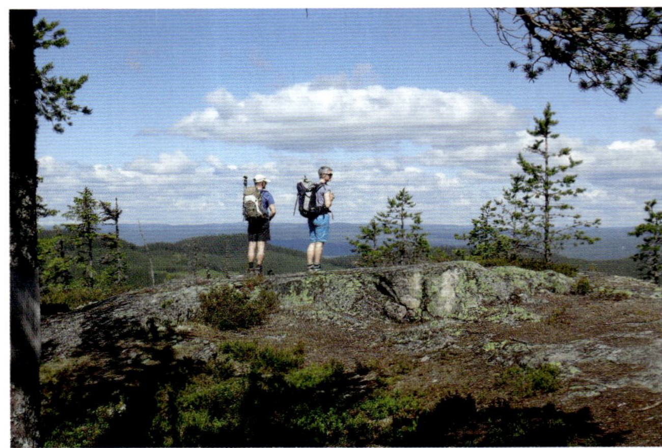

Weit reicht der Blick vom Storsnäll über die Wälder Dalarnas

Hier hält man sich rechts und kurz darauf links und erreicht so die **Infotafel Tjärdal** 03. Sie informiert über die Herstellung von Teer in einer Grube.

Anschließend geht es auf einem schmalen Pfad durch Sumpfgebiet. In Sichtweite des Waldrands kommt ein **Holzwegweiser„Snell 560 m.ö.h.“** 04 in Sicht. Hier halten wir uns geradeaus und steigen kurz, aber steil hinauf zum Gipfelplateau des **Störsnäll** 05, auf dem locker verteilt einzelne Bäume wachsen. Von den kargen Granitfelsen am Rand genießt man einen weiten Blick in die scheinbar endlosen Wälder Dalarnas.

Nach der Gipfelpause geht es auf gleichem Weg wieder bergab zum **Holzwegweiser „Snell 560 m.ö.h.“** 04. Hier hält man sich nun rechts, läuft entlang eines Feuchtgebietes und dann in den Wald, wo der Weg nicht immer eindeutig erkennbar ist und man etwas auf die gelben und orangen Markierungen achten muss. Bei einem Baum mit Wegweisern folgen wir dem Schild „Lokbodarna“ und erreichen so eine breite **Forststraße** 06. Auf diese biegen wir rechts ab und kommen zum Sommerbauernhof **Lokbodana** 07: ein rot gestrichenes Wohnhaus mit Schuppen. Wir gehen zwischen den zwei Gebäuden hindurch, halten uns geradeaus und folgen nun den Schildern nach Gåsvarv.

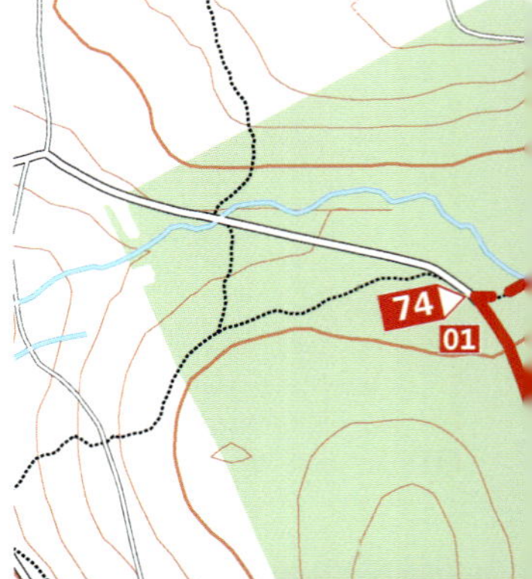

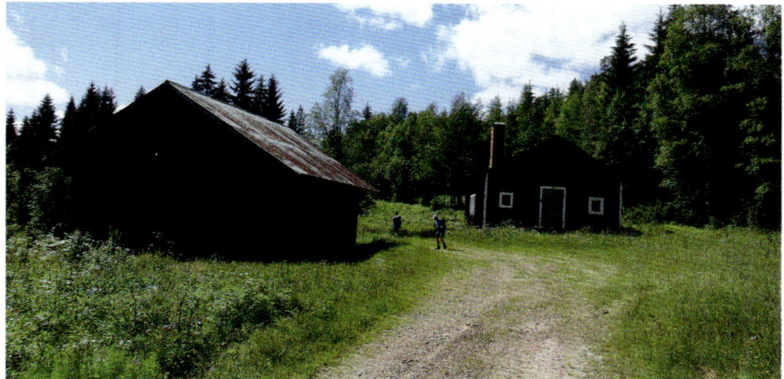

Sommeralm Lokbodana

Zunächst noch auf einem breiten, von Forstfahrzeugen zerstörten Wiesenweg wird der Weg zunehmend schmaler und führt schließlich in ein ausgedehntes Rodungsgebiet. Rote Andreaskreuze und gelbe Ringe auf halbhohen Baumstümpfen leiten sicher durch das ausgedehnte Areal. Anschließend wandern wir erneut durch Wald und erreichen eine weitere **Schotterstraße** 08. Diese queren wir, tauchen nochmals in den Wald ein, queren ein Sumpfgebiet (teilweise auf Bohlen) und erreichen erneut eine **Forststraße** 09, an der wir uns rechts halten. Wir sind nun auf der Straße, in der das Auto geparkt ist und haben bald darauf den **Ausgangspunkt** 01 erreicht.

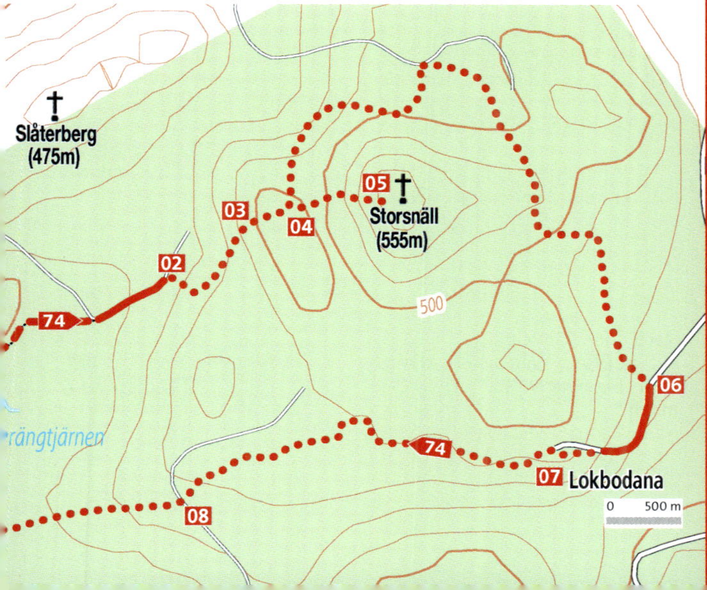

Slåterberg (475m)
Storsnäll (555m)
05
03
04
02
74
500
06
rängtjärnen
74
07 Lokbodana
08
0 500 m

HYKJEBERGET • 594 m

Seltene Pflanzen an einer markanten Felswand

 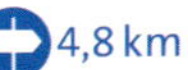 4,8 km 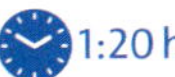 1:20 h 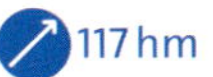 117 hm 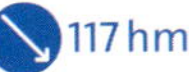 117 hm

START | Parkplatz (477 m) beim Weiler Hyk. Von Älvdalen folgt man der Straße Richtung Norden, biegt dann nach Klitten ab und folgt der Ausschilderung ins Schutzgebiet bis Hyk.
[GPS: UTM Zone 33 x:455.142 m y: 6.794.180 m]
CHARAKTER | Einfache, kurze Wanderung.

Vom Gipfel des Hykjeberget schaut man über die Waldlandschaft Dalarnas. Dass Holz ein wichtiges Wirtschaftsgut ist, zeigen die großen Rodungsflächen. Die 100 m hohe Steilwand des Hykjeberget ist ein beliebtes Klettergebiet, allerdings ist das Sportklettern nur in einem kleinen, ausgewiesenen Areal im Westen der Steilwand erlaubt. Grund dafür sind die hier nistenden Raufußbussarde, Raben und Falken, außerdem gibt es viele seltene Pflanzen. Auch der Steinadler zieht bei entsprechender Thermik seine Kreise am Gipfel.

▶ Wir beginnen die kurze Wanderung beim Weiler **Hyk** 01 und folgen dem Wegweiser „Naturreservat". Eine Forststraße endet an einem **Wendehammer** 02 mit **Infotafel** über das Naturreservat. Hier beginnt der kurze, aber steile Aufstieg, der zunächst am Rand eines Rodungsgebietes verläuft und dann in den Wald führt. Über einen wurzel- und steinreichen Pfad geht es hinauf zum Hykjeberget. Kurz unterhalb des Ziels weist ein Stoppschild darauf hin, dass man nur auf den ausgewiesenen Wegen zum Rand der Steilwand laufen sollte. Auf dem Gipfel wachsen teils bis zu 300 Jahre alte Kiefern, die Spuren alter Waldbrände aufweisen.

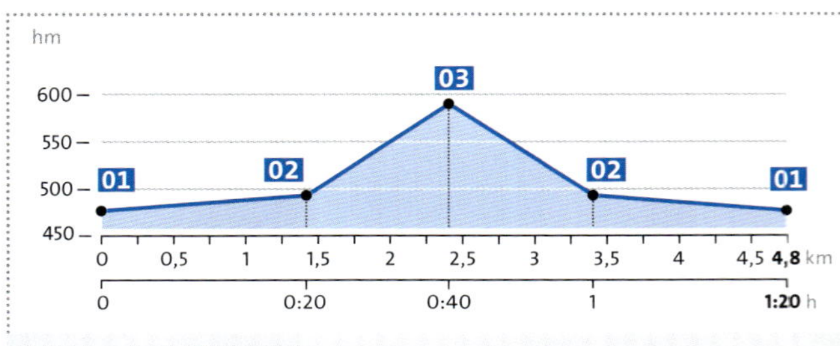

01 Hyk, 477 m; 02 Wendeplatz/Infotafel, 492 m; 03 Hykjeberget, 594 m

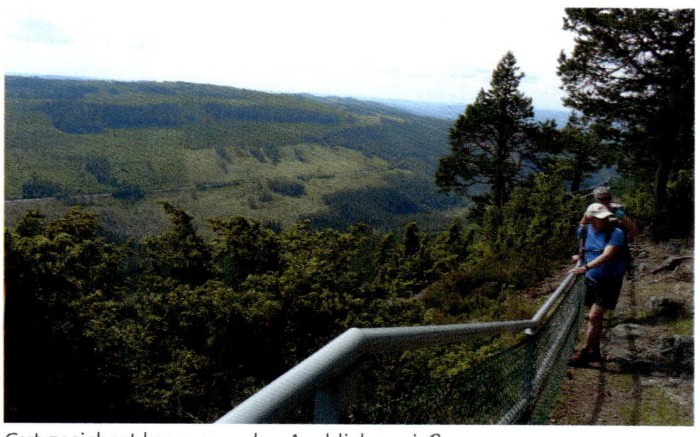

Gut gesichert kann man den Ausblick genießen

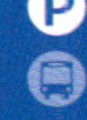
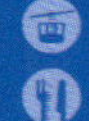
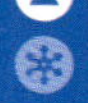
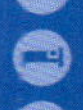

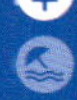

Oben am Aussichtspunkt des **Hykjeberget** 03 bietet sich vom Geländer aus ein weiter Blick ins Umland (an klaren Tagen bis Mora) und macht die besondere Lage des Hykjebergs sichtbar.

Zum Rasten bieten sich die Grillhütte und die 2016 neu errichtete Sitzbank aus Älvdalen-Quarzit (Dala-Sandstein) an. Sie ist ein Geschenk Dalarnas an Prinz Carl Philip und seine aus Älvdalen stammende Frau, Prinzessin Sofia, anlässlich ihrer Hochzeit.

Zurück nach **Hyk** 01 geht es auf gleichem Weg.

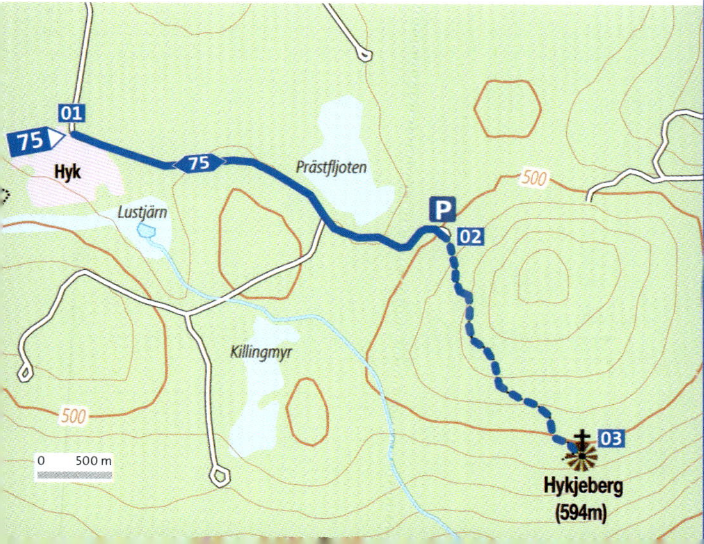

01
75
Hyk
75
Prästfljoten
500
P
02
Lustjärn
Killingmyr
500
0 500 m
03
Hykjeberg
(594m)

ÖSTFJÄLLET

Wanderung auf dem Södra Kungsleden ins Sälenfjäll

 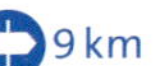 9 km  2:15 h  144 hm 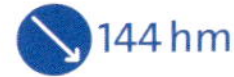 144 hm

START | Sälen, Torbogen (757 m) vis à vis vom Högfjällshotellet [GPS: UTM Zone 33 x: 398.879 m y: 6.781.754 m]
CHARAKTER | Leichte Wanderung auf gut markierten Pfaden, teilweise auf Bohlen, die ersten 2,5 km sind barrierefrei (geteert).

Das Sälenfjäll bildet den südlichen Abschluss des Skandengebirges, das Skandinavien von Norden nach Süden über eine Länge von 1500 km durchzieht. Auch wenn das Sälenfjäll für die Schweden und ihre norwegischen Nachbarn in erster Linie als Skigebiet bekannt ist, lohnt sich doch auch der Besuch im Sommer, um einen kleinen Eindruck von der rauen Schönheit des schwedischen Fjälls zu bekommen.

Die Wanderung führt vom Sälens Högfjällshotellet zur Östfjällsstugan und folgt dabei dem Södra Kungsleden. Der südliche Teil des berühmten Fernwanderwegs beginnt hier – ihm folgen wir bis zur Östfjällsstugan. Die ersten 2,5 km sind vorbildlich für Rollstuhlfahrer geteert, um auch ihnen den Zugang zum ansonsten unzugänglichen Fjäll zu ermöglichen.

▶ Ein hölzerner **Torbogen** 01 vis à vis vom Högfjällshotellet markiert Km 0 des südlichen Kungsleden. Markiert ist er mit orangefarbenen Andreaskreuzen. Leicht ansteigend wandern wir auf dem rot geteerten Weg, der mit Bänken bestückt ist, die zur Rast und Rundumschau einladen. Am Ende des barrierefreien Wegs steht die **Unterstellhütte Köarskalsfjället** 02 mit Picknicktisch und -stühlen.

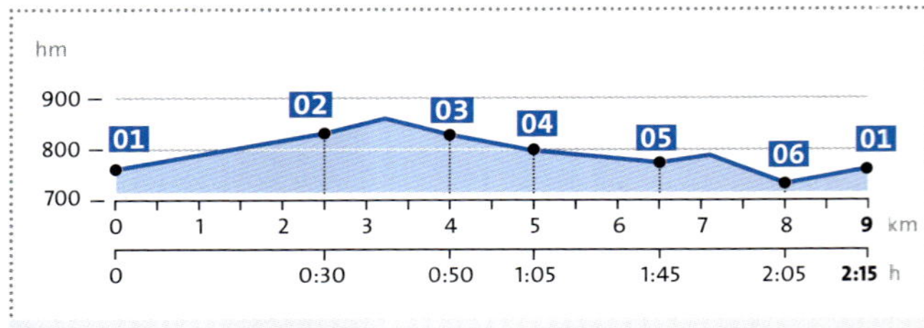

01 Torbogen, 757 m; 02 Unterstellhütte Köarskalsfjället, 830 m; 03 Östfjällsstugan, 824 m; 04 Weggabelung, 801 m; 05 Bach, 774 m; 06 Hauptstraße RV 71, 727 m

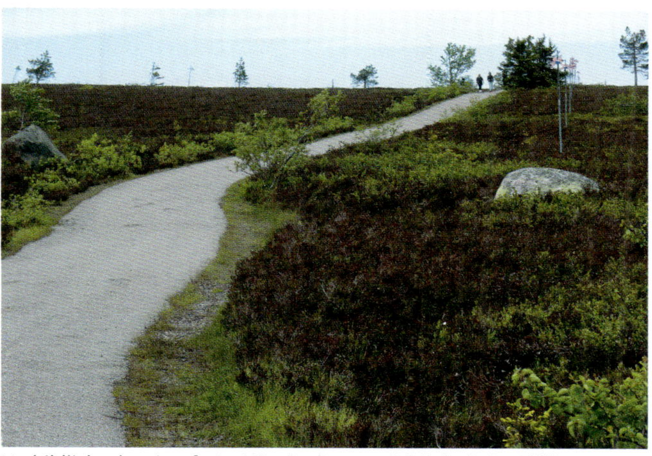

Vorbildlich – barrierefreier Weg in die raue Schönheit des Fjälls

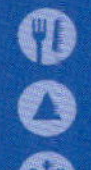

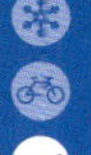

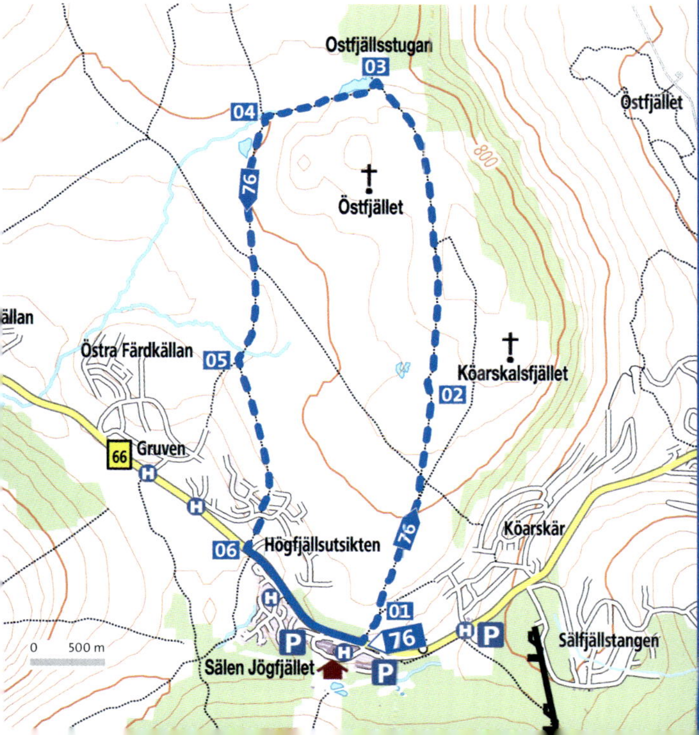

Ostfjällsstugan
03
04
Östfjället
76
Östfjället
800
ällan
Östra Färdkällan
05
Köarskalsfjället
02
66
Gruven
Köarskär
06
Högfjällsutsikten
76
01
76
0 500 m
Sälen Jögfjället
Sälfjällstangen

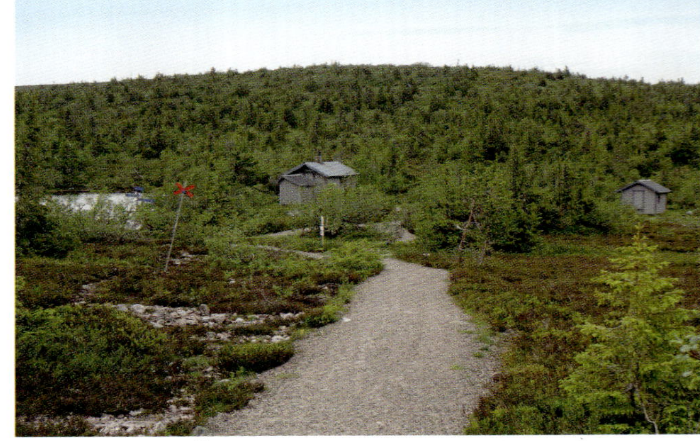

Unterkunftshütte Östfjällsstugan am Södra Kungsleden

Der nun mit Kies präparierte Fjällweg führt weiterhin ansteigend über das baumlose Fjäll Richtung Norden, lässt sich dank des Untergrunds aber weiterhin zügig begehen. Weit reicht der Blick nach Osten in die Ebene Dalarnas; Zwergsträucher säumen den Weg. So erreichen wir schon bald die Hütte **Östfjällsstugan** 03, an der wir nach links abbiegen (Richtung „Gruven") und entlang des kleinen Sees Östfjällstjärnen zum Teil über Bohlen Richtung Westen wandern.

Bei einer **Weggabelung** 04 halten wir uns links (Richtung „Gruven") und wandern nun am Westrand des Köarskalsfjället nach Süden, immer den roten Andreaskreuzen folgend. Hier ist der Boden deutlich unebener und der Weg anstrengender zu laufen. Zunächst geht es noch eben an einem rechts liegenden kleinen See vorbei, dann hinunter in eine Senke, vorbei an einer Wegkreuzung, wo wir uns weiterhin geradeaus Richtung Gruven halten. In der Senke queren wir einen **Bach** 05 und steigen zu einer kleinen Anhöhe auf. Von dieser geht es wieder leicht abfallend in die Feriensiedlung Gruven und über einen Bohlenweg und einige Nassstellen mit Wollgras weiter zur **Hauptstraße RV 71** 06. Dort halten wir uns links zurück zum **Torbogen** 01.

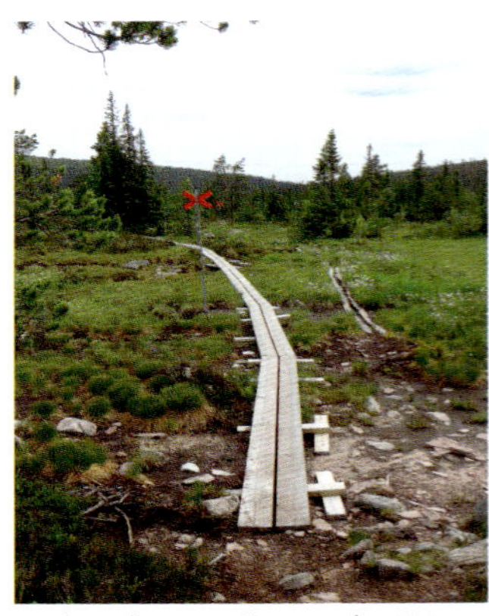

Andreaskreuze säumen den Weg nach Gruven

FULUFJÄLLETS NATIONALPARK

Zum höchsten Wasserfall Schwedens

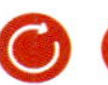  9,6 km 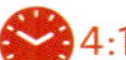 4:10 h 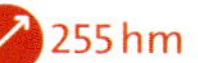 255 hm 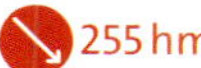 255 hm

START | Naturum des Nationalparks (706 m) in der Nähe von Mörkret; hohes Schuhwerk empfehlenswert, da der Weg zum Teil durch sumpfiges, feuchtes Gelände führt.
[GPS: UTM Zone 33 x: 379.081x m y:6.835.723 m]
CHARAKTER | Lange, abwechslungsreiche Wanderung auf meist gut markierten Wegen, Fjällpfaden und Bohlenwegen.

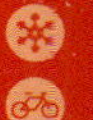

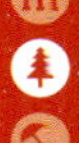

Der Fulufjällets Nationalpark an der norwegischen Grenze schützt seit 2002 ein 400 km² großes Fjällgebirge. Das Sandsteinplateau erhebt sich markant über der Ebene Norddalarnas. Hauptsehenswürdigkeit ist der Njupeskär-Wasserfall, der mit seinen 125 m der höchste Wasserfall des Landes ist: 90 m fällt das Wasser hier ungebremst in die Tiefe. Am spektakulärsten präsentiert er sich im Frühsommer nach der Schneeschmelze.

Vor Beginn der Wanderung sollte man sich Zeit für den Besuch des Naturums nehmen, das über Flora, Fauna und Geologie des Nationalparks informiert.

Vom **Parkplatz** 01 bei der Björbäckstuga folgen wir der Beschilderung zum **Naturum** 02. Dort beginnt der gut ausgeschilderte Wasserfall-Rundweg, die Njupeskärsslingan. Teilweise über Holzstege wandern wir durch ein Feuchtgebiet und vorbei an zwei Seen (Myren), hinter denen sich das Fjällplateau erhebt. Ausdrücklich wird den Besuchern das Pflücken von Moltebeeren erlaubt, die im Moorgebiet reichlich wachsen.

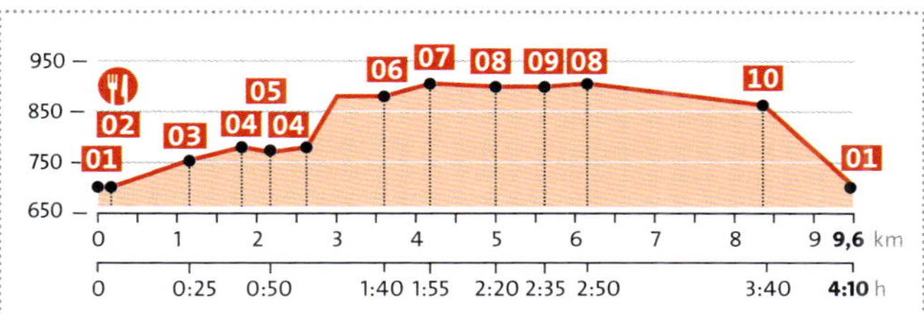

01 Parkplatz, 706 m; 02 Naturum, 706 m; 03 Njupån-Bach, 750 m; 04 Njupeskärstuga, 780 m; 05 Njupeskärs Vattenfall, 773 m; 06 Oberlauf des Njupån, 883 m; 07 Wegweiser, 906 m; 08 Weggabelung, 897 m; 09 Rörsjön stuga, 896 m; 10 Wegweiser, 862 m

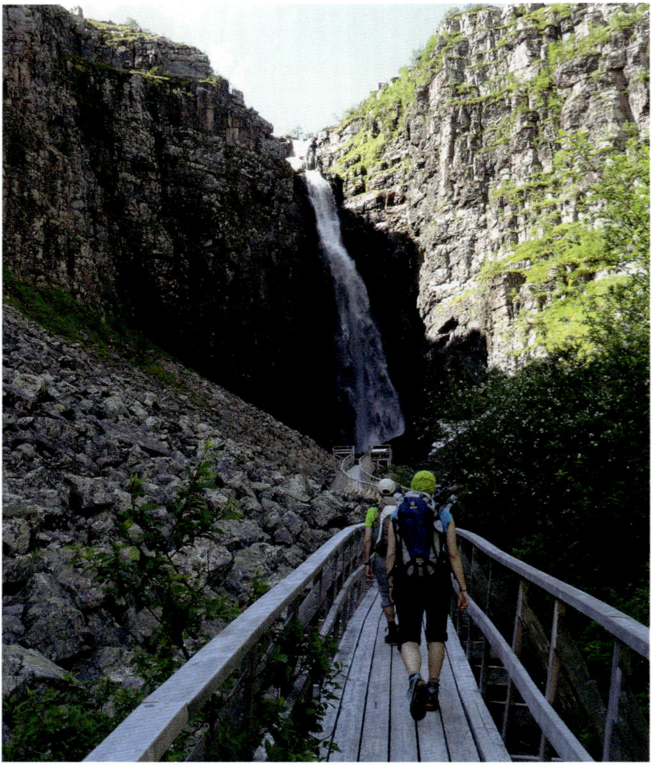

Schwedens höchster Wasserfall, der Njupeskärs Vattenfall

Wir tauchen in den lichtdurchfluteten Föhrenwald ein, laufen über Bohlenwege und erreichen den **Njupån-Bach** 03, der den Lissrörsjön entwässert und vom Fjäll als eindrucksvoller Wasserfall in die Tiefe stürzt. Über das links und rechts des Weges liegende Totholz informiert eine Infotafel. Durch Birkenwald wandernd erreichen wir die **Njupeskärstuga** 04 mit Sitzplätzen, von denen man einen ersten Blick auf den Wasserfall genießt. Holzstufen führen hinunter zum Bach und weiter zu einer

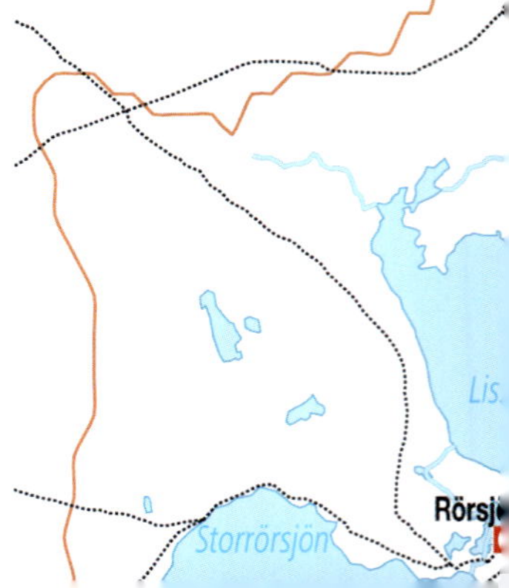

Plattform, die am Fuß mächtiger Geröllfelder mit eindrucksvollem Blick auf die tosenden Wassermassen des **Njupeskärs Vattenfall** 05 errichtet wurde. Bis in den Sommer hinein halten sich Altschneereste am Fuß des Wasserfalls.

Von der Aussichtsplattform geht es zurück zum Hauptweg bei der **Njupeskärstuga** 04. Hier folgen wir den Wegweisern „Runt Fallet" und Rörsjön (3 km). Auf gut ausgebauten Wegen ist rasch das Plateau erreicht, zum Teil führt der mit orangen Punkten gekennzeichnete Pfad über grobes Blockwerk und verlangt Trittsicherheit. Weit reicht der Blick von der Plateaukante über das waldreiche Nord-Darlana.

Auf einem nicht immer ganz einfach zu erkennenden Pfad erreichen wir einen Wegweiser. Wir folgen dem blau gekennzeichneten Wegweiser „Runt fallet", müssen nochmals über Blockwerk klettern, queren den **Oberlauf des Njupån** 06 und befinden uns nun oberhalb des Wasserfalls.

Spektakulär ist der folgende Abschnitt entlang der Abbruchkante – mit fantastischem Blick hinunter zum Holzsteg, der zum Wasserfall führt, und auf den oberen Teil des Wasserfalls. Beim nächsten **Wegweiser** 07 verlassen wir den Wasserfall-Rundweg und folgen der Beschilderung „Rörsjön" nach Süden. Der orange markierte Weg führt einmal mehr über Blockhalden und vorbei an einem kleineren See auf der linken Seite. Wir erreichen eine weitere **Weggabelung** 08, an der wir weiterhin der Beschilderung „Rörsjön" folgen.

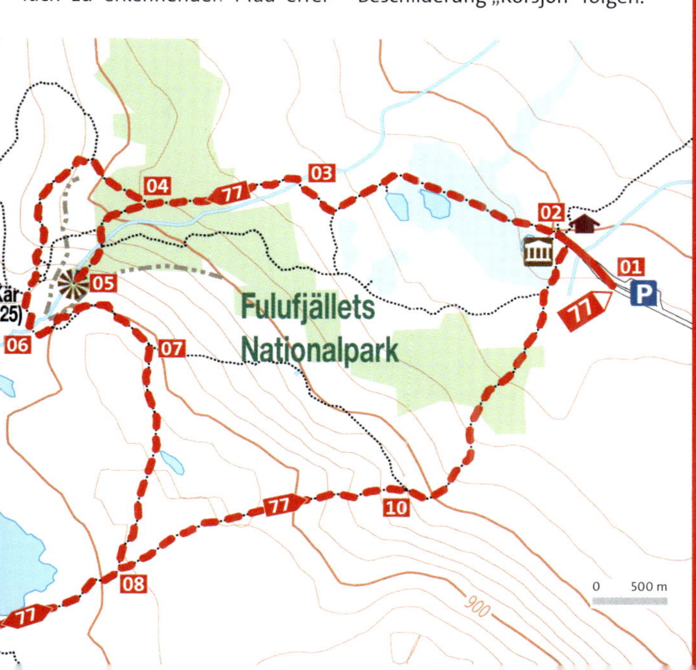

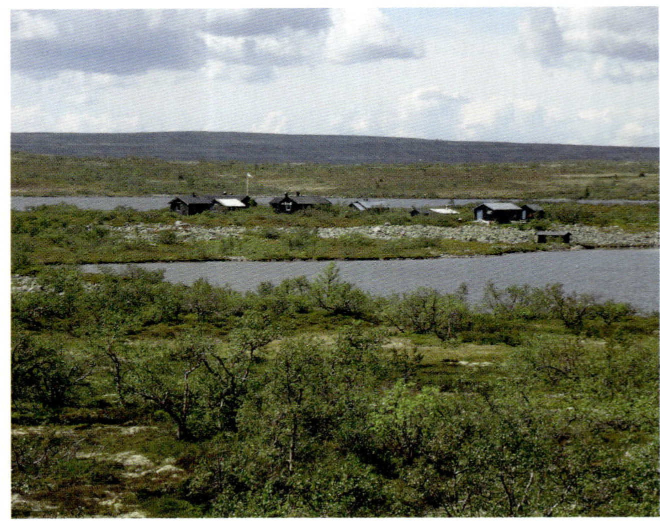

Auf dem Weg zur Rörsjön stuga

Zwischen kleinwüchsigen Birken hindurch sehen wir nun auch zum ersten Mal die Rörsjön stuga, die Fernwanderern auf dem Kungsleden als Unterkunft dient. Daneben stehen Fischerhütten und eine Forschungsstation. Die **Rörsjön stuga** 09 und weitere Hütten bestehen auf einer Landzunge zwischen dem Lilla Rörsjön und dem Stora Rörsjön. Dank der Holzstege lassen sich nasse Stellen im Einzugsgebiet der Seen trockenen Fußes queren.

Wir kehren nun auf bekanntem Weg zur **Weggabelung** 08 zurück und wandern nach Osten über das Fjäll Richtung „Parkering" und stoßen so nach etwa 30 Minuten beim **Wegweiser** 10 erneut auf den Wasserfall-Rundweg (Runt fallet und Njupeskärs serveringen), passieren einen Unterstand mit Grillmöglichkeit und steigen auf einem gekiesten und gut ausgebauten Weg vom Fjällplateau hinunter in die Ebene. Dank der Bohlenwege können Nassstellen in einem Waldmoor problemlos überwunden werden. Durch schönen Fichtenwald geht es zurück zum **Parkplatz** 01.

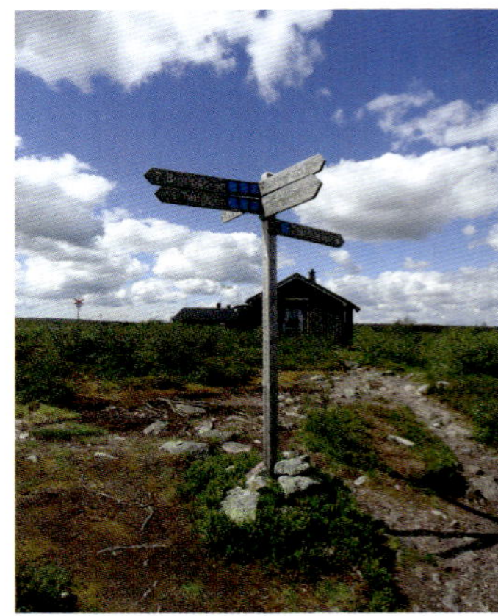

STÄDJAN • 1131 m

Markanter Gipfel im Städjan-Nipfjället naturreservat

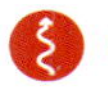

12 km
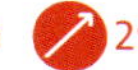
3:50 h
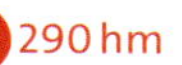
290 hm
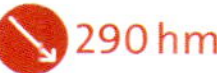
290 hm

START | Parkplatz Nipfjälletstugan (850 m)
[GPS: UTM Zone 33 x: 385.763 m y: 6.869.787 m]
CHARAKTER | Bis zum Fuß des Berges ein steiniger Fjällweg entlang der Andreaskreuze, dann ein steiler Aufstieg, der zuletzt in einen fast schon alpinen Steig übergeht, der ebenso wie das Gipfelplateau Trittsicherheit und gute Bergschuhe erfordert.

Der 1.131 m hohe Städjan sieht von Süden aus wie ein kegelförmiger Vulkan, von allen anderen Richtungen aus hat er die typische Silhouette eines Ambos (das schwedische Wort „städ" bedeutet Amboss). Städjan, Nipfjället (1191 m) und Fjätervalen (1002 m) sind die drei markanten Gipfel des Städjan-Nipfjällets naturreservat, ein herrliches Stück schwedische Wildnis mit großem Waldanteil, Feuchtgebieten und Seen. Silbergraue Waldkiefern und mit Flechten bedeckte Fichten prägen das Landschaftsbild. Einige der ältesten Wälder findet man beispielsweise am Westhang des Städjan. Am Gipfel haben Frühlingsküchenschelle und das Felsen-Leimkraut den höchsten Standort im ganzen Land. Im Gebiet um den Städjan lässt die Rentierzuchtvereinigung Idre sameby (eine der kleinsten Zuchtvereine Schwedens und die südlichste Rentierzuchtvereinigung weltweit), wie schon Generationen vor ihr ihre Herden weiden.

▶ Wir starten am Ende des **Parkplatzes** 01 bei der **Nipstugan**. Dort geht am oberen Ende des

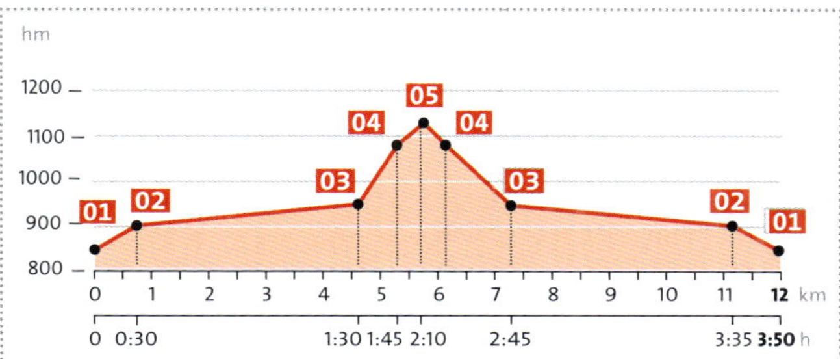

01 Parkplatz Nipstugan, 850 m; 02 Hauptweg, Andreaskreuze, 900 m; 03 zweiter Pfad, 950 m; 04 Einsattelung, 1080 m; 05 Steinpyramide, 1131 m

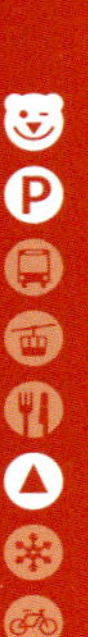

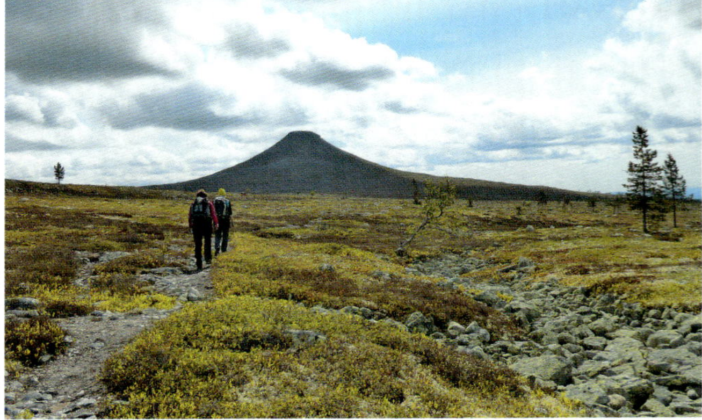

Das Ziel ist nicht zu verfehlen – rote Andreaskreuze weisen den Weg

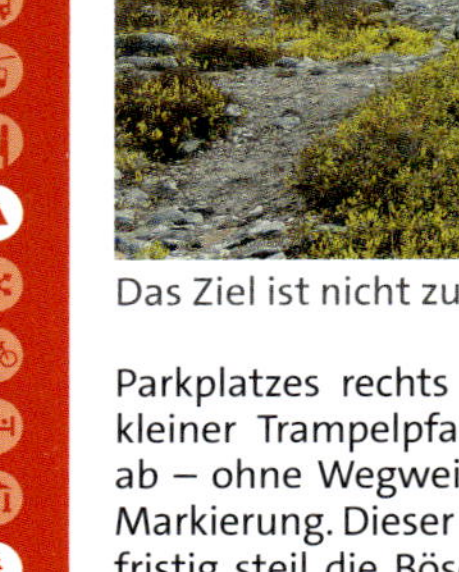

Parkplatzes rechts der Straße ein kleiner Trampelpfad in den Wald ab – ohne Wegweiser und farbige Markierung. Dieser Pfad führt kurzfristig steil die Böschung hinunter zu einem Bergbach, quert diesen über eine Brücke und führt genau so steil wieder die Böschung hinauf. Wir folgen dem Pfad bis zum **Hauptweg** 02, der durch **Andreaskreuze** gekennzeichnet ist und ein offizieller Winter- und Sommerweg ist.

Wer sich mit dem Trampelpfad unsicher ist, kann auch vom Parkplatz aus die Straße nach Norden bergauf gehen, bis er auf den Hauptweg mit den Andreaskreuzen stößt und diesem dann nach rechts folgen.

Der aussichtsreiche Wanderweg führt etwas unterhalb des Kamms zwischen Städjan und einem namenlosen Gipfel geradewegs auf den Städjan zu. Wir wandern zunächst am Gipfel vorbei, bis erste Pfade links bergauf führen. Den ersten ignorieren wir, da er ein Abkürzer ist, beim **zweiten Pfad** 03 zweigen wir nach links ab und wandern weglos zum Aufstiegsweg hinüber, der von der Talstation Gränjåsvallen hinaufzieht. Steil wandern wir hinauf zu einer **Einsattelung** 04 zwischen dem Hauptgipfel links und seinem südlichen Gipfel rechts. Von dieser Einsattelung zieht nun ein Bergpfad, der zunehmend steiniger, fast schon gerällig wird, weiter aufwärts zum felsigen ellipsenförmigen Gipfelplateau, das eine Nord-Süd-Ausdehnung von rund 500 m hat.

Weglos führt die kleine Kletterpartie zu einer großen **Steinpyramide** 05, die wohl den höchsten Punkt markiert. Von hier aus hat man freien Blick in alle Himmelsrichtungen. Besonders eindrucksvoll ist das wie ein Riegel quer zum Kamm des Städjan liegende Nipfjället, dessen Gesteinsoberfläche in der Ferne grün schimmert.

Der Rückweg erfolgt über einen anderen Abstiegsweg, der von der **Einsattelung** 04 links am südlichen Vorgipfel vorbeiführt und

Gränslandet

Im Grenzgebiet zwischen Schweden und Norwegen liegt das Gränslandet, das mit weiten Fjällplateaus, alten Wäldern und kristallklaren Gewässer begeistert. Ein Gebiet weitgehend ohne Straßen, unberührt und abgelegen. Insgesamt neun Naturschutzgebiete liegen in Schweden bzw. Norwegen, dazu zählt auch das Städjan-Nipfjället naturreservat mit dem Städtjan. Er ist mit seiner markanten Gipfelform eine bekannte Landmarke. Die südlichen Teile des Gränslandet liegen bei Idre und Grövelsjön und sind relativ leicht erreichbar. Die Rundwanderung Gränslandet runt beginnt in Grövelsjön und führt auf markierten Sommerwanderwegen durch die Region, für die Tour sollte man rund eine Woche einplanen. Alle Naturschutzgebiete des Gränslandet sowie viele hier mögliche Wanderungen werden auf einer eigenen Homepage vorgestellt.
www.graenslandet.se/de

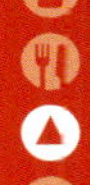

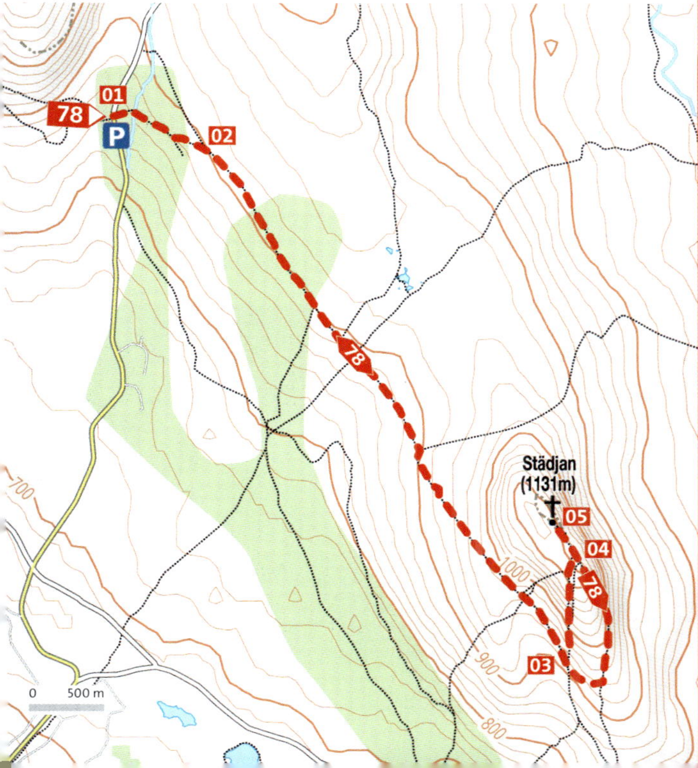

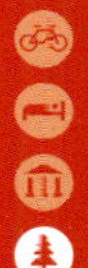

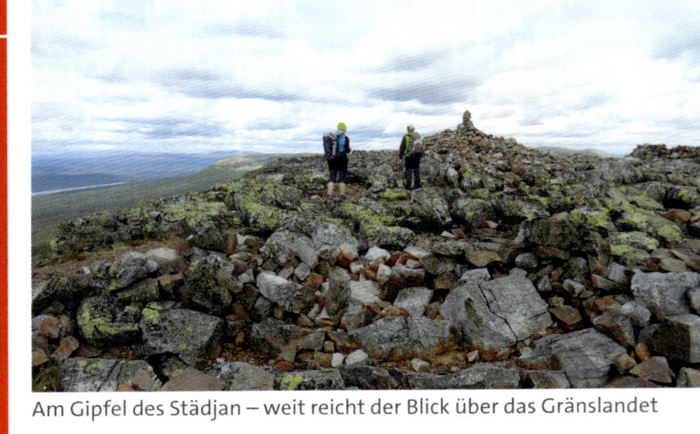

Am Gipfel des Städjan – weit reicht der Blick über das Gränslandet

dann steil, aber gut zu laufen talwärts führt. Vor uns liegt Richtung Südwesten das Skigebiet Idrefjäll mit zahlreichen Pisten, die in den Wald geschlagen wurden.

Kurz vor der Kreuzung, an der sich unser Andreaskreuz-Weg mit dem von der Talstation aufsteigenden Weg kreuzt, zweigen wir auf einen Trampelpfad nach rechts ab und erreichen so wieder die Weggabelung beim **zweiten Pfad** 03. Wir folgen dem Hinweg zurück zur bekannten Abzweigung vom **Hauptweg** 02 zum Bach und erreichen in wenigen Minuten wieder den **Parkplatz** 01.

Wer die Abzweigung verpasst hat, folgt den Andreaskreuzen bis zur Bergstraße zwischen dem unteren und dem nächsthöheren Parkplatz und hält sich dann talwärts.

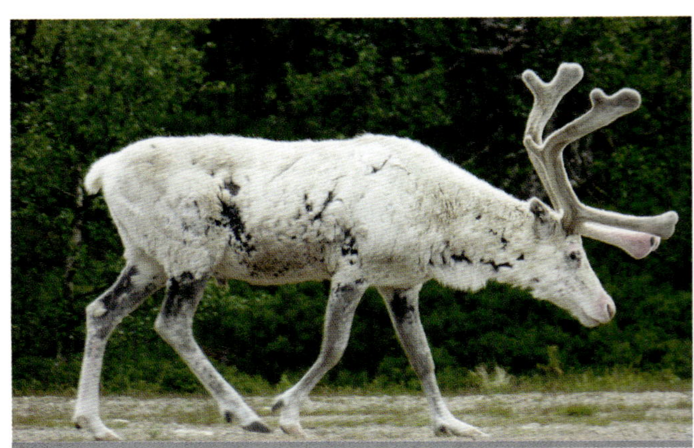

STORVÄTTESHÅGNA • 1204 m

Aussichtsreicher Gipfel im Långfjällets naturreservat

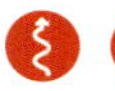  18 km  6:10 h 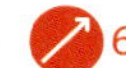 664 hm 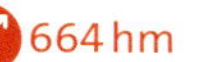 664 hm 

START | Fjällstation Grevelsjön (816 m). Wegweiser bei den Informationstafeln am Kreisel.
[GPS: UTM Zone 33 x: 359.763 m y: 6.888.020 m]
CHARAKTER | Abwechslungsreiche Wanderung vorbei an einigen Bergseen über meist angenehm zu laufende Pfade. Mehrere Anstiege und Gegenanstiege.

Der Storvätteshågna ist mit seinen 1.204 m die höchste Erhebung der Region Dalarna und des schwedischen Landesteils Svealand. Der Berg, der 9 km östlich der Fjällstation Grövelsjön liegt, ist den Samen heilig. Sein samischer Name lautet Gealta, was „Gipfel" bedeutet. Von oben bieten sich schöne Aussichten über das Grövelsjönfjäll und das Långfjällets naturreservat. Auf dem Gipfelplateau liegt der See Santesonstjärnen.

▶ Die Gipfeltour beginnt am **Parkplatz** 01 der **Fjällstation Grövelsjön**. Wir folgen den Wegweisern zum Storvätteshågna und wandern dafür zunächst über einen Bohlenweg und durch ein Birken- und Wacholderwäldchen zur Waldgrenze (orange Markierung). Nach rund 10 Minuten erreichen wir die **Weggabelung** 02, an der unser Gipfelweg nach rechts abzweigt (geradeaus ginge es zum **Jakobshöjden**, 2 km). An der

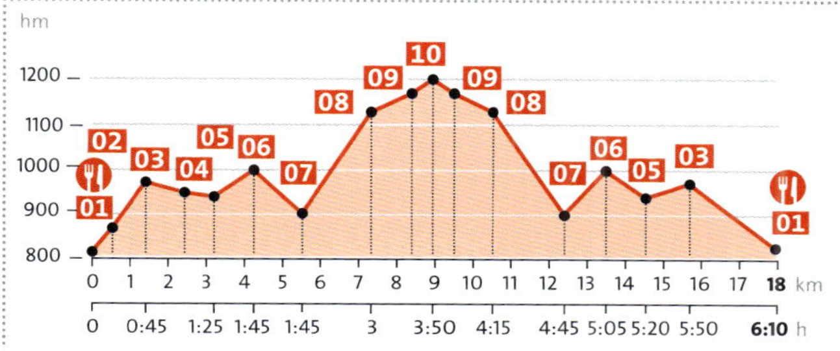

01 Parkplatz Fjällstation Grövelsjön, 816 m; 02 Weggabelung Jakobshöjden; 866 m; 03 Weggabelung, 974 m; 04 Weggabelung, 956 m, 05 Brücke, 940 m, 06 Sattel, 1.004 m; 07 Brücke, 900 m; 08 Hochplateau, 1.133 m; 09 Bergsee Santesonstjärnen, 1.172 m; 10 Gipfel des Storvätteshågna, 1.204 m

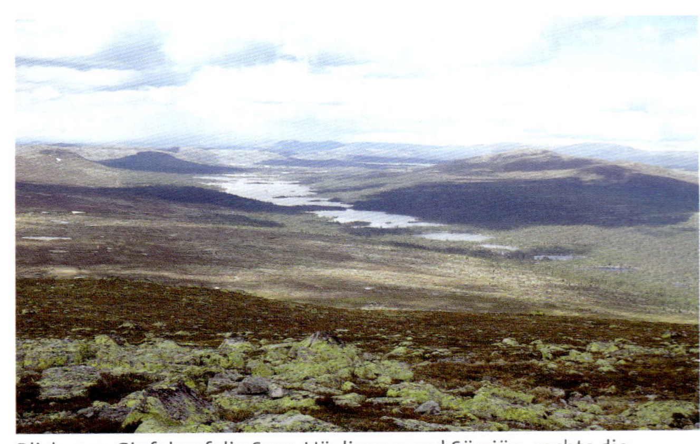

Blick vom Gipfel auf die Seen Hävlingen und Särsjön, rechts die kleineren Seen des Töfsingdalens nationalpark

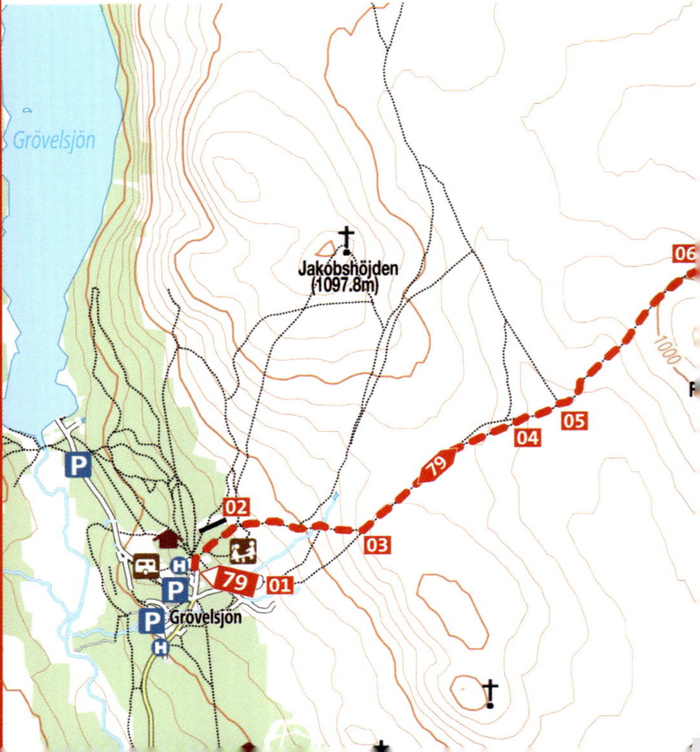

Grövelsjön
Jakobshöjden
(1097.8m)
1000
Grövelsjön
79
01
02
03
04
05
06

Herrlicher Blick bei der Brücke am Övre Fosksjön am Fuß des Storvätteshågna (rechts hinten)

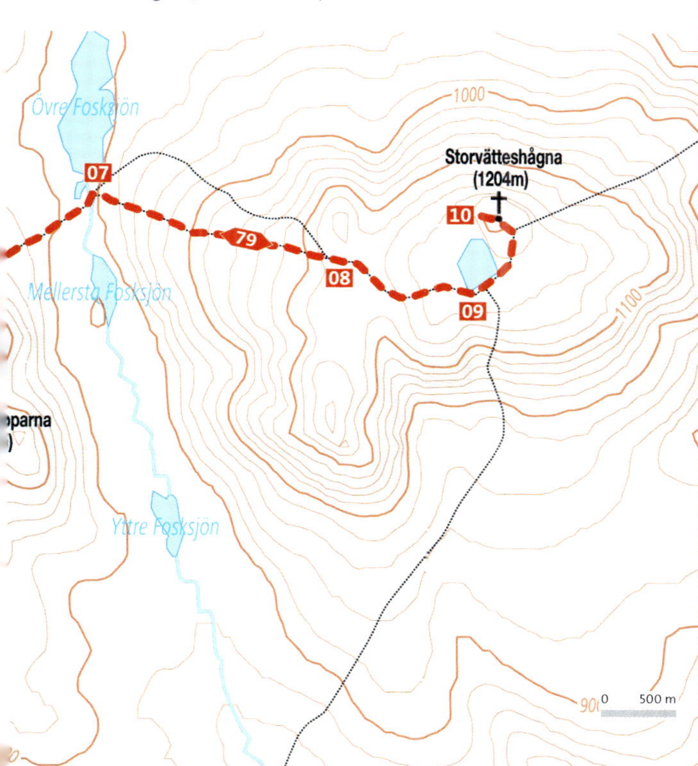

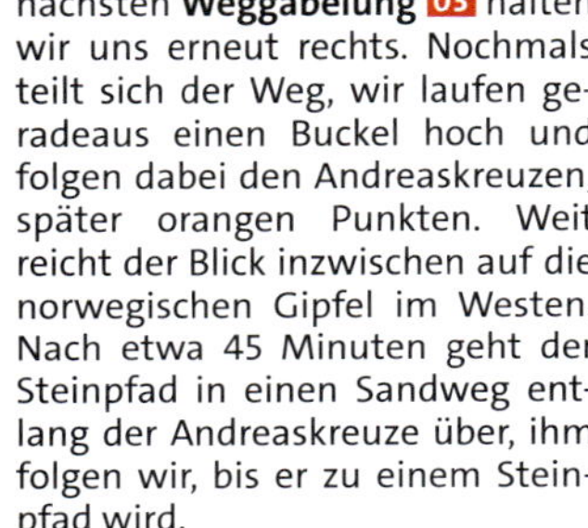

nächsten **Weggabelung** 03 halten wir uns erneut rechts. Nochmals teilt sich der Weg, wir laufen geradeaus einen Buckel hoch und folgen dabei den Andreaskreuzen, später orangen Punkten. Weit reicht der Blick inzwischen auf die norwegischen Gipfel im Westen. Nach etwa 45 Minuten geht der Steinpfad in einen Sandweg entlang der Andreaskreuze über, ihm folgen wir, bis er zu einem Steinpfad wird.

Nach einer weiteren **Weggabelung** 04 (mit Abzweigen nach Hävlingen bzw. zur Oskarsstugan und nach Lövasen) wandern wir bergab zu einer **Brücke** 05 und haben anschließend einen Gegenanstieg in einen **Sattel** 06. Von dort geht es ohne große Höhenunterschiede weiter, bis wir nach etwa 1½ Stunden ein erstes Mal auf den Övre Fosksjön schauen.

An einem warmen Sommertag bietet sich der See für eine kurze Abkühlung an. Nun geht es bergab zu einer **Brücke** 07 über einen Zufluss des Övre Fosksjön. Wir queren den Bach und halten uns rechts vom See-Ende an den breit ausgetretenen Pfad.

Dieser Sommerweg, der rechts an einem markanten Stein vorbei mittelmäßig steil ansteigt, führt uns in eine Einsattelung (1.135 m, 2½ Std). Rechts fällt der Blick auf einen mäandrierenden Bergbach. Von oben hat man nun einen weiten Blick über das Långfjället bis hin zu den Seen Hävlingen und Särsjön und dem ans Ostufer angrenzenden Töfsingdalens Nationalpark.

Wir laufen nun über ein **Hochplateau** 08 immer geradeaus zum **Bergsee Santesonstjärnen** 09 unterhalb des unscheinbaren Gipfels des **Storvätteshågna** 10, der lediglich von einem kleinen Steinhaufen gekrönt wird. Der Rundumblick ist bei guter Fernsicht grandios. Der Rückweg erfolgt auf dem Hinweg.

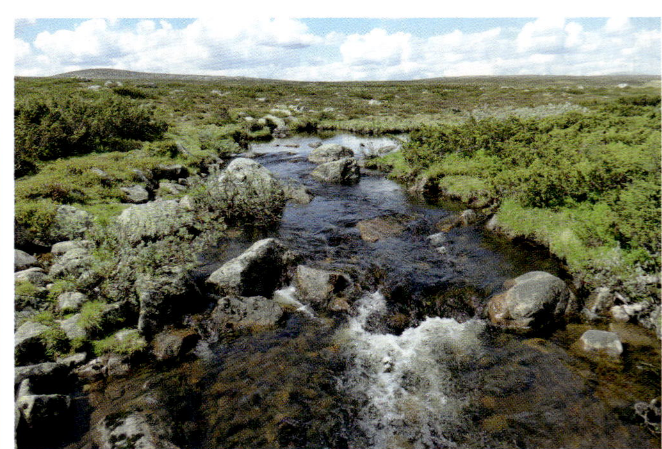

Glasklarer Fjällbach

LÅNGFJÄLLETS NATURRESERVAT

Über das Fjäll zur Särsjöbäcken Raststuga

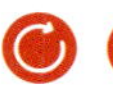  17,8 km 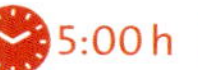 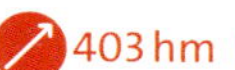 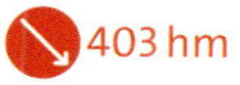

START | Parkplatz der Fjällstation Grevelsjön (816 m) [GPS: UTM Zone 33 x: 359.763 m y: 6.888.020 m] Wegweiser bei den Informationstafeln am Kreisel.

CHARAKTER | Der Weg hinauf auf das Fjäll und bis zur Hütte ist sehr steinig, von daher kommt man nicht so schnell voran – die Geschwindigkeit liegt bei ungefähr 3,7 km/h. Die Wanderung eignet sich nicht so sehr für Kinder, da sie für diese zu eintönig ist. Hohe Schuhe sind wegen des feuchten Geländes zu empfehlen.

Das Långfjällets naturreservat westlich der Fjällstation Grövelsjön gibt all denen, die nicht in den hohen Norden Schwedens reisen können, eine Idee von der rauen Fjälllandschaft des Nordens. Über die weiten Hochflächen, die von niedrigwüchsigen Sträuchern wie Krautweide, Krähenbeere und Besenheide bedeckt sind, weht oft unbarmherzig der Wind. Das Långfjället ist das südlichste Gebiet, in dem die Samen ihre Rentierherden frei umherziehen lassen. Die Rentierzuchtvereinigung Idre sameby nutzt die Hochfläche als Sommerweide, mit etwas Glück sieht man eine Herde vorbeiziehen.

Die Tour sollte man nur bei sicherem Wetter unternehmen. Sie ist zwar mit orangen Punkten markiert und es gibt von Zeit zu Zeit Wegweiser, aber wenn bei Wetter-

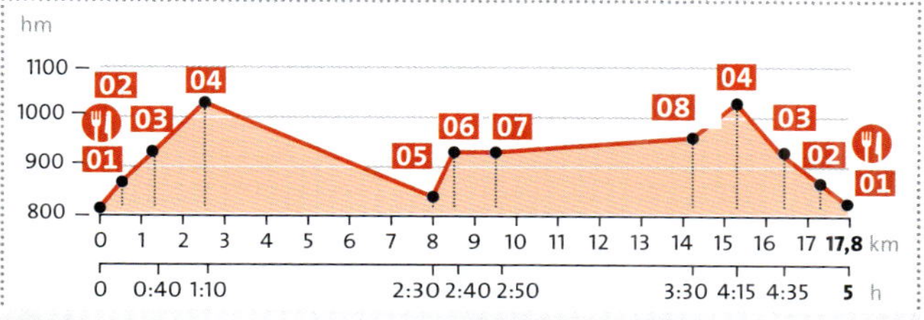

01 Parkplatz Fjällstation Grövelsjön, 816 m; **02** Weggabelung Jakobshöjden, 866 m; **03** See, 930 m; **04** Anhöhe, 1.027 m; **05** Brücke, 837 m; **06** Aussichtspunkt, 936 m; **07** Raststuga Särsjöbäcken, 934 m; **08** Weggabelung, 961 m

einbruch oder einfallendem Nebel die Sicht schlecht wird, dann ist sie nicht ungefährlich. Daher unbedingt in der Fjällstation nach den Wetterverhältnissen fragen!

Wir starten die Fjällwanderung bei den Infotafeln am **Parkplatz** der **Fjällstation Grövelsjön** 01 und folgen den blauen Wegweisern „Hävlingen 13" (13 km bis zum See Hävlingen). Kurz führt der Weg über Bohlen durch den lichten Wald aus niedrigen Birken. Nach rund 10 Minuten kommen wir zu einer Verzweigung, wo wir uns rechts halten (links geht es zu einer Grillstelle). Hier quert ein Naturstig den Weg.

Auf etwa 885 m ist die Waldgrenze erreicht und wir kommen zu einer **Weggabelung** 02, an der ein markierter Weg zum **Jakobshöjden** (2 km) abzweigt. Wir sind nun auf der Hochfläche und wandern Richtung Norden auf der Ostseite des Jakobshöjden (1.103 m) vorbei, passieren einen **See** 03 und folgen weiterhin den orangen Markierungen. Der Weg bleibt die ganze Zeit hindurch steinig – einer der Gründe, warum man nicht so schnell vorankommt, wie man es gewohnt ist. Wir erreichen eine **Anhöhe** 04, von der aus man in wenigen Minuten hinauf auf den Jakobshöjden steigen könnte.

Nun geht es ohne große Höhenunterschiede über das Fjäll, der Weg macht eine leichte Rechtskurve und umgeht so ein weitläufiges Feuchtgebiet. Weit reicht der Blick in alle Himmelsrichtungen zu den Fjällbergen der Umgebung. Der Weg ist weiterhin sehr steinig, aber gut ausgetreten. Wir erreichen eine breite **Brücke** 05 über ein Flüsschen. An einer Kreuzung

Samische Kulturlandschaft

Das Naturschutzgebiet Långfjället dient als Sommerweide für die Tiere der Rentierzuchtvereinigung Idre sameby. Mit vier Betriebseinheiten und 13 Züchtern ist sie eine der kleinsten Rentierzuchtvereinigungen Schwedens. Sie unterteilen das Jahr in acht Jahreszeiten gemäß der anfallenden Arbeiten. Ende Juni lassen sich am Weg die Herden mit Jungtieren beobachten. Auf keinen Fall sich der Herde nähern, sondern die Tiere mit Fernglas beobachten.

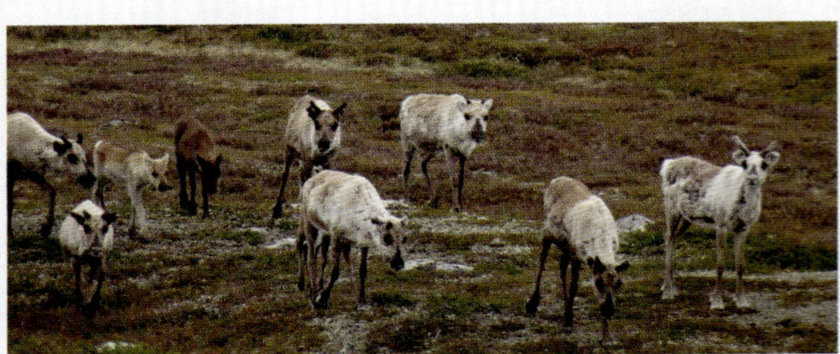

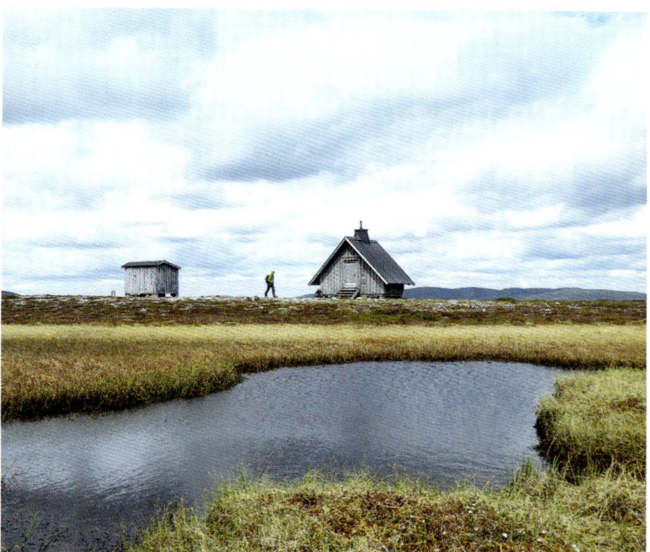

Das Tagesziel, die Raststuga Särsjöbäcken

kreuzt ein mit Andreaskreuzen markierter Weg den Wanderweg Richtung Hävlingen. Rechts ist unser Ziel, die Särsjöbäcken Rastuga, schon zu sehen.

Zunächst halten wir uns aber weiter geradeaus und wandern bis zu einem **Aussichtspunkt** 06 mit Blick hinunter zum Hävlingen. Wir sehen die Seen Hävlingen und Särsjön und können in den Nationalpark Töfsingdalen schauen, der am Ostufer des Särsjön beginnt. Zum See Hävlingen sind es noch 4 km.

Wir kehren zur Kreuzung mit dem Andreaskreuz-Weg zurück, biegen nach links ab und erreichen wenig später die **Raststuga Särsjöbäcken** 07. Die Hütte ist eine Notunterkunft bei einem Wetterumschwung, sie bietet auf drei Bänken notfalls die Möglichkeit zum Übernachten, hat einen kleinen Ofen, ein paar Essensvorräte und in einer zweiten Hütte Brennholz und eine Toilette.

Vor der Hütte halten wir uns links und folgen den Andreaskreuzen 200 m bis zur Weggabelung Särsjöbäcken. Wir biegen nach rechts ab, queren eine Brücke und folgen den Andreaskreuzen, die quasi der Luftlinie folgend über das Fjäll in Richtung Jakobshöjden verlaufen. Der Weg ist herrlich weich und gut zu gehen, sollte aber nur dann gewählt werden, wenn es vorher lange trocken war, denn er quert mehrere große und kleine Bäche mit angrenzenden Feuchtwiesen. Auch wenn es sich um einen offiziellen Sommerweg handelt, sind nicht alle morastigen Stellen mit Bohlen oder Brücken bestückt, sodass man sich selbst einen trockenen Weg suchen muss. Da der Trampelpfad nur wenig steinig ist, kommt man auf der Heide zügig voran.

Wir erreichen schließlich eine **Weggabelung** 08 mit vielen blauen Richtungswegweisern. Hier bieten sich zwei mit Andreaskreuzen markierte Wege für den Rückweg zur Fjällstation an: Der längere führt Richtung Oskarstugan und Lövasen, wir nehmen aber den etwas kürzeren Weg nach Grövelsjön, der bergauf zur Weggabelung und der **Anhöhe** 04 unterhalb des Jakobshöjden führt. Hier folgen wir den orangen Punkten auf dem bekannten Hinweg hinunter zur Baumgrenze und erreichen zügig den **Parkplatz** 01.

M/S Sylöra

Von Mitte Juni bis zum 1. Oktober verkehrt die M/S „Sylöra" auf dem Grövelsjön und fährt zwischen 8.30 und 17 Uhr in 45 Minuten vom Südende zum norwegischen Hof „Ryvang Gård" am Nordende (südlich von Sylen). Da die Zahl der Passagiere begrenzt ist, muss die Passage vorab gebucht werden. Wer nach Sylen fährt, kann von dort auf der Westseite über das Salsfjellet über Sjöhögda zurück zur Sjöstugan am Südende des Sees wandern (9–10 km).

Reservierung über
Tel. +46/70/336 25 80
www.grovelsjon.com/Bootsfahrten.htm

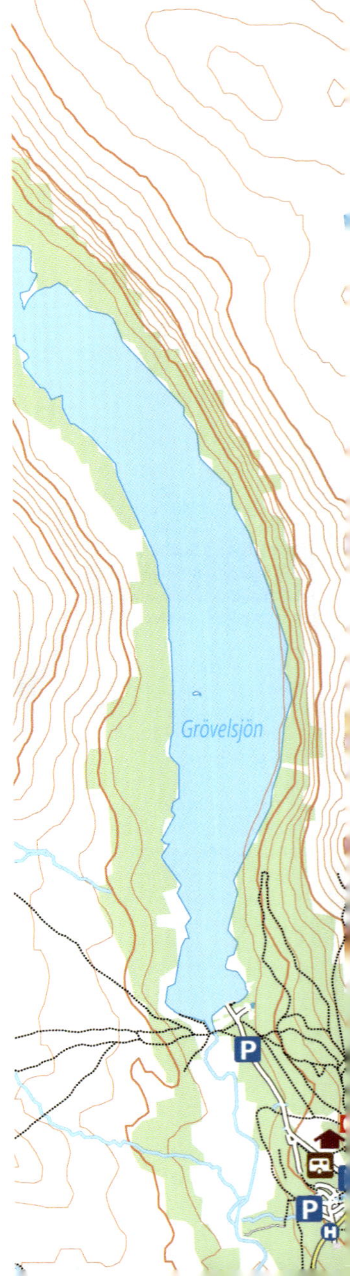

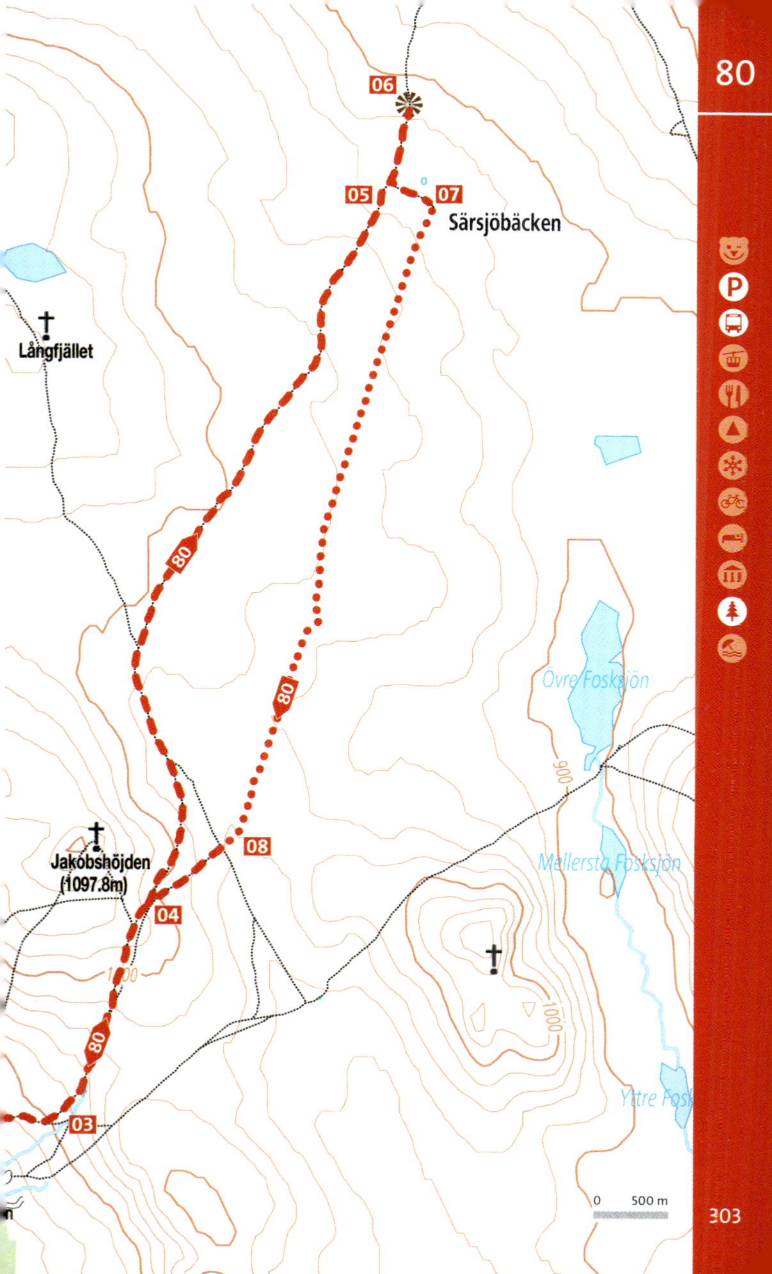
06
05
07
Särsjöbäcken
Långfjället
80
80
Övre Fosksjön
900
08
Jakobshöjden
(1097.8m)
04
Mellersta Fosksjön
1000
1000
80
03
Yttre Fosk
0
500 m

MEINE TIPPS ...

Festungen und Schlösser

SCHLOSS DROTTNINGHOLM
Die Innenräume des Schlosses auf der Insel Lovön im Mälaren können unter der Woche auf eigene Faust besichtigt werden, am Wochenende (im Sommer auch täglich) finden (englischsprachige) Führungen statt. Lohnenswert ist auch der Schlosspark mit dem Kina slott (chinesisches Schlösschen im Stil des französischen Rokoko) und dem hervorragend erhaltenen barocken Theater Drottningholms slottsteater. Wegen dieser zwei Gebäude wurde das Schloss in die Liste des UNESCO-Kulturerbes aufgenommen. Vom Stadtzentrum (Stadshusbron) fahren Boote in rund 1 Stunde zum Schloss.
www.kungligaslotten.se

KALMAR SLOTT
Der Besuch ist eine Zeitreise in die 800 Jahre alte Geschichte des Schlosses und gibt einen guten Einblick in die architektonische Entwicklung des Schlosses vom 12. bis 16. Jh. Neben einer Dauerausstellung werden Wechselausstellungen gezeigt. Für Familien wird von Ende Juni bis Mitte August ein ganztägiges Programm für Kinder angeboten. Im Sommer finden Führungen auf Englisch statt.
www.kalmarslott.se/deutsch

LANDSKRONA CITADELL
Die Zitadelle aus dem 16. Jh. zählt zu den am besten erhaltenen Festungen Skandinaviens, sie wurde zum Schutz des Öresunds errichtet. Das Schloss wurde 1549–59 vom dänischen König Christian III. erbaut. Im Sommer finden mehrmals täglich Führungen statt.
www.ilandskrona.se/de/

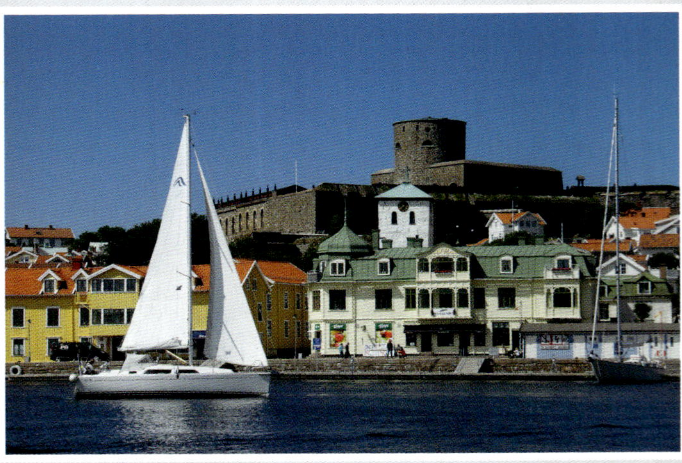

Marstrand: Die Carlstens Fästning thront über dem Hafenstädtchen

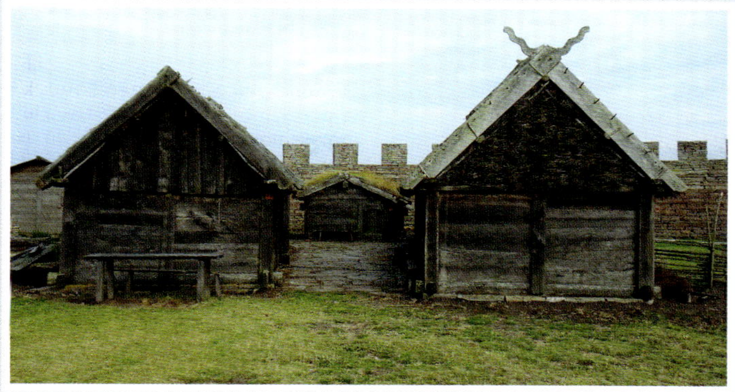

Öland: Eketorps Borg

STRAND: CARLSTENS FÄSTNING
Die im 18. Jh. erbaute Festung erhebt sich eindrucksvoll über der Insel. Durch die größte Sehenswürdigkeit der Insel werden thematische Führungen angeboten, es gibt kulinarische Themenabende und historische Spiele. In der Festung kann man außerdem auch übernachten.
http://carlsten.se/

ÖLAND: EKETORPS BORG
Schon auf dem Weg zur Ringburg beeindruckt die schiere Größe. Auf Öland fand man die Reste von insgesamt 17 sogenannter Ringburgen, die in drei Phasen zwischen 300–400, 400–560 und 1170–1240 n. Ch. gebaut wurden. In Degerhamn wurden innerhalb einer imposanten Ringmauer Gebäude rekonstruiert, wie sie einst hier gestanden haben könnten. Regelmäßig werden Führungen angeboten. Das Museum zeigt einen Film über die Burg und die Ausgrabungsfunde.
www.eketorp.se

VAXHOLM CASTELL
Die Festung auf der kleinen Insel Vaxholmen im Stockholmer Schärengarten wurde ab Mitte des 16. Jhs. errichtet, ihr heutiges wuchtiges Aussehen erhielt sie ab 1833. Im Ersten Weltkrieg gehörte sie zur Verteidigungslinie Vaxholmslinie. Heute kann man die Anlage und ein Festungsmuseum besichtigen. Von Vaxholm setzt eine Fähre regelmäßig zur Festung über, in der man auch übernachten kann.
www.vaxholmsfastning.se/english/

Museen

BENGTSFORS: GAMMELGÅRDENS FRILUFTSMUSEUM
Das größte Freilichtmuseum Westschwedens liegt aussichtsreich auf dem Majberget. Hier hat man typische Häuser aus allen Teilen Dalslands aufgebaut, die vermitteln, wie hier einst gelebt und gearbeitet wurde.
www.gammelgarden.com

HELSINGBORG: FREILICHTMUSEUM FREDRIKSDAL MUSEER OCH TRÄDGÅRDAR

Es ist eines der größten Freilichtmuseen Schwedens, im Mittelpunkt steht das Herrenhaus Gut Frederiksdal (18. Jh.). Hier findet man insgesamt 50 für Südschweden typische Gebäude, darunter Bauernhöfe, verschiedene Mühlen und Scheunen. Sehenswert ist auch eine Häuserzeile aus der Altstadt von Helsingborg, die so vor dem Abriss Mitte des 20. Jhs. gerettet wurde. Lohnend ist auch der Spaziergang durch die historischen Gärten und Parks.
www.fredriksdal.se

LANDSKRONA: KAPTENSGÅRDENS SKULPTURPARK

Der Skulpturenpark und die Kunsthalle findet man im Schlosspark unweit der Zitadelle. Zu sehen sind zeitgenössische Werke lokaler Künstler und im Park 20 Skulpturen.
www.landskrona.se

ÖLANDS MUSEUM HIMMELSBERGA

Das Freilichtmuseum Himmelsberga in Långlöt ist ein gut erhaltenes Reihendorf mit mehreren liebevoll restaurierten und eingerichteten Vierseithöfen aus dem 18. und 19. Jh. sowie einer Windmühle. Es lädt die Besucher auf eine Zeitreise ein, mit einem Einblick in die Wirtschaft und Kultur der Insel und den Alltag der einstigen Bewohner. Tiere, die wie einst in den Ställen und auf den Wiesen gehalten werden, beleben das Museum. In der Kunsthalle findet sich traditionelle, aber auch zeitgenössische Kunst und Kunsthandwerk öländischer Künstler.
www.olandsmuseum.se
www.himmelsbergamuseum.com/

STOCKHOLM: SKANSEN

Das Freilichtmuseum auf der Insel Djurgården bietet seinen Besuchern die Möglichkeit zu einer Reise durch Schweden an einem Tag: Aus allen Landesteilen wurden typische Gebäude und Höfe hierher transloziert. Sie geben einen guten Einblick in die Vielfalt der schwedischen Handwerkskünste, außerdem kann man Handwerkern und Bauern bei ihren typischen Arbeiten zuschauen und erfährt etwas über alte Haustierrassen, die hier gehalten werden. Für Kinder gibt es ein Kinderprogramm.
www.skansen.se

TANUMSHEDE: MUSEUM VITLYCKE

Sechs Fundorte mit Felsritzungen (Vitlycke, Aspeberget/Tegneby, Fossum, Litsleby, Gerum und Kalleby) rund um Tanumhede wurden in die UNESCO-Welterbeliste aufgenommen. Das Museum empfiehlt sich als Einstieg in den Besuch dieser Welterbestätten. Das Wissens- und Erlebniszentrum vermittelt einen Einblick in die Welt der bronzezeitlichen Menschen, die die faszinierenden Bilder vor rund 3000 Jahren in die flachen Granitplatten geritzt haben. Gleich in der Nähe zeigt die Steinplatte von Vitlycke insgesamt 500 Bilder.
www.vitlyckemuseum.se/de/

KUNGAJAKTMUSEET ÄLGENS BERG

Im königlichen Jagdmuseum auf dem Hunneberg südlich des Vänern geht es nicht nur um die Geologie der beiden Tafelberge Hunneberg und Halleberg, sondern auch um die Kulturgeschichte der Region, die traditionsreiche königliche Jagd, Flora und Fauna und den Goldschatz von Vittene.
www.algensberg.com

Stockholm: Vasa museet

Der Besuch dieses Museums auf der Insel Djurgården ist ein Muss! Zu sehen ist ein einzigartiges Kriegsschiff aus dem 17. Jh. – 69 m lang und 52 m hoch vom Masttopp bis zum Kiel. Bei seiner Jungfernfahrt nach 1200 m Fahrt gesunken, lag das Kriegsschiff (mit 64 Kanonen bestückt) 330 Jahre im Hafen von Stockholm (bis 1961). Nach seiner Bergung wurde es 19 Jahre lang mit einem wachsartigen wasserlöslichen Produkt besprüht und so konserviert. Fast alle Teile konnten geborgen und wieder eingebaut werden, sodass das Schiff heute zu 95 % aus Originalteilen besteht. An seinem endgültigen Platz in einem alten Dock wurde um das Schiff ein Museum errichtet.

www.vasamuseet.se/de

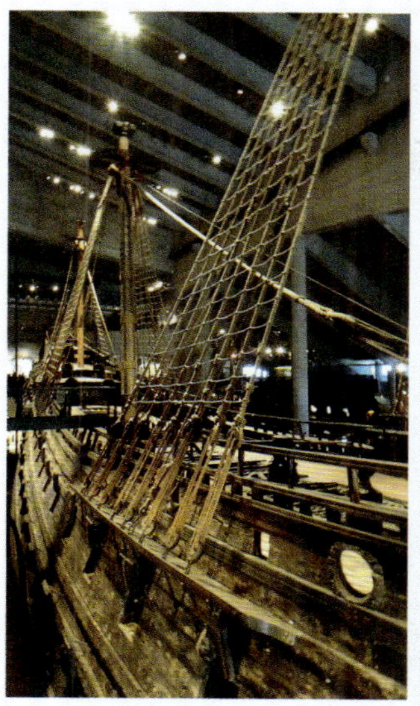

TORSBY FINNSKOGENCENTRUM

Torsby ist das Zentrum der schwedisch-norwegischen Finnskogenregion, die im 16. Jh. durch die sogenannten Waldfinnen besiedelt wurde. Das Museum ist allein schon wegen seiner einzigartigen Architektur – eine eindrucksvolle Fassade aus mächtigen Baumstämmen der Region – einen Besuch wert. Das Thema des Museum ist die Bedeutung des Waldes für die Waldfinnen und heutigen Bewohner von Nord-Värmland. Sehr berührend sind die vielen Fotos aus vergangenen Jahrzehnten. Die moderne Ausstellung beschäftigt sich mit der Geschichte und Kultur der Waldfinnen.

www.varmlandsmuseum.se

VÄXJÖ: SVERIGES GLASMUSEUM UND SMÅLANDS MUSEUM

Unter dem Dach des Kulturparken Småland finden sich zwei Museen und ein Freilichtareal. Das Glasmuseum informiert über die lange smaländische Tradition der Glasherstellung rund um Växjö. Es zeigt historische Werkzeuge, die technische Entwicklung, Werkstücke ab 1580 und Arbeiten zeitgenössischer Glaskünstler. Das Smålands Museum (Landesmuseum) legt einen Querschnitt durch die smaländische Kulturgeschichte ab der Steinzeit. Im frei zugänglichen Museumspark (Museiparken) stehen mehrere historische Gebäude aus Småland.

www.kulturparkensmaland.se

Astrid Lindgren

VIMMERBY: ASTRID LINDGRENS NÄS
Hier können alle Fans von Astrid Lindgren ihr Elternhaus, Hof Näs, im Rahmen einer Führung besichtigen und durch die in die Zeit von Lindgrens Kindheit zurückmöblierten Räume streifen. Danach kann man durch die neu angelegten Gärten flanieren und im angrenzenden Pavillon eine Ausstellung besuchen, die Einblicke in das Leben der Schriftstellerin und ihr Engagement für die Kinder gibt. Alle Führungen müssen im Voraus gebucht werden.
www.astridlindgrensnas.se

Freizeitpark Astrid Lindgrens Welt
Dank mehrerer Theaterbühnen und Spielplätzen können die Lindgren-Fans hier in die Welt der berühmten Kinderbücher eintauchen und auf Pippi, Michel, Madita, Karlsson vom Dach und viele weitere Protagonisten treffen. Täglich werden bis zu 50 unterschiedliche Vorstellungen gezeigt.
www.astridlindgrensvarld.se

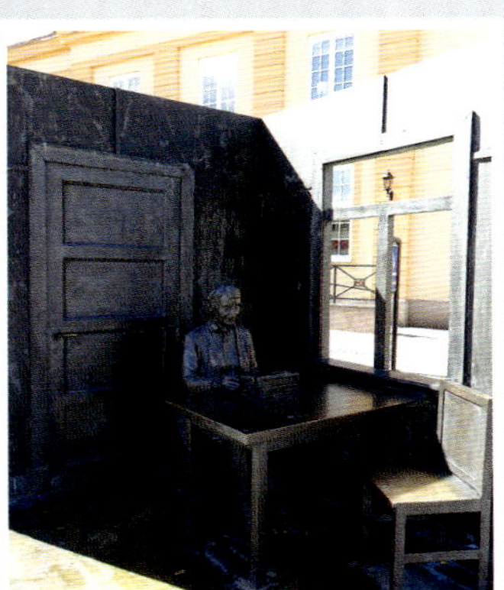
Vimmerby – ein Treffen mit Astrid Lindgren zum Fototermin

Sevedstorp/Bullerby
Die drei Höfe von Sevedstorp liegen rund 15 km südlich von Vimmerby. Hier wuchs ihr Vater auf und die Häuser beschrieb Astrid Lindgren in ihren Bullerbü-Büchern. Auch die Kinderfilme wurden hier gedreht.

Schifffahrten

DALSLANDKANAL
Von Juni bis Ende August fahren die M/S „Dalslandia" und die M/S „Storholmen" auf der Strecke zwischen Bengtsfors und Håverud mit seinem berühmten Aquädukt. Die Bootsfahrt führt durch 16 Schleusen. Die Fahrt dauert rund 5 Stunden, die Rückfahrt erfolgt mit dem Zug. Unbedingt den Fahrplan anschauen, da die Schiffe nur an drei Tagen in Bengtsfors und an drei Tagen in Håverud starten.
www.dalslandskanal.se
www.storholmen.com
www.dvvj.se/en/trains/traveling-by-boat-and-train/

SCHÄRENGARTEN VON FJÄLLBACKA
Von Grebbestad fahren Schiffe durch die Inselwelt nach Fjällbacka mit Aufenthalt im kleinen Hafenort. Nachmittags geht es zurück.
www.vastsverige.com/en/things-to-do/explore-the-west-coast-by-boat

INSEL VEN
Vom Hafen Landskrona (Skeppsbron) zur Insel Ven im Öresund dauert die Überfahrt rund 30 Minuten. Bei der Ankunft im Hafen Bäckviken auf der Ostseite der Insel kann man sich Räder ausleihen und damit die

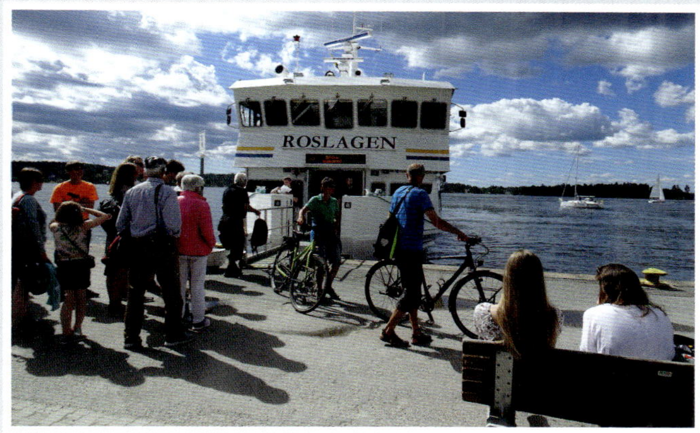

Ankunft am Hotellkajen auf Vaxholm

Insel erkunden. Baden ist an vielen Stellen möglich. Zu den Hauptsehenswürdigkeiten zählt das Tycho-Brahe-Museum (Ausstellung über den Astronomen und die Reste seines unterirdischen Observatoriums Stjärneborg).
www.landskrona.se/se-gora/besoka-landskrona/ven/
Fähre: www.ventrafiken.se
Museeum: www.tychobrahe.com

STOCKHOLMER SCHÄRENGARTEN
Vom Zentrum fahren Linienschiffe bis in die äußeren Schären hinaus. Beliebt ist die kurze Fahrt zu den Fjäderholmarna-Inseln, ein bei den Stockholmern beliebtes Badegebiet.
www.waxholmsbolaget.se
www.stockholmarchipelago.se/en/

BIRKA AUF BJÖRKÖ
Die Reederei Stromma Kanalbolaget fährt vom Kai Stadshusbron zur Insel Björkö im Mälaren. Um 900 wurde hier die erste schwedische Stadt gegründet. Die UNESCO setzte die Insel auf ihre Kulturerbeliste, denn Birka war vom 8. bis 10. Jh. der wichtigste Handelsplatz Skandinaviens. Sehenswert sind die rekonstruierter Häuser, die archäologischen Stätten (Grabhügel, Burg) sowie das Birka-Museum. Die Fahrt von der Hauptstadt durch die Schärenwelt des östlichen Mälaren ist landschaftlich sehr lohnend.
www.stromma.com/en-se/

MIT DEM DAMPFSCHIFF NACH SCHLOSS DROTTNINGHOLM
Zwischen Stockholm-Stadshusbron und dem königlichen Schloss verkehren das Dampfschiff ie S/S „Drottningholm“, M/S „Prins Carl Philip“ und M/S „Angantyr“. Die Fahrt mit den historischen Schiffen durch die inneren Schären ist für sich genommen schon ein Erlebnis.
www.stromma.com

Vandrarhems und Campingplätze

Jugendherbergen (vandrarhems) haben häufig einen hohen Standard zu relativ günstigen Preisen. Hier übernachten Gäste aller Altersklassen und Nationen – eine gute Möglichkeit, in Kontakt mit anderen Wanderern zu kommen. Zum Teil befinden sie sich in schönen historischen oder ungewöhnlichen Gebäuden wie etwa Eisenbahnwaggons oder einer ausrangierten Boeing.

Es gibt zwei Jugendherbergsverbände, den SVIF und den STF.
SVIF – Sveriges Vandrarhem i Förening
Schwedischer Jugendherbergsverband SVIF – Verband unabhängiger und selbstständiger Jugendherbergen mit über 200 Unterkünften, keine Mitgliedschaft notwendig.
www.svif.se

STF – Svenska Turistföreningen
Schwedischer Jugendherbergsverband STF mit über 320 Unterkünften, teilweise auch Hostel genannt, außerdem Schutzhütten im Fjäll.
www.svenskaturistforeningen.se

Campingplätze
Viele schwedische Campingplätze bieten nicht nur Stellplätze für Wohnmobile und Zelte, sondern vermieten auch Hütten.

SCR Svensk Camping – Schwedischer Campingverband
Für die Nutzung benötigt man die Mitgliedskarte „Camping Key Europe", die einmalig gekauft wird und 12 Monate gültig ist.
www.camping.se/de/Campingse-Camping-Schweden/

Schwedische Ländervorwahl: +46

Tour 01
Lotsvillans Vandrarhem, Västra Kanalvägen 22, 23641 Ljunghusen, Tel. 0761-18 00 45, www.lotsvillan.com

Tour 03
SVIF Ängdala Vandrarhem och camping Kivik, Ravlunda, 27737 Kivik, Tel. 0733-648420, www.angdalavandrarhem.se
STF Vandrarhem Haväng Skepparpsgården, Haväng, 27737 Kivik, Tel. 0414-740 71, www.stfhavang.se

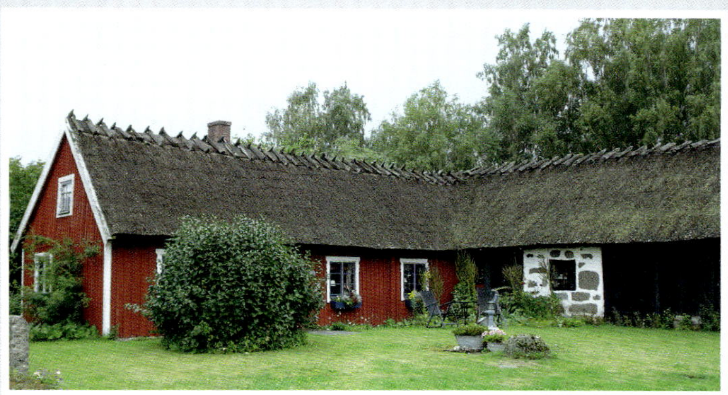

Bed & Breakfast Jägartorpet, ein historisches Gebäude aus dem 18. Jh. in Bromölla mit herrlichem Garten hinter dem Haus

Tour 5
STF Landskrona Hostel, S:t Olovsgatan 15, 26136 Landskrona, 0418-120 63, www.swedishtouristassociation.com/facilities/stf-landskrona-hostel/

Tour 06
Nyckelbo Vandrarhem, Scoutstigen 4, 25282 Helsingborg, Tel. 042-920 05, www.nyckelbo.se

Tour 07
SVIF Klåveröds vandrarhem & café i Kågeröd, SVI, Nytorp, 28676 Klåveröd, Tel. 0735-35 35 43, www.klaverodsvandrarhem.se

Tour 08
Bromölla Camping & Vandrarhem/Stugo, Scoutvägen 6, 29538 Bromölla, Tel. 070-777 65 15, www.bromollacamping.se
Bed & Breakfast Jägartorpet, Kristianstadsvägen 781, 29539 Bromölla, Tel. 070-822 96 00,
www.facebook.com/pages/Bed-Breakfast-Jägartorpet/175009259198424

Tour 09
STF Tjärö Hotell Ö& Vandrarhem, Järnaviks brygga, 37010 Bräkne-Hoby, Tel. 0454-600 63, info@tjaro.com, www.tjaro.com/hotell-vandrarhem/

Tour 10
Bläsinge Gård, Gamla Södåkravägen 127, 26392 Jonstorp, Tel. 042-12 14 13, www.jonstorp.com/vandrarhem/

UNTERKUNFTSVERZEICHNIS

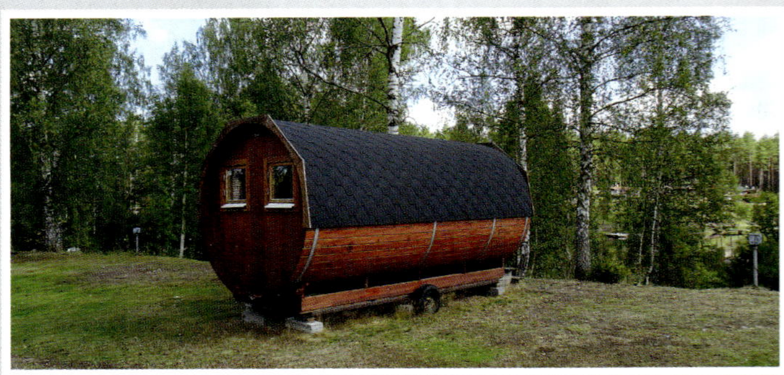

Ungewöhnliche Unterkunft auf dem Campingplatz Spillhammar

Tour 11
Hovs Hallar Hotell, Hovshallavägen 160, 26991 Båstad, Tel. 0431-44 83 70, www.hovshallar.com

Tour 12
Hotel Tylösand, Tylöhusvägen 28, 30273 Halmstad, Tel. 035-305 00, www.tylosand.se

Tour 13
Vandrarhemmet Nattmössan i Kungsbacka, SVIF, Smörhålevägen 1, 43442 Kungsbacka, Tel. 0300-775 38, www.nattmossan.se

Tour 14
Unterkünfte in Göteborg (Gothenburg): www.goteborg.com/en/bo/
Rund um Göteborg (Gothenburg) gibt es zudem viele Vandrarhems.

Touren 15 und 16
Marstrands Familije Camping, Långedalsvägen 16, 44266 Marstrand, Tel. 0303-605 84, www.marstrandscamping.se
Carlstens Soldathotell, Carlstens Fästning, 44267 Marstrand, Tel. 0303-602 65, www.carlstenssoldathotell.se

Touren 17 – 20
Camping Hav Logi Slärhamn, Röavallen 1, 47195 Skärhamn, Tel. 0304-67 17 40, www.havologi.se

Tour 23
Gästhamnsbolaget Väst AB, Badholmen, 45741 Fjällbacka, Tel. 0525-321 50, www.hamburgsundsbokning.se/en/accommodation/badholmens-hostel

Åsleröds Camping och Vandrarhem, Åsleröd 6, 457 41 Fjällbacka, Tel. 0525-312 77, Buchung über Tel. 0525-312 77, www.caravanclub.se

Touren 24 – 26
Saltviks Camping KB, Saltvik 1, 45795 Grebbestad, Tel. 0525-212 49, www.saltvikscamping.se

Touren 21 und 22
Hunnebergs Vandrarhem och Camping, Bergagårdsvägen 9B, 46831 Vargön, Tel. 076-288 17 48, www.svif.se

Tour 27
STF Vandrarhem Gammelgården (Bengtsforstraktens Hembygdsförening), Gammelgården, 66631 Bengtsfors, Tel. 0531-126 20, Tel. 073-046 44 29, www.gammelgarden.com

Touren 28 und 29
Tivedstorp STF Hostel, Tivedstorp, 69596 Tived, Tel. 0584-47 20 90, www.tivedstorp.se

Tour 30
Kalmar Sjömanshem Vandrarhem, SVIF, Ölandsgatan 45, 39231 Kalmar, Tel. 0480-108 10, www.kalmarsjomanshem.se
Svanen Hotell och Vandrarhem, Rappegatan 1, 39230 Kalmar, Tel. 0480-255 60, www.hotellsvanen.se

Touren 31 und 32
Allegården Kastlösa, Kastlösa bygata 2, 38661 Mörbylånga, Tel. 0485-421 75, www.kastlosa.se

Touren 33 – 36
Bed & Breakfast Björkhyddan, Rumma Björkhyddan, 59492 Gamleby, Tel. 0493-650 19, www.bjoerkhyddan.net
Västervik Resort – Lysingsbadet, Lysingsvägen, 59353 Västervik, Tel. 0490-25 80 00, www.vastervikresort.se

Tour 37
Vimmerby Hostel, Järnvägsallén 12, 598 35 Vimmerby, Tel. 0492-310 10, www.vimmerby.com/de/vimmerby-vandrarhem/

Touren 38 – 41
Spilhammars Camping Mariannelund, Spilhammarsväg 2, 59897 Mariannelund, Tel. 070-565 03 17, www.spilhammarscamping.com

Tour 42
Visingsö Vandrarhem, Fredängen, 56394 Visingsö, Tel. 0390-566 00, http://visingso-vandrarhem.se
Tempelgården, 56394 Visingsö, Tel. 070-635 83 66, www.tempelgarden.se

Tour 43
STF Omberg/Stocklycke Vandrarhem, 59993 Ödeshög, Tel. 0144-330 44, www.svenskaturistforeningen.se/anlaggningar/stf-ombergstocklycke-vandrarhem/
Bjälbo Gästhus och Bed & Breakfast, Bjälbo Norrgård, 1, 59691 Skänninge, Tel. 070-942 42 96, www.bjalbo.com
Vadstena Vandrarhem, Skänningegatan 20, 59231 Vadstena, Tel. 0143-765 60, http://vadstenavandrarhem.se/

Touren 44 und 45
STF Vandrarhem Store Mosse nationalpark, Naturum, 33033 Hillerstorp, Tel. 010-223 61 30, storemosse@lansstyrelsen.se
Södra Svänö Vandrarhem, Kontaktcenter Värnamo kommun Kyrktorget 1, 33183 Värnamo, Tel. 0370-37 70 00, www.varnamo.se
STF Gnosjö vandrarhem, Fritidsvägen 6, 33532 Gnosjö, Tel. 0370-33 11 15, www.svenskaturistforeningen.se/anlaggningar/stf-gnosjo-vandrarhem/

Tour 46
Växjö Vandrarhem Evedal, L J Brandts väg 11, 35263 Evedal, Tel. 0470-630 70, www.vaxjovandrarhem.se
Växjö City Vandrarhem, Hagadalsvägen 36, 35246 Växjö, Tel. 0470-77 61 90, www.sokvandrarhem.se/vaxjo.html
B&B Södra Lycke, Hagagatan 10, 35235 Växjö, Tel. 070-676 65 06, www.sodralycke.se

Touren 48 und 49
Stf Rastaholms Vardshus, Rastaholms allé, 178 90 Ekerö, Tel. 08-56 02 30 70, www.rastaholm.se

Touren 50 – 56 (Stockholm)
STF betreibt 6 Jugendherbergen in Stockholm, SVIF 3 Jugendherbergen, dazu kommen mindestens 10 weitere größere Hostels/Jugendherbergen.

Ausgefallene Unterkünfte:
M/S Birger Jarl Hostel & Hotel (denkmalgeschütztes Schiff), Stadsgårdskajen 156, 11645 Stockholm, https://m-s-birger-jarl-hotel-hostel-stockholm.hotel-mix.de/

STF Stockholm/af Chapman & Skeppsholmen Hostel (altes Segelschiff), Flaggmansvägen 8, 11149 Stockholm, 08-463 22 80, https://stf-af-chapman-hostel.hotelistockholm.com/de/#main

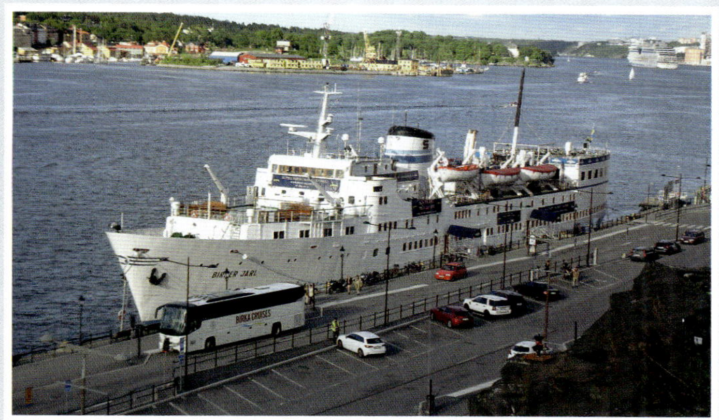

M/S Birger Jarl Hostel & Hotel am Stadsgårdskajen auf Södermalm

STF Jumbo Stay Stockholm (ausgemusterte Boeing 747 am Flughafen), Jumbovägen 4, 19047 Stockholm-Arlanda, Tel. 08-59 36 04 00, www.jumbostay.com

Unterkünfte im Großraum Stockholm (Schärengarten): www.stockholmarchipelago.se/en/accommodation/

Touren 57 und 58
Bogesunds Slottsvandrarhem, Per Brahes väg 1, 18593 Vaxholm, Tel. 08-54 17 50 60, www.bogesundsvandrarhem.com
Kastellet Bed & Breakfast, Vaxholms Kastell (Festung Vaxholm), 18599 Vaxholm, Tel. 08-54 13 30 35, https://kastelletvaxholm.se/en/

Tour 59
Grinda Wärdshus, Södra bryggan, Grinda, 18599 Vaxholm, Tel. 08-54 24 94 91, http://grinda.se
Kontakt für STF Vandrarhem, Feriendorf mit 27 Hütten und Campingplatz.

Tour 61
Tyresta Lanthandel och Bed&Breakfast, Janssongården, 13659 Vendelsö, Tel. 070-671 85 48, 070-671 85 48, www.tyresta.se

Tour 62
Gålö Havsbad Stugor & Vandrarhem & Camping, Skälåkersvägen 11, 13796 Gålö, Tel. 08-50 03 38 80, www.galohavsbad.se

Tour 63
Utö Värdshus, 13056 Gruvbryggan, Utö, Tel. 08-50 42 03 00, www.utovardshus.se
Utö Vandrarhemmet Skärgården, Prästbacken 10, 13056 Utö, Tel. 08-50 42 03 00, www.utovardshus.se/hotellrum-privat/
Gula Villan, Edesnäs Gard, 13056 Utö, Tel. 70-815 74 90, www.gulavillanuto.se

Tour 64
STF Horsvik Vandrarhem och Hotell, Studsvik, 61182 Nyköping, Tel. 0155-26 31 00, www.studsvik.com/sv/horsvik/

Tour 65
Glaskogens Camping, Lenungshammar, 670 20 Glava, Tel. 0570-440 70, www.glaskogen.se/camping/

Tour 66
Degerfors Bed & Breakfast, Storgatan 31, Högbergsgatan 1A, 69333 Degerfors, 0586-422 00, www.degerforsbedandbreakfast.se

Tour 67
Sunne Camping och Sommarland, Kolsnäsvägen 4, 686 35 Sunne, Tel. 0565-167 70, www.sunnecamping.se

Tour 68
Nya Skogsgården – Naturcamping und Hostel/Herberge, Nya Skogsgården-Mårbacken, 68591 Torsby, Tel. 0560-520 05, 070-638 57 02, www.nya-skogsgarden.com/deutsch/

Touren 69 und 70
Sollerö Camping, Levsnäs, 79290 Sollerön, Buchung Tel. 0250-222 30, http://sollerocamping.se/
Gesunda Vandrarhem, Gesundavägen 74, 79290 Sollerön, Tel. 0250-215 95, www.gesundahem.se

Touren 71 – 75
Älvdalens Camping, Ribbholmsvägen 26, 79631 Älvdalen, Tel. 0251-123 44, www.alvdalencamping.se/de/start/

Tour 72
Hütten über Café Smidgården i Fryksås, Fryksås 248, 79490 Orsa, Tel. 0250-462 31, www.smidgarden.se
Fryksås Hotel & Gestgifveri AB, Fryksås 136, 794 98 Orsa, Tel. 0250-460 20, www.fryksashotell.se/sv/index

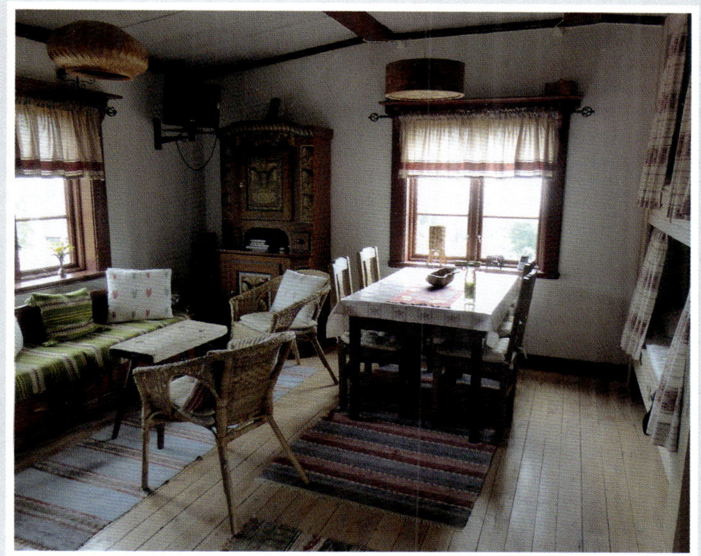

Gemütlich eingerichtete Hütte in Fryksås

Tour 76
Sälsäterns Fjällgård - Stugor i Sälen, Lindvallen SVIF, Fjällvägen 8-10, 78067 Sälen, Tel. 0280-210 18, www.fjallgarden.nu

Tour 77
Särna Camping, Särnavägen 106, 79090 Särna, Tel. 0253-108 51, www.sarnacamping.se/sv/
Nationalparkscamp Rösjöstugorna, Tel. 070-92 92 90, www.rosjostugorna.se

Tour 78
Fjälldalens Vandrarhem, Flötningsvägen 6, 79091 Idre, Tel. 070-519 44 15, www.facebook.com/Fjälldalens-vandrarhem-1773839366188276/

Touren 79 und 80
Grövelsjögården Fjällstugor AB, Grövelsjögården 1, 1058, 79091 Idre, Tel. 0253-231 00, www.grovelsjogarden.se/Unterkunft.htm

TOURISTINFORMATIONEN

Die genannten Touristinformationen (Turistbyrå) liegen an den im Buch vorgestellten Wanderungen. Hier bekommt man aktuelle Informationen, Broschüren und Kartenmaterial. Einige Touristeninformationen haben nur in den Sommermonaten geöffnet. Zum Teil lassen sich die Broschüren vorab als PDFs herunterladen oder werden zugeschickt.

Visit Sweden
Offizielle Seite des schwedischen Fremdenverkehrsamtes. Das deutsche Büro befindet sich in Hamburg.
germany@visitsweden.com
austria@visitsweden.com
switzerland@visitsweden.com
www.visitsweden.de
www.visitsweden.com

Bohuslän
Touristinformationen findet man u. a. in Grebbestad, Fjällbacka, Skärhamn, Marstrand und Tanumshede.
www.vastsverige.com/bohuslan/

Dalarna
Touristinformationen findet man u. a. in Idre, Älvdalen, Sälen, Leksand, Mora, Orsa und Rättvik.
info@visitdalarna.se
www.visitdalarna.se/de/

Dalsland
Touristinformationen gibt es u. a. in Bengtsfort und Vänersborg.
info@dalsland.com
www.vastsverige.com/dalsland/dalslands-turist-ab/

Halland
Touristinformationen gibt es u. a. in Halmstad und Kungsbacka.
info@halland.se
www.visithalland.com

Öland
Touristinformationen finden sich u. a. in Färjestaden und Borgholm.
info@oland.se
www.oland.se/de

Skåne
Touristinformationen findet man u. a. in Bromölla, Båstad, Falsterbo Strandbad, Landskrona, Lund, Röstånga, Simrishamn, Skurup, Torekov, Trelleborg, Helsingborg, Höganäs.
tourism@skane.com
https://visitskane.com/de

Småland
Touristinformationen finden sich u. a. in Gränna, Jönköping, Kalmar, Vimmerby, Visingsö, Värnamo, Västervik, Växjö.
www.visitsmaland.se/de

Östliches Småland: Regionförbundet i Kalmar Län (Kalmar)
https://rfkl.se/

Nördliches Småland: Smålands Turism AB (Jönköping)
https://smalandsturism.se
Südliches Småland: AB Destination Småland (Växjö)
info@destinationsmaland.se
www.destinationsmaland.se

Stockholm
Stockholm Visitor Center (Kulturhuset)
Sergels Torg 5
touristinfo@stockholm.se
www.visitstockholm.com/de/

Värmland
Touristinformationen finden sich u. a. in Degerfors, Sunne, Torsby.
info@visitvarmland.se
www.visitvarmland.se

Vastsverige
Das Westschweden-Portal informiert über Bohuslän, Dalsland, Västergötland und die Region Göteborg.
www.vastsverige.com/de/

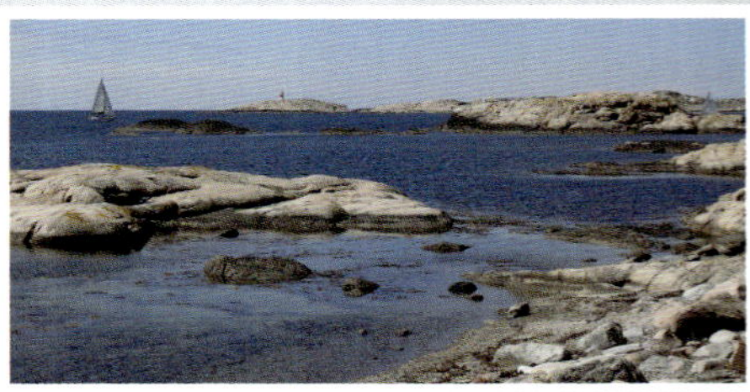

Autofähren

Kiel – Göteborg
Täglich, Fahrzeit 13 Std.
www.stenaline.de

Travemünde – Malmö
Täglich, Fahrzeit 9 Std.
www.finnlines.com/de/

Rostock – Trelleborg
Täglich, Fahrzeit 6–6½ Std.
www.stenaline.de
www.ttline.com

Sassnitz (Rügen) – Trelleborg
Fahrzeit 4 Std.
www.stenaline.de

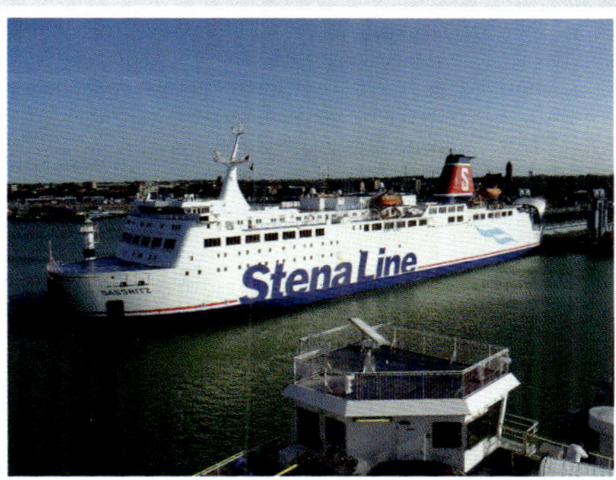

Via Dänemark

Öresundbrücke (Øresundsbron)
Kopenhagen – Malmö
Mautpflichtige Brücke.
www.oresundsbron.com/de/

Eisenbahn

Das Bahnnetz ist modern und gut ausgebaut. In kleineren Orten richten sich Anschlussbusse nach der Ankunftzeit der Züge. Es gibt insgesamt fünf Bahngesellschaften:

SJ
Bietet Verbindungen von Malmö bis Narvik.
www.sj.se

Öresundståg
Fährt zwischen Kopenhagen und Malmö im 20-Minuten-Takt über die Öresundbrücke,
www.oresundstag.se

Snälltåget
Bietet die Verbindung „Berlin Night Express" von Berlin nach Malmö (Fahrzeit 12 Std.).
www.snalltaget.se/de/destinationen/malmo-und-stockholm

Inlandsbanan
Das Streckennetz ist über 1.288 km lang und verläuft von Kristinehamn im Süden bis nach Gällivare im Norden. Die Bahn hält u. a. in Orsa und Mora.
www.inlandsbanan.se

Tågkompaniet
Zur Gesellschaft gehört auch die Roslagsbanan, die von Stockholm aus in verschiedene Himmelsrichtungen fährt.
www.tagkompaniet.se

Arlanda Express
Fährt in 20 Min. vom Flughafen ins Zentrum von Stockholm.
www.arlandaexpress.com

Busse

Nettbuss
Mehrere Express-Verbindungen; betreibt Lokalbusse in Jonköping, Halland, Skane, Värmland und Västra Götaland.
www.nettbuss.se

Flixbus
Fährt u. a. nach Dalarna, Oslo, Göteborg, Kalmar und Malmö.
www.flixbus.se

Skånetrafiken
Betreibt lokale und regionale Buslinien in Skåne.
www.skanetrafiken.se

Stockholmer Verkehrsbetriebe SL
Betreibt im Linienverkehr U-Bahnen (T-Bana), Pendelzüge (Pendeltåg), Busse und Schiffe.
Für alle Verkehrsmittel benötigt man die **SL Acess card** (20 SEK), die am Schalter aufgeladen wird. Es gibt Tages-, Wochen-, Monats- und Jahreskarten. Günstig für einen Stockholmaufenthalt ist in der Regel die Wochenkarte (2021: 415 SEK).
Mit den SL-Verkehrsmittel kann man weit hinaus in das Stockholmer Umland fahren.
www.sl.se

REGISTER

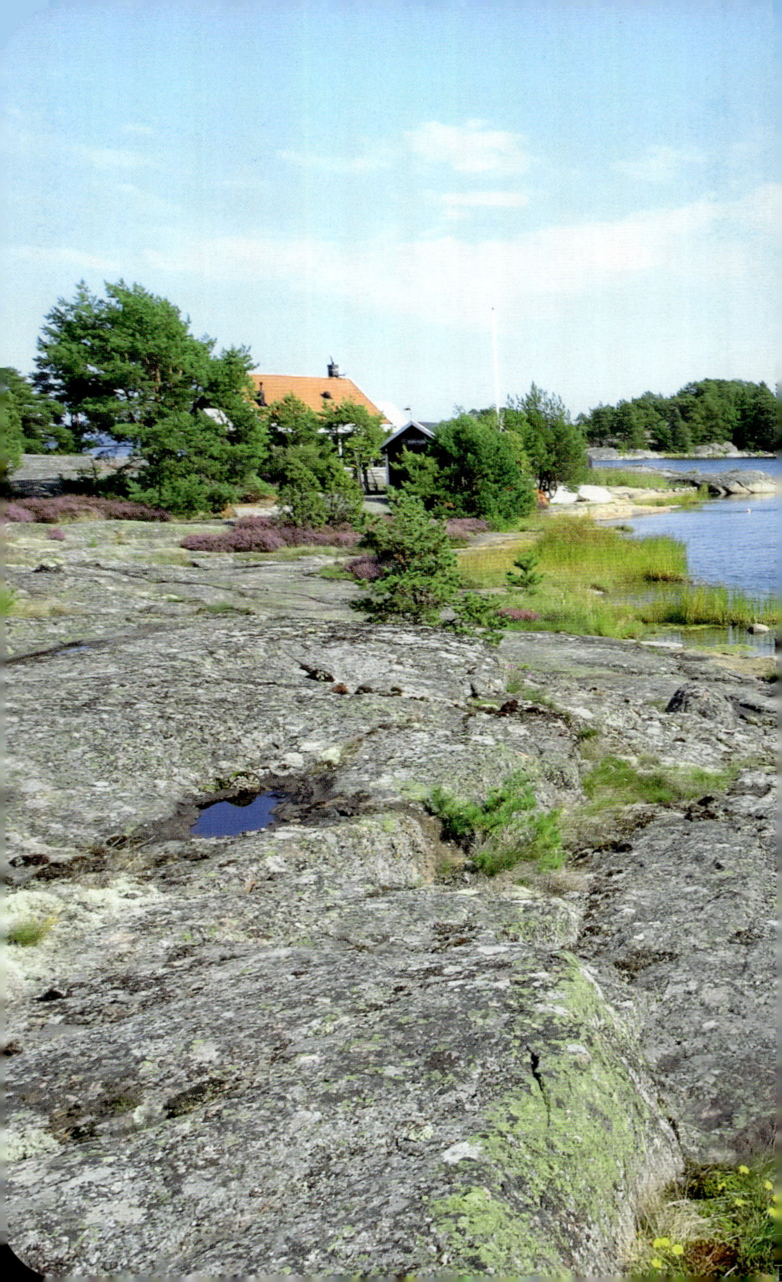

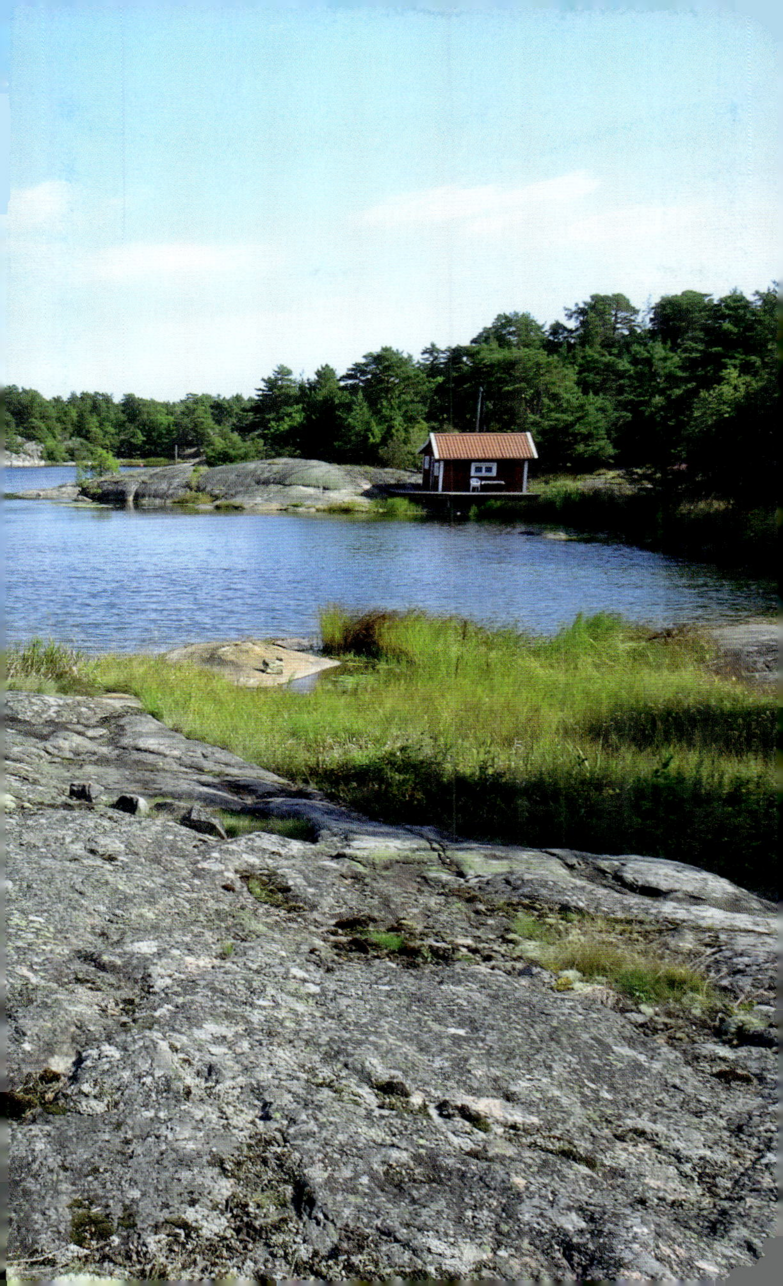

IMPRESSUM

© KOMPASS-Karten, A-6020 Innsbruck (22.01)
1. Auflage 2022 Verlagsnummer 5984 ISBN 978-3-99121-551-6

Titelbild: Reine (Foto: © Raphaela Moczynski)

Text: Raphaela Moczynski
Bilder: Raphaela Moczynski & Hannes Kleindienst

Grafische Herstellung: Raphaela Moczynski
Wanderkartenausschnitte: © KOMPASS-Karten GmbH
OpenStreetMap Contributors (www.openstreetmap.org)
Kartengrundlage für Gebietsübersichtskarte S. 12–13, U4:
© MairDumont, D-73751 Ostfildern 4

Mein ganz besonderer Dank gilt denjenigen, die mit mir eine unvergessliche Zeit in Schweden verbracht haben: Hannes Kleindienst, Manuela Hilz, Harald Gessner sowie Renate und Adrian Karst.

Alle Angaben und Routenbeschreibungen wurden nach bestem Wissen gemäß unserer derzeitigen Informationslage gemacht. Die Wanderungen wurden sehr sorgfältig ausgewählt und beschrieben, Schwierigkeiten werden im Text kurz angegeben. Es können jedoch Änderungen an Wegen und im aktuellen Naturzustand eintreten. Wanderer und alle Kartenbenützer müssen darauf achten, dass aufgrund ständiger Veränderungen die Wegzustände bezüglich Begehbarkeit sich nicht mit den Angaben in der Karte decken müssen. Bei der großen Fülle des bearbeiteten Materials sind daher vereinzelte Fehler und Unstimmigkeiten nicht vermeidbar. Die Verwendung dieses Führers erfolgt ausschließlich auf eigenes Risiko und auf eigene Gefahr, somit eigenverantwortlich. Eine Haftung für etwaige Unfälle oder Schäden jeder Art wird daher nicht übernommen. Für Berichtigungen und Verbesserungsvorschläge ist die Redaktion stets dankbar. Korrekturhinweise bitte an folgende Anschrift:

KOMPASS-Karten GmbH
Karl-Kapferer-Straße 5, A-6020 Innsbruck
www.kompass.de/service/kontakt

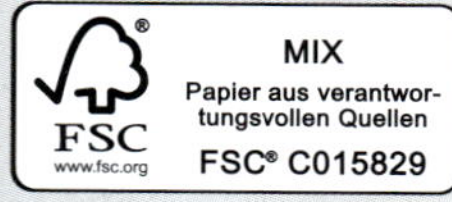